Horst Grossmann

Wir wünschen eine anregende Lektüre!

Lust auf digitale Lektüre?
www.mandl-schwarz.com/ebooks/

Das Grundlagenbuch zu

Microsoft Office 2016 für Mac

Impressum

Horst Grossmann:
Das Grundlagenbuch zu Microsoft Office 2016 für Mac –
Word, Excel. PowerPoint, Outlook und OneNote

ISBN 978-3-944519-29-6
1. Auflage 2015

Mandl & Schwarz-Verlag
Edition Digital Lifestyle
Theodor-Storm-Straße 13
D-25813 Husum / Nordsee

office16@mandl-schwarz.de
www.mandl-schwarz.com

Bibliografische Information der Deutschen Nationalbibliothek
Die Deutsche Nationalbibliothek verzeichnet diese Publikation in der Deutschen Nationalbibliografie; detaillierte bibliografische Daten sind im Internet über die Webseite http://dnb.d-nb.de abrufbar.

Copyright © 2015 Mandl & Schwarz-Verlag
Cover: © Apple / Microsoft

Alle Rechte vorbehalten. Das Erstellen und Verbreiten von Kopien auf Papier, auf Datenträgern oder im Internet – insbesondere als PDF – ist nur mit ausdrücklicher, schriftlicher Genehmigung des Mandl & Schwarz-Verlags gestattet und wird widrigenfalls strafrechtlich verfolgt. Die meisten Produktbezeichnungen von Hard- und Software, sowie Firmennamen und Firmenlogos, die in diesem Werk genannt werden, sind gleichzeitig auch eingetragene Warenzeichen und sollten als solche betrachtet werden. Der Verlag folgt bei den Produktbezeichnungen im Wesentlichen den Schreibweisen der Hersteller.
Der Verlag übernimmt keine Haftung für Folgen, die auf unvollständige oder fehlerhaften Angaben in diesem Buch zurückzuführen sind. Das Ihnen vorliegende Buch wurde in unzähligen Tages- und Nachtstunden mit großer Sorgfalt und viel »Herzblut« erstellt. Dennoch finden sich ab und an Fehler, für die wir uns entschuldigen möchten.

Wir sind Ihnen dankbar für Anregungen und Hinweise!

Wir unterstützen und empfehlen gern u.a. folgende Initiative:

www.aerzte-ohne-grenzen.de
Telefon 030 – 700 130 130

Zu Ihrer ersten Übersicht

Willkommen! Eine Kurzeinführung......................................15

Vorab zwei Schritte: installieren und aktivieren 18

Texte im Griff mit Microsoft Word 25

Programmübergreifende Office-Funktionen.................229

Mehr als nur Tabellen – Kalkulieren mit Excel...............307

Ideen visualisieren: Präsentieren mit PowerPoint 461

Alles in einem: Kommunizieren mit Outlook 523

Informationen verwalten mit OneNote 603

Ausführliches Stichwortverzeichnis 611

Willkommen! Eine Kurzeinführung 15
Basics: kurz & knapp 15
Alles auf einem Stand, unabhängig vom Gerät 15
Was Sie von diesem Buch erwarten können 16
Leichter lesen – Ihr Leitsystem 16
Feedback willkommen und Worte des Dankes 17

Vorab zwei Schritte: installieren und aktivieren 18
Der Installationsprozess 18
Aktivierung 20
Dokumentation und Hilfen 23

Texte im Griff mit Microsoft Word 25
Erste Schritte 27
Starten von Word 27
Erzeugen von Dokumenten 28
Die Benutzeroberfläche 29
Speichern von Dokumenten 30
Das Drucken von Dokumenten 33
Beenden von Word 33

Arbeiten mit Text 34
Eingeben von Text 34
Sonderzeichen bestimmen 35
Einen Seitenumbruch einfügen 38
Textbausteine verwenden 39
Bearbeiten von Text 41
Versetzen der Einfügemarke 41
Markieren von Text 42
Löschen, Kopieren und Verschieben von Text 45
Formatierungszeichen 48
Suchen und Ersetzen 52
Die Schnellsuche 53

Ersetzen von Text	55
Die erweiterte Suche	58

Die Gestaltung von Text 62

Schriften und Zeichenformatierung 63
- Schriftgestaltung 63
- Schriftformate 64
- Schriften 65
- Schriftgröße 68
- Schriftstil 68
- Schriftfarbe 70
- Texteffekte 71
- Übertragen von Formaten 74

Der Umgang mit Absätzen 75
- Varianten der Textausrichtung 77
- Zeilenabstände einstellen 81
- Einzüge festlegen 83
- Tabulatoren setzen 85
- Mit Rahmen gestalten 89
- Die Vermeidung von Satzfehlern durch Absatzkontrolle 91

Arbeiten mit Formatvorlagen 92
- Ersetzen von Formatierungen 93
- Das Prinzip von Formatvorlagen 96
- Erstellen von Formatvorlagen 100
- Zuweisen von Formatvorlagen 104
- Ändern und Löschen von Formatvorlagen 106
- Organisieren von Formatvorlagen 108

Mit Abschnitten strukturieren 109
- Der Abschnittsumbruch 110
- Bestimmen der Seitenausrichtung 113
- Das Einrichten von Seitenrändern 115
- Das Anlegen von Spalten 118
- Seitenzahlen und Zeilennummern 121

Gestaltungselemente 125

Kopf- und Fußzeilen 125
- Aktivieren des Kopf- und Fußzeilen-Modus 126
- Einfügen und Bearbeiten 127
- Die Option »Erste Seite« 132

  Gerade und Ungerade Seiten *132*
  Abschnittsbezogene Kopf- und Fußzeilen *133*

 Tabellen entwerfen 135
  Konvertieren von Text in Tabellen *135*
  Einfügen einer Tabelle *137*
  Modifizieren der Tabellendimensionen *139*
  Modifizieren von Abmessungen *141*
  Modifizieren von Tabellenstrukturen *149*
  Zeichnen von Tabellen *151*
  Formatieren von Tabellen *153*
  Formatieren von Tabellentext *160*

 Listen konstruieren 163
  Aufzählungen *164*
  Nummerierungen *171*

 Mit Formeln arbeiten 177

 Textfelder 181

Ansichten 185

 Drucklayout 186

 Entwurf 186

 Gliederung 187

 Weblayout 189

 Vollbildansichten 190

 Der Umgang mit Fenstern 192

 Darstellungsmaßstäbe einstellen 193

 Die Randleiste 194

Nützliche Hilfsmittel im Alltag 198

 Die Rechtschreibprüfung für fehlerfreie Texte 198

 AutoKorrektur 202

 Grammatikprüfung für gutes Deutsch 204

 Thesaurus – Synonyme finden und einsetzen 206

 Silbentrennung für ein harmonischeres Layout 207

 Inhaltsverzeichnisse erstellen 209

 Das Generieren eines Index 211

Fuß- und Endnoten 213

　　Serienbriefe für die Massen 216

Anpassen von Word 224

Programmübergreifende Office-Funktionen 229

Office und OS X, das Mac-Betriebssystem 230

Die Startzentralen 232

　　Vorlagen-Kataloge 233

　　Dokumenten-Kataloge 239

Menübänder 242

Designs für ein einheitliches Dokumentlayout 245

Bearbeitung von Bildern 248

　　Bildgröße und Bildausschnitt bestimmen 251

　　Bildkorrekturen vornehmen 256

　　Verfremden von Bildern 263

　　Entfernen von Hintergründen 266

　　Bildformatvorlagen 269

Der Umgang mit grafischen Objekten 270

　　Formen 271

　　»SmartArt«-Grafiken 274

　　Effekte 277

　　Hilfsmittel zum Platzieren und Gestalten 279

Kommentare 284

Das »Datei«-Menü – die Schnittstelle zum Betriebssystem 288

Speichern in der Wolke 290

Intelligentes Suchen 301

Visual Basic 303

　　Objektorientierte Programmierung 305

　　Die Entwicklungsumgebung 305

Mehr als nur Tabellen – Kalkulieren mit Excel 307

Erste Schritte mit Excel 307
Die Tabelle 308
Bewegen in Tabellenblättern 310
Markieren von Zellbereichen 311
Die Eingabe von Informationen 314
Manuelle Eingabe 314
Verändern von Zellinhalten 316
AutoAusfüllen 316
Übertragung von Zellinhalten 319
Die Darstellung von Informationen 320
Formatieren von Text 321
Formatieren numerischer Daten 323
Benutzerdefinierte Zahlenformate 327
Formatierung von Zellen 332
Zellenformatvorlagen 338

Tabellenblätter und Arbeitsmappen 341
Die Arbeitsmappe 341
Das Tabellenblatt 347
Anpassen von Zellabmessungen 348
Einfügen und Löschen von Zellen 351
Zusammenfassen von Zellen 353
Gleichzeitiges Bearbeiten mehrerer Tabellen 355
Excel-Tabellen – oder besser »Daten-Tabelle« 356
Ansichtssachen 364
Arbeitsmappen-Ansichten 365
Orientierungshilfen 366
Fenster 368
Benutzerdefinierte Ansichten 369

Kalkulieren mit Excel – auf mehreren Ebenen 370
Formeln 371
Mathematische Operatoren 372
Vergleichsoperatoren 375

Textoperator *376*
Bereichsoperatoren *377*
Relative und absolute Adressierung *377*

Verweise auf Zellen in anderen Tabellenblättern 381

Namen definieren – zur Erleichterung 382

Funktionen – auch aus der Bibliothek 386

Funktionen und Formeln *389*
Die Funktionsbibliothek *394*

Rechnen mit Tabellen 411

Fehlersuche 413

Grafische Darstellungen 415

Sparklines 415

Diagramme 420

Kreisdiagramme *420*
Säulendiagramme *425*
Punktdiagramme *432*

Drucken 437

Kopf- und Fußzeilen 438

Seitenformatierung 440

Weitere Einstellungen zur besseren Ausgabe 442

Fortgeschrittene Anwendungen 446

Bedingte Formatierung bringt die Details ans Licht 446

Filter – zum Fokussieren auf das Wesentliche 451

Pivot-Tabellen – Daten analysieren per Generator 453

Zielwertsuche – zum Probleme-Lösen 455

Vielfältiges Anpassen von Excel 457

Ideen visualisieren: Präsentieren mit PowerPoint 461

Präsentieren – mit der richtigen Idee 463

Erste Schritte mit PowerPoint 465

Erstellen einer Präsentation ... 467
   Die Nutzer-Oberfläche vom PowerPoint ... 468
   Mit Folien arbeiten ... 470
      Einfügen von Folien ... 470
      Folienhintergründe gestalten ... 473
      Folienmaster ... 474
      Platzhalter und Felder ... 477
      Folienobjekttypen ... 481
      Hilfsmittel für die Foliengestaltung ... 485
      Umgang mit Folien ... 490
   Ansichten ... 494
      Normal- und Gliederungsansicht ... 495
      Notizblatt ... 497
      Referentenansicht ... 497
      Masteransichten ... 499
Präsentieren mit Bewegung ... 501
   Interaktive Schaltflächen ... 501
   Folienübergänge ... 503
   Animationen ... 506
      Eingangseffekte ... 507
      Ausgangseffekte ... 510
      Hervorhebungseffekte ... 512
      Bewegung ... 514
Anpassen von PowerPoint ... 520

Alles in einem: Kommunizieren mit Outlook ... 523

Erste Schritte ... 523
Das Modul »E-Mail« ... 525
   Einrichten von E-Mail-Konten ... 527
      Einrichten von POP- und IMAP-Konten ... 528
      Einrichten von Exchange-Konten ... 534
      Import von Konten-Informationen und -Inhalten ... 536
   Nachrichten organisieren ... 539
      Postfächer ... 539
      Verfassen und Versenden von Nachrichten ... 543

Ausführliches Inhaltsverzeichnis

    Antworten und Weiterleiten *546*
    Nachverfolgung *549*
    Signaturen *551*
    Anlagen *554*
    Regeln *556*
    Stellvertretungen *560*
  Ansichten *562*
    Anpassen des Hauptfensters und des Navigationsbereichs *562*
    Die Gestaltung der Nachrichtenliste *563*
    Unterhaltungen *567*

Gemeinsamkeiten **568**
  Betriebsmodi 568
  Kategorien 569
  In Outlook suchen 571
  Filter 574
  Informationen in Ordnern strukturiert verwalten 576

Kalender **577**
  Kalenderansichten 577
  Eintragen von Terminen 580
  Besprechungen 584

Personen **587**
  Das Erstellen eines Kontakts 587
  Erstellen einer Kontaktgruppe 589
  Mail an Kontakt 590
  Die Suche nach Personen 591

Aufgaben managen **593**

Notizen anfertigen **596**

Anpassen von Outlook **599**

Informationen verwalten mit OneNote | Ausklang....603

Ausführliches Stichwortverzeichnis 611

Willkommen!
Eine Kurzeinführung

Ein kleines Vorwort

Vielen Dank, dass Sie sich für das *Grundlagenbuch zu Microsoft Office 2016 für Mac* aus dem *Mandl & Schwarz*-Verlag interessieren.

Basics: kurz & knapp

Das Warten soll sich lohnen: Knapp fünf Jahre nach Vorstellung der Vorgängerversion und vier Monate nach Veröffentlichung eines öffentlichen Previews hat *Microsoft* die finale Fassung von *Office 2016 für OS X* Anfang Juli 2015 offiziell freigegeben. Neben den vollständig überarbeiteten Versionen von *Word, Excel, PowerPoint* und *Outlook* ist jetzt auch *OneNote* Bestandteil des Pakets. Zum Zeitpunkt der Erstellung dieses Buches ist die neue Ausgabe nur in Zusammenhang mit einem gültigen Abonnement von *Office 365* einsetzbar.

Dieses Buch möchte Sie mit der grundlegenden Arbeitsweise der einzelnen Office-Programme vertraut machen. Rein logische Gesichtspunkte würden es erfordern, mit den Funktionen zu beginnen, die in allen *Office*-Programmen nutzbar sind. Da dies jedoch auch ein Buch für Einsteiger sein soll, beschäftigen wir uns als Erstes mit der Textverarbeitung *Word*. Erst dann kommen die gemeinsam nutzbaren Funktionen an die Reihe. Danach geht es weiter mit *Excel* und *PowerPoint*. Nach einem Kapitel über *Outlook* beschließt eine kurze Behandlung von *OneNote* das Buch.

Alles auf einem Stand, unabhängig vom Gerät

Microsoft beabsichtigt, die OS X- und die Windows-Ausgabe auf den gleichen Stand zu bringen. Erscheinungsbild und Funktionsumfang sollen identisch sein. Davon mögen Anwender profitieren, die mit beiden Systemen arbeiten müssen. Allerdings: die Identität hat Grenzen. *Office 2016 für OS X* verfügt nach wie vor über eine Menüzeile. Fehlt es *Microsoft* hier etwa am Mut, im Macintosh-Bereich alte Zöpfe abzuschneiden? Unterschiede lassen sich auch bei Details finden. So fehlt etwa der Macintosh-Variante die Live-Vorschau beim Formatieren.

Mit Erscheinen der neuen Version haben wir nun das Vorgängerbuch *Office:mac 2011* komplett aktualisiert und erweitert. Selbst wenn sich dabei die Zahl der funktionalen Neuerungen in Grenzen halten mag: Die neue Oberfläche mit den – bei neuen Ausgaben in alter Microsoft-Tradition – stark verwirbelten Bedienelementen vermittelt generell das Gefühl vollkommen neuer Programme.

Was Sie von diesem Buch erwarten können

Die Zielsetzung dieses Buches jedoch bleibt unverändert: Wir bringen Ihnen die gebräuchlichsten Funktionen der einzelnen Office-Bestandteile nahe. Was die Auswahl der Themen betrifft, kann diese nur willkürlich sein und basiert auf eigenen, langjährigen Erfahrungen mit den Office-Anwendungen – und zwar sowohl mit Macintosh- als auch mit Windows-Versionen.

Darüber hinaus halten Sie hier keine »schlichte Bedienungsanleitung«, sondern eine (in Ihrem Sinne, hoffentlich) kritische Lektüre in den Händen: Denn auch bei Erstellung des Buches gab und gibt es in *Microsoft Office* (zu) viele mehr oder weniger kleine Unstimmigkeiten oder fehlende Funktionalitäten, welche immer wieder die Frage »Fehler oder Feature« hervorrufen. An vorderster Stelle sind dabei die Bereiche *Tastaturkürzel*, *Visual Basic* sowie der Import von Informationen in *Outlook* zu nennen.

Leichter lesen – Ihr Leitsystem

Auf den nachfolgenden Seiten haben wir wichtige Textstellen mit einem Icon (Symbol) versehen. Diese bedeuten im Einzelnen:

Grundwissen: Dieses Symbol zeigen wir Ihnen immer dann, wenn es um die Bedienung im Allgemeinen geht oder wenn Fachbegriffe auftauchen. Hier vermitteln wir auch grundsätzliche Details, die Ihnen den Umgang mit Ihrem Gerät erleichtern.

Tipp: Ob hilfreiche Einstellungen oder bislang noch unentdeckte Features: Hier weisen wir Sie auf Zusatz-Informationen oder Alternativwege hin und verraten Ihnen allerlei Tipps und Tricks.

Achtung: Damit Sie eher weniger als mehr Arbeit haben: Das Symbol mit dem Ausrufezeichen warnt Sie vor typischen Fehlern, die der oftmals noch unbedarfte Einsteiger gerne einmal macht.

Feedback willkommen und Worte des Dankes

Das Office-Paket ist auch in seiner aktuellen Version ein leistungsfähiges Programmpaket, mit dem Sie Ihr Aufgaben im Büroalltag und im privaten Bereich erledigen. Mit der Lektüre dieses Grundlagenbuches können Sie von den Vorzügen eines aktuellen Programm-Klassikers profitieren.

So freuen wir uns, wenn Ihnen dieses Buch gefallen hat. Teilen Sie uns doch bitte Ihre Eindrücke mit und senden Sie uns auch Ihre Kritik. Sie erreichen uns dazu über `office16@mandl-schwarz.de`. Bitte haben Sie dafür Verständnis, dass wir über dieses Buch hinaus keinen persönlichen Support leisten.

Ein Dankeschön für ihre geleistete Unterstützung geht an Frau Diana Heinrichs von *Microsoft Deutschland GmbH*. Bei den Herren Michael Schwarz und Daniel Mandl vom *Mandl & Schwarz-Verlag* bedanke ich mich für ihre Geduld und für die wiederum sehr angenehme Zusammenarbeit.

Ich wünsche Ihnen nun viel Spaß mit *Office 2016 für Macintosh* und beim Lesen dieses Buches!

Horst Grossmann
München, im Dezember 2015

PS: Wer sich zu diesem und anderen Themen rund um den Mac auf dem Laufenden halten will, dem sei der Newsletter des Verlages empfohlen: Dort erfahren Sie von Neuerscheinungen, kostenlosen Zusatzkapiteln und hilfreichen Hinweisen: `www.mandl-schwarz.com/newsletter/`

Vorab zwei Schritte: installieren und aktivieren

Vor jeglicher Nutzung eines Programms ist dessen Installation angesagt. Als Voraussetzung für *Office 2016* gibt *Microsoft* einen Macintosh mit *OS X 10.10 Yosemite* an. Das Installationsprogramm überprüft dies zu Beginn einer Installation und bricht ab, falls sie nicht erfüllt ist, weshalb Sie die Überprüfung unbedingt **vor** dem Kauf einer Lizenz vornehmen sollten.

Die Überprüfung der System-Voraussetzung durch das Installationsprogramm.

Für die Installation selbst benötigen Sie Administratorrechte. Sollten Sie darüber nicht verfügen, wenden Sie sich an einen Administrator Ihres Vertrauens, der Ihnen die Software installiert oder Ihnen zumindest für die Dauer der Installation diese Rechte gewährt. Nach der Installation verlangt Microsoft eine Aktivierung des Produktes.

Der Installationsprozess

Vor der Installation müssen Sie sich die Software von einem *Microsoft*-Server herunterladen, denn *Office*-CDs oder -DVDs gelten inzwischen anscheinend als uncool und werden wohl deshalb von *Microsoft* auch nicht produziert.

Melden Sie sich also an Ihrem *Microsoft*-Konto an und laden Sie sich die Software herunter und starten Sie dann das Installationsprogramm. Die

1 | Vorab zwei Schritte: installieren und aktivieren

nachfolgend beschriebene Installation erfolgte unter *Mac OS X 10.10.5 Yosemite*.

Die Installation selbst gestaltet sich einfach und besteht im Wesentlichen aus »Durchklicken«. Eine Auswahl von Funktionalitäten wie in früheren Versionen bietet *Microsoft* nicht mehr an – es gilt jetzt das Prinzip *ganz oder gar nicht*.

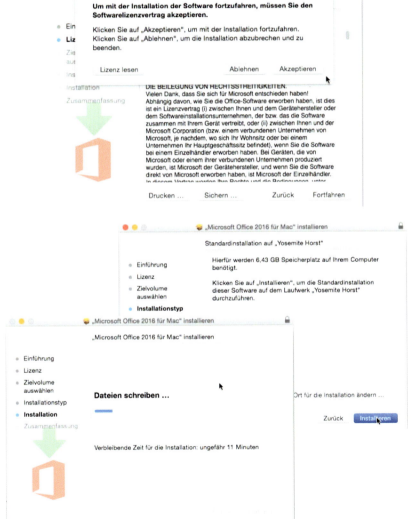

Und natürlich erwartet »Microsoft«, dass Sie deren Softwarelizenzvertrag akzeptieren.

Beim Installationstyp besteht für Sie Wahlfreiheit lediglich hinsichtlich des Installationsortes. Nach dem Klick auf »Installieren« beginnt die eigentliche Installation, die selbst gar nicht mal so lange dauert.

Wenn dieser Dialog erscheint, war die Installation im Prinzip erfolgreich.

»Microsoft« beglückt Sie zum Abschluss der Installation mit Informationen zu Neuheiten in »Word«.

Sofern Sie mit *OS X El Capitan* arbeiten, sollten Sie mindestens die Version *OS X 10.11.1* (und höher) verwenden, da erst darüber die Kompatibilität mit *Office 2016* gewährleistet ist.

Aktivierung

Wie schon bei *Office:Mac 2011* erfordert die Nutzung von *Office 2016 Mac* eine Aktivierung nach der Installation. Diesen Prozess starten Sie mit einem Mausklick auf *Erste Schritte*.

1 | Vorab zwei Schritte: installieren und aktivieren

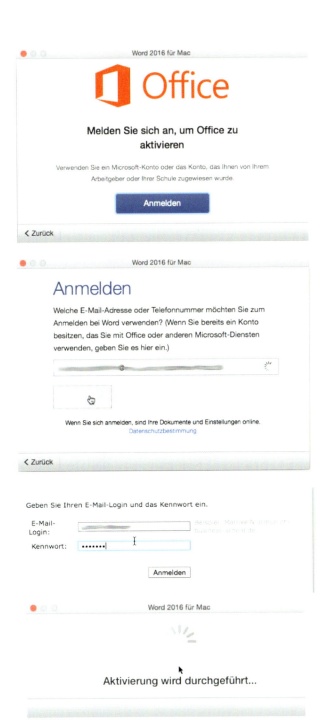

Für die Aktivierung von »Office 2016 Mac« müssen Sie sich an ein »Microsoft«-Konto anmelden.

Geben Sie in diesem Dialog den Namen Ihres »Microsoft«-Kontos ein.

Nach der Eingabe des Passworts und dem Klick auf »Anmelden« erfolgt die Prüfung auf eine gültige Lizenz.

Ist alles rechtens, können Sie jetzt für das Erscheinungsbild von »Office« zwischen »Farbig« und »Klassisch« wählen.

Dann könnten Sie eigentlich anfangen, mit »Word« zu arbeiten …

… wenn nach dem Mausklick auf die Taste »Mit der Verwendung von Word beginnen« nicht noch eine Überprüfung auf Updates erfolgen würde.

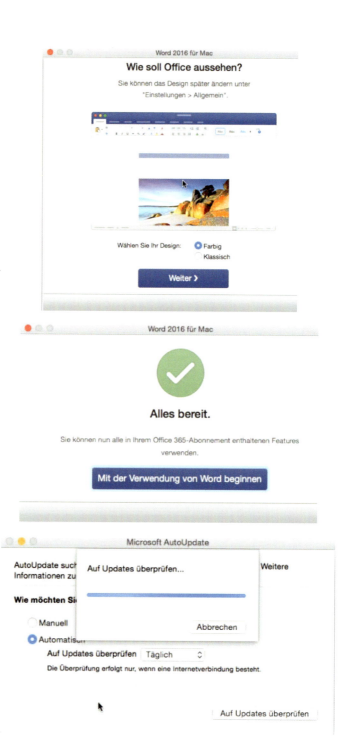

1 | Vorab zwei Schritte: installieren und aktivieren

Obwohl *Office 2016 Mac* zur Zeit der Erstellung dieses Buches gerade frisch auf den Markt gekommen war, stellte *Microsoft* bereits Updates zu Verfügung.

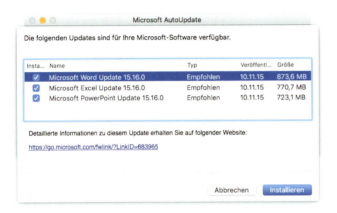

Es empfiehlt sich, verfügbare Updates gleich zu installieren.

Dokumentation und Hilfen

Sie werden sicher zu dem ein oder anderen Thema weitergehende Informationen benötigen. Naheliegend ist natürlich die *Office* Bildschirmhilfe.

Das Startfenster der Bildschirmhilfe von »Word«.

Neben einem Überblick über die Neuerungen enthält sie Angaben zu den grundlegenden Funktionen. Ausführlichkeit sieht allerdings anders aus. Etwas mehr Informationen bietet die Onlinehilfe. Sie zeigt die Informationen im gleichen Fenster an wie die Bildschirmhilfe. Ein dedizierter Aufruf ist nicht erforderlich, es genügt, einen Suchbegriff in das Feld am rechten oberen Fensterrand einzugeben.

Zwischen Onlinehilfe und Bildschirmhilfe von »Word« ist kaum ein Unterschied zu entdecken.

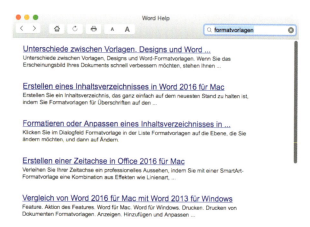

Das unter der Rubrik *Video und Schulung* aufgeführte Dokument *Word 2016 für Mac – Grundlagen* war allerdings etwa zwei Monate nach der Veröffentlichung von *Office 2016 Mac* noch nicht verwendbar. Das Herunterladen der *Schnellstartleitfäden* bereitete dagegen keine Probleme.

Die »Schnellstartleitfäden« bieten einen kompakten Überblick über den Umgang mit den einzelnen »Office«-Anwendungen.

Insgesamt ist die Dokumentation zur neuen *Office*-Ausgabe noch spärlich. Wie bereits erwähnt, hält sich die Zahl der funktionalen Neuerungen in Grenzen. Insofern können Sie die Hilfen, Dokumente etc. zur Vorgängerversion weiter nutzen – Sie müssen lediglich die Positionen der entsprechenden Werkzeuge in der neuen Version finden.

Texte im Griff mit Microsoft Word

Der Begriff *Textverarbeitung* umfasst das Erstellen, Bearbeiten und Aufbereiten von Texten. Gemäß dieser Definition spielt die Wahl der Hilfsmittel keine Rolle. So lässt sich trefflich darüber streiten, ob das Verfassen von Texten auf mechanischen oder elektrischen Schreibmaschinen denn als Textverarbeitung zu bezeichnen ist. Nach Ansicht von Puristen nicht, denn die klassische Schreibmaschine produziere lediglich auf Tastendruck hin ausgewählte Zeichen auf Papier.

Dem kann man entgegenhalten, dass diese Auffassung auf einer sehr unvollständigen Betrachtung des Gesamtprozesses basiert. Wer, so wie ich, noch gezwungen war, Dokumente auf einer einfachen mechanischen Schreibmaschine zu tippen, weiß, was alles dazugehörte. Auch damals gab es schon ein *Cut* und *Paste*, allerdings mit Papier, Schere und Klebstoff oder Tesafilm. Auch das Löschen von Text war an der Tagesordnung, als Hilfsmittel dienten hierbei Tipp-Ex oder Korrekturband. Sogar Formatierungen (wenn auch in sehr rudimentärer Form) waren möglich. Fettdruck entstand durch heftiges Betätigen der Schreibmaschinen-Tasten und / oder durch mehrmaliges Überschreiben eines Textteils. Gesperrter Text entstand durch das Einfügen von Leerzeichen zwischen Buchstaben, und für Unterstreichungen mussten die Rück- und Unterstrichtaste (Underscore) herhalten. Die Nummerierung von Seiten erfolgte am Ende des Erstellungsprozesses manuell durch nochmaliges Einspannen der fertiggestellten Seiten. Glücklich konnte sich schützen, wer zu diesem Zweck über einen Paginierstempel verfügte.

Insofern ist verständlich, dass für mich Diskussionen müßig sind, ab wann denn eine Textverarbeitung beginne. Schon die Verwendung einfacher, bildschirmorientierter Texteditoren auf einem Computer stellte für mich eine Arbeitserleichterung bei der Erstellung von Dokumenten dar. Sie gestatteten das Laden, Drucken und Speichern von Dokumenten, ansonsten war ihr Funktionsumfang beschränkt. Er umfasste im Wesentlichen das Markieren, Kopieren, Ausschneiden und Versetzen von Textabschnitten. Anstelle der oben erwähnten Hilfsmittel war jetzt nur noch eine Schneidemaschine zur Dokumentenformatierung erforderlich. Mit ihrer Hilfe konnte man die auf Computerpapier ausgedruckten Texte manuell auf das DIN A4-Format reduzieren. Das Aufkommen von Nadeldruckern und später insbesondere von Laserdruckern gestattete die Verwendung unterschiedlicher Schriften, Schriftgrößen oder Zeichenformaten wie **fett** oder *kursiv*. Dazu war es allerdings erforderlich, so genannte »Steuerzeichen« in einen Text einzufügen.

Moderne Textverarbeitungsprogramme basieren auf grafischen Oberflächen und dem *WYSIWYG*-Prinzip (**What You See Is What You Get**). Dieses Prinzip besagt, dass ein Text auf einem Bildschirm genauso dargestellt wird, wie er auch auf einem Ausdruck erscheint (oder zumindest erscheinen sollte). Neben den Grundfunktionen zur Textverarbeitung bieten sie auch Werkzeuge zur Text- und insbesondere zur Layout-Gestaltung durch die Verwendung mehrspaltiger Texte, Kopf- und Fußzeilen, Tabellen und durch das Einfügen von Grafiken. Darüber hinaus erhöhen Funktionen zum Suchen und Ersetzen, eine Rechtschreibprüfung, das Erzeugen und Aktualisieren von Inhaltsverzeichnissen, die Verfügbarkeit eines Synonym-Wörterbuchs (Thesaurus) und vieles andere mehr den Komfort für den Anwender beim Umgang mit den Dokumenten.

Microsoft Word gilt heute als Marktführer bei den Textverarbeitungsprogrammen. Seine erste Version erschien im November 1983 für das Betriebssystem *DOS*. Im Gegensatz zur 1985 erschienenen *Macintosh*-Version unterstützte sie aber noch kein *WYSIWYG*. Erst 1989 veröffentlichte *Microsoft* eine *Windows*-Version, die dies leistete.

Word als Bestandteil des *Microsoft Office*-Pakets hat sich inzwischen in mittleren und großen Firmen als Quasi-Industriestandard durchgesetzt. Damit einhergehend hatten sich die zugehörigen Dateiformate *.doc*, *.xls* und *.ppt* als Standard für den Austausch von Dokumenten etabliert. Der Aufbau dieser Dokumentenformate war allerdings nicht öffentlich dokumentiert. Aufgrund vielseitigen Drucks, insbesondere von Seiten diverser Regierungsbehörden, hat *Microsoft* im Jahre 2005 die auf *XML* basierende Auszeichnungssprache *WordprocessingML*, auch *WordML* genannt, für Textverarbeitungsdokumente veröffentlicht. Diese soll künftig die Nutzung standardisierter, offen dokumentierter und herstellerunabhängiger Dateiformate ermöglichen. Nach außen hin manifestiert sich dies in den neueren Dateiformaten *.docx*, *.xlsx* und *.pptx*.

Erste Schritte

Im ersten Kapitel widmen wir uns den Grundfunktionen von *Word*. Sie sollen damit möglichst schnell in der Lage sein …

- das Programm starten und ein Dokument zu öffnen,
- einen Text einzugeben und zu verändern,
- ein Dokument zu speichern sowie
- ein Dokument zu drucken.

In diesem Kapitel greifen wir oft auf das *Menüband* von *Word* zurück. Sollten Sie sich das erste Mal mit den *Office*-Anwendungen von *Microsoft* auseinandersetzen, so empfehlen wir Ihnen zuvor die Lektüre des Abschnitts über die Menübänder im Kapitel »Programmübergreifende Office-Funktionen«. Darin erfahren Sie die wichtigsten Funktionen und lernen die jeweiligen Bereiche wie *Registerkarten*, *Befehlsgruppen*, *Kontext*-Register, *direkte* und *indirekte Schaltflächen* kennen.

Starten von Word

Um *Word* zu öffnen, klicken sie einfach auf das Word-Symbol im Dock.

Die »Office«–Icons im Dock.

Ein Startfenster taucht bei der neuen Version nicht auf. Anstatt dessen präsentiert Ihnen *Word* unmittelbar seinen *Vorlagen-Katalog*. Er beinhaltet diverse Vorlagen (vorgefertigte Dokumente), die Sie für Ihren Bedarf verwenden und anpassen können. Alle *Office*-Programme – mit Ausnahme von *Outlook* und *OneNote* – verwenden einen solchen Katalog. Deshalb beschäftigen wir uns damit näher im zweiten Teil dieses Buches. Er behandelt diejenigen Komponenten und Werkzeuge, die für alle *Office*-Anwendungen zu Verfügung stehen.

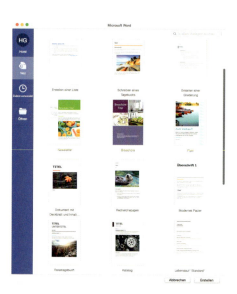

Der Vorlagen-Katalog von »Word«.

Anwendern von *Word für iPad* dürfte dieser Anblick vertraut sein, denn das Erscheinungsbild dieses Dialogs ähnelt sehr stark dessen Heim-Bildschirm. *Microsoft* hat die Oberfläche seiner neuen *Office*-Programme wie schon bei den *iPad*-Varianten eng an die Version *2013* der *Windows*-Ausgabe angelehnt.

Erzeugen von Dokumenten

Wie bereits erwähnt präsentiert *Word* nach dem Start seinen Vorlagenkatalog auf dem Bildschirm. Darin können Sie mit einem Mausklick auf eine Vorlage und einem weiteren auf *Erstellen* ein neues Dokument erzeugen.

Sie können diesen Dialog jederzeit mit *Datei | Neu aus Vorlage…* oder mit dem Tastaturkürzel *Umschalt-cmd-P* öffnen.

Danach können Sie mit der Eingabe von Text beginnen. Dies erfolgt üblicherweise über die Tastatur, alternativ lässt er sich über die Zwischenablage aus anderen Dokumenten übernehmen. Auch ein Import und die Umsetzung von Sprache in Text sind möglich, für Letzteres bedarf es dazu jedoch zusätzlicher Hilfsmittel.

Auch ein leeres Dokument ist eine Vorlage, und zwar eine ohne sichtbaren Inhalt. Sie erzeugen es mit mit *Datei | Neues Dokument…* oder mit dem Tastaturkürzel *cmd-N*.

Die Benutzeroberfläche

Im Gegensatz zur letzten Aktualisierung hat sich das Erscheinungsbild von *Word 2016* gegenüber seiner Vorgängerversion stark gewandelt.

Die Oberfläche von »Word 2016« im Stil von »Word 2013 für Windows«.

Am oberen Bildschirmrand finden Sie nach wie vor die klassische Menüzeile. Die klassische Standard-Symbolleiste am oberen Rand des Dokumentenfensters ist ersetzt durch die nicht konfigurierbare *Symbolleiste für den Schnellzugriff*. Sie ermöglicht einen schnellen Zugriff auf häufig verwendete Befehle wie *Öffnen*, *Speichern*, *Rückgängig* etc. Mit der Eingabe von Textmustern in das *Suchfeld* rechts oben gelangen Sie schnell zu den entsprechenden Stellen im Text.

Darunter ist das bereits aus der Version *2011* bekannte, jetzt im *OS X*-Stil gestaltete *Menüband* platziert. Viele Elemente haben sich im Vergleich zur Vorversion einen anderen Platz gesucht.

Es folgt das Lineal. Den meisten Platz beansprucht der darunter befindliche Arbeitsbereich zur Eingabe und Darstellung von Text und anderen Layout-Elementen. Den unteren Abschluss bildet die Statusleiste mit Schaltflächen für den Wechsel zwischen den Dokumentenansichten sowie einem Regler zur Einstellung der Vergrößerungsstufe.

Word bietet verschiedene Darstellungsmöglichkeiten für die von Ihnen erzeugten Dokumente. Im Folgenden nutzen wir zunächst ausschließlich die oben in der Abbildung gezeigte *Drucklayout*-Ansicht. Auf die übrigen Dokumentenansichten gehen wir in einem späteren Abschnitt ein.

Speichern von Dokumenten

Nach der Erzeugung eines neuen Dokuments können Sie dieses nach und nach mit Inhalt in Form von Text, Grafiken oder anderen Elementen befüllen. Ein Absturz von *Word* – also ein plötzliches und unerwartetes Beenden des Programms aus nicht näher erkennbarer Ursache – bedeutet am Anfang einer Arbeit noch keine Katastrophe. Trotzdem: Sie sollten ein Dokument so früh wie möglich unter einem mehr oder weniger aussagekräftigen Namen abspeichern – und zwar bevor Sie es vergessen. Wählen Sie dazu *Datei | Speichern unter*. Daraufhin erscheint ein Dialog, in dem Sie den Namen des Dokuments, das Dokumentenformat, das Verzeichnis, in dem das Dokument abgelegt werden soll, und einiges andere mehr einstellen können.

Der Dialog zum Sichern von Dokumenten.

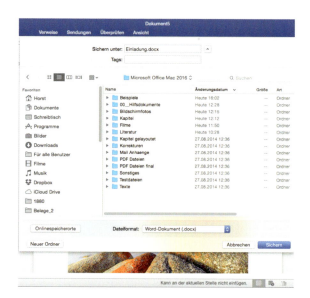

Später, wenn das Dokument mit Inhalt gefüllt ist, können Sie auf diese Weise eine Kopie des Dokuments unter einem anderen Namen oder in einem anderen Verzeichnis anlegen. So erzeugen Sie sich quasi einen Ausgangspunkt für ein weiteres Dokument ähnlicher Art.

Alternativ können Sie bei einem neuen Dokument auch den »normalen« *Speichern*-Befehl benutzen. Wählen Sie dazu *Datei | Speichern* oder klicken Sie auf das *Speichern*-Symbol in der Symbolleiste für den Schnellzugriff. Am schnellsten kommen Sie mit der Tastenkombination *cmd-S* zum Ziel.

Bei einem neuen Dokument erscheint beim allerersten Abspeichern-Vorgang immer der Dialog *Speichern unter*. Danach legen Sie mit dem Befehl *Speichern* ohne Dialog quasi eine neue Version Ihres Dokuments unter dem gleichen Namen ab. Alle vorgenommenen Änderungen und Ergänzungen sind dann unwiderruflich auf der Festplatte abgelegt. Allerdings kann dies auch mehr oder weniger versehentlich gelöschte Textpassagen betreffen – sie sind damit häufig verloren. Trotzdem empfiehlt sich das mehr oder weniger regelmäßige Speichern von Dokumenten. Auf diese Weise schützen Sie sich – von Ausnahmen abgesehen – vor Datenverlusten.

Ebenfalls zum Schutz der eingegebenen Informationen dient *AutoWiederherstellen*. Dieser im Hintergrund agierende Dienst speichert in regelmäßigen Abständen Ihre Dateien. Dazu legt er automatisch Dateien an, deren Namen sich aus *AutoRecovery save of* und den Namen der aktuell bearbeiteten Dokumente zusammensetzen.

Das Zeitintervall können Sie in den *Word*-Einstellungen, Rubrik *Speichern*, im Bereich *Ausgabe und Freigabe* verändern.

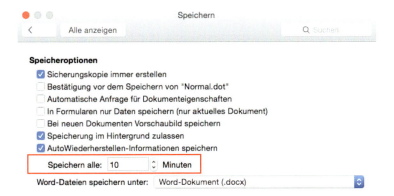

Verändern des Zeitintervalls für das automatische Sichern.

Sobald Sie die Arbeit an einem Dokument auf normalem Weg beendet haben, löscht *Word* das zugehörige *AutoRecovery save*-Dokument.

Das Verzeichnis, in dem diese Sicherungskopien abgelegt sind, lässt sich in den *Word*-Einstellungen, Rubrik *Dateispeicherorte,* im Bereich *Persönliche Einstellungen* verändern.

Die Auswahl des Speicherorts für die temporären Sicherungsdateien.

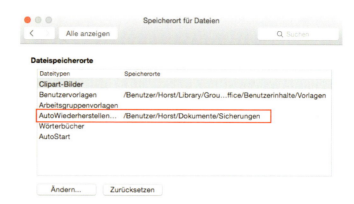

Zum Schutz gegen versehentliches Überschreiben einer Datei oder im Falle korrupter Dateien nach einem Programmabsturz oder Stromausfall bietet *Word* eine weitere Sicherheits-Maßnahme. Es erlaubt das Wiederherstellen der vorherigen Version einer Datei. Dazu müssen Sie das Erstellen von Sicherungskopien im gleichen Dialog aktivieren.

Die Aktivierung von »Sicherungskopie immer erstellen« ermöglicht den Zugriff auf die letzte Version eines Dokuments.

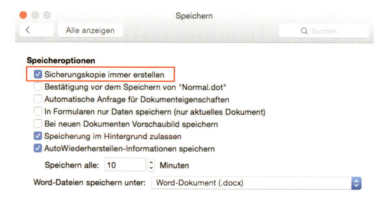

Ist diese Option aktiviert, erzeugt *Word* im Ordner eines aktuell bearbeiteten Dokuments zunächst ein Verzeichnis mit dem Namen dieses Dokuments ohne dessen Endung *.docx*. Darin speichert *Word* die letzte Version des Dokuments unter der Bezeichnung *Sicherungskopie von* und dem vollständigen Dokumentennamen. Im Falle eines beschädigten oder fehl-bearbeiteten Dokuments steht Ihnen dann die jeweilige Sicherungskopie zu Verfügung.

Das Drucken von Dokumenten

Irgendwann im Verlauf der Erstellung eines Dokuments dürften Sie den übermächtigen Wunsch verspüren, dessen Inhalt gedruckt auf Papier lesen zu können. Wählen Sie dazu *Datei | Drucken* oder betätigen Sie *cmd-P*. Es erscheint der gleichnamige Dialog. Darin können Sie den Drucker angeben, auf dem das Dokument ausgegeben werden soll. Weiterhin können Sie einstellen, ob Sie das gesamte Dokument oder nur Teile davon ausgeben möchten. Mit weiteren Einstellungen befassen wir uns im nächsten Abschnitt, da diese Funktion wieder für alle *Office*-Programme Anwendung findet.

Der Dialog »Drucken«.

Beenden von Word

Es kommt der Zeitpunkt, zu dem Sie Ihre aktuelle Arbeit mit *Word* beenden möchten oder müssen. Wählen Sie als stilvollen Abschluss Ihrer Bemühungen *Word | Word beenden* oder drücken Sie einfach *cmd-Q*. Ihre letzten Modifikationen haben Sie sicherlich zu diesem Zeitpunkt gespeichert. Sollten Sie es wider Erwarten vergessen haben, wird Sie *Word* daran erinnern und nachfragen, ob Sie es denn jetzt tun möchten. In der Regel werden Sie diese Nachfrage wohl positiv beantworten.

Arbeiten mit Text

Eingeben von Text

Nach den generellen Vorbemerkungen im letzten Kapitel schreiten wir jetzt zur Tat und erstellen Dokumente. Dazu starten wir *Word* und erzeugen ein neues leeres Dokument. In der linken oberen Ecke seines Arbeitsbereiches (letzteres ist die große weiße Fläche) sehen Sie einen blinkenden Strich. Es handelt sich dabei um die Einfügemarke, auch *Cursor* genannt. Die Eingabe von Text erfolgt nun genau an der aktuellen Position dieser Einfügemarke. Sie wandert mit dem eingegebenen Text mit. So können Sie stets erkennen, an welcher Stelle der einzugebende Text im Dokument erscheint.

Die Einfügemarke wandert mit dem eingegebenen Text.

Falls Sie schon einmal eine Schreibmaschine benutzt haben: Die Eingabe von Text funktioniert auch in *Word* so, wie sie es von ihr gewohnt waren. Allerdings ist es hierbei nicht erforderlich, ja sogar ineffizient, am Ende einer Zeile die Taste für die Zeilenschaltung zu betätigen. Für den Zeilenumbruch sorgt nämlich *Word* selbst. Sobald ein eingetipptes Wort nicht mehr in eine Zeile passt, verschiebt es *Word* in die nächste.

Interpunktionszeichen wie Punkt oder Komma sind in der deutschen Typografie immer am vorausgehenden Wort anzubringen. Wörter sind durch genau ein Leerzeichen zu trennen, gleiches gilt für ein Interpunktionszeichen und das folgende Wort. Leerzeichen am Zeilenanfang sind zu vermeiden.

Betrachten wir die Texteingabe an einem Beispiel. Nehmen wir an, Sie haben sich bereiterklärt, eine Wandertour zu organisieren. Das Anschreiben der Teilnehmer nehmen Sie zum Anlass, sich erstmals mit *Word* zu beschäftigen. Sie starten also das Programm, wählen die Vorlage *Leeres Dokument* und tippen einen Text ein.

Der erste Entwurf des Schreibens könnte das in der folgenden Abbildung dargestellte Erscheinungsbild besitzen.

Liebe Wanderfreunde,

wie bei unserem letzten Treffen in München vereinbart wollen wir dieses Jahr die Watzmann – Tour angehen. Dazu gibt es noch einige Einzelheiten zu regeln. Wie Ihr Euch erinnert, wir hatten die Zeit vom 21.08.15 – 24.08.15 festgelegt. Offen ist noch, wann reisen wir an und wann ab. Die Tour dauert 4 Tage. Ist die Anreise bereits am 20.08.15 und / oder die Abreise am 25.08.15 erwünscht? Wir müssen noch Zimmer in der Nähe vom Königssee reservieren. Dies sollten wir bald tun, um noch Auswahl zu haben. Bitte gebt uns bis Ende des Monats Bescheid.

Viele Grüße

Gabriella und Vinzens

Das Anschreiben für die Wandertour – der erste Entwurf.

Word denkt beim Eingeben von Text fieberhaft mit und überlegt, welches Wort Sie wohl eintippen möchten. Wenn es glaubt, Ihre Absicht erraten zu haben, unterbreitet es einen Vorschlag in Form eines *Info*-Textes.

Donnerstag   August   Donnerstag, 3. September 2015   NACHNAHME
Donn   Augu   Donnerstag,   Nach

»Word« unterbreitet Vorschläge für ein mögliches Vervollständigen.

Die *Info*-Texte erscheinen in der Regel nach Eingabe der ersten vier Buchstaben eines Wortes. Die Übernahme in den Text erfolgt durch Betätigen der Zeilenschaltung, des Tabulators oder der Eingabetaste.

> Wenn ein Vorschlag nichts taugt, lassen Sie sich nicht stören und schreiben Sie einfach weiter.

Auch bei Schriftstücken wie diesem Kurzbrief dürfte es die absolute Ausnahme darstellen, dass Sie einen Text gleich im ersten Ansatz wohlformuliert und fehlerfrei eintippen. Vielmehr werden Sie ihn an einigen Stellen umformulieren sowie zusätzlichen Text einfügen oder Fehler verbessern wollen. Für alle diese Tätigkeiten müssen Sie die Einfügemarke an eine andere Position versetzen oder Textteile markieren. Damit befassen wir uns im nächsten Abschnitt.

Sonderzeichen bestimmen

Die meisten der auf Ihrem Rechner installierten Schriften enthalten eine Vielzahl von Sonderzeichen wie Brüche (¼), internationale Zeichen (Ç, ë) oder internationale Währungssymbole (£, ¥). Darüber hinaus bestehen einige Zeichensätze wie *Symbol*, *Wingdings* oder *Zapf Dingbats* nur aus Symbolen, Ornamenten, Pfeilen, Kreuzen und anderen Mustern. Solche

Zeichen finden Sie in den seltensten Fällen auf Ihrer Tastatur. *Word* verfügt über Werkzeuge, die Ihnen mühsames und zeitraubendes Suchen in der Bildschirmhilfe oder in Tabellen mit entsprechenden Tastenkombinationen ersparen.

Positionieren Sie zunächst die Einfügemarke an der Stelle, wo Sie das Symbol einfügen möchten. Wählen Sie *Einfügen | Erweitertes Symbol* oder klicken Sie auf die Schaltfläche *Erweitertes Symbol* in der Gruppe *Symbole* ganz rechts im Register *Einfügen*.

Über die Schaltfläche »Erweitertes Symbol« bringen Sie den Dialog »Symbol« zur Ansicht.

Das Register *Symbole* von Dialog *Symbol* zeigt Ihnen die wesentlichen Zeichen der aktuell ausgewählten Schriftart an. Das Markieren des gewünschten Symbols führt zu dessen vergrößerter Darstellung. Ein Mausklick auf *Einfügen* transportiert das Symbol an der Einfügemarke in ein Dokument. Schneller kommen Sie mit einem Doppelklick auf das auserkorene Zeichen voran. Auf diese Weise können Sie beliebig viele Symbole nacheinander in ein Dokument einfügen.

Häufig benötigten Zeichen können Sie zudem Tastenkombinationen zuweisen. Markieren Sie das gewünschte Symbol und klicken Sie auf die Schaltfläche *Tastenkombination*. Dies öffnet den Dialog *Tastatur anpassen*.

Drücken Sie jetzt die gewünschte Kombination. *Word* klärt Sie anschließend auf, ob diese Kombination bereits in Verwendung ist. Ein Klick auf *Zuordnen* bewirkt die finale Zuweisung, ein weiterer Klick auf *OK* beendet diesen Dialog.

2 | Texte im Griff mit Microsoft Word

Der Dialog »Tastatur anpassen« gestattet die Zuweisung von Tastenkombinationen zu Symbolen.

Eine Auswahl spezieller Symbole befindet sich im Register *Sonderzeichen* des Dialogs *Symbol*. Auch darin besteht für Sie die Möglichkeit, häufig benötigten Zeichen eine Tastenkombination zuzuordnen.

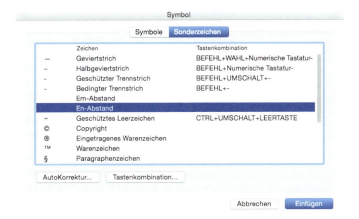

Enthält ausgewählte Symbole: Register »Sonderzeichen« von Dialog »Symbol«.

Eine weitere Möglichkeit zur Eingabe von Sonderzeichen ist wohl mehr etwas für Gedächtnis-Akrobaten. Bei gleichzeitig gedrückter Optionstaste erzeugen verschiedene Tasten Sonderzeichen, auch wenn dies nicht explizit wie beim € (alt-E) auf der Taste selbst aufgedruckt ist.

> Sie können sich die Belegung Ihrer Tastatur anzeigen lassen. Aktivieren Sie dazu die Option *Eingabequellen in der Menüleiste anzeigen* im Register *Eingabequellen* des Dialogs *Tastatur*, den Sie über die *Systemeinstellungen* aufrufen. Über das Einblendmenü des Symbols in der Menüleiste können Sie sich die Belegungen Ihrer Tastatur anzeigen lassen.

Nach Einblenden der »Tastaturübersicht« erscheint das Layout der benutzten Tastatur auf dem Bildschirm.

Beim Drücken der Optionstaste sind die damit einzugebenden Zeichen dargestellt.

Und schließlich existiert noch eine von *iOS*-Geräten her bekannte Methode. Bleiben einige Tasten etwas länger gedrückt, erscheinen über der Einfügemarke diverse Sonderzeichen, von denen Sie eins mit einem Mausklick oder durch die Betätigung der darunter aufgeführten Taste auswählen können. Alternativ können Sie sich mit der *Tabulator*-Taste zum gewünschten Symbol vorhangeln und es mit der Eingabetaste oder der Zeilenschaltung in den Text übernehmen.

Die Anzeige von Symbolen nach etwas längerem Tastendruck.

Einen Seitenumbruch einfügen

Sobald ein Wort nicht mehr in eine Zeile passt, verschiebt *Word* automatisch den Text bei der Eingabe in eine neue Zeile. Auf die gleiche Weise behandelt es den *Seitenumbruch*. Dies bezeichnet eine Stelle, an der eine Seite endet und eine neue beginnt. Analog zur Handhabung von Zeilen nennt man einen solchen automatisch eingefügten Wechsel einen weichen Seitenumbruch.

Wenn Sie beispielsweise ein neues Kapitel beginnen möchten, können Sie einen Seitenumbruch an einer ganz bestimmten Stelle auch erzwingen. Einen solchen manuellen oder harten Seitenumbruch erzeugen Sie, indem Sie zunächst die Einfügemarke an der auserkorenen Stelle platzieren. Wählen Sie anschießend *Einfügen | Umbruch | Seitenumbruch*. Alternativ führt die Verwendung der Schaltfläche *Seitenumbruch* in der Gruppe *Seiten* von *Menüband*-Register *Einfügen* zum Ziel. Der schnellste Weg ist wie üblich die Nutzung einer Tastenkombination, in diesem Fall sind es *cmd-E* oder *cmd-Eingabetaste*.

Textbausteine verwenden

Häufig benutzte Textpassagen, Grafikelemente, Tabellen oder auch ganze Seiten wie etwa Deckblätter können Sie unter einem Namen speichern, darüber ansprechen und so schnell in Dokumente einfügen.

Geben Sie zunächst einen Text oder eines der erwähnten Elemente ein. Markieren Sie den gewünschten Bereich und wählen Sie *Einfügen | AutoText | Neu*. Geben Sie im daraufhin erscheinenden Dialog *Neuen Autotext erstellen* einen Namen für den neuen Baustein ein und klicken Sie auf *OK*.

Die Erstellung eines neuen Textbausteins auf der Basis eines markierten Bereichs.

Word speichert auf diese Weise erzeugte *AutoText*-Einträge automatisch in der *Standarddokumentvorlage* (*Normal.dotm*). Dadurch stehen sie in sämtlichen Dokumenten zu Verfügung.

Wenn Sie einen solchen Baustein in ein Dokument einfügen möchten, positionieren Sie als Erstes die Einfügemarke an der auserwählten Stelle. Wählen Sie dann *Einfügen | AutoText | AutoText*. Markieren Sie im Register *AutoText* von Dialog *AutoKorrektur* den Namen des gewünschten Bausteins und klicken Sie auf *Einfügen*.

Die Erstellung eines neuen Textbausteins auf der Basis eines markierten Bereichs.

Im Register *AutoText* des Dialogs *AutoKorrektur* können Sie ebenfalls Bausteine erzeugen, was sich insbesondere im Fall kürzerer Texte empfiehlt. Tippen Sie einfach eine Textpassage in das Feld *AutoText-Einträge hier eingeben*: ein und klicken Sie dann auf *Hinzufügen*. Das Einblendmenü *Suchen in* dient dabei nicht nur zum Eingrenzen des Umfangs der Anzeige. Damit können Sie Bausteine gezielt einzelnen Vorlagen zuweisen. Die Namen der Bausteine erscheinen alphabetisch geordnet in der Liste unter dem Eingabefeld.

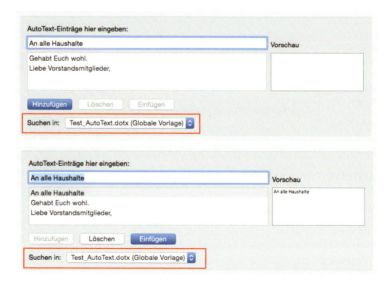

Nach der Erzeugung eines neuen Textbausteins im Dialog »AutoKorrektur« taucht dessen Name in der Vorlage auf, die zum Erstellungszeitpunkt eingestellt war.

In der globalen Vorlage »Normal.dotm« sucht man sie dann vergebens.

Schneller kommen Sie voran, wenn Sie beim Einsetzen den Namen eines gewünschten Textbausteins direkt im *AutoText*-Menü auswählen. Dies ist zur Zeit nur für die vordefinierten Bausteine möglich. Die automatische Aufnahme eines neu definierten Bausteins in dieses Menü findet in der aktuellen Version von *Word* nicht statt (Bug oder Feature?). Weder der Bildschirm- noch der Online-Hilfe sind diesbezüglich Hinweise zu entnehmen.

Glücklicherweise existiert noch eine weitere Methode, um Bausteine schnell in ein Dokument einzufügen. Sie setzt allerdings voraus, dass Sie die ersten vier Zeichen eines Baustein-Namens im Kopf haben. Nach deren Eingabe erscheint der Baustein-Text als *QuickInfo* über dem Eintrag. Mit einer der üblichen Tasten übernehmen Sie den Baustein in den Fließtext.

Die Anzeige des Textbausteins »Anfrage_Antwort« nach Eingabe der ersten vier Buchstaben.

Wenn Sie sich einen Eintrag automatisch anzeigen lassen möchten, vergeben Sie einen eindeutigen Namen mit mindestens vier Zeichen.

Bearbeiten von Text

Versetzen der Einfügemarke

Grundsätzlich stehen Ihnen zum Versetzen der Einfügemarke sowohl Maus/Trackpad als auch die Tastatur zu Verfügung. Wenn Sie die Maus/ das Trackpad bevorzugen, bewegen Sie den Mauszeiger (*Cursor*) an die gewünschte Stelle. Betätigen Sie dort einfach die Maustaste, und schon befindet sich die Einfügemarke an der Zielposition. Dies ist die bevorzugte Methode, falls die Zielposition relativ weit von der aktuellen Position der Einfügemarke entfernt ist. Bei kürzeren Entfernungen erreichen Sie die Zielposition schneller über die Tastatur mit Hilfe der Pfeiltasten. Die folgende Tabelle bietet eine Übersicht über die Tastenkombinationen zum Versetzen der Einfügemarke.

Die Tastaturkürzel zum Versetzen der Einfügemarke.

Taste	Funktion
←	Ein Zeichen nach links
→	Ein Zeichen nach rechts
↑	Eine Zeile nach oben
↓	Eine Zeile nach unten
⌥ ←	Ein Wort nach links
⌥ →	Ein Wort nach rechts
cmd ←, ↖	Zum Zeilenanfang
cmd →, ↘	Zum Zeilenende
⌥ ↑, cmd ↑	Zum Anfang des vorigen Absatzes
⌥ ↓, cmd ↓	Zum Anfang des nächsten Absatzes
⇞	Zur vorigen Fensterseite
⇟	Zur nächsten Fensterseite
⌥ ↖, cmd ↖	Zum Anfang des Dokuments
⌥ ↘, cmd ↘	Zum Ende des Dokuments

Markieren von Text

Wenn Sie mehrere Zeichen oder eine längere Textpassage bearbeiten möchten, müssen Sie als Erstes die betreffende Stelle im Text markieren. Auf diese Weise kennzeichnen Sie dasjenige Objekt, auf das Sie anschließend entsprechende Operationen anwenden.

Auch hier haben Sie wieder die Wahl zwischen Tastatur und Maus/Trackpad. Wenn Sie mit Maus/Trackpad arbeiten möchten, klicken Sie mit dem Mauszeiger auf den Anfang des zu markierenden Bereichs. Halten Sie die Maustaste gedrückt und ziehen Sie die Markierung bis zum gewünschten Ende der Textpassage. Lassen Sie dann die Maustaste los. Der Hintergrund des markierten Bereichs ist jetzt in der in den Systemeinstellung *Allgemein* festgelegten Auswahlfarbe (voreingestellt ist blau) dargestellt.

Ein Text mit einer markierten Passage.

Offen ist noch, wann reisen wir an und wann ab. Die Tour dauert

Befindet sich das Ende des zu markierenden Textes außerhalb des aktuell dargestellten Bereichs, so nimmt *Word* automatisch einen Bildlauf vor, wenn Sie den Mauszeiger bei gedrückter Maustaste nach oben oder unten aus der Darstellungsfläche ziehen.

Alternativ positionieren Sie die Einfügemarke an den Beginn der Textpassage. Falls erforderlich, blättern Sie, bis das Textende auf dem Bildschirm sichtbar ist. Drücken Sie die *Umschalt*-Taste und klicken Sie dann auf das Textende. Diese Methode ist besonders für das Markieren längerer Textabschnitte zu empfehlen.

Fällt der markierte Bereich kleiner oder größer als ursprünglich beabsichtigt aus, können Sie ihn mit Hilfe der gedrückten *Umschalt*-Taste einfach erweitern oder verringern. Auch dabei haben Sie die Wahl zwischen Mausklicks oder den Tastenkombinationen zum Bewegen der Einfügemarke.

> **Sie können Maus- und Tastaturmethode miteinander kombinieren. Markieren Sie beispielsweise einen Absatz per Dreifachklick. Wenn Sie anschließend mit gedrückter *Umschalt*-Taste den Rechtspfeil betätigen, erweitern Sie die Auswahl auf die nächsten Zeichen in der folgenden Zeile.**

Um eine Markierung zu entfernen, klicken Sie einfach an eine beliebige Stelle im Text oder betätigen eine Pfeiltaste.

> **Entsprechend seiner Voreinstellungen erweitert *Word* einen Text immer um ganze Wörter, sobald eine Markierung mehr als ein Wort umfasst. Diese Verhaltensweise können Sie abstellen. Wählen Sie in *Word | Einstellungen* die Schaltfläche *Bearbeiten* im Abschnitt *Erstellungstools und Korrekturhilfen*. Entfernen Sie unter *Bearbeitungsoptionen* den Haken vor *Beim Auswählen von Text ganzes Wort auswählen*.**

Das Deaktivieren der Auswahl ganzer Wörter beim Markieren in den »Word«-Einstellungen.

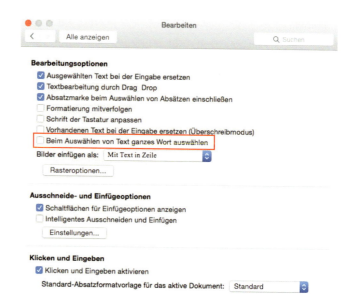

Die Markierungsmöglichkeiten mit der Maus sind damit noch lange nicht ausgeschöpft. Unter anderem können Sie dazu auch die Markierungsleiste in Anspruch nehmen. Dies ist ein nicht gekennzeichneter Bereich links neben dem Text. Sie erkennen ihn lediglich an einer geänderten Form des Mauszeigers. Sobald sie ihn in diesen Bereich bewegen, nimmt er die Form eines nach oben rechts gerichteten Pfeils an.

Das Markieren einer Zeile mit der Maus.

Möglichkeiten für das Markieren mit der Maus.

Markierung	Aktion
Ein Wort	Führen Sie einen Doppelklick auf das Wort aus.
Eine Zeile	Bewegen Sie den Mauszeiger links in die Markierungsleiste vor der Zeile. Die Markierung erfolgt mit einem Mausklick.
Mehrere Zeilen	Markieren Sie eine Zeile. Halten Sie die Maustaste gedrückt und bewegen Sie den Mauszeiger nach oben oder unten, bis die gewünschten Zeilen markiert sind.
Einen Satz	Halten Sie die *cmd*-Taste gedrückt und klicken Sie auf eine beliebige Stelle in einem Satz.
Mehrere Sätze	Markieren Sie einen Satz. Halten Sie dann die *Umschalt*-Taste gedrückt und klicken Sie auf eine beliebige Stelle im letzten zu markierenden Satz.
Einen Absatz	Führen Sie einen Dreifachklick auf den Absatz oder einen Doppelklick auf die Markierungsleiste links neben dem Absatz aus.
Mehrere Absätze	Markieren Sie einen Absatz per Doppelklick auf die Markierungsleiste. Halten Sie die Maustaste gedrückt und bewegen Sie den Mauszeiger nach oben oder unten, bis die gewünschten Absätze markiert sind.
Das Dokument	Führen Sie einen Dreifachklick im Markierungsbereich aus oder betätigen Sie das Tastaturkürzel *cmd-A* für *Bearbeiten	Alles markieren*.

Durch Drücken der *cmd*-Taste und der Anwendung einer der oben beschriebenen Methoden können Sie mit der Maus auch mehrere, nicht unmittelbar zusammenhängende Textstellen markieren.

Das Markieren nicht zusammenhängender Textpassagen.

2 Neuerungen in Version 14

Im Folgenden beschäftigen wir uns mit den Neuerungen und Verbesserungen von Version 14. Dabei handelt es sich, wie auch schon die der Vorversion, nicht um ein sogenanntes «Major Release», also um eine Ausgabe mit signifikanten Änderungen. Die neue Variante umfasst jedoch eine ganze Reihe funktioneller Erweiterungen, die einige Verbesserungen bei der Erstellung von Skripten und bei der Gestaltung von Layouts bieten.

2.1 Die Startzentrale

Unmittelbar nach dem Starten des Programms sticht als erstes die neue *Startzentrale* ins Auge. Sie ist konzipiert als plattformübergreifende Nutzerschnittstelle zum Öffnen und Erstellen von *FileMaker*-Datenbanken. Dies hat zur Folge, das Erscheinungsbild der *Startzentrale* unterscheidet sich nicht wesentlich zwischen Windows und Mac OS X, einem iPad oder iPhone mit FileMaker Go, oder einem Webbrowser mit *FileMaker WebDirect*.

Wenn Sie beim Aufziehen eines Markierungsbereichs mit der Maus die *alt*-Taste gedrückt halten, ziehen Sie einen rechteckförmigen Auswahlbereich auf. Dabei erfolgt auch eine Markierung von Wortteilen oder von einzelnen Zeichen. Dies kann sich als sehr hilfreich bei der Bearbeitung von Tabellen erweisen.

Regenmengen am Donnerstag, 03.09.15

Uhrzeit	Frankfurt	Hamburg	München
13:00 – 24:00	60	80	40
00:00 – 01:00	50	70	50
01:00 – 02:00	20	30	35

Das Markieren eines rechteckförmigen Bereichs.

Löschen, Kopieren und Verschieben von Text

Unterläuft Ihnen bei der Texteingabe ein Tippfehler und Sie erkennen dies unmittelbar, so können Sie das oder die fehlerhaften Zeichen sofort mit der *Rückschritt*-Taste löschen. Das Betätigen dieser Taste löscht das Zeichen links von der Einfügemarke. Zeichen rechts von der Einfügemarke können Sie mit der *Entfernen*-Taste löschen, die jedoch nicht auf allen Tastaturen zu finden ist. Um ein ganzes Wort oder einen Wortteil links von der Einfügemarke zu löschen, betätigen Sie die *Rückschritt*-Taste bei gedrückter *cmd*- oder *alt*-Taste. Analog löschen Sie ein Wort oder einen Wortteil rechts von der Einfügemarke mit Hilfe der *Entfernen*- und *cmd*- oder *alt*-Taste.

Um ganze Textteile zu löschen, markieren Sie die ausersehene Passage und betätigen die *Rückschritt*- oder die *Entfernen*-Taste.

Wenn Sie eine Textpassage überschreiben möchten, markieren Sie den vorgesehenen Bereich und geben Sie dann den neuen Text ein.

Es wird sicher sehr häufig vorkommen, dass Sie beim Überarbeiten eines Schriftstückes Textabschnitte im Dokument an eine andere Stelle verschieben möchten. Ist das Ziel nicht weit von der aktuellen Position entfernt, erledigen Sie diesen Prozess am besten wieder mit der Maus. Markieren Sie den zu verschiebenden Text, positionieren Sie den Mauszeiger irgendwo innerhalb der Markierung, bis er die Form eines nach links oben zeigenden Pfeils angenommen hat. Drücken Sie die Maustaste und ziehen Sie den markierten Bereich an die gewünschte Stelle. Lassen Sie die Maustaste los, sobald die Einfügemarke an genau der vorgesehenen Stelle positioniert ist. Diese Vorgehensweise bezeichnet man als Ziehen und Fallenlassen oder kurz *Drag & Drop*.

Bei größeren Distanzen zwischen aktueller Position und Zielposition wenden Sie besser *Ausschneiden (cmd-X)* und *Einfügen (cmd-V)* an. Markieren Sie den zu verschiebenden Text und schneiden Sie ihn aus. Wenn Sie viel Zeit haben, verwenden Sie dazu die entsprechenden Menübefehle *Bearbeiten | Ausschneiden* und *Bearbeiten | Einfügen*. Alternativ können Sie die Schaltflächen der Gruppe *Zwischenablage* im Register *Start* verwenden. Sehr viel rasanter ist dieser Vorgang allerdings nicht.

Die Verwendung des *Kontext*-Menüs für markierten Text erspart Ihnen das Zurücklegen längerer Strecken mit dem Mauszeiger. Dieses *Kontext*-Menü rufen Sie bei gedrückter *ctrl*-Taste mit einem Mausklick auf eine markierte Fläche auf. Sollten Sie über eine Zweitasten-Maus verfügen, erreichen Sie es den gleichen Effekt durch Drücken der rechten Maustaste. Auf dem Trackpad kommen Sie mit einem Doppel-Tipp ans Ziel.

Der obere Teil des »Kontext«-Menüs für markierten Text.

Auch das Einfügen können Sie mit dem *Kontext*-Menü erledigen. Rufen Sie es auf, nachdem Sie die Einfügemarke an der Zielstelle positioniert haben.

Am schnellsten gelangen Sie mit den Tastenkombinationen *cmd-x* (*Ausschneiden*) und *cmd-v* (*Einfügen*) ans Ziel.

Wohl mindestens genauso häufig werden Sie eine Textpassage, zumindest in ähnlicher Formulierung, an der einen oder anderen Stelle benötigen. Der dazu erforderliche Kopierprozess funktioniert analog, der markierte Text bleibt bei diesem Vorgang erhalten. Im *Menüband* befindet sich die Schaltfläche *Kopieren* direkt unterhalb derjenigen von *Ausschneiden*. Im Menü oder *Kontext*-Menü müssen Sie den Eintrag *Kopieren* wählen. Wenn Sie dabei *Drag & Drop* verwenden möchten, müssen Sie in diesem Fall beim Ziehen die *alt*-Taste gedrückt halten.

Das *Kopieren/Ausschneiden* und *Einsetzen* funktioniert auch zwischen verschiedenen Dokumenten.

Bei allen diesen Aktionen warten diverse Missgeschicke auf ihren Einsatz. Beispielsweise schneiden Sie Text an der falschen Stelle aus, Sie löschen versehentlich eine Passage oder Sie fügen Text nicht an der richtigen Position ein. Wenn Sie es relativ schnell merken, ist dies alles kein Problem.

In solchen Fällen helfen die Funktionen *Rückgängig* und *Wiederholen*. Haben Sie beispielsweise versehentlich ein Wort gelöscht, klicken Sie auf *Rückgängig* in der Symbolleiste für den Schnellzugriff, und das Wort ist wie von Zauberhand wieder da. Fällt Ihnen anschließend ein, das Löschen war eigentlich doch sinnvoll, betätigen Sie die unmittelbar daneben befindliche Schaltfläche *Wiederholen*.

Am schnellsten arbeiten Sie jedoch mit Tastaturkürzeln. In der folgenden Tabelle finden Sie eine Zusammenstellung der in diesem Abschnitt erwähnten Kürzel. Sie zählen zu den Tastenkombinationen, die Sie wahrscheinlich am häufigsten verwenden. Deshalb ist es sehr empfehlenswert, sich diese Kürzel gut einzuprägen. Mit ihrer Verwendung können Sie über die Jahre hinweg gewaltig Zeit einsparen.

cmd-c	Kopieren
cmd-v	Einsetzen
cmd-x	Ausschneiden
cmd-y	Wiederholen
cmd-z	Rückgängig

Nutzen Sie am Anfang Ihrer Arbeit mit *Word* bei diesen Tätigkeiten den Weg über das Menü oder über das *Kontext*-Menü. In beiden Fällen werden Ihnen die Kürzel unmittelbar neben dem zugehörigen Menübefehl angezeigt. Über kurz oder lang werden sie dadurch in Ihrem Gedächtnis verankert sein.

Formatierungszeichen

Sie sind nun in der Lage, die Einfügemarke zu versetzen und einen Text zu markieren. Damit können wir uns an die Überarbeitung des ersten Briefentwurfs wagen. Nach diversen kleineren Ergänzungen und Modifikationen weist das Schreiben das folgende Aussehen auf:

Das leicht überarbeitete Anschreiben.

Liebe Wanderfreunde,

wie bei unserem letzten Treffen in München vereinbart gehen wir dieses Jahr die große Watzmann -

Runde an. Dazu gibt es noch einige Einzelheiten zu regeln. Wie Ihr Euch erinnert, wir hatten die Zeit vom 21.08.15 – 24.08.15 festgelegt. Offen ist noch, wann reisen wir an und wann ab. Die gesamte

Tour dauert 4 Tage. Ist die Anreise bereits am 20.08.15 und / oder die Abreise am 25.08.15 erwünscht? Wir müssen noch Zimmer in der Nähe vom Königssee reservieren. Dies sollten wir bald tun, um noch Auswahl zu haben. Bitte gebt uns bis Ende des Monats Bescheid.

Viele Grüße

Gabriella und Vinzens

In zwei Zeilen haben sich Zeilenumbrüche eingeschlichen, die an diesen Stellen überhaupt nicht erwünscht sind. Was ist passiert? Wie bereits erwähnt fügt *Word* automatisch einen Zeilenumbruch vor einem Wort ein, wenn dies nicht mehr in eine Zeile passt. Genau dies ist durch die Eingabe zusätzlichen Textes erfolgt. Die versehentlich benutzten »harten« Zeilenschaltungen haben sich dabei mitbewegt.

Dies können Sie deutlich erkennen, wenn Sie die Anzeige der nichtdruckbaren Zeichen - auch Formatierungszeichen genannt - aktivieren. Klicken Sie dazu auf das zugehörige Symbol in der Gruppe *Absatz* von Register *Start* oder drücken Sie *cmd-8*.

Die Schaltfläche zum Ein- und Ausblenden von nicht druckbaren Zeichen.

2 | Texte im Griff mit Microsoft Word

Liebe Wanderfreunde,¶
¶
wie bei unserem letzten Treffen in München vereinbart gehen wir dieses Jahr die große Watzmann
- ¶
Runde an. Dazu gibt es noch einige Einzelheiten zu regeln. Wie Ihr Euch erinnert, wir hatten die
Zeit vom 21.08.15 – 24.08.15 festgelegt. Offen ist noch, wann reisen wir an und wann ab. Die
gesamte ¶
Tour dauert 4 Tage. Ist die Anreise bereits am 20.08.15 und / oder die Abreise am 25.08.15
erwünscht? Wir müssen noch Zimmer in der Nähe vom Königssee reservieren. Dies sollten wir
bald tun, um noch Auswahl zu haben. Bitte gebt uns bis Ende des Monats Bescheid.¶
¶
Viele Grüße¶
¶
Gabriella und Vinzens¶

Mit angezeigten Formatierungszeichen sind die Ursachen für das so nicht erwünschte Erscheinungsbild schnell gefunden.

Über die Darstellung der *Zeilenschaltungen* oder *Absatzmarken* erkennen Sie genau, an welchen Stellen eine harte Zeilenschaltung vorliegt. Mit dem Entfernen der unnötigen Absatzmarken stellen wir wieder ein vernünftiges Erscheinungsbild her.

Liebe Wanderfreunde,

wie bei unserem letzten Treffen in München vereinbart gehen wir dieses Jahr die große Watzmann
– Runde an. Dazu gibt es noch einige Einzelheiten zu regeln. Wie Ihr Euch erinnert, wir hatten die
Zeit vom 21.08.15 – 24.08.15 festgelegt. Offen ist noch, wann reisen wir an und wann ab. Die
gesamte Tour dauert 4 Tage. Ist die Anreise bereits am 20.08.15 und / oder die Abreise am
25.08.15 erwünscht? Wir müssen noch Zimmer in der Nähe vom Königssee reservieren. Dies
sollten wir bald tun, um noch Auswahl zu haben. Bitte gebt uns bis Ende des Monats Bescheid.

Viele Grüße

Gabriella und Vinzens

Das leicht überarbeitete Anschreiben ohne störende »harte Zeilenschaltungen«.

Leerzeichen sind bei eingeblendeten Formatierungszeichen durch Punkte repräsentiert. Dies ermöglicht Ihnen die einfache Prüfung, ob sich zwischen zwei Wörtern zwei oder mehr Leerzeichen eingeschlichen haben.

> In der neuen Version kennzeichnet die Grammatik-Prüfung von Word die Wörter links und rechts von mehreren aufeinander folgenden Leerzeichen durch eine grüne Unterstreichung.

So langsam können wir dem Brief seine (vorerst) finale Fassung verleihen. Sie haben sich entschieden, dessen Übersichtlichkeit durch das Einfügen einer Tabelle zu steigern. Im ersten Ansatz versuchen Sie dabei, die einzelnen Spalten mit Hilfe von Leerzeichen voneinander zu trennen.

Das modifizierte, um eine Tabelle ergänzte Anschreiben (erster Versuch).

```
insgesamt viertägige Tour schlagen wir die folgenden Alternativen vor. ¶
                       Alternative 1           Alternative 2 ¶
Donnerstag, 20.08.15   Anreise (abends) ¶
Freitag, 21.08.15      Erste Etappe            Anreise (morgens) und erste Etappe ¶
Montag, 24.08.15       Letzte Etappe           Letzte Etappe ¶
Dienstag, 25.08.15     Abreise                 Abreise ¶
Wir sollten das Reservieren der Zimmer für die Übernachtungen in der Nähe vom Königssee
```

So richtig ansprechend sieht diese Tabelle nicht aus. Wie aus der vergrößerten Darstellung ersichtlich ist, sind insbesondere die Texte in der mittleren Spalte nicht sonderlich gleichmäßig untereinander angeordnet.

Die mittlere Spalte der Tabelle (vergrößert).

```
          Alternative 1
          Anreise (abends) ¶
          Erste Etappe
          Letzte Etappe
          Abreise
```

Die Ursache dafür liegt in der Verwendung einer proportionalen Schriftart. Deren Zeichen weisen unterschiedliche Breiten auf – ein »m« beansprucht mehr Platz als ein »l« oder ein »i«. Dies kann dazu führen, dass Sie bei jeder Änderung im Tabellentext auch Hand an die Zahl der Leerzeichen legen müssen.

Sinnvoller ist bei Tabellen die Nutzung von *Tabulatorstopps*, kurz *Tabstopps* genannt. Dieses Steuerzeichen ermöglicht die genaue Positionierung von Textblöcken an definierten, vorgegebenen Stellen.

Bei Betätigung der *Tabulator*-Taste springt die Einfügemarke zum nächsten Tabulatorstopp. Jedes *Word*-Dokument verfügt über vordefinierte *Tabstopps*, die im Abstand von 1,25 cm angeordnet sind. Die Verwendung dieser Positionierungshilfen erspart bei Änderungen nicht nur ein mögliches Hantieren mit Leerzeichen, es verleiht der Tabelle auch ein professionelleres Erscheinungsbild.

2 | Texte im Griff mit Microsoft Word

```
viertägige Tour schlagen wir die folgenden Alternativen vor.
                        Alternative 1           Alternative 2
Donnerstag, 20.08.15    Anreise (abends)
Freitag, 21.08.15       Erste Etappe            Anreise (morgens) und erste Etappe
Montag, 24.08.15        Letzte Etappe           Letzte Etappe
Dienstag, 25.08.15      Abreise                 Abreise
Wir sollten das Reservieren der Zimmer für die Übernachtungen in der Nähe vom Königssee
```

Wirkt professioneller: die Tabelle mit Tabulatoren.

Das Tabulatorzeichen ist auf dem Bildschirm bei aktivierter *Sonderzeichen*-Anzeige durch einen blauen Rechtspfeil dargestellt. Die Positionen der Standard-Tabstopps sind im unteren Teil des Lineals als kleine dunkelgraue Striche angezeigt.

Nicht sonderlich effizient ist dabei lediglich noch die Notwendigkeit, mehrere Tabstopps zu verwenden, um den Text an die gewünschte Position zu bringen. Aber auch dafür gibt es elegantere Lösungen, womit wir uns in den Abschnitten über Absatzformatierung und über Tabellen beschäftigen werden.

Als Letztes befassen wir uns in diesem Abschnitt noch mit dem weichen Trennungszeichen. *Word* verfügt über eine automatische Silbentrennung, die Wörter am Ende von Zeilen teilt – allerdings nicht immer an der gewünschten Stelle. Gerade bei einem längeren Wort am Zeilenende kann dies zu Lasten des Erscheinungsbilds gehen. Die Verwendung des »normalen« Trennstrichs ist dabei viel zu unflexibel. Bei Änderungen im Text müssen diese gegebenenfalls manuell wieder entfernt werden.

Die Lösung für dieses Problem lautet »weicher« Trennstrich. Dieses Zeichen wird nur dann angezeigt und ausgedruckt, wenn ein Wort am Zeilenende genau an dieser Stelle getrennt wird. Ansonsten bleibt es unsichtbar. Positionieren Sie die Einfügemarke an der Stelle, an der ein Wort getrennt werden soll. Drücken Sie dann die Tastenkombination *cmd*-»-« (Bindestrich).

Im Falle unseres Briefes ist die Notwendigkeit, weiche Trennstriche zu verwenden, nicht so groß. Wie Sie jedoch sehen, verbessern sie trotzdem das Erscheinungsbild. Weiche Trennstriche werden durch spezielle Zeichen dargestellt.

Ein Text ohne (links) und mit (rechts) der Verwendung weicher Trennstriche.

In seiner finalen Fassung besitzt der Brief jetzt das folgende Aussehen.

Die finale Fassung des Anschreibens.

Liebe Wanderfreunde,

wie bei unserem letzten Treffen in München vereinbart gehen wir dieses Jahr die große Watzmann – Runde an. Dazu gibt es noch einige Einzelheiten zu regeln. Wie Ihr Euch erinnert, wir hatten die Zeit vom 21.08.15 – 24.08.15 festgelegt. Offen sind noch die Tage von An- und Abreise. Traditionsgemäß haben wir uns für den letzten Tag ein schönes Lokal ausgesucht. Für die insgesamt viertägige Tour schlagen wir die folgenden Alternativen vor.

	Alternative 1	Alternative 2
Donnerstag, 20.08.15	Anreise (abends)	
Freitag, 21.08.15	Erste Etappe	Anreise (morgens) und erste Etappe
Montag, 24.08.15	Letzte Etappe	Letzte Etappe
Dienstag, 25.08.15	Abreise	Abreise

Wir sollten das Reservieren der Zimmer für die Übernachtungen in der Nähe vom Königssee demnächst angehen, um noch Auswahl zu haben. Bitte gebt uns deshalb bis Ende des Monats Bescheid, welche Alternative ihr vorzieht.

Viele Grüße

Gabriella und Vinzens

Suchen und Ersetzen

Beim Erstellen von Texten kommt es nicht selten vor, dass Sie einen bestimmten Begriff durch einen anderen ersetzen möchten. Auf den ersten Blick wirkt eine solche Aufgabe ganz einfach. Wie im letzten Abschnitt gezeigt, sind dazu lediglich die betreffenden Textstellen zu markieren und durch eine neue Formulierung mittels Überschreiben zu ersetzen.

Bei längeren Texten und häufigem Vorkommen einer Textpassage kann das Suchen und Finden zu einer langwierigen Prozedur ausarten. Zudem ist die »rein optische« Suche immer mit dem Risiko verbunden, nicht sämtliche Auftreten des gesuchten Begriffs erfasst zu haben.

Stellen Sie sich vor, ein Schüler soll eine Hausarbeit über Satelliten anfertigen. Bei einem ersten Korrekturlauf stellen seine aufmerksamen Eltern fest, dass die vom Sohnemann benutzte Schreibweise für das Wort »Satellit« nicht ganz mit der korrekten gemäß Duden übereinstimmt.

Satteliten

Ein Sattelit (lat. Begleiter, Leibwächter) ist in der Raumfahrt ein künstlicher Raumflugkörper, der einen Himmelskörper – einen Planeten oder Mond – auf einer elliptischen oder kreisförmigen Umlaufbahn zur Erfüllung wissenschaftlicher, kommerzieller oder militärischer Zwecke umrundet.

Satteliten, welche die Erde umkreisen, werden Erdsatteliten genannt. Künstliche Satteliten, die einen anderen Körper als die Erde umlaufen und erforschen, werden hingegen als Orbiter bezeichnet.

Dem gegenüber stehen die natürlichen Satteliten von Planeten, die auch als Monde oder Trabanten bezeichnet und – ebenso wie der Erdmond – gesondert behandelt werden.

Künstliche Satteliten, die aus einer Parkbahn um Erde oder Mond in den interplanetaren Raum gelangen, können sinngemäß als „künstliche Planetoiden" bezeichnet werden. Ein die Sonne umkreisender Flugkörper wird bisweilen „Sonnensattelit" genannt.

Ein Auszug aus der Hausarbeit eines Schülers.

Natürlich steht es Ihnen frei, in solchen Fällen mühsam einen Text Wort für Wort durchzugehen und jedes Vorkommen eines fehlerhaften Wortes durch dessen korrekte Schreibweise zu ersetzen. Sinnvollerweise überlassen Sie aber eine solche Tätigkeit dem Computer. Dies erspart Zeit und Arbeit, darüber hinaus ist damit die Wahrscheinlichkeit, etwas zu übersehen, deutlich geringer.

Die Schnellsuche

Die Suchfunktion von *Word* ermöglicht es Ihnen, gezielt nach bestimmten Texten zu fahnden. Tragen Sie einfach den gesuchten Begriff oder die gesuchte Formulierung in das Eingabefeld für die Schnellsuche (Suchfeld – oben ganz rechts neben der Symbolleiste für den Schnellzugriff) ein. Bleiben wir beim *Satteliten*-Beispiel und tippen dieses Wort in das Suchfeld ein.

Mit jedem neu eingegebenen Zeichen aktualisiert *Word* die Treffer-Anzeige. Jedes Auftreten des gesuchten Textmusters, in diesem Falle also *Sattelit*, erscheint sofort farbig unterlegt im Dokument.

> Sie können ein Suchmuster auch mit *Kopieren* und *Einfügen* in das Suchfeld einsetzen.

Die Schnellsuche kennzeichnet die Treffer mit einem farbigen Hintergrund.

Satteliten

Ein **Sattelit** (lat. Begleiter, Leibwächter) ist in der Raumfahrt ein künstlicher Raumflugkörper, der einen Himmelskörper – einen Planeten oder Mond – auf einer elliptischen oder kreisförmigen Umlaufbahn zur Erfüllung wissenschaftlicher, kommerzieller oder militärischer Zwecke umrundet.

Satteliten, welche die Erde umkreisen, werden Erd**satteli**ten genannt. Künstliche **Satteli**ten, die einen anderen Körper als die Erde umlaufen und erforschen, werden hingegen als Orbiter bezeichnet.

Dem gegenüber stehen die natürlichen **Satteli**ten von Planeten, die auch als Monde oder Trabanten bezeichnet und – ebenso wie der Erdmond – gesondert behandelt werden.

Künstliche **Satteli**ten, die aus einer Parkbahn um Erde oder Mond in den interplanetaren Raum gelangen, können sinngemäß als „künstliche Planetoiden" bezeichnet werden. Ein die Sonne umkreisender Flugkörper wird bisweilen „Sonnen**sattelit**" genannt.

Mit Hilfe der Navigationspfeile rechts neben dem Eingabefeld lässt sich die aktuelle Treffer-Markierung nach oben oder unten verschieben.

Der aktuell ausgewählte Treffer ist erkennbar an einer etwas dunkleren Hintergrundfarbe sowie an einer zweiten, unterhalb der ersten befindlichen andersfarbigen Markierung.

Beim Navigieren von einem Treffer zum anderen wird die aktuelle Treffermarkierung für eine kurze Zeit vergrößert und grau umrandet dargestellt.

Den Inhalt des Suchfelds löschen Sie, indem sie auf den grauen Kreis mit dem weißen Kreuz rechts neben den Navigationspfeilen klicken.

Mit Hilfe der Navigationspfeile könnten Sie sich zu jedem Auftreten von *Sattelit* vorhangeln, mit dem *Einsetzen*-Befehl die Markierung überschreiben und die korrekte Schreibweise manuell herstellen. Insbesondere bei längeren Dokumenten ist eine solche Vorgehensweise recht mühsam und kann einige Zeit in Anspruch nehmen. *Word* stellt für solche Fälle arbeitssparendere Vorgehensweisen zu Verfügung.

Bevor Sie daran denken, wie Sie einen Begriff in einem Text ersetzen, sollten Sie prüfen, wie oft er denn überhaupt darin auftaucht. Klicken Sie dazu auf die Lupe links neben dem Suchfeld und wählen Sie *Suchergebnisse in der Randleiste auflisten* im erscheinenden Einblendmenü.

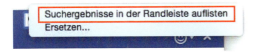

Das Einblendmenü der Schnellsuche.

Daraufhin blendet *Word* das *Register Suchen und Ersetzen* der *Randleiste* links neben dem Fließtext ein. Die aufgefundenen Textstellen sind darin zusammen mit ihrem Kontext als Textschnipsel aufgeführt. Der gesuchte Begriff ist dabei wie im Fließtext farbig hinterlegt.

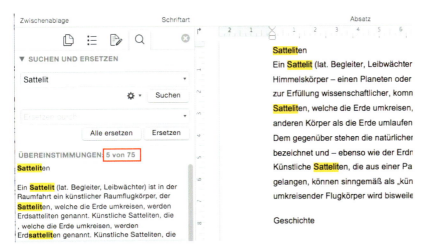

Die Trefferanzeige im Register »Suchen und Ersetzen« der Randleiste und im Fließtext.

Die Auswahl des aktuellen Treffers können Sie mit einem Klick auf einen Textschnipsel gezielt verändern. Als zusätzliche Information finden Sie im Kopfbereich der *Randleiste* die Gesamtzahl der Treffer sowie das aktuell markierte Vorkommen dargestellt.

Ersetzen von Text

Das Ziel bei der im letzten Abschnitt durchgeführten Suche ist, das Wort *Sattelit* durch die korrekte Schreibweise *Satellit* zu ersetzen – und das mit möglichst wenig Aufwand. Ist die Randleiste gerade ausgeblendet, wählen Sie *Ersetzen…* im Einblendmenü der Schnellsuche. Damit blenden Sie das Register *Suchen und Ersetzen* der *Randleiste* ein. *Word* positioniert dabei die Einfügemarke gleich im darin befindlichen Feld *Ersetzen durch*, Sie können somit sofort mit der Eingabe des Ersatztextes beginnen.

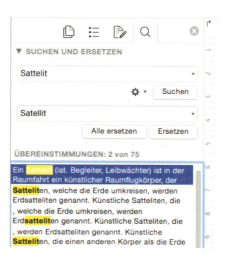

Register »Suchen und Ersetzen« der Randleiste mit den Eingabefeldern für die Textmuster zum »Suchen« und »Ersetzen« im Kopf des Registers.

Beide Eingabefelder können Sie durch *Kopieren* und *Einsetzen* mit Inhalt füllen.

Ein Mausklick auf *Suchen* bewegt die Markierung zum nächsten Treffer, ein Klick auf *Ersetzen* tauscht den aktuell markierten Text gegen den Ersatztext aus und bewegt die Markierung zum nächsten Treffer. Alternativ können Sie die aktuelle Markierung mit einem Klick auf die entsprechende Passage in der Randleiste auswählen. Diese ist dann durch eine weiße Schrift auf blauem Hintergrund gekennzeichnet.

Bei Nutzung der Schaltfläche *Alle ersetzen* bereinigen Sie das Dokument hinsichtlich der fehlerhaften Schreibweise von *Satellit* mit einem einzigen Mausklick.

Lassen Sie bei der Verwendung der Schaltfläche *Alle ersetzen* Vorsicht walten. Sie können zwar auch auf diese Operation den Befehl *Rückgängig* anwenden. Wenn Sie ein fehlerhaftes Ersetzen aber erst zu einem späteren Zeitpunkt bemerken, können die notwendigen Korrekturmaßnahmen mit sehr viel Aufwand verbunden sein.

In unserem Falle würden Sie unter anderem auf die folgende, fehlerhafte Schreibweise stoßen.

wird bisweilen „SonnenSatellit" genannt.

Eine fehlerhafte Schreibweise als Folge der Nutzung von »Alle ersetzen«.

Word hat sich hierbei nicht um die Groß- und Kleinschreibung gekümmert, weshalb jetzt dieser Fehler auftritt. Um solches Ungemach zu vermeiden, können Sie zunächst die Schaltfläche *Ersetzen* betätigen. Dies löst automatisch die Suche nach dem nächsten Treffer aus. In den Fällen, in denen die resultierende Schreibweise nicht korrekt ist, müssen Sie mit *Suchen* zum nächsten Auftreten springen. Anschließend müssten Sie den ganzen Vorgang mit Kleinbuchstaben wiederholen.

Es geht aber auch einfacher. Dem Einblendmenü der Schaltfläche *Suchoptionen* ist zu entnehmen, dass die Option *Groß-/Kleinschreibung nicht beachten* standardmäßig aktiviert ist.

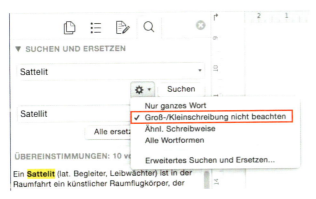

Die Option »Groß-/Kleinschreibung nicht beachten« ist in »Word« standardmäßig aktiviert.

Das Deaktivieren dieser Option und die Eingabe eines Kleinbuchstabens am Anfang führt zu einer besser überschaubaren Trefferquote, und die Nutzung von *Alle ersetzen* kann mit etwas geringerer Beunruhigung erfolgen.

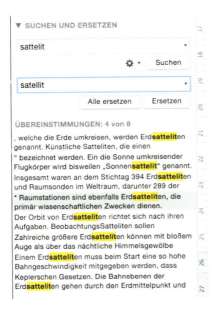

Das Ergebnis der Suche bei der Beachtung von Groß- und Kleinschreibung.

Anstelle des (Um)Wegs über die Schnellsuche können Sie das Register *Suchen und Ersetzen* der Randleiste auch direkt über *Ansicht | Randleiste | Suchen* einblenden. Noch schneller geht dies mit der Tastenkombination *cmd-Umschalttaste-H*.

Die erweiterte Suche

Bis jetzt hatten wir *Suchen* und *Ersetzen* benutzt, um ein fehlerhaft geschriebenes Wort zu korrigieren. Es kommt aber häufig vor, dass ein zu ersetzender Begriff im Kontext zu betrachten ist. Denken Sie etwa an *Doktor Murkes gesammeltes Schweigen* von Heinrich Böll. Darin möchte der Literat Bur-Malottke wegen »religiöser Bedenken« in seinen Vorträgen nachträglich das Wort »Gott« durch »jenes höhere Wesen, das wir verehren« ersetzen.

Wie wir gesehen haben, bereitet die Suche nach einem Begriff *Word* keinerlei Schwierigkeiten. Problematisch ist in diesem Fall der Ersatztext. Der gleiche Begriff, in diesem Falle also »Gott«, ist durch unterschiedliche Formulierungen zu ersetzen.

Such- und Ersatztexte entsprechend »Doktor Murkes gesammeltes Schweigen«.

Nominativ	10	Gott	jenes höhere Wesen, das wir verehren
Genitiv	7	Gottes	jenes höheren Wesens, …
Dativ	5	Gott	jenem höheren Wesen, …
Akkusativ	5	Gott	jenes höhere Wesen, …
Vokativ	1	O Gott	O du höheres Wesen, …

Dieser Fall erfordert zum einen mehrere *Suchen und Ersetzen*-Vorgänge. Die erweiterte Suchfunktion bietet dazu eine bessere Übersicht, denn sie ermöglicht die Konzentration auf jeweils ein einzelnes Auftreten eines Suchmusters. Der Text der Reden von Herrn Bur-Malottke ist im Roman nicht aufgeführt. Wir greifen deshalb wieder auf die bisher behandelten Beispiele zurück.

Der Aufruf des Dialogs für das erweiterte *Suchen und Ersetzen* erfolgt über das Einblendmenü der Schaltfläche *Suchoptionen*. Alternativ führt das Menü *Bearbeiten | Suchen | Erweitertes Suchen und Ersetzen…* zum gleichen Ziel, die Randleiste muss dazu nicht eingeblendet sein.

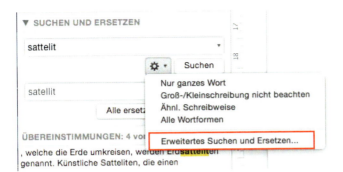

Der Aufruf des Dialogs zum erweiterten Suchen und Ersetzen.

Das Aktivieren der Option *Nur ganzes Wort* beschränkt die Suche auf ganze Wörter.

Eine Tastenkombination zum Aufruf dieses Dialogs existiert leider nicht. Sein Titel lautet auch nicht so ganz glücklich lediglich *Suchen und Ersetzen*, wobei Sie sich davon nicht verwirren lassen sollten. Im Unterschied zur Schnellsuche müssen Sie darin explizit angeben, ob alle gefundenen Suchbegriffe markiert sein sollen. Darüber hinaus lässt sich festlegen, ob die Suche im Hauptdokument oder in den Kopf- und Fußzeilen vorgenommen werden soll.

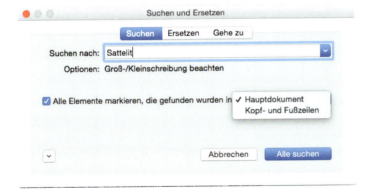

Der Dialog des erweiterten Suchen und Ersetzens.

Ein Mausklick auf das Symbol mit dem Abwärtspfeil erweitert den Dialog und bietet zusätzliche Optionen. Dies ermöglicht unter anderem die Suche nach Sonderzeichen und Formaten und gestattet auch die Festlegung der Suchrichtung.

Der Dialog für das erweiterte Suchen und Ersetzen mit eingeblendeten Zusatz-Optionen.

Mit dem Thema »Formate« befassen wir uns im nächsten Abschnitt.

Sie können bei geöffnetem Dialog zum Dokument wechseln und dieses weiterbearbeiten, ohne den Dialog schließen zu müssen.

Im Anschreiben an unsere Wanderfreunde hätten wir dessen Überarbeitung mit Hilfe dieses Dialogs durchführen können – und zwar ohne Sonderzeichen einblenden zu müssen. Zunächst erfordert dies einen Wechsel in das Register *Ersetzen*. Im Einblendmenü Spezialeffekt wählen wir den Eintrag *Absatzmarke*. Word fügt daraufhin dessen Zeichensymbol »^p« automatisch in das Eingabefeld *Suchen nach*: ein. Dann geben wir ein Leerzeichen neben *Ersetzen durch*: ein. Mit Hilfe der Taste *Weitersuchen* hangeln wir uns von Absatzmarke zu Absatzmarke vor. Die Taste *Ersetzen* betätigen wir dabei nur, wenn wir auf ein tatsächlich zu ersetzendes Zeichen gestoßen sind.

Schließlich bietet die Suchfunktion von *Word* noch die Option *Mit Mustervergleich*. Hinter dieser harmlos klingenden Bezeichnung verbirgt sich ein sehr mächtiges Werkzeug: das Auffinden von Textmustern mit Hilfe sogenannter *Regulärer Ausdrücke*. Diese ermöglichen das Auffinden bestimmter Muster in Zeichenketten. Zu diesem Thema existieren ganze Bücher, im Folgenden finden Sie eine kurze Erläuterung des Prinzips.

Das Ersetzen von Sonderzeichen im Dialog für das erweiterte Suchen und Ersetzen.

Zum Suchen nach den Jahreszahlen »2015«, »2016« und »2017« tragen Sie in *Suchen nach* zunächst die »01« ein (dies ist für allen Jahreszahlen gleich). Die dritte Stelle kann eine »5«, eine »6« oder eine »7« sein. In einem regulären Ausdruck wird dies durch die Angabe der in von eckigen Klammern umgebenen möglichen Elemente formuliert, in diesem Fall also »[567]«. Bei aktivierter Option *Alle Elemente markieren, die gefunden wurden in* zeigt *Word* auch die Trefferzahl im Dialog an.

Das Auffinden von Zeichenmustern mit Hilfe »regulärer Ausdrücke«.

Bei einer kontinuierlichen Zeichenfolge können Sie für die Bereichsdefinition das erste und das letzte Zeichen angeben, getrennt durch einen Bindestrich. Die Formulierung »01[5-7]« führt bei der Suche nach den Jahreszahlen zum gleichen Ergebnis.

Reguläre Ausdrücke erlauben auch die Verwendung von Platzhalter-Zeichen. So steht »?« für ein einziges Zeichen, »*« für eine beliebige Zeichenfolge.

Eine Suche nach Textmustern mit Platzhaltern: »Ma*r« (links) und »Ma??r« (rechts).

Maier	Maier
Mair	Mair
Mayr	Mayr
Meier	Meier
Meyer	Meyer

Die Gestaltung von Text

Die vorangegangenen Kapitel behandelten die Eingabe und die Modifizierung von Text. Dieser Abschnitt befasst sich mit dem Erscheinungsbild von Dokumenten, da bei deren Erstellung auch die Lesbarkeit von Texten eine wesentliche Rolle spielen sollte.

Als *Formatierung* bezeichnet man die optische Aufbereitung von Texten. Deren vorrangiges Ziel ist, mit Hilfe geeigneter Gestaltungsmaßnahmen Dokumenten eine übersichtliche und lesefreundliche Form zu verleihen. Die *Typografie* gibt Richtlinien für die Gestaltung von Texten vor, wobei nicht nur funktionale, sondern auch ästhetische Gesichtspunkte Berücksichtigung finden. Eine einheitliche Definition für diesen Begriff existiert allerdings nicht. Ursprüngliche behandelte die Typografie die Gestaltung von Schriften. Dieser Bereich wird als *Mikrotypografie* oder *Detailtypografie* bezeichnet. Nach einer modernen Auffassung umfasst die Typografie zusätzlich das Gebiet der *Makrotypografie*, auch *Layout* genannt. Sie behandelt allgemein das Gestalten von Medien mit der Nutzung von Stilmitteln wie etwa Papierformat, Spaltenzahl, Farben, Zeilenbreite, Seitenformat, Kontrast oder dem Verhältnis von Schrift zu Bildern und Tabellen. Im weitesten Sinne behandelt Typografie den Umgang mit Schrift, Bildern und Materialien. Ihr Ziel ist die Vermittlung von Inhalten mittels lesefreundlicher Textgestaltung, die auch inhaltliche Strukturen sichtbar macht und einen emotionalen Eindruck beim Leser hervorruft.

Schriften und Zeichenformatierung

Schrift ist zum einen Träger von Information, zum anderen löst sie unbewusst bestimmte Gefühle und Assoziationen aus. Sie beeinflusst damit die Reaktion des Lesers auf das Wahrgenommene. Allerdings unterscheidet sich die Wirkung von Person zu Person, denn sie hängt von den individuellen Einstellungen und Lesegewohnheiten des jeweiligen Lesers ab. Auf jeden Fall erzielt ein Schriftbild eine emotionale Wirkung, die über die eigentliche Bedeutung eines Textes hinausgehen kann. Diesen Effekt bezeichnet man als Anmutung. Schriftbild und Textinhalt sollten deshalb stets aufeinander abgestimmt sein. Harmonie bedeutet in diesem Fall die Auswahl einer zum jeweiligen Thema passenden Schriftart.

Schriftgestaltung

Nach den obigen Ausführungen verwundert es nicht, dass sich Schriften Attribute wie zeitlos, sachlich, schwer, elegant oder altmodisch zuordnen lassen. Hinsichtlich ihrer optischen Gestaltung unterscheidet man fünf Grundtypen.

- Nichtproportionale Schriften
  Bei nichtproportionale Schriften, auch *Monospaced Fonts* genannt, verfügt jedes Zeichen – sogar die Satzzeichen – über die gleiche Zeichenbreite (Laufweite). Sie eignen sich zur Darstellung von Paragraphen, Definitionen oder Tabellen. In Fachtexten über Programmiersprachen oder Betriebssysteme dienen sie häufig zur Darstellung von Befehlsprozeduren. Der bekannteste Vertreter dieser Art ist *Courier*.

- Serifenschriften
  Serifen oder *Endstriche* sind kleine, geschwungene oder rechteckige Querlinien am Ende von Buchstabenstrichen. Sie sollen die Lesbarkeit gedruckter Texte verbessern. Die *Serifen* bilden quasi eine Linie, der das Auge folgen kann und die somit das Lesen längerer Texte erleichtern. Aus diesem Grund finden Serifenschriften insbesondere bei Büchern Verwendung. Bekannte Vertreter dieser Art sind *Bodoni*, *Garamond* und *Times*. Für klein dargestellte Schriften sind allerdings serifenlose Schriften besser lesbar.

- Serifenlose Schriften
  Serifenlose Schriften wirken moderner und klarer, aber auch dominanter. Wegen ihrer schlichten Gestaltung erlauben Sie ein schnelle-

res Erfassen von Texten, weshalb sie oft in Überschriften oder Titeln Verwendung finden. Vertreter sind *Arial*, *Helvetica*, *Optima* und *Verdana*.

- Dekorative Schriften
  Darunter versteht man in der Typografie Zierschriften, bei denen die Lesbarkeit nicht erste Priorität besitzt. Ihren Einsatz finden sie deshalb häufig in Überschriften oder in Werbebroschüren. Zu dieser Gruppe gehören *Bauhaus 93* und *Zapfino*.

- Schreibschriften
  Schreibschriften oder *Script* sind handgeschriebenem Text nachempfundene Schriften. Sie eignen sich für persönliche Schreiben wie etwa Einladungen oder für Werbemedien. Beispiele dafür sind *Lucida Handwriting* und *Monotype Corsiva*.

Als *Schriftfamilie* bezeichnet man eine Gruppe zusammengehörender *Schriftstile* (*Schriftschnitte*), die gemeinsame Merkmale aufweisen und meistens vom gleichen Schriftgestalter entworfen wurden. Sie umfassen mindesten einen *Grundstil* (*Normal*) sowie diversen Auszeichnungsstile wie *kursiv*, *schmal* oder *fett*.

Neben den bisher aufgezeigten Aspekten spielt auch die Verfügbarkeit von Schriften eine wichtige Rolle. Als sichere Schriften bezeichnet man solche, die auf den am meisten verbreiteten Betriebssystemen installiert sind. Hierzu zählen unter anderem *Arial*, *Comic Sans MS*, *Courier New*, *Georgia*, *Impact*, *Times*, *Trebuchet MS* und *Verdana*.

Schriftformate

In den heutigen Betriebssystemen finden sich im Wesentlichen die drei im folgenden beschriebenen Schriftformate:

- PostScript
  PostScript ist eine von Adobe entwickelte, universelle Programmiersprache. Sie dient zur geräteunabhängigen Beschreibung von Seiten. Die Umsetzung in Druckanweisungen erfolgt durch den *PostScript-Interpreter* des benutzten Druckers. Schriften sind als skalierbare Vektorgrafiken (*Bézierkurven*) beschrieben. Sie lassen sich auf allen Druckern ausgegeben – entweder direkt über einen eingebauten Interpreter oder mit Hilfe zusätzlicher Software.

- TrueType
  TrueType, ein Standard zur Darstellung von Schriften für Bildschirm und Druck, stammt aus dem Hause *Apple*. Seine Entwicklung war eine Folge der Lizenzpolitik von *Adobe* hinsichtlich *PostScript*. Er wurde unter anderem an *Microsoft* lizenziert, heute ist er sowohl in *Windows* als auch in *Mac OS X* integriert. *TrueType*-Schriften zählen wie *PostScript* zu den Outline-Schriften. Sie basieren auf der Beschreibung von Konturen durch mathematischen Formeln (quadratische *B-Splines*). Dies bietet den Vorteil der Skalierbarkeit – die Schriftgröße ist damit beliebig veränderbar.

- OpenType
  Das *OpenType*-Format ist eine Entwicklung von *Adobe* und *Microsoft*. Sämtliche Informationen befinden sich in einer einzigen Datei. Die gleiche Schrift ist ohne Konvertierung oder Umformatierung unter *Mac OS X* wie unter *Windows* nutzbar. *OpenType*-Schriften basieren auf *Unicode*, dies erlaubt einen Zeichenvorrat von bis zu 65.536 Zeichen.

Schriften

Auf dem *Macintosh* stehen beispielsweise ab *OS X Yosemite* bzw. *El Capitan* über 200 verschiedene Schriften (Variationen mitgezählt) zur Auswahl, mit einer *Office*-Installation kommen noch einige weitere hinzu. Wählen Sie für ein Dokument eine oder mehrere Schriften aus, sollte an oberster Stelle Ihrer Kriterienliste die Lesbarkeit stehen. Im Prinzip könnten Sie eine beliebig große Anzahl von Schriften in Ihren Dokumenten mischen. Fachleute empfehlen jedoch, allerhöchstens drei Schriftarten miteinander zu kombinieren, da ansonsten ein Dokument unprofessionell und überladen wirkt.

Das Mischen von Schriften erfordert Erfahrung und Fingerspitzengefühl, denn die auszuwählenden Schriften müssen zueinander passen. Verschiedene Schriftarten sollten in einem Dokument den gleichen Eindruck vermitteln und die gleiche Grundstimmung hervorrufen. Im Alltag ist häufig eine Mischung von serifenloser Schrift für Überschriften und Serifenschrift im Fließtext anzutreffen.

Beim Erstellen eines neuen *Word*-Dokuments sind darin verschiedene Formatierungs-Eigenschaften voreingestellt, unter anderem auch die Schriftart. Eine Möglichkeit zur Auswahl einer anderen Schrift bietet das Einblendmenü in der Gruppe *Schriftart* von Register *Start* im *Menüband*.

Das Einblendmenü zur Auswahl einer anderen Schrift.

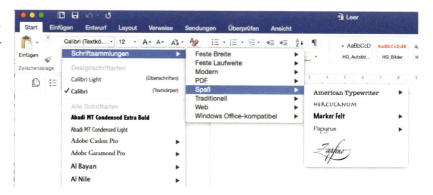

Die Auswahl können Sie entweder in der Gesamtliste oder in einer der thematisch gegliederten Schriftsammlungen mit ihren Untermenüs vornehmen.

Wenn Sie vor der Auswahl keine Markierung vorgenommen haben, ändern Sie die Schrift ab der aktuellen Einfügemarke. Ist dagegen eine Markierung vorhanden, ändert sich die Schrift ausschließlich für die markierten Zeichen.

Die für eine Textstelle eingestellte Schrift ist in diesem Menü mit einem Haken links neben dem Schriftnamen gekennzeichnet. Darüber hinaus sind alle in einem Dokument benutzten Schriftarten im Untermenü zuletzt verwendet aufgeführt.

Die Kennzeichnung einer eingestellten Schrift.

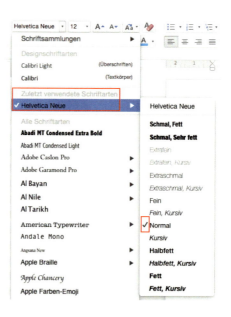

2 | Texte im Griff mit Microsoft Word

Sie können den Namen einer Schrift manuell in das Menü eingeben. *Word* ergänzt automatisch die fehlenden Zeichen zur alphabetisch nächsten Schrift.

Das automatische Ergänzen eines Schriftnamens bei manueller Eingabe.

Als Alternative zur Auswahl einer Schriftart bietet sich der Dialog *Schriftart* an. Ihn rufen Sie über *Format | Schriftart…*, per Kontextmenü oder schnell mittels der Tastenkombination *cmd-D* auf.

Der Aufruf des Dialogs »Schriftart« über ein »Kontext«-Menü.

Die Verwendung dieses Dialogs bietet sich an, wenn Sie neben der Schriftart auch andere Eigenschaften einer Schrift verändern möchten. Dazu mehr in den folgenden Abschnitten.

Der Dialog »Schriftart« bietet diverse Elemente zur Auswahl von Schriften und deren Eigenschaften.

Schriftgröße

Der Schriftgrad ist ein Maß für die Größe einer Schrift. Es existieren verschiedene Maßeinheiten, meistens mit der Bezeichnung *Punkt*, die auch für Zeilenabstände Anwendung findet. Wie in Textverarbeitungsprogrammen üblich, erfolgt auch in *Word* die Angabe von Schriftgrößen in der Maßeinheit *Punkt (pt)* des *DTP*-Punkt-Systems. In diesem System entspricht ein Punkt $\frac{1}{72}$ Zoll – das sind 0,3527 mm. Eine Schriftgröße von *10 pt* ist demnach auf dem Papier etwa 3,5 mm hoch. Einzelnen Buchstaben können aber entsprechend ihrer Form kleiner ausfallen.

Als *Lesegrößen* bezeichnet man Schriftgrößen im Bereich von 9 bis 14 Punkt, für längere Texte gelten 10 bis 12 pt als am besten geeignet. Konsultationsgrößen liegen zwischen 6 und 9 Punkt, sie finden unter anderem in Fußnoten Verwendung. In Überschriften sollte die Schriftgröße 30 pt nicht überschreiten.

Zur Festlegung der Schriftgröße stehen wieder das Einblendmenü im Register *Start* des *Menübands* oder der Dialog *Schriftart* zu Verfügung. Darüber hinaus erlauben die beiden Schaltflächen rechts neben dem Schriftgrößen-Einblendmenü das Einstellen der nächst größeren und der nächst kleineren Schriftgrößen-Stufe.

Wie bei der Schrift ist auch hier die manuelle Eingabe einer (nicht unbedingt im Menü enthalten) Größe möglich.

In *Extras | Tastatur anpassen…* sind voreingestellte Tastaturkürzel zum Vergrößern und Verkleinern von Schriftgrößen angezeigt. Wirkung zeigt allerdings keine der angegebenen Kombinationen. Vermutlich beziehen sich diese auf ein *US*-amerikanisches Tastaturlayout. In der letzten Version war diesbezüglich noch ein Hinweis in der Bildschirmhilfe zu finden. Für die aktuelle Ausgabe ist *Microsoft* anscheinend der Meinung, darauf verzichten zu können.

Schriftstil

Schriftstile, auch *Schriftschnitte* oder *Textauszeichnung* genannt, sind Variationen einer Schrift. Variabel sind in diesem Zusammenhang Stärke (mager, normal, fett), Laufweite oder Schriftbreite (schmal, normal, breit) und Lage (normal, kursiv). Diese Merkmale einer Schrift lassen sich beliebig miteinander kombinieren. So kann es beispielsweise magere Schriften geben, die außerdem noch breit und kursiv sind.

Schriftstile sollen signifikante Wörter vom Grundtext abheben mit dem Ziel, die Aufmerksamkeit eines Lesers direkt darauf zu lenken. Weiterhin dienen sie zur Strukturierung von Text und damit auch zur Auflockerung von Fließtext. Oberstes Ziel für ihren Einsatz ist auch hier eine gesteigerte Lesbarkeit. Allerdings ist sparsame Anwendung angeraten, andernfalls verfehlen sie ihre Wirkung.

Kursiv gesetzte Wörter verfügen über einen »gesprochenen Charakter«. Sie eignen sich deshalb gut für Zitate. Wegen ihrer Grauwirkung fügen sie sich gleichmäßig in einen Text ein, was ihnen einen eher unauffälligen Charakter verleiht.

Wegen ihrer Dominanz stechen **fett** gesetzte Wörter sofort aus dem Fließtext hervor und lenken so die Aufmerksamkeit auf sich. Allerdings kann eine exzessive Verwendung die Grauwirkung einer Seite stören.

Unterstreichungen sollten Sie nur sehr sparsam verwenden. Diese Linien schneiden die Unterlängen, da sie sich vom Wortanfang bis zum Wortende ziehen. Unter *Kapitälchen* versteht man in der Typografie versal gesetzte Wörter mit der Größe von Kleinbuchstaben. Sie erfordern das Vorhandensein eigener Schnitte.

Die Auswahl eines Schriftstils können Sie mit Hilfe der entsprechenden Schaltflächen im Register *Start* des *Menübands* oder im Dialog *Schriftart* vornehmen.

Zur Auswahl eines Schriftstils können Sie auch die in der folgenden Tabelle aufgeführten Tasten-Kombinationen verwenden. Dabei muss nicht notwendigerweise eine Textstelle markiert sein. Wenn Sie einige Zeichen hochstellen möchten, betätigen Sie *cmd-Umschalttaste-=* **vor** deren Eingabe und schalten Sie nach der Eingabe mit der gleichen Kombination wieder auf »normal« zurück. Auf diese Weise ist ein Stil besonders schnell ausgewählt.

Die Tastenkombinationen zur Auswahl von Schriftstilen dienen sowohl zum Einstellen als auch zum Abschalten eines Schriftstils.

cmd-B	Fett	
cmd-I	Kursiv	
cmd-U	Unterstrichen	
cmd-=	Tiefgestellt	Taste »=« auf Ziffernblock
cmd-⇧-=	Hochgestellt	Taste »=« auf Ziffernblock
cmd-⇧-A	Großbuchstaben	
cmd-⇧-D	Doppelt unterstrichen	
cmd-⇧-K	Kapitälchen	
cmd-⇧-W	Wortweise unterstrichen	
cmd-⇧-X	Durchgestrichen	

Schriftfarbe

Die Wahrnehmung von Farbe ist immer mit bestimmten Erfahrungen verbunden. Deshalb lassen sich mit dem Einsatz von Farben Emotionen hervorrufen oder ein bestimmtes Klima erzeugen. Rot steht etwa für Gefahren, Verbote oder Warnungen, womit diese Signalfarbe die Bedeutung einer Textpassage hervorheben kann.

Weiterhin können Sie Farben zum Gruppieren von Textelementen nutzen. Beginn und Ende eines Textbereichs sind so deutlicher sichtbar, und der Zusammenhang einzelner Textelemente tritt deutlicher hervor. Gleiches gilt für die Unterlegung von Flächen. Schriftfarbe oder Farbunterlegung dienen zum Hervorheben wesentlicher Textabschnitte und sind häufig in Lehrbüchern zur Hervorhebung von Definitionen, Merksätzen oder Tipps anzutreffen.

Bei sehr großen Schriften (wie etwa auf Schildern) ist von der Verwendung schwarzer Farbe abzuraten. In solchen Fällen erzielen ein dunkles Blau oder ein Dunkelgrau häufig eine bessere Wirkung. Ausnahmen bilden unter anderem Trauermitteilungen.

Das gleiche Wort in verschiedenen Farben.

Bekanntmachung

Bekanntmachung

Bekanntmachung

Bekanntmachung

Für die Auswahl einer Schriftfarbe stehen mit den Schaltflächen im *Menüband* und dem Dialog *Schriftart* die üblichen Werkzeuge zu Verfügung.

2 | Texte im Griff mit Microsoft Word

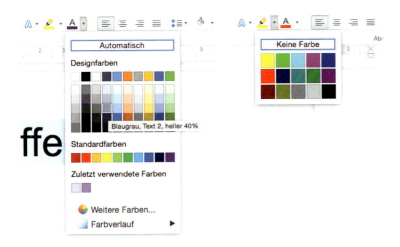

Die Schaltflächen zur Auswahl von Schrift- (rechts) und Texthervorhebungsfarbe (links) in der »Menüleiste«.

Befindet sich der Mauszeiger über einer Farbe in der *Schriftfarben*-Palette, blendet *Word* den Namen der Farbe nebst ihren Eigenschaften als Info-Text ein. Nach der Auswahl einer nicht in der Palette befindliche Farbe über *Weitere Farben* erscheint deren Repräsentation im Bereich *Zuletzt verwendete Farben*.

Die Wahl einer *Texthervorhebungsfarbe* weist einem Text eine Hintergrundfarbe zu, womit sich Passagen eines Textes besonders kennzeichnen lassen. Dies entspricht dem konventionellen *Markern* von Textteilen auf Papier.

Die Veranstaltung beginnt um 17^{00}. Bitte seid pünktlich, um 19^{00} findet in diesem Saal ein weiterer Event statt, ein Überziehen ist deshalb nicht möglich. Die Unterlagen gehen Euch in den nächsten Tagen zu.

Wichtige Textpassagen lassen sich mit einer »Texthervorhebungsfarbe« kennzeichnen.

Texteffekte

Die Aufmerksamkeit eines Lesers lässt sich auch mit speziellen Texteffekten auf bestimmte Textpassagen lenken. Die Wirkung gelingt dabei durch die Anwendung von Farben, Spiegelungen, Schatten und anderer Effekte. Verschiedene Ausprägungsmerkmale solcher Effekte sind obendrein beeinflussbar. So lässt sich beispielsweise für einen Schatten unter anderem die Größe, der Winkel und der Abstand vom Objekt einstellen.

Die Zuweisung solcher Effekte erfolgt über die Schaltfläche *Texteffekte* in der Gruppe *Schriftart* des Registers *Start* vor.

Das Einblendmenü der Schaltfläche »Texteffekte« bietet eine reiche Auswahl an Varianten.

Abhängig vom ausgewählten Effekt lassen sich unterschiedliche Eigenschaften beeinflussen. So bietet das Untermenü von *Schatten* verschiedene voreingestellte Variationen.

Das Untermenü von »Schatten« erlaubt die Zuordnung unterschiedlicher Schatteneffekte.

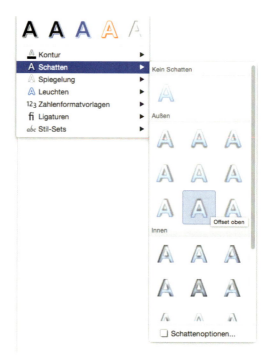

Die Auswahl von *Schattenoptionen* blendet den Bereich *Texteffekte formatieren* im rechten Teil des Dokumentenfensters ein. Aus nicht ganz

2 | Texte im Griff mit Microsoft Word

nachvollziehbaren Gründen trägt dieser die Bezeichnung *Aufgabenbereich*, im Folgenden wird er auch *Formatierungsbereich* oder kurz *Formatbereich* genannt. Die in ihm befindlichen Einblendmenüs, Schieberegler, Eingabefelder etc. ermöglichen die spezifische Festlegung von Ausprägungsmerkmalen – und zwar nicht nur für *Schatten*.

Verschiedene »Texteffekte« und deren Einstellungen im gleichnamigen Register.

Das Einblenden des Optionsbereichs für *Texteffekte* kann auch über das *Kontext*-Menü von markiertem Text erfolgen.

Der Aufruf des Optionsbereichs »Texteffekte« per »Kontext«-Menü.

Daraufhin blendet *Word* den Formatierungsbereich ein – und zwar das Register *Textfüllung und -kontur*. Zu dieser Ansicht gelangen Sie auch über *Farbverlauf | Weitere Farbverläufe* im Einblendmenü *Textfarbe*.

73

Das Register »Textfüllung und -kontur« im Formatierungsbereich.

Die Kombination verschiedener Texteffekte ist ebenfalls möglich.

Übertragen von Formaten

Die Schaltfläche *Formatierung von einer Stelle kopieren und auf eine andere anwenden* (*Formatierungs-* oder *Format-Pinsel*) vereinfacht das Übertragen komplexerer Zeichenformatierungen auf andere Textstellen. Dieses Werkzeug erspart das monotone, immer wieder gleiche Einstellen der gleichen Formatierungs-Anweisungen auf ausgewählte Texte.

Der »Format-Pinsel« zur Übertragung von Formatierungen auf andere Textpassagen.

Der erste Schritt besteht im Markieren der Textstelle mit der zu übertragenden Formatierung. Nach einem Klick auf die Schaltfläche des *Format-Pinsels* in der Gruppe *Zwischenablage* von Register *Start* ist dann nur noch der Bereich zu markieren, auf den das Format übertragen werden soll.

Nach einem Doppelklick auf den *Format-Pinsel* lässt sich eine Formatierung auf mehrere, nicht zusammenhängende Stellen eines Textes übertragen. Das Drücken der *esc*-Taste oder ein weiter Klick auf das Pinsel-Symbol beendet diesen Modus.

Generell behalten beim Kopieren und Einsetzen alle beteiligten Zeichen ihre Formatierung bei. Ist dagegen eine Anpassung an die im Zielbereich benutzte Formatierung gewünscht, ist beim Einsetzen-Vorgang *Bearbeiten | Einfügen und an Formatierung anpassen (Umschalttaste-cmd-alt-v)* zu verwenden. Weitere Optionen bietet der gleichnamige Dialog von *Bearbeiten | Inhalte einfügen*.

Wie Sie gesehen haben, bietet *Word* zahlreiche Werkzeuge für die typographische Gestaltung von Texten. Denken Sie aber an das auch hier gültige Motto »Weniger ist mehr!«

Es ist bei weitem nicht alles sinnvoll, was machbar ist. Insbesondere in komplexen Dokumenten sollten Sie davon Abstand nehmen, eine Vielzahl unterschiedlicher Schriften und Stile zu mischen. Des Weiteren sollten Sie gleiche Elemente (Überschriften gleicher Hierarchieebenen, Listen etc.) immer auch identisch gestalten.

Der Umgang mit Absätzen

Der letzte Abschnitt behandelte die Gestaltung von Text auf Zeichenebene. Wie wir gesehen haben, kann die Verwendung ausgewählter Schriften und Schrifteigenschaften die Lesbarkeit und die Botschaft von Texten deutlich verbessern.

Eine ähnlich wichtige Rolle spielt in diesem Zusammenhang aber auch die Verteilung eines Textes auf einer Seite. Dessen Gesamtbild ist geprägt von der Anordnung der darin enthaltenen Überschriften, Absätze und anderer Elemente – aber auch durch den Anteil der freigelassenen Bereiche. Dieser als *Weißraum* bezeichnete Teil einer Seite spielt für deren Übersichtlichkeit eine nicht weniger wichtige Rolle wie der Text selbst. Ein Text kann nur dann eine Wirkung entfalten, wenn ein ausgewogenes Verhältnis zwischen Text und Weißraum besteht.

Ein anderes, in die gleiche Richtung zielendes Kriterium für Lesefreundlichkeit wie der Weißraum, ist der Begriff des *Grauwerts*. Er kennzeichnet die Hell-Dunkel-Wirkung eines Textes. Neben den gewählten Eigenschaften von Schrift und Stil wird er auch durch die Wort- und Zeilenabstände beeinflusst. Bei einem ausgewogenen Verhältnis der genannten Einflussgrößen erscheint ein Text – aus einer gewissen Entfernung betrachtet – als graue Fläche.

Die Abgrenzung beider Begriffe ist nicht einheitlich, teilweise werden sie synonym verwendet. Häufig bezieht sich der Grauwert auf den reinen Text, während Weißraum auch andere Elemente wie Bilder oder Seitenränder einbezieht.

Absätze sind kleine Informationseinheiten eines fortlaufenden Textes. Sie können aus einem oder mehreren Sätzen bestehen. Sie fassen geschlossene Gedankengänge zusammen und sorgen für eine Strukturierung der zu vermittelnden Informationen. Die Gliederung eines Textes in Absätze bewirkt eine bessere Übersichtlichkeit und macht diesen leichter lesbar. Sie bilden die eigentliche Basis von Texten und sollen Leser unterstützen, Texte nacheinander zu erfassen. Dazu sollen sie einheitliche typografische Merkmale aufweisen und dadurch für einen Leser klar erkennbar sein.

Texte ohne Absätze können auf Leser »erschlagend« wirken. Betrachten Sie beispielsweise den folgenden Text. Wegen seines geringen Anteils an Weißraum wirkt er ziemlich unübersichtlich.

Ein Text ohne Absätze mit wenig Weißraum bzw. ungünstigem Grauwert.

Arzneimittelherstellung

Voraussetzung jeder erfolgreichen homöopathischen Behandlung ist die Findung eines passenden Heilmittels für den jeweiligen Patienten (Similie oder Similimum), die Qualität der Arzneimittel und deren richtige Anwendung, sprich Dosierung an. Es gibt wohl kein Homöopathie – Seminar, in dem nicht über Potenzen und Dosierungen diskutiert wird. Je nach Schule bzw. Gusto des Referenten scheint da alles möglich zu sein. Von der D6 über LM oder Q-Potenzen bis hin zu hohen und höchsten C-Potenzen; dosiert von stündlich bis 1 x vierteljährlich. Verfolgen wir zunächst Hahnemanns Weg von der Arzneimittelherstellung und Dosierung. In § 264 des Organons ist zu lesen *"Der wahre Heilkünstler muß die vollkräftigsten, ächtesten Arzneien in seiner Hand haben, um sich auf ihre Heilkraft verlassen zu können, er muß sie selbst nach ihrer Ähnlichkeit kennen".* Hahnemann weist auf die Bedeutung der Arzneiqualität hin – „vollkräftigsten, ächtesten", d.h. die Qualität von Ausgangsstoff und Herstellung, „auf die er sich verlassen kann". Darüberhinaus muß der Homöopath Arzneikenntnis haben, d.h. er muß um die Wirkungen, die Symptome seiner Mittel wissen. Dieser Paragraph hat gerade in unserer heutigen Zeit Bedeutung, wenn man sich den Unterschied zwischen der Schulmedizin und der Homöopathie klar macht. Für die Schulmedizin ist die naturwissenschaftliche Krankheitsdiagnose notwendig. Dabei werden die Symptome der Krankheit eindeutig festgelegt. Der Pharmakologe hat für jede Krankheit sein Mittel. Steht die richtige Diagnose erst fest, ergibt sich das therapeutische Vorgehen fast von selbst. Die Diagnose ist Hauptteil des ärztlichen Handelns. Ganz anders ist das Vorgehen des Homöopaths. Hier stehen nicht die gleichartigen Symptome einer Krankheit im Vordergrund, sondern die Frage, was unterscheidet diesen Patienten von anderen mit der gleichen Krankheit. Im Mittelpunkt des Suchens steht das Arzneimittel mit seinen Einzelsymptomen, das den individuellen Symptomen des Kranken am ähnlichsten ist. Das bedeutet, am Ende des Suchens steht nie eine Diagnose, sondern das Simile. Und dieses Simile muß richtig angewendet, d.h. richtig dosiert werden.

Generelle Regeln für die Festlegung der Länge von Absätzen gibt es nicht. Während zu lange Absätze die Verständlichkeit eines Textes hemmen, zerstückeln zu kleine Absätze häufig die Aussage eines Textes und bewirken ein leicht zerrissenes und unruhiges Seitenbild. Oft findet sich die lapidare Aussage, Absätze dürfen weder zu lang noch zu kurz sein. Typisch sind aber Absatzlängen zwischen 5 und 15 Zeilen.

Der gleiche Text präsentiert sich als Folge der angewendeten Formatierungsmaßnahmen in einer deutlich übersichtlicheren Form. Insbesondere wegen der eingefügten Absätze und dem größer gewählten Zeilenabstand hat sich der Anteil des Weißraums signifikant erhöht, was die Lesbarkeit des Textes deutlich verbessert.

Arzneimittelherstellung

Voraussetzung jeder erfolgreichen homöopathischen Behandlung ist
- die Findung eines passenden Heilmittels für den jeweiligen Patienten (Similie oder Similimum),
- die Qualität der Arzneimittel und
- deren richtige Anwendung, sprich Dosierung

Es gibt wohl kein Homöopathie - Seminar, in dem nicht über Potenzen und Dosierungen diskutiert wird. Je nach Schule bzw. Gusto des Referenten scheint da alles möglich zu sein. Von der D6 über LM oder Q-Potenzen bis hin zu hohen und höchsten C-Potenzen; dosiert von stündlich bis 1 x vierteljährlich.

Verfolgen wir zunächst Hahnemanns Weg von der Arzneimittelherstellung und Dosierung. In § 264 des Organons ist zu lesen

"Der wahre Heilkünstler muß die vollkräftigsten, ächtesten Arzneien in seiner Hand haben, um sich auf ihre Heilkraft verlassen zu können, er muß sie selbst nach ihrer Ähnlichkeit kennen".

Hahnemann weist auf die Bedeutung der Arzneiqualität hin – „vollkräftigsten, ächtesten", d.h. die Qualität von Ausgangsstoff und Herstellung, „auf die er sich verlassen kann". Darüber hinaus muss der Homöopath Arzneikenntnis haben, d.h. er muss um die Wirkungen, die Symptome seiner Mittel wissen.

Dieser Paragraph hat gerade in unserer heutigen Zeit Bedeutung, wenn man sich den Unterschied zwischen der Schulmedizin und der Homöopathie klar macht. Für die Schulmedizin ist die naturwissenschaftliche Krankheitsdiagnose notwendig. Dabei werden die Symptome der Krankheit eindeutig festgelegt.

Der Pharmakologe hat für jede Krankheit sein Mittel. Steht die richtige Diagnose erst fest, ergibt sich das therapeutische Vorgehen fast von selbst. Die Diagnose ist Hauptteil des ärztlichen Handelns.

Der gleiche Text mit Absätzen, Einrückungen und größeren Zeilenabständen.

Der Beginn und das Ende von Absätzen sollen für Leser deutlich erkennbar sein. Die Realisierung von Absätzen erfolgt durch den harten Zeilenumbruch – nach diesem beginnt sowohl eine neue Zeile als auch ein neuer Absatz. Mit vergrößerten Zeilenabständen vor oder nach Absätzen, durch die Verwendung von Einzügen, Markierungen oder Initialen lassen sich Absätze besonders hervorheben.

Insgesamt bietet die Absatzformatierung also zusätzliche Möglichkeiten für die Strukturierung und Gestaltung von Texten. Sie umfasst jene Eigenschaften, die ausschließlich einem gesamten Textblock und nicht nur einzelnen Zeichen zugewiesen sind. Dazu zählen vor allem Zeilenabstände, Einrückungen und die Ausrichtung von Text.

Varianten der Textausrichtung

Die Textausrichtung – auch Satz- oder Absatzausrichtung genannt – kennzeichnet die Ausrichtung von Text innerhalb einer Zeile oder Spalte. Wie bereits erwähnt hat ein gleichmäßiger Grauwert wesentlichen Einfluss auf die Lesbarkeit eines Textes. Deshalb erschweren große und ungleichmäßige Abstände zwischen einzelnen Wörtern oder einzelnen Buchstaben dessen Lesbarkeit.

Flattersatz bezeichnet einen Text, bei dem alle Zeilen unterschiedlich lang sind und der auf einer Seite einen geraden Rand bildet. Er bietet den Vorteil, dass die Abstände zwischen den einzelnen Wörtern immer gleich groß sind. Dies bewirkt einen gleichmäßigen Grauwert und verbessert somit die Lesbarkeit. Auf der anderen Seite kann *Flattersatz* aber auch eine eher unruhige Wirkung erzielen, insbesondere bei ungünstig gesetzten Zeilenumbrüchen.

- Linksbündige Textausrichtung
  Bei linksbündiger Ausrichtung bildet Text auf der linken Seite eine gerade Kante, während er rechts unregelmäßige Längen aufweist. Durch den »flatternden« Rechtsrand wirkt ein Text leicht unruhig. Diese Form der Ausrichtung wird häufig in kürzeren Briefen verwendet, ebenso in Aufzählungen, Überschriften, Beschriftungen, Verzeichnissen oder schmalen Textspalten.

Eine linksbündige Textausrichtung (rechts mit schlampiger Silbentrennung).

Im Jahr 2006 betrug die Anzahl der bekannten aktiven Satelliten über 800. Darüber hinaus befinden sich mehrere tausende weitere künstliche Objekte (ausgediente Satelliten, Teile von Raketen und anderer Weltraummüll) im Erdorbit: 1996 sollen es nach ESA-Daten rund 8 500 Stück „Weltraummüll" gewesen sein. Das Joint Space Operations Center des United States Strategic Command weiß 2009 von über 18 500 vom Menschen hergestellten Himmelskörpern. [2] Trotz der großen Anzahl sind Zusammenstöße äußerst selten.

Im Jahr 2006 betrug die Anzahl der bekannten aktiven Satelliten über 800. Darüber hinaus befinden sich mehrere tausende weitere künstliche Objekte (ausgediente Satelliten, Teile von Raketen und anderer Weltraummüll) im Erdorbit: 1996 sollen es nach ESA-Daten rund 8 500 Stück „Weltraummüll" gewesen sein. Das Joint Space Operations Center des United States Strategic Command weiß 2009 von über 18 500 vom Menschen hergestellten Himmelskörpern.[2] Trotz der großen Anzahl sind Zusammenstöße äußerst selten.

- Rechtsbündige Textausrichtung
  Hier bildet ein Text auf der rechten Seite eine gerade Kante, während er links unregelmäßig lang ist. Diese Ausrichtungsart findet nur selten Verwendung, da sich rechtsbündig geschriebene Texte schlecht lesen lassen. Rechtsbündig gesetzt werden üblicherweise Ort und Datum in Briefen sowie Zahlen. Darüber hinaus ist rechtsbündiger Text ab und zu in Tabellen, Marginalien, Deckblättern oder Bildlegenden links vom Bild zu finden.

Rechtsbündige Textausrichtung.

Tel. (089) 22 33 44
Fax (089) 11 22 33 55
Handy (0170) 66 77 88 99

- Blocksatz
  Beim Blocksatz weisen alle Zeilen (mit Ausnahme der letzten) die gleiche Länge auf, sie bilden links und rechts eine gerade Kante. Dies wird erreicht durch unterschiedliche Abstände zwischen den einzelnen Wörtern. Blocksatz findet vor allem bei professionellen Publikationen wie Zeitschriften, Illustrierten oder Büchern Anwendung. Längere Texte wirken dadurch seriöser und gediegener, andererseits haftet ihnen aber auch etwas altmodisches, steifes oder langweiliges an. Bei sorgfältiger Silbentrennung liefert Blocksatz ein klares, ruhiges Schriftbild. Durch die unterschiedlichen Wortabstände können andererseits – in Verbindung mit schlampiger Silbentrennung – wenig ansprechende Lücken im Text entstehen, die einem harmonischen Textbild eher abträglich sind.

Im Jahr 2006 betrug die Anzahl der bekannten aktiven Satelliten über 800. Darüber hinaus befinden sich mehrere tausende weitere künstliche Objekte (ausgediente Satelliten, Teile von Raketen und anderer Weltraummüll) im Erdorbit: 1996 sollen es nach ESA-Daten rund 8 500 Stück „Weltraummüll" gewesen sein. Das Joint Space Operations Center des United States Strategic Command weiß 2009 von über 18 500 vom Menschen hergestellten Himmelskörpern.[2] Trotz der großen Anzahl sind Zusammenstöße äußerst selten.

Im Jahr 2006 betrug die Anzahl der bekannten aktiven Satteliten über 800. Darüber hinaus befinden sich mehrere tausende weitere künstliche Objekte (ausgediente Satteliten, Teile von Raketen und anderer Weltraummüll) im Erdorbit: 1996 sollen es nach ESA-Daten rund 8 500 Stück „Weltraummüll" gewesen sein. Das Joint Space Operations Center des United States Strategic Command weiß 2009 von über 18 500 vom Menschen hergestellten Himmelskörpern.[2] Trotz der großen Anzahl sind Zusammenstöße äußerst selten.

Blocksatz (rechts mit deutlichen Lücken als Folge einer schlampigen Silbentrennung).

- Zentrierter Satz
  Beim zentrierten Satz, auch Mittelsatz oder Axialsatz genannt, ist ein Text mittig angeordnet und weist dadurch keinerlei gerade Kanten auf. Dies bedingt ein unruhigeres, weniger gut lesbares Schriftbild. Er eignet sich für Überschriften, einzeilige Bildunterschriften oder für Deckblätter. Auch zum Hervorheben kurzer Absätze lässt er sich heranziehen.

Einführung

in die

Klassische Homöopathie

nach

Samuel Hahnemann

Zentrierter Text.

Zur Festlegung der Ausrichtung eines Textes reicht ein einzelner Mausklick auf die entsprechende Schaltfläche in der Gruppe *Absatz* von Register *Start*.

Zur Festlegung oder Änderung einer Textausrichtung müssen Sie nicht den gesamten betroffenen Text markieren. Handelt es sich lediglich um einen einzigen Absatz, so genügt die Platzierung der Einfügemarke in diesem Absatz. Bei mehreren Absätzen muss sich in jedem betroffenen Absatz eine Markierung befinden.

Alternativ steht der Weg über das Register *Einzüge und Abstände* im Dialog *Absatz* zu Verfügung. Dessen Aufruf erfolgt über *Format | Absatz* oder *cmd-alt-M*. Die Nutzung dieses Dialogs empfiehlt sich insbesondere dann, wenn die Modifikation mehrerer Absatz-Eigenschaften ansteht.

Das Register »Einzüge und Abstände« im Dialog »Absatz«.

Sehr schnell erfolgt die Zuweisung mit der Anwendung von Tastenkombinationen:

Tastaturkürzel zur Festlegung der Textausrichtung.

cmd-J	Blocksatz
cmd-L	Linksbündig
cmd-R	Rechtsbündig

Mit Tastaturkürzeln tut sich *Microsoft* nicht erst seit dieser Version von *Word* schwer. So ist im Dialog *Tastatur anpassen* als Tastenkombination *cmd-E* für *Zentriert* eingestellt. Tatsächlich führt die Betätigung dieser Kombination jedoch zum Einfügen eines Seitenumbruchs, wie auch im Menü *Einfügen | Umbruch | Seitenumbruch* angezeigt ist. Es empfiehlt sich, im genannten Dialog ein anderes Kürzel, beispielsweise *Umschalttaste-cmd-alt-E* zuzuweisen.

Ob Sie für einen Fließtext Blocksatz oder linksbündigen Flattersatz verwenden, hängt vom jeweiligen Anwendungsfall ab. Beide Varianten können sowohl zu guten als auch zu schlechten Ergebnissen führen. Unabhängig von Ihrer Wahl sollten Sie immer auf die Silbentrennung achten. Sie bringt mehr Ruhe in einen Fließtext. Der Flattersatz flattert weniger, und im Blocksatz sorgt sie für geringere Lücken.

Zeilenabstände einstellen

Der Zeilenabstand ist definiert als der Abstand zwischen zwei direkt untereinander gelegenen Zeilen eines Textes – gemessen von Unterkante (Grundlinie) zu Unterkante. Er bezieht sich immer auf den Abstand zweier Zeilen innerhalb eines Absatzes. Für die Festlegung gibt es eine statische und eine dynamische Variante. Im statischen Fall erfolgt die Angabe durch einen festen Wert in der typografischen Einheit Punkt. Dynamisch wird ein Wert als Vielfaches der benutzten Schriftgröße festgelegt.

Der Zeilenabstand übt einen wesentlichen Einfluss auf die Lesbarkeit eines Textes aus. Sowohl ein zu geringer als auch zu großer Abstand kann einem Leser das Verfolgen von Zeilenwechseln erschweren. Zusammen mit dem Schriftbild bestimmt er den für die Gestaltung eines Druckwerks wichtigen Weißraum oder Grauwert von Textpassagen.

Wie bei vielen anderen Maßnahmen zur Textformatierung existieren auch hierfür keine festen Regeln, sondern es gibt wie üblich einige Erfahrungswerte und Faustregeln. Es gilt die generelle Regel, je länger die Zeilen, desto größer sollte ihr Abstand sein. Auch sollte er deutlich größer als der Wortabstand ausfallen. Üblicherweise ist in einer Textverarbeitung der Zeilenabstand auf 120% einer Zeichengröße eingestellt.

Es gibt zwei unterschiedliche Methoden, Absätze erkennbar zu machen: entweder durch zusätzlichen Abstand oder mittels Einzug. In beiden Fällen erkennt das Auge eines Lesers relativ zügig den Beginn eines neuen Absatzes. Eine Kombination beider Methoden, also ein vergrößerter Zeilenabstand mit zusätzlichem Zeileneinzug, halten Fachleute für nicht empfehlenswert.

Der Abstand zwischen zwei Absätzen sollte erkennbar größer ausfallen als der Zeilenabstand in den Absätzen selbst. Insbesondere in längeren Texten kommt es nicht so selten vor, dass die letzte Zeile eines Absatzes bis zu dessen rechten Rand reicht. Ohne zusätzliche Maßnahmen ist in solchen Fällen der Beginn eines neuen Absatzes nicht sichtbar. Ein vergrößerter Abstand erzeugt dabei auch zusätzlichen Weißraum, was wiederum der besseren Erfassung eines Textes dient.

Die Festlegung von Zeilenabständen erfolgt über das Einblendmenü der Schaltfläche *Zeilen- und Absatzabstand* im Register *Start*, Gruppe *Absatz*.

Das Einblendmenü zum Einstellen von Zeilenabständen.

Die Wahl von *Zeilenabstandsoptionen* führt zum Einblenden des Dialogs *Absatz*. Das Einblendmenü *Zeilenabstand* im Bereich *Abstand* von Register *Einzüge und Abstände* erlaubt die Einstellung des gewünschten Abstands innerhalb eines Absatzes. Neben den vorgegebenen Einträgen sind durch Eingaben in das Feld *Maß* beliebige Zahlenwerte möglich. Sind vor oder nach einem Absatz zusätzliche Abstände erwünscht, können Sie die gewünschten Werte in die Felder *Vor* und *Nach* eintragen.

Der Bereich »Abstand« des Dialogs »Format« zum Einstellen von Zeilen- und Absatzabständen.

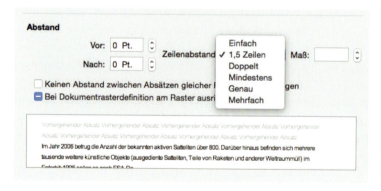

Alternativ lassen sich Absatzabstände über die Eingabefelder im Bereich *Abstand* in der Gruppe *Absatz* von Register *Layout* festlegen.

Und auch zur Einstellung des Zeilenabstandes können Sie wieder auf Tastenkombinationen zurückgreifen.

cmd-1	Einzeilig
cmd-5	Eineinhalbzeilig
cmd-2	Zweizeilig

Sehr häufige Anwendung findet der eineinhalbfache Zeilenabstand. Gerade bei längeren Texten wirkt sich dies positiv auf deren Lesbarkeit aus. Die Größe des damit verbundenen Weißraums nach jeder Schriftzeile soll das Auge unterstützen, bei seiner Bewegung vom Zeilenende zum Anfang der folgenden Zeile diese zügig zu finden.

Einzüge festlegen

Als *Einzug* oder *Einrückung* bezeichnet man in der Typografie einen Leerraum zu Beginn der ersten Zeile eines Absatzes. Auch dadurch kann das Auge eines Lesers sofort den Beginn eines neuen Absatzes erkennen. Die Größe des Einzuges sollte sich nach Schriftgröße und Satzbreite richten.

Am schnellsten richten Sie einen Einzug mit Hilfe des unterhalb des Menübands befindlichen Lineals ein. Sollte dies nicht eingeblendet sein, können Sie seine Anzeige über *Ansicht | Lineal* aktivieren. Standardmäßig befinden sich an den Rändern des Lineals diverse Regelelemente in Form von Dreiecken und eines Vierecks. Das obere, nach unten gerichtete Dreieck am linken Rand des Lineals zeigt sich für den Erstzeileneinzug zuständig.

Das obere linke Dreieck im Lineal dient zum Einstellen des Erstzeileneinzug eines Absatzes.

Klicken Sie mit der Maus auf dieses Dreieck, halten Sie die Maustaste gedrückt und ziehen Sie es nach rechts. Ab dem Moment, in dem Sie auf das Regler-Dreieck klicken, erscheint eine vertikale Hilfslinie unterhalb des Lineals auf dem Bildschirm. Sie erleichtert Ihnen die Positionierung des Einzugs an die gewünschte Stelle im Dokument. Die alte Position des Einzugs bleibt während des Vorgangs im Lineal angezeigt.

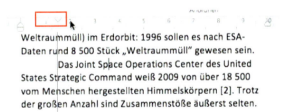

Eine Hilfslinie erleichtert das Einstellen des Erstzeileneinzugs.

Ist beim Verschieben des Dreiecks die Optionstaste gedrückt, blendet *Word* im Lineal die Abstände des Einzugs zum linken und rechten Rand eines Dokuments sowie zu den Papierrändern ein.

Die Anzeige von Abständen bei gedrückter »alt«-Taste.

Weltraummüll) im Erdorbit: 1996 sollen es nach ESA-Daten rund 8 500 Stück „Weltraummüll" gewesen sein. Das Joint Space Operations Center des

Für die restlichen Zeilen eines Absatzes ist das untere Dreieck verantwortlich. Beide Einzüge gleichzeitig verändern Sie mit Hilfe des darunter angeordneten Vierecks. Den rechten Einzug verschieben Sie mit Hilfe des mit der Spitze nach oben zeigenden Dreiecks am rechten Rand des Lineals.

Generell finden Absatzeinzüge Verwendung, um Passagen eines Textes aus dem Fließtext hervorzuheben. Mit ihrer Hilfe lassen sich die Ränder ausgewählter Absätze variieren, ohne die für das gesamte Dokument oder den gesamten Absatz festgelegten Einstellungen verändern zu müssen. Das Einrücken eines gesamten Absatzes (links und rechts) wird unter anderem zum Herausstellen von Definitionen in wissenschaftlichen Arbeiten benutzt.

Ein Absatz mit einem Einzug auf der linken und auf der rechten Seite.

In der Praxis interessiert oft nicht die gesamte Gestalt des Richtdiagramms, sondern es genügen wenige charakteristische Größen.

Der Antennenwirkungsgrad η ist das Verhältnis der totalen normierten Strahlungsleistung P$_{rad}$ einer Antenne zur beim Antennenfusspunkt eingespeisten Leistung P.

Es handelt sich beim Antennenwirkungsgrad um einen zeitlichen Mittelwert, seine Angabe erfolgt gewöhnlich in Prozent.

Beim Einrücken eines gesamten Absatzes können Sie die Größe des Einzugs am linken Rand schnell mit Hilfe jeweils zweier Schaltflächen im Menüband in Stufen von 1,25 cm einrichten. Dazu genügt ein Mausklick.

Die Schaltflächen zum Verringern und Vergrößern von Einzügen im Register »Start«.

Wesentlich feinere Angaben ermöglichen die Eingabefelder *Einzug* in der Gruppe *Absatz* von Register *Layout*. Geben Sie die gewünschten Abstände manuell ein oder klicken Sie auf den bzw. die entsprechenden Pfeile.

Einzüge am rechten Rand sind eher selten anzutreffen, was mit den mitteleuropäischen Lesegewohnheiten zusammenhängen dürfte. Wir lesen von links nach rechts, weshalb wir Abweichungen am linken Rand eher wahrnehmen.

Ein »hängender Einzug« bezeichnet die Einrückung sämtlicher Zeilen eines Absatzes mit Ausnahme der ersten, die dadurch über eine größere Satzbreite verfügt. Die erste Zeile hängt in diesem Fall quasi links aus dem Absatzrand heraus. Man verwendet sie meist in Verbindung mit Tabulatoren bei Listen, Aufzählungen oder Erläuterungen von Begriffen. Mit Hilfe des Tastaturkürzels *cmd-T* erweitern Sie schnell einen solchen Einzug in Schritten von 1,25 cm, und mit *cmd-Umschalttaste-T* verringern Sie ihn auf die gleiche Weise.

Antennengewinn	→	Der Antennengewinn ist ein Maß für die bündelnde Eigenschaft einer Richtantenne im Vergleich zu einer Bezugsantenne. ¶
Stehwellenverhältnis	→	Das Stehwellenverhältnis, auch Welligkeit genannt, gibt Aufschluss über die Spannungsverteilung auf der Speiseleitung ¶
Richtcharakteristik	→	Die Richtcharakteristik beschreibt das räumliche Abstrahlverhalten einer Antenne ¶

Mehrere Absätze mit einem »hängenden Einzug«.

Feineinstellungen für Einzüge sind auch im Bereich *Einzug* von Register *Einzüge und Abstände* des Dialogs *Absatz* anzutreffen.

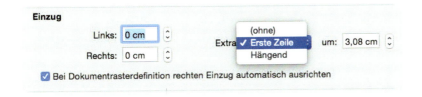

Feineinstellungen für Einzüge bietet auch der Dialog »Absatz«.

Tabulatoren setzen

Sollten Sie in der Onlinehilfe nach dem Begriff *Tabulator* suchen, werden Sie nicht fündig. Nicht der kleinste Fingerzeig weist darauf hin, dass *Tabstopp* der Begriff der Wahl ist. Tabstopps kennzeichnen die Positionen, zu der ein Text bei Betätigung der *Tabulator*-Taste springt. Damit können Sie Texte oder Zahlen exakt untereinander anordnen.

Ein Tabstopp verfügt über insgesamt drei unterschiedliche Merkmale:

- Position
- Ausrichtung
- Füllzeichen

Wir haben die Verwendung von Tabulatoren bereits bei der Erstellung einer Tabelle kennen gelernt. Zur Erinnerung: Wir waren zur Anwendung mehrerer Tabstopps gezwungen, um einen Text an seine gewünschte Position zu verfrachten.

Die Tabelle im Anschreiben mit (zu) vielen »Tabulator«-Zeichen.

```
viertägige Tour schlagen wir die folgenden Alternativen vor. ¶
    →       →       →       Alternative 1 →     →       Alternative 2 ¶
Donnerstag, 20.08.15 →      Anreise (abends) ¶
Freitag, 21.08.15 →         Erste Etappe →  →   Anreise (morgens) und erste Etappe ¶
Montag, 24.08.15 →          Letzte Etappe →  →  Letzte Etappe ¶
Dienstag, 25.08.15 →        Abreise →  →        Abreise ¶
Wir sollten das Reservieren der Zimmer für die Übernachtungen in der Nähe vom Königssee dem-
```

Dies wollen wir jetzt in Ordnung bringen. Am einfachsten setzen Sie Tabstopps im Lineal mit Hilfe der Maus. Markieren Sie als Erstes sämtliche Absätze, die Sie mit Tabstopps beglücken möchten. Klicken Sie dann einfach in das Lineal und warten Sie kurz, bis eine vertikale Hilfslinie unterhalb des Lineals erscheint. Ziehen Sie den Tabstopp bzw. die Hilfslinie an die gewünschte Stelle.

Das Einfügen des ersten Tabstopps mit der Maus im Lineal.

Wiederholen Sie diesen Vorgang für einen zweiten Tabstopp. Lassen Sie sich nicht davon beirren, wenn das Erscheinungsbild der Tabelle danach am ehesten durch die Begriffe *wild* und *unübersichtlich* gekennzeichnet ist.

Das Einfügen des zweiten Tabstopps.

Entfernen Sie jetzt alle mehrfach aufeinander folgenden Tabulatorzeichen bis auf eines – und schon erstrahlt die Tabelle wieder im alten Glanz. Rein äußerlich hat sich nichts verändert. Sie tun sich aber insbesondere bei umfangreicheren Tabellen leichter, wenn Sie bei erforderlichen Modifikationen immer nur ein Tabulatorzeichen von Tabstopp zu Tabstopp in Verwendung haben.

viertägige Tour schlagen wir die folgenden Alternativen vor. ¶
　　　　→　　　Alternative 1　　→　Alternative 2 ¶
Donnerstag, 20.08.15 → Anreise (abends) ¶
Freitag, 21.08.15　→ Erste Etappe　→ Anreise (morgens) und erste Etappe ¶
Montag, 24.08.15　→ Letzte Etappe　→ Letzte Etappe ¶
Dienstag, 25.08.15 → Abreise　　　→ Abreise ¶
Wir sollten das Reservieren der Zimmer für die Übernachtungen in der Nähe vom Königssee dem-

Das Erscheinungsbild der bereinigten Tabelle.

Wenn Sie im Lineal an einer Stelle einen Tabstopp einfügen, deaktiviert *Word* die Standard-Positionen bis zu dieser Stelle.

Die Tabstopps sind jeweils an einen Absatz geknüpft. Achten Sie deshalb darauf, dass Sie vor der Festlegung von Tabulatorpositionen auch die Absätze markiert haben, denen Sie diese Positionen zuweisen möchten. Bei einem einzigen Absatz reicht es aus, die Einfügemarke in dem betreffenden Absatz zu platzieren. Um für die einzelnen Zeilen einer Tabelle gleiche Positionen zu Verfügung zu haben, sollten Sie auch die Verwendung weicher Zeilenwechsel (*Umschalttaste-Eingabetaste*) in Erwägung ziehen. Dies erspart Ihnen insbesondere bei nachträglichen Änderungen von Tabstopp-Positionen die Markierung der beteiligten Absätze.

Insgesamt stehen Ihnen in *Word* fünf verschiedene Typen von Tabstopps zu Verfügung.

	Art	Wirkung
↱	Links	Ausrichtung des linken Textrands an der Tabulator-Position.
↑	Zentriert	Zentrierte Ausrichtung eines Textes unterhalb der Tabulator-Position.
↰	Rechts	Ausrichtung des rechten Textrands an der Position des Tabulators.
↥	Dezimal	Die Ausrichtung eines Textes erfolgt an einer Dezimalstelle. Unabhängig von der Anzahl von Ziffern wird eine Dezimalstelle an der gleichen Stelle platziert. Ist kein Dezimaltrennzeichen im Text vorhanden, erfolgt eine rechtsbündige Ausrichtung.
|	Vertikale Linie	Einfügen eines vertikalen Balkens an der Position des Tabulators

Die Festlegung des einzufügenden Tabulatortyps lässt sich über die Schaltfläche links neben dem Lineal am linken Fensterrand (im nächsten Bildschirmfoto rot umrandet) vornehmen. Ein Klick darauf bewirkt den Wechsel zum nächstfolgenden Typ. Die in der folgenden Abbildung dargestellte Tabelle enthält alle in *Word* verfügbaren Tabstopp-Typen.

Eine Tabelle mit sämtlichen Tabstopp-Typen.

Sie entfernen einen Tabstopp, indem Sie zunächst die *Textpassage* markieren, aus der Sie einen Tabstopp entfernen wollen. Ziehen Sie dann das *Tabstopp*-Symbol nach oben oder unten aus dem Lineal heraus.

Die Position von Tabstopps verändern Sie, indem Sie das betreffende Tabulatorsymbol anklicken und es mit gedrückter Maustaste an eine andere Stelle ziehen. Dabei kann es vorkommen, dass Sie beim Klicken das Symbol nicht richtig treffen und so einen neuen Stopp erzeugen. Auch sind Tabstopps mit Hilfe des Lineals zwar schnell gesetzt, deren Positionierung ist jedoch relativ ungenau. Sind präzisere Platzierungen erforderlich, empfiehlt sich die Nutzung des Dialogs *Tabstopps*. Sein Aufruf erfolgt über die Schaltfläche *Tabstopps* unten links im Dialog *Absatz*. Dessen Aufruf wiederum kann auch per Doppelklick auf ein Einzugs-Symbol im Lineal erfolgen.

Der Dialog »Tabstopps« erlaubt nicht nur deren präzise Positionierung.

Dieser gestattet neben der Einrichtung neuer und dem Löschen bestehender Tabstopps auch das Verändern von Eigenschaften bestehender Tabstopps. Darüber hinaus lassen sich die Positionen der Standard-Tabstopps neu bestimmen. Und es besteht die Möglichkeit, Füllzeichen für die Tabstopps anzugeben.

```
Balken links ...→... 45,50 → mm -----→----- rechts  →  3,49 → mm ...→.... weiß
            ...→...... 48,43 →mm --→--ganz rechts  →  12,80 → mm ..→.. schwarz
```

Eine Tabelle mit sämtlichen Tabstopp-Typen und mit Füllzeichen.

Wenn Sie im Dialog »Tabstopp« die Eigenschaften eines bestehenden Stopps verändern, müssen Sie wie bei einer Neudefinition die Taste »+« betätigen, bevor Sie sich den nächsten Stopp vornehmen. Andernfalls gehen bereits getätigte Änderungen verloren.

Nicht erst seit dieser Version bietet *Word* geeignetere Werkzeuge zum Erstellen von Tabellen. Davon später mehr.

Mit Rahmen gestalten

Rahmen und Schattierungen bieten eine weitere Möglichkeit, bestimmte Absätze deutlich aus dem Fließtext herauszuheben. Dazu ist als Erstes wieder die vorgesehene Textpassage zu markieren. Der für solche Fälle zuständige Dialog ist *Rahmen und Schattierung*, sein Aufruf erfolgt über *Format | Rahmen und Schattierung*.

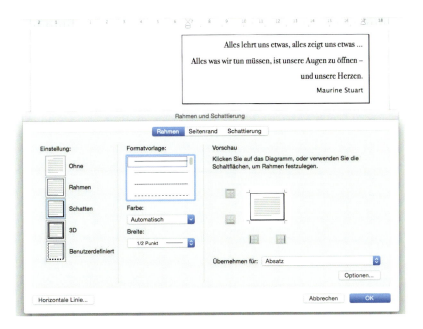

Die Umrahmung einer Textpassage und die erforderlichen Einstellungen im Register »Rahmen« des Dialogs »Rahmen und Schattierung«.

Möchten Sie eine Hervorhebung um eine gesamte markierte Passage erreichen, sollten Sie davon Abstand nehmen, im Einblendmenü von *Übernehmen für* den Eintrag *Text* zu wählen. Damit erzeugen Sie Rahmen um jeden Absatz.

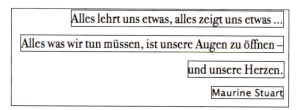

Die Umrahmung einer Textpassage und jedes Absatzes.

Aus dem Bildschirmfoto ist ersichtlich, dass sich Rahmen sowohl einer markierten Passage als auch einzelnen Absätzen zuordnen lassen – auch Kombinationen sind möglich. Unschön ist im gezeigten Beispiel noch, dass sich der Text mit Ausnahme des linken und des unteren Rands sehr dicht am Rahmen befindet. Abhilfe schaffen entsprechende Einstellungen in den *Rahmen- und Schattierungsoptionen*.

Der Dialog »Rahmen- und Schattierungsoptionen« gestattet die Einstellung der Abstände vom Text zu den Rändern.

Das finale Ergebnis unseres Schaffens hat dann das folgende Aussehen.

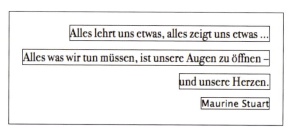

Die Umrahmung einer gesamten Textpassage und ihrer einzelnen Absätze.

2 | Texte im Griff mit Microsoft Word

Die Vermeidung von Satzfehlern durch Absatzkontrolle

Bedingt durch den automatischen Umbruch von Text können sich Situationen ergeben, in denen ein unharmonisches Seiten- oder Schriftbild entsteht, was wiederum manuelle Korrekturen erfordert. Dazu zählen die so genannten *Hurenkinder* und *Schusterjungen*. Beide gelten in der Typografie als schwere handwerkliche Fehler.

Hurenkinder bezeichnen die Fälle, in denen die letzte Zeile eines Absatzes am Anfang einer neuen Seite oder Spalte erscheint. Ein *Schusterjunge* kennzeichnet den Umbruch einer Seite oder Spalte nach der ersten Zeile eines neuen Absatzes. Er gilt im Vergleich zum *Hurenkind* als weniger gravierend. Er fällt allerdings dann besonders auf, wenn Absätze mit Einzug Verwendung finden. Welche Bezeichnung für welche Situation zutrifft, lässt sich mit Hilfe diverser Eselsbrücken leichter im Gedächtnis behalten:

> *Ein Hurenkind weiß nicht, wo es herkommt, ein Schusterjunge nicht, wo er hingeht.*

> *Ein Schusterjunge muss unten im Keller arbeiten, ein Hurenkind steht oben verloren auf der Straße.*

Wie die meisten heutigen Layout-Programme und Textverarbeitungen verfügt auch *Word* über Funktionalitäten zur Vermeidung solcher Situationen. Das Stichwort heißt *Absatzkontrolle*. Sie erlaubt die Festlegung, an welcher Stelle eines Absatzes ein automatischer Seitenumbruch erfolgen soll. Auch seine vollkommene Deaktivierung ist dabei möglich.

Word verhindert standardmäßig die Positionierung der letzten Zeile eines Absatzes an den Anfang einer Seite, ebenso die der ersten Zeile an ein Seitenende. Im Register *Zeilen- und Seitenumbrüche* des Dialogs *Absatz* sollte das Kontrollkästchen *Absatzkontrolle* aktiviert sein.

Das Register »Zeilen- und Seitenumbrüche« des Dialogs »Absatz« erlaubt Festlegungen zur Steuerung von Umbrüchen.

Wenn Sie Zeilen eines Absatzes auf einer Seite oder in einer Spalte zusammenhalten möchten, markieren Sie zunächst die Zeilen, die nicht voneinander getrennt werden sollen. Wählen Sie Register *Zeilen- und Seitenumbruch* im Dialog *Absatz*. Aktivieren Sie die Option *Zeilen nicht trennen*.

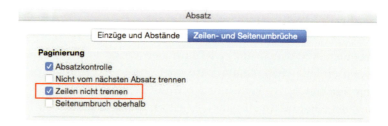

Die Aktivierung der »Absatzkontrolle« ausgewählter Zeilen.

Die gleiche Maßnahme können Sie auch auf Absätze anwenden, um beispielsweise die Trennung einer Überschrift vom nachfolgenden Absatz zu vermeiden. Nach dem Markieren der Absätze, die nicht getrennt werden sollen, ist dazu lediglich das Kontrollkästchen *Nicht vom nächsten Absatz trennen* zu aktivieren.

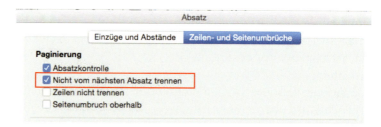

Die Aktivierung der »Absatzkontrolle« für ausgewählte Absätze.

Wenn sich ausgewählte Absätze immer am Anfang einer Seite befinden sollen, aktivieren Sie *Seitenumbruch oberhalb*. Alternativ können Sie an dieser Stelle einen manuellen (harten) Seitenumbruch einfügen (*cmd-E*).

Arbeiten mit Formatvorlagen

In den vergangenen beiden Abschnitten hatten wir uns mit der Gestaltung von Text mit dem Ziel befasst, seine Lesbarkeit zu verbessern und seine Botschaft durch den Einsatz entsprechender Stilmittel zu betonen. Wir hatten uns dabei der Werkzeuge für die Zeichen- und die Absatzformatierung bedient. Das Zuordnen bestimmter Eigenschaften zu Zeichen erfordert als Erstes das Markieren des betroffenen Textes. Anschließend erfolgt die Zuweisung der gewünschten Eigenschaft(en) per Mausklick, Menü oder Tastaturkürzel. Alternativ sind Formatzuweisungen ohne Markierungen möglich, deren Wirkung mit der Eingabe des nächsten Zeichens ab der aktuellen Position der Einfügemarke beginnt.

Bei Absätzen ist eine analoge Vorgehensweise erforderlich, im Falle eines einzelnen Absatzes ist eine Markierung nicht erforderlich. Die Platzierung der Einfügemarke in diesen Absatz reicht aus.

Diese unmittelbare Zuweisung von Attributen zu einem Text bezeichnet man als harte oder direkte Formatierung. Das Zuweisen des Stils *Fett* zu einem Textabschnitt per Mausklick auf die Schaltfläche *Fett* bewirkt demnach eine »harte« Formatierung dieser Passage. Inhalt und Format sind dadurch fest miteinander verknüpft. Wegen ihrer einfachen Handhabung und der damit verbundenen intuitiven Arbeitsweise ist diese Art der Formatierung relativ weit verbreitet.

Den Vorteilen der harten Formatierung stehen aber eine Reihe gewichtiger Nachteile gegenüber. Vor allem ist festzuhalten, dass sich Probleme hinsichtlich der Formatierung vielfach erst im Verlauf der Erstellung oder der Nachbearbeitung von Dokumenten zeigen. Änderungen an hart formatierten Textpassagen lassen sich ausschließlich direkt (also durch erneutes Modifizieren der betroffenen Stellen) wieder verändern oder löschen. Dadurch kommt es immer wieder vor, dass bei Modifikationen an speziell formatierten Texten die zu überarbeitenden Stellen einzeln nacheinander abzuarbeiten sind. Im Falle von umfangreichen Dokumenten kann sich dies trotz dafür vorhandener Hilfsmittel als mühsamer und arbeitsintensiver Prozess erweisen.

Ersetzen von Formatierungen

Sie haben bereits erfahren, dass die Suchfunktion von *Word* auch eine Funktionalität zum Suchen und Ersetzen von Formatierungen beinhaltet. Dazu benötigen Sie das *Erweiterte Suchen und Ersetzen*. Positionieren Sie im Register *Ersetzen* dieses Dialogs die Einfügemarke zunächst in das Feld *Suchen nach*. Wählen Sie im Einblendmenü *Format* (ganz unten im Bereich *Suchen*) die aufzufindende Art der Formatierung, beispielsweise *Schriftart*.

Die Auswahl des zu ändernden Formatierungs-Typs im Dialog »Suchen und Ersetzen«.

Bei der Festlegung der zu suchenden Formatierung muss im untersten Bereich des Dialogs der Eintrag *Suchen* (im Bildschirmfoto rot umrandet) angezeigt sein.

Legen Sie im daraufhin erscheinenden Dialog *Schriftart suchen* die zu ändernden Charakteristiken fest. Positionieren Sie anschließend die Einfügemarke in das Feld *Ersetzen*. Die Bezeichnung des untersten Dialogbereichs verwandelt sich daraufhin in *Ersetzen*. Wählen Sie im Einblendmenü wieder *Schriftart* aus, der Titel des Dialogs lautet jetzt *Schriftart ersetzen*. Legen Sie darin die neuen Merkmale fest.

Die Festlegung von Ausgangs- und Zielformaten in den Dialogen »Schriftart suchen« und »Schriftart ersetzen«.

Die eingegebenen Informationen sind jetzt im Dialog dargestellt.

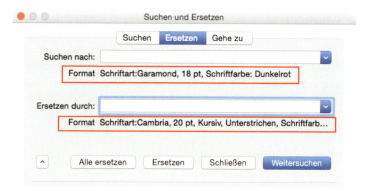

Die Darstellung der gesuchten Formatierung und des Zielformats im Dialog »Suchen und Ersetzen«.

Sie können jetzt den Vorgang des Suchens und Ersetzens per Mausklick auf *Weitersuchen* starten. Auch hier ist es empfehlenswert, von der Betätigung der Schaltfläche *Alle ersetzen* Abstand zu nehmen. Hangeln Sie sich lieber mit der Taste *Ersetzen* von Auftreten zu Auftreten der spezifizierten Formatierung durch. Reparaturmaßnahmen als Folge von Ersetzungen an nicht beabsichtigten Stellen können sich extrem zeitaufwendig gestalten.

> Wenn Sie eine neue Suche ohne Angabe einer Formatierung starten möchten, müssen Sie zuvor die im Dialog eingestellten Formatierungsmerkmale der vorherigen Suche entfernen. Dazu benötigen Sie die Schaltfläche *Keine Formatierung* im unteren Teil des Dialogs. Die zu suchenden bzw. zu ersetzenden Merkmale müssen Sie mit dieser Taste jeweils separat löschen.

Die Art des Formats muss beim Suchen und Ersetzen nicht notwendigerweise übereinstimmen. Für das Ersetzen lassen sich beispielsweise neben einer anderen Farbe auch noch zusätzliche Absatzabstände nach oben und nach unten angeben. Dazu müssen Sie das Einblendmenü *Format* mehrmals heranziehen und die gewünschten Formattypen aufrufen.

Das »Suchen und Ersetzen« von unterschiedlichen Formatierungstypen.

Fehlt wie in den Beispielen die Angabe eines Suchbegriffs, so findet *Word* sämtliche Textteile im Dokument mit der definierten Formatierung. Dies gestattet beispielsweise eine Suche nach Textpassagen, die mit »Garamond 18 Punkt, fettem Stil und dunkelroter Farbe« formatiert sind. Allerdings bleibt deren fetter Stil nach einem Ersetzen erhalten, auch wenn als Ersatzformatierung *Kursiv* angegeben ist.

Garamond 18 pt, Fett und Dunkelrot.

Cambria 20 pt, Kursiv, Unterstrichen und Grün.

Ausgangs- und Zielformatierung einer Textpassage.

Achten Sie deshalb auf genaue Angaben sowohl beim Suchen als auch beim Ersetzen von Formatierungen. Wenn Sie beispielsweise die Formatierung **Fett** suchen und diese durch eine rote Schrift ersetzen möchten, müssen Sie für *Ersetzen durch* als Schriftschnitt *Normal* angeben. Andernfalls verbleiben alle gefundenen Textteile nach dem Abschluss dieses Vorgangs rot **und** fett.

Bei der Suche nach Schriftstilen tut sich *Word* in der aktuellen Version schwer – es findet diese in vielen Fällen gar nicht.

Das Prinzip von Formatvorlagen

Trotz des relativ komfortablen Werkzeugs zum Suchen und Ersetzen von Formaten können erforderliche Änderungen an Formatierungen auch bei weniger umfangreichen Dokumenten viel Zeit in Anspruch nehmen. Abhilfe schafft eine Idee, die bereits Ende der sechziger Jahre, also lange vor dem Erscheinen des ersten PCs, entwickelt wurde.

Der Vorschlag, den Informationsgehalt eines Textes von seiner äußeren Form zu trennen, führte zum Konzept des *Generic Coding*. In einen Text eingefügte Kennzeichnungen enthalten Informationen über die Art des Textes an der markierten Stelle (Fließtext, Überschriften, Zitate etc.). Diese Elemente lassen sich mit anwendungsspezifischen Darstellungsformen verbinden. Dies bietet unter anderem den Vorteil, sich beim Schreiben nicht darum kümmern zu müssen, welches Strukturelement in welchem Format darzustellen ist.

Auf diesem Prinzip basieren die Formatvorlagen in *Word*. Zwar sind Angaben hinsichtlich der Informationsart einer Textstelle nicht möglich, jedoch lassen sich Formatierungen als eigenständige Informationen unabhängig von irgendwelchen Inhalten unter aussagekräftigen Namen abspeichern. Jede Vorlage beinhaltet diverse Attribute zur Textgestaltung, die sich einzelnen Textabschnitten zuordnen lassen.

Mit der Zuweisung einer Formatvorlage zu einem Text übernimmt dieser die darin festgelegten Formatierungs-Informationen. Diese Art der Zuordnung bezeichnet man als weiche Formatierung. Sie bietet die folgenden Vorteile:

- Eine Vorlage umfasst üblicherweise mehrere unterschiedliche Formatinformationen. Das Zuweisen eines ganzen Bündels von Eigenschaften erspart es Ihnen, jede Einstellung einzeln vornehmen zu müssen.

- Die Textpassagen in einem Dokument sind ausschließlich mit einer Vorlage verbunden. Nachträgliche Änderungen sind nur einmal direkt an der Vorlage erforderlich. Die Übernahme der geänderten Einstellungen in den gesamten Text erfolgt automatisch und unmittelbar.

- Vorlagen erlauben unterschiedliche Aufbereitungen des gleichen Dokuments, abhängig beispielsweise vom Ausgabemedium (Zeitschrift, Buch, Bildschirm etc.).

- Weiter oben wurde bereits erwähnt, dass gleiche Strukturelemente eines Dokuments (Überschriften, Bildunterschriften, Fußnoten etc.) auch das gleiche Erscheinungsbild aufweisen sollten. Formatvorlagen sind ein gutes Werkzeug, um dies zu gewährleisten.

- Formatvorlagen sind also unter einem Namen abgespeicherte Mengen von Formatierungsanweisungen. Textpassagen mit gleicher Formatvorlage weisen genau die gleiche Formatierung auf. Änderungen an einer Formatvorlage bewirken eine Neuformatierung sämtlicher Texteinheiten, die damit verbunden sind.

- *Word* verfügt entsprechend den unterschiedlichen Strukturelementen eines Dokuments über mehrere Typen von Formatvorlagen.

Vorlagentyp	Symbol	Anwendung
Zeichen	a	Beinhaltet ausschließlich Informationen zur Zeichenformatierung (Schriftart, Schriftgröße etc.). Entsprechend erfolgen Zuweisungen auf Zeichenebene, vom einzelnen Zeichen über Wordgruppen bis hin zu Textpassagen, nicht aber auf ganze Absätze.
Absatz	¶	Umfasst Informationen zur Positionierung und zu Abständen für den gesamten Text eines Absatzes. Zuweisungen lassen sich auf einen oder mehrere Absätze anwenden. Betroffen ist der gesamte Text des Absatzes, in dem sich die Einfügemarke befindet – und zwar bis hin zur Absatzmarke.
Liste	≔	Enthält Formatinformationen für Listen (Nummerierung, Aufzählungszeichen etc.)
Tabelle	⊞	Enthält Formatinformationen für einzelne Tabellenteile (Spalten, Zeilen etc.) oder für die ganze Tabelle (Nummerierung, Aufzählungszeichen etc.)

Die Typen *Liste* und *Tabelle* sind in der Liste des *Formatbereichs* nicht aufgeführt!

Beim Erstellen eines neuen Dokuments müssen Sie hinsichtlich Formatvorlagen nicht bei Null beginnen. *Word* enthält eine Vielzahl integrierter Formatvorlagen, die Ihnen die Gestaltung von Fließtext, Überschriften, Absätzen, Inhaltsverzeichnissen, Kommentaren etc. erleichtern. Die Bedeutung einiger Formatvorlagen geht über eine reine Außenwirkung hinaus. So können Sie beispielsweise die Formatvorlagen für Überschriften dazu nutzen, sich später ein Inhaltsverzeichnis anlegen zu lassen. Analoges gilt für die Beschriftung von Tabellen oder Abbildungen.

Der Text eines neuen (noch) leeren Dokuments ist mit der Vorlage *Standard* verknüpft. Der Name einer aktuell eingestellten Vorlage, in diesem Fall also *Standard*, ist ganz oben im Bereich *Formatvorlagen* (*Formatbereich*) angezeigt. Den Bereich selbst blenden Sie mit einem Mausklick auf die gleichnamige Schaltfläche ganz rechts im Register *Start* ein.

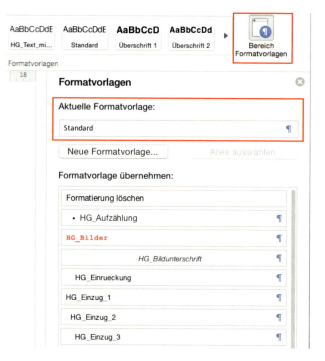

Ganz oben im »Formatbereich« ist der Name der aktuell benutzten Vorlage angegeben.

Die aktuell eingestellte Formatvorlage ist in der darunter befindlichen Vorlagenliste blau umrandet dargestellt. Wenn Sie den Mauszeiger über dem Namen einer Vorlage positionieren, blendet *Word* eine Infobox mit deren Eigenschaften ein.

2 | Texte im Griff mit Microsoft Word

Die Anzeige der Eigenschaften der »Formatvorlage« »Standard« in einer Infobox.

Der *Formatbereich* lässt sich aus seiner Verankerung lösen und als eigenständige Palette nutzen. Klicken Sie dazu ganz oben auf eine beliebige Stelle neben *Formatvorlagen* und warten Sie, bis diese Beschriftung blau umrandet ist. Bewegen Sie den Mauszeiger dann in eine gewünschte Richtung.

Die Größe der Palette lässt sich auf die gleiche Art wie ein Dokumenten-Fenster verändern.

Wenn Sie die Palette zurück an den rechten Rand des Dokumenten-Fensters bewegen, erscheint dort ein blau umrandeter Bereich. Wenn Sie in diesem Status die Maustaste loslassen, bewegt sich die Palette zurück an den alten Platz.

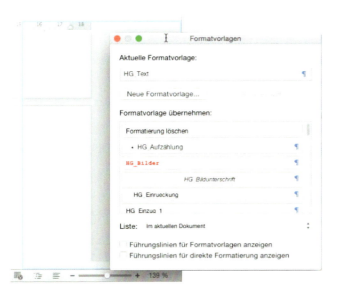

Der Bereich »Formatvorlagen« als Palette beim Rücktransport an den angestammten Platz.

Wann immer Sie wissen möchten, welche Formatvorlage einem Text zugeordnet ist, markieren Sie diese Passage oder positionieren Sie die Einfügemarke in dem interessierenden Absatz. Genaue Informationen liefert der Dialog *Formatvorlagen*, aufzurufen mit *Format | Formatvorlage*.

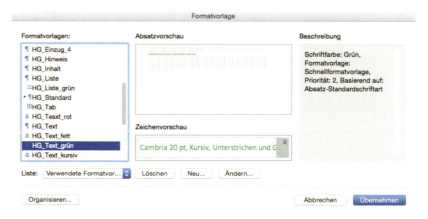

Der Dialog »Formatvorlage« bietet neben einer Beschreibung und zwei Vorschau-Bereichen auch Schaltflächen zum Löschen, Modifizieren und Neuerstellen von Formatvorlagen.

Bei der Übertragung von Text in ein anderes Dokument ist bei Verwendung von Standard-Vorlagen Achtsamkeit geboten. Wenn Sie einen Absatz mit dem Format *Standard* in ein anderes Dokument einfügen, erhält dieser die Formatierung entsprechend den Festlegungen im anderen Dokument. Ist beispielsweise im Ausgangsdokument *Helvetica* als Schrift für die Vorlage *Standard* festgelegt und im neuen *Cambria*, so wird dem übertragenen Text im neuen Dokument *Cambria* zugeordnet. Wenn Sie solche Effekte vermeiden möchten, definieren Sie sich Ihre eigenen Vorlagen mit eigenen, spezifischen Namen. Sinn macht dabei die Verwendung eines Namenskürzels zu Beginn.

Erstellen von Formatvorlagen

Der Weg zum Erstellen einer Formatvorlage führt über den Dialog *Neue Formatvorlage* – aufzurufen über die gleichnamige Schaltfläche oben im *Formatbereich*. Dieser Dialog bietet diverse Einstellungsmöglichkeiten zur Formatierung von Zeichen und Absätzen. Als Erstes sollten Sie einer neuen Vorlage aber einen aussagekräftigen Namen verpassen und ihren Typ festlegen.

Der Dialog »Neue Formatvorlage« ermöglicht die Festlegung verschiedenen Eigenschaften von Zeichen und Absätzen.

Fehlt eine Schaltfläche oder ein Einblendmenü zur Einstellung einer bestimmten Eigenschaft, so führt die Auswahl eines Eintrags im Einblendmenü *Format* zum Einblenden weiterer Dialoge mit detaillierteren Einstellmöglichkeiten.

Das Einblendmenü »Format« im Dialog »Neue Formatvorlage« öffnet weitere Dialoge mit detaillierteren Einstellmöglichkeiten.

Auf diese Weise lässt sich einem Abschnitt mit Hilfe einer Formatvorlage unter anderem auch eine Sprache zuordnen.

Der Dialog »Sprache« – aufgerufen aus dem Dialog »Neue Formatvorlage«.

In diesem Dialog lässt sich auch die Rechtschreib- und Grammatik-Prüfung aktivieren bzw. deaktivieren und diese Einstellung somit einer Vorlage zuweisen. Eine auf diese Weise erfolgte Deaktivierung der Prüfungen erscheint insbesondere in den Fällen nicht unproblematisch, in denen mehrere Anwender ein Dokument gemeinsam bearbeiten.

Sind bei einer neuen Vorlage lediglich einige wenige Festlegungen einer bereits bestehenden Vorlage zu verändern, so empfiehlt sich die Nutzung von *Formatvorlage basiert auf* des gleichnamigen Einblendmenüs im Bereich *Eigenschaften*. Nach Auswahl einer bestehenden Vorlage können Sie dann andere Eigenschaften einstellen.

Die Nutzung einer bestehenden Vorlage bei der Definition einer neuen (Unterschiede grün umrandet).

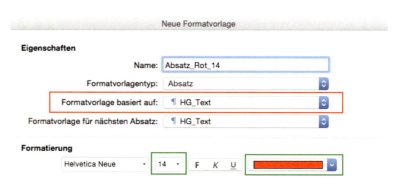

Weiterhin gestattet das Einblendmenü *Formatvorlage für den nächsten Absatz* die Auswahl einer Vorlage, die automatisch dem unmittelbar folgenden Absatz zugewiesen wird. Bei einem Fließtext ist dies üblicherweise die gleiche Vorlage. Die Festlegung einer unterschiedlichen Vorlage ist beispielsweise für Überschriften-Formate sinnvoll, auf die wieder ein Fließtext-Format folgen soll.

Eine andere Möglichkeit zur Definition einer Formatvorlage besteht darin, zunächst einen Text mit sämtlichen gewünschten Merkmalen auszustatten und erst anschließend den Dialog *Neue Formatvorlage* aufzurufen. Die Attribute des ausgewählten Textes oder Absatzes sind dann bereits im Dialog voreingestellt. Sie müssen bei dieser Methode lediglich die Folge-Vorlage angeben und sich einen Namen ausdenken.

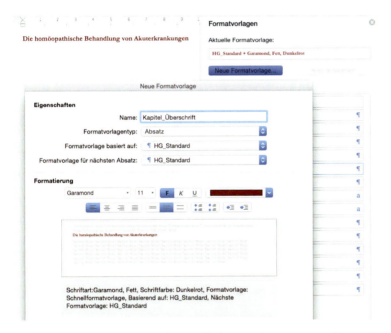

Die Übernahme von eingestellten Eigenschaften in den Dialog »Neue Formatvorlage«.

Formatvorlagen vom Typ *Zeichen* enthalten auf Text anwendbare Eigenschaften wie Schrift, Schriftfarbe, Schriftstile etc., aber keine Absatzmerkmale wie Zeilenabstände oder Einzüge. Sie eignen sich besonders gut für die Zuweisung reiner Zeichenformatierungen innerhalb von Absätzen. Ist *Absatz-Standardschriftart* im Einblendmenü von *Formatvorlage basiert auf* ausgewählt, bleiben die nicht explizit festgelegten Eigenschaften der Vorlage variabel. Bei einer Zuweisung bleiben die im Zeichen-Format nicht festgelegten Schrift-Merkmale einer Absatz-Vorlage erhalten. Wenn Sie also für eine solche Vorlage lediglich den Schriftstil und die Schriftfarbe definieren, bleiben nach deren Zuordnung Schrift, Schriftgröße etc. im ausgewählten Absatz unangetastet.

Die Übernahme von eingestellten Eigenschaften in den Dialog »Neue Formatvorlage«.

Zuweisen von Formatvorlagen

Für das Zuordnen einer Vorlage zu einer Textpassage stehen mehrere Wege offen. Zum einen ist die Gruppe *Formatvorlage* im Register *Start* mit dem *Formatvorlagenkatalog* (kurz *Vorlagenkatalog*) ausgestattet. Ein Mausklick auf eines der darin befindlichen Symbole weist der ausgewählten Textstelle die entsprechenden Eigenschaften zu.

Der Katalog ist gut bestückt. Auch bei größeren Bildschirmen dürften kaum alle Vorlagen Platz im Menüband finden. Die beiden Pfeilsymbole an den beiden Rändern des Katalogs gestatten deshalb ein Durchblättern des Inhalts. Alternativ ermöglicht ein Klick auf den mittig am unteren Rand des Katalogs angeordneten Abwärtspfeil die Darstellung sämtlicher Vorlagen in einem Einblendmenü. Dieser Pfeil ist allerdings nur sichtbar, wenn sich der Mauszeiger im Katalogbereich befindet.

Die Zuweisung von Formatvorlagen über den Katalogbereich.

2 | Texte im Griff mit Microsoft Word

Die aktuell zugewiesene Vorlage ist im *Katalog* und im Einblendmenü blau umrandet dargestellt.

Auch bei Verwendung des *Formatbereichs* reicht ein Mausklick auf den Namen der gewünschten Vorlage. Etwas mehr Aufwand verursachen Zuordnungen mit dem Dialog *Formatvorlage* (Aufruf *Format | Formatvorlage*). Dieser Weg lässt sich nicht bei Zuweisungen vom Typ *Liste* und *Tabelle* umgehen, die weder im *Vorlagenkatalog* noch in der Liste im *Formatbereich* aufgeführt sind. Ansonsten bietet er sich an, wenn Sie sich hinsichtlich der Auswahl nicht sicher sind und die genauen Eigenschaften im Bereich *Beschreibung* (rechts) vorher überprüfen möchten.

Die Zuweisung von Formatvorlagen über den gleichnamigen Dialog.

Die Zuweisung selbst erfolgt mit einem Mausklick auf die Schaltfläche *Übernehmen*. Diese Beschriftung ist in diesem Fall missverständlich. Sie weisen darüber eine Vorlage zu, *Anwenden* oder *Zuweisen* würden hier besser passen.

Für die in einem Dokument verwendeten Zeichenformatvorlagen und Absatzformatvorlagen, aber auch für manuelle Formatierungen, lässt sich eine farbliche Kennzeichnung einblenden. Dies ermöglicht ein einfaches und schnelles Auffinden von harten und weichen Formatierungen.

Für diese Darstellung muss als Ansicht *Drucklayout* eingestellt sein.

Die Anzeige der verwendeten Formatvorlagen erfolgt durch das Aktivieren der Option *Führungslinien für Formatvorlagen anzeigen* unten im *Formatbereich*. Analog erfolgt die Anzeige »harter« Formatierungen durch Aktivieren der Option *Führungslinien für direkte Formatierung anzeigen*.

Jeder Formatvorlage ist dabei automatisch eine Farbe zugeordnet, die aber in verschiedenen Dokumenten nicht einheitlich sein muss. Auch können sich die Farben bei jedem Öffnen eines Dokuments ändern. Die harten Formatierungen sind blau unterlegt und mit Linien in einem dunkleren Blau umrandet.

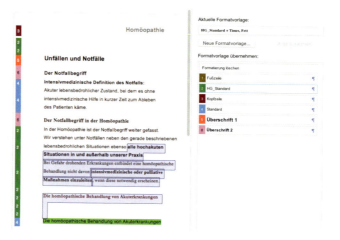

Die Anzeige »harter« und »weicher« Formatierungen in einem Text.

Ändern und Löschen von Formatvorlagen

Stehen Änderungen an mehreren Formatvorlagen an, empfiehlt sich der Weg über den Dialog *Formatvorlage*. Nach Auswahl eines Namens im linken Teil bewirkt ein Mausklick auf *Ändern* das Erscheinen des Dialogs *Formatvorlage ändern*. Dieser unterscheidet sich nur im Titel vom Dialog *Neue Formatvorlage*. Sie können darin wie gewohnt einzelne Einstellungen vornehmen.

Der Dialog »Formatvorlage ändern« unterscheidet sich nur im Titel von »Neue Formatvorlage«.

Bei Änderungen an einer einzigen Vorlage führt die Nutzung von *Formatvorlage ändern* im Einblendmenü einer Vorlage in der *Formatbereich*-Liste direkt zum gleichnamigen Dialog.

Das Einblendmenü einer Formatvorlage im »Formatbereich«.

Zum gleichen Ziel gelangen Sie durch die Wahl von *Ändern* im *Kontext*-Menü eines Symbols des Vorlagenkatalogs.

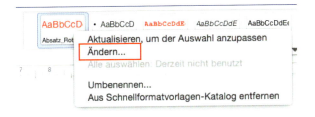

Das »Kontext«-Menü der Symbole des Vorlagenkatalogs.

Dieses *Kontext*-Menü gestattet auch, Vorlagen umzubenennen und aus dem Katalog zu entfernen.

Beide Menüs sind mit dem Eintrag *Aktualisieren, um der Auswahl anzupassen* ausgestattet. Vor dessen Anwendung ist eine beliebige Passage mit der auserkorenen Vorlage entsprechend zu verändern. Mit der Auswahl des Eintrags erfolgt unmittelbar eine Aktualisierung der Vorlage.

Alle selbst erstellten Formatvorlagen lassen sich auch wieder löschen, nicht aber die integrierten. Der Löschvorgang entfernt den Name einer Vorlage aus der Formatvorlagenliste, allen mit dieser Vorlage verbundenen Textpassagen weist *Word* die Formatvorlage *Standard* zu.

Sie löschen eine Formatvorlage, indem Sie auf den Pfeil neben deren Namen im *Formatbereich* klicken. Wählen Sie dann *Löschen* im Einblendmenü und bestätigen Sie die Nachfrage von *Word* mit einem Klick auf *Ja*.

Das »Kontext«-Menü der Symbole zum Löschen einer Formatvorlage.

Zum Löschen mehrerer Vorlagen sollten Sie den Dialog *Formatvorlage* vorziehen.

Organisieren von Formatvorlagen

Selbst erstellte Vorlagen sind zunächst lediglich in dem Dokument verfügbar, in dem sie generiert wurden. Nun dürfte es kaum im Bestreben eines Anwenders liegen, sämtliche Festlegungen in jedem neuen Dokument erneut treffen zu müssen. Dies lässt sich vermeiden, wenn die Formatvorlagen im Standard-Vorlagen-Dokument *Normal.dotm* gespeichert sind.

Zum Transferieren von Formatvorlagen zwischen verschiedenen Dokumenten benötigen wir wieder den Dialog *Formatvorlage*. Ein Klick auf die darin befindliche Schaltfläche *Organisieren* öffnet den gleichnamigen Dialog. Dieser ermöglicht zunächst die Übertragung von Formatvorlagen zwischen zwei *Word*-Dokumenten. Voreingestellt sind die aktuell geöffnete Datei und die Standard-Vorlage *Normal*. Der Transfer von Vorlagen ist in beide Richtungen möglich.

Mit Hilfe der im Dialog befindlichen Schaltflächen lassen sich Formatvorlagen auch löschen oder umbenennen.

Der Dialog »Organisieren« ermöglicht den Austausch nicht nur von Formatvorlagen zwischen unterschiedlichen Dokumenten.

Für den Austausch zwischen beliebigen *Word*-Dokumenten sind eine oder beide der aktuell für diesen Dialog geöffneten Dateien zu schließen und dann die gewünschte(n) zu öffnen.

Wenn Sie auf verschiedenen Rechnern mit *Mac OS X* arbeiten, können Sie *normal.dotm* auch von dem einen auf das andere Gerät kopieren. Der Speicherort dieser Datei ist in der folgenden Abbildung dargestellt.

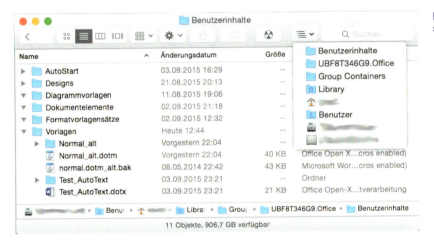

Der Speicherort von »normal.dotm«.

Das Verzeichnis *Library* erreichen Sie im *Finder* über *Gehe zu* bei gedrückter *alt*-Taste.

Sie haben in diesem Abschnitt erfahren, wie Sie Texten durch eine entsprechende Stilgebung ein angenehmes Aussehen verleihen können. Ziel war dabei, das Lesen zu erleichtern. Mit der gleichen Zielsetzung beschäftigen wir uns im nächsten Abschnitt mit verschiedenen Hilfsmitteln zur Strukturierung von Dokumenten.

Mit Abschnitten strukturieren

Sie haben in den letzten beiden Kapiteln erfahren, welche Werkzeuge *Word* zum Gestalten von Text bietet. Auf Zeichenebene besteht unter anderem die Wahl von Schriftart, Größe und Stil, auf Absatzebene können entsprechende Zeilenabstände oder Einrückungen für ein angenehmes Textbild sorgen.

Auf der nächst höheren Gestaltungsebene begegnen uns jetzt die Abschnitte. Bei ihnen handelt es sich um die kleinsten Teile eines Dokuments, denen Sie Gestaltungsmerkmale für ganze Seiten zuweisen können. Jeder Abschnitt kann dabei wie ein separates Dokument über ein eigenes Layout mit speziellen Formatierungen verfügen.

Ein neues, leeres Dokument besteht zunächst aus einem einzigen Abschnitt. Es steht Ihnen frei, ein Dokument in beliebig viele Abschnitte mit jeweils unterschiedlichem Umfang und andersgearteten Formatierungen zu unterteilen. Jeden Abschnitt können Sie dann entsprechend den aktuellen Anforderungen und Ihrem individuellen Geschmack gestalten. Unter anderem haben Sie Einfluss auf die folgenden Elemente:

- Kopfzeilen und Fußzeilen
- Nummerierung von Fuß- und Endnoten
- Papierformat
- Papierzufuhr für einen Drucker
- Seitenränder
- Seitenausrichtung (Hochformat oder Querformat)
- Seitennummerierung
- Spalten
- Vertikale Ausrichtung von Text
- Zeilennummerierung

Mit Hilfe von Abschnitten können Sie zum Beispiel Dokumente mit unterschiedlichen Seitenausrichtungen oder Spaltenzahlen erzeugen.

Der Abschnittsumbruch

Ein Abschnittsumbruch ist in *Word* eine Markierung zur Kennzeichnung eines Abschnittsendes. Sie steuert die Abschnittsformatierung des vorhergehenden Texts. In ihr sind die einzelnen Bestandteile einer Formatierung (Seitenränder, Kopf- und Fußzeilen etc.) abgelegt. In der *Drucklayout*-Ansicht wird er bei eingeblendeten Formatierungszeichen durch eine blaue Doppel-Linie mit der Bezeichnung *Abschnittsumbruch* inklusive der Angabe des Umbruchtyps dargestellt.

Die Darstellung eines Abschnittsumbruchs mit Typangabe.

Der Begriff „Homöopathie" stammt aus dem Griechischen (homoios = ähnlich, pathos = Leiden) und heißt übersetzt etwa „ähnliches Leiden". ═══Abschnittsumbruch (nächste Seite)═══

Ein Abschnittsumbruch bestimmt das Layout und die Formatierung vor der Umbruchs-Marke. Um einen neuen Abschnitt zu erzeugen, positionieren Sie die Einfügemarke an der gewünschten Stelle im Text. Klicken Sie im Menüband auf *Umbruch* in der Gruppe *Seite einrichten* von Register *Layout*, Gruppe *Seite einrichten*. Wählen Sie darin die gewünschte Umbruchsart.

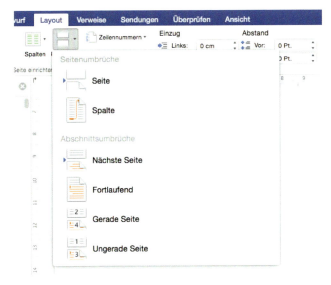

Die Auswahl eines Abschnittsumbruchs im Register »Layout« des Menübands.

Ein Alternativweg führt über *Einfügen | Umbruch | Typ* einstellen.

Die Auswahl eines Abschnittsumbruchs über das Menü.

Word kennt insgesamt vier verschiedene Arten von Abschnittsumbrüchen.

Nächste Seite	Der eingefügte Abschnitt beginnt auf der Folgeseite. Diese Art von Umbruch erweist sich als besonders hilfreich, wenn Sie in einem Dokument ein neues Kapitel mit veränderten Seitenzahlen, Ausrichtungen oder Kopf- und Fußzeilen beginnen möchten.
Fortlaufend	Hier beginnt der neue Abschnitt auf der gleichen Seite. Ein fortlaufender Abschnittsumbruch ist sinnvoll, wenn Sie eine unterschiedliche Anzahl von Spalten oder unterschiedliche Ränder auf einer Seite unterbringen möchten.
Gerade Seite	Ein neuer Abschnitt beginnt auf der nächsten Seite mit gerader Seitenzahl. Endet der vorangegangene Abschnitt auf einer geraden Seite, fügt *Word* eine leere ungerade Seite dazwischen ein.
Ungerade Seite	Analog zu gerader Seite, wobei hier ein neuer Abschnitt auf der nächsten Seite mit ungerader Seitenzahl beginnt.

Sind für zwei aufeinander folgende Abschnitte unterschiedliche Seitenformate und Seitenausrichtungen festgelegt, beginnt der zweite Abschnitt unabhängig von der Festlegung *Fortlaufend* auf einer neuen Seite.

Ein fortlaufender Abschnittsumbruch beim Wechsel der Spaltenzahl.

Einführung in die Klassische Homöopathie

Der Begriff „Homöopathie" stammt aus dem Griechischen (homoios = ähnlich, pathos = Leiden) und heißt übersetzt etwa „ähnliches Leiden".

Ihr Begründer ist Christian Friedrich Samuel Hahnemann. Geboren wurde er am 10. April 1755 in Meißen. Er studierte Medizin in Leipzig, Wien, Erlangen und Hermannstadt (Siebenbürgen) und eröffnete nach seinem Studium eine Arztpraxis. Diese gab er jedoch bald auf, da er sah, dass er seinen Patienten mit den medizinischen und naturheilkundlichen Methoden der damaligen Zeit nicht dauerhaft helfen konnte. Denn es war nicht gut bestellt um die Behandlungsmethoden. Bestanden sie doch aus Aderlässen, Klistieren, Abführungen, Brechmittel- und Vereiterungsmitteln. Behandlungen mit Blei-, Schwefel-, Quecksilber- oder Zinkoxiden waren an der Tagesordnung.

Sie können die vorgenommene Art des Abschnittsumbruchs jederzeit ändern. Öffnen Sie den Dialog *Dokument* über *Format | Dokument* und wählen Sie Register *Layout*. Legen Sie im Einblendmenü *Abschnittsbeginn* die gewünschte Art des Umbruchs fest. Sie haben dabei die Wahl, die vorgenommenen Änderungen auf

- den aktuell markierten Absatz,
- das Dokument ab der Markierung oder
- das gesamte Dokument

wirken zu lassen.

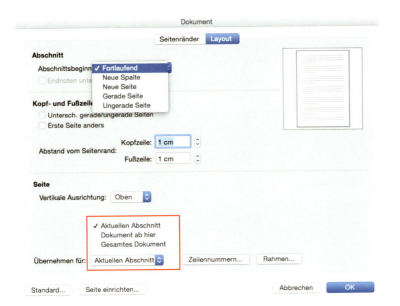

Der Dialog »Dokument« ermöglicht nachträgliche Änderungen von Abschnittsumbrüchen.

Das Löschen eines Abschnittsumbruchs erfordert als Erstes das Positionieren der Einfügemarke unmittelbar vor dem *Umbruch*-Symbol. Ist das Symbol nicht dargestellt, blenden Sie die Formatierungszeichen mit *cmd-8* ein. Betätigen Sie anschließend die *Entfernen*-Taste (nach rechts löschen). Fehlt diese Taste auf Ihrer Tastatur, markieren Sie das *Umbruch*-Symbol mit Hilfe der *Umschalt*- und *Rechtspfeil*-Taste und betätigen Sie anschließend die *Rückschritt*-Taste.

Es ist nicht möglich, eine Abschnittsmarke zu löschen, indem Sie die Einfügemarke unmittelbar hinter dem Umbruch platzieren und die *Rückschritt*-Taste verwenden.

Da die *Abschnittsende*-Markierung sämtliche Formatinformationen eines Abschnitts enthält, verliert dessen Text mit dem Löschen der Marke auch seine Formatierung. Der Text wird danach Bestandteil des Folge-Abschnitts und erhält dessen Formatierungen.

Bestimmen der Seitenausrichtung

Ein neues Dokument verfügt normalerweise über die Orientierung *Hochformat*. Diese Ausrichtung lässt sich mit dem Einblendmenü der Schaltfläche *Ausrichtung* in der Gruppe *Seite einrichten* von Register *Layout* verändern. Über *Format | Dokument* und der Betätigung von *Seite einrichten* im Register *Layout* von Dialog *Dokument* landen Sie schließlich beim Dialog *Papierformat*. Auch er gestattet die Einstellung der Seitenorientierung.

Die Auswahl der Seitenorientierung im Register »Layout« des Menübands (links) und im Dialog »Papierformat« (rechts).

Enthält ein Dokument breitere Bilder und/oder Tabellen, bietet es sich an, für die betroffenen Seiten das *Querformat* einzustellen. Dies macht es erforderlich, vor und hinter dem Teil des Dokuments, dessen Seiten-Orientierung geändert werden soll, jeweils einen *Nächste Seite*-Abschnittsumbruch zu erzeugen. Nach dem Platzieren der Einfügemarke im neu erzeugten Abschnitt ist *Querformat* mit einer der aufgezeigten Methoden einzustellen.

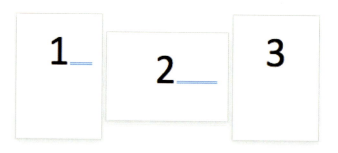

Ein Dokument mit unterschiedlichen Seitenorientierungen.

Bei diesem Vorgang ist zu beachten, dass die Seitenränder ebenfalls mitgedreht werden. Die Drehrichtung ist dabei abhängig vom eingestellten Druckertreiber. Der obere Rand wandert entweder an die linke oder die rechte Seite, der rechte Rand nach oben oder unten. Die Seitenränder für das Querformat sind somit zu überprüfen und ggf. anzupassen.

Die Seitenränder eines Dokuments bei »Hochformat« (links) und bei »Querformat« (rechts).

Zum Ändern einer Seitenorientierung bietet *Word* noch eine zweite Methode. Markieren Sie einen Text (das kann auch ein einzelnes Zeichen sein) an der Stelle, an der sich das Seitenformat ändern soll.

Die Erzeugung einer Seitenorientierung über eine markierte Textstelle.

Öffnen Sie dann wie oben beschrieben den Dialog *Papierformat* und stellen Sie darin das *Querformat* ein. Wählen Sie im Einblendmenü *Übernehmen für* des Dialogs *Dokument* jetzt den Eintrag *Markierten Text*.

Die markierte Textstelle, an der die Änderung der Seitenorientierung erfolgen soll.

Das Ergebnis ist dasselbe wie bei der ersten Methode. *Word* fügt – falls erforderlich – notwendige Abschnittsumbrüche vor und nach einer ausgewählten Textpassage ein. Soll dabei die Orientierung sämtlicher Seiten ab der aktuellen Position der Einfügemarke verändert werden, ist im Einblendmenü *Dokument ab hier* einzustellen.

Das Einrichten von Seitenrändern

Seitenränder bestimmen das Seitenlayout und damit den Satzspiegel – das ist der zu bedruckende Bereich auf einer Papierseite. Seitenränder sind definiert als die jeweiligen Abstände von den Papierkanten zum »normalen« Text, auch als *Fließtext* oder *Textkörper* bezeichnet. Kopf- und Fußzeilen sind nicht Bestandteil des Satzspiegels.

Der bedruckbare Bereich einer Seite ist durch die technischen Eigenschaften des verwendeten Druckers, seinen Druckertreibern und dem

Papierformat festgelegt. Nur Spezialdrucker sind in der Lage, bis an den Papierrand zu drucken. Üblicherweise bewegt sich der Mindestseitenrand heutiger Drucker im Bereich von 3 bis 13 Millimeter.

Unter ästhetischen Gesichtspunkten sind breitere Ränder zu bevorzugen. Die entsprechende Funktionalität bieten diverse Schaltflächen und Felder des Registers *Seitenlayout* in der Gruppe *Seite einrichten*. Das Einblendmenü der Schaltfläche *Seitenränder* bietet verschiedene Einstellmöglichkeiten für das gesamte Dokument.

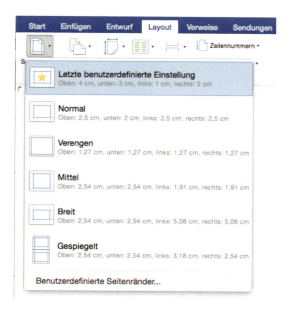

Die voreingestellten Seitenränder im gleichnamigen Einblendmenü.

Findet sich nichts Brauchbares in den Standard-Rändern, ermöglichen beide Register des Dialogs *Dokument* individuelle Einstellungen. Dessen Aufruf kann auch über *Benutzerdefinierte Seitenränder* der Schaltfläche *Seitenränder* erfolgen.

Im Register *Seitenränder* können Sie die angestrebten Werte entweder direkt über die Tastatur eingeben oder sie über die Pfeile rechts neben den Eingabefeldern stufenweise in Schritten von 1 mm verändern. Das Register *Layout* erlaubt das Festlegen der Abstände von Kopf- und Fußzeile zum Seitenrand. Darüber ermöglicht es auch in diesem Fall die Angabe, ob sich die vorgenommenen Einstellungen auf das gesamte Dokument, den aktuellen Abschnitt oder auf das restliche Dokument ab aktuellem Abschnitt beziehen sollen.

2 | Texte im Griff mit Microsoft Word

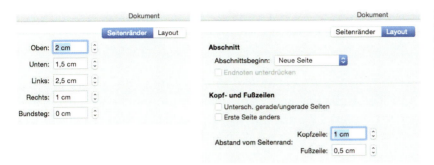

Das Einstellen von Seitenrändern (links) und der Abstände von Kopf- und Fußzeile (rechts) im Dialog »Dokument«.

Enthält ein Dokument mehrere Abschnitte, können Sie die Seitenränder für jeden Abschnitt individuell festlegen. Sie müssen dabei nur dafür sorgen, dass die Einfügemarke in genau dem Abschnitt platziert ist, dessen Ränder Sie verändern möchten.

Für oben und unten sind auch negative Werte möglich. In diesem Fall können sich Fließtext und Kopf- bzw. Fußzeile überlappen.

Mit diesen Einstellungen …

… ergibt sich diese Wirkung.

Kommt es bei den Seitenrändern nicht so sehr auf Genauigkeit an, lassen sich deren Abmessungen sehr ungenau, aber einfach und schnell mit dem Lineal einstellen. Bewegen Sie dazu den Mauszeiger auf eine Seitenrandbegrenzung. Wenn er seine Form verändert, ziehen Sie ihn nach links oder rechts bzw. nach oben oder unten.

Wenn Sie beim Ziehen zusätzlich die *alt*-Taste gedrückt halten, werden im Lineal die Randmaße eingeblendet.

Ist das vertikale Lineal nicht sichtbar, müssen Sie in den *Word*-Einstellungen, Rubrik *Ansicht,* die Option *Vertikales Lineal* im Bereich *Fensterelemente anzeigen* aktivieren.

Bei dieser Methode werden Sie beim linken Seitenrand zuvor die Schieberegler für den linken Einzug versetzen müssen, um den Seitenrand im Lineal zu erwischen. Nach erfolgter Einstellung sollten Sie nicht vergessen, diese wieder zurück an den Rand zu bewegen.

Das Anlegen von Spalten

Entsprechend der Voreinstellungen ist der Fließtext in *Word*-Dokumenten in einer einzigen Spalte untergebracht, die von Rand zu Rand verläuft. Es ist aber auch möglich, Texte in mehrere Spalten aufzuteilen. Ein solches Layout ist häufig bei Zeitschriften, Magazinen oder Nachschlagewerken anzutreffen. Auf diese Weise lassen sich auch bei großformatigem Papier kurze Zeilenlängen erzielen. Dies hat eine bessere Erfassbarkeit des Textes zu Folge, denn beim Lesen solcher Texte legt man üblicherweise eine größere Sorgfalt an den Tag.

Die Anordnung von fortlaufendem Fließtext auf einer Seite in mehreren Textblöcken bezeichnet man als Spaltensatz. Am Ende einer Spalte erfolgt ein Umbruch, der Fließtext läuft in die jeweils nächste Spalte über. Wie beim Seiten- oder Abschnittsumbruch können Sie an jeder Stelle eines Textes auch manuelle Spaltenumbrüche einfügen.

Sollten Sie mehrere Spalten nur für einen bestimmten Abschnitt benötigen, achten Sie beim Einrichten darauf, dass sich die Einfügemarke im gewünschten Abschnitt befindet. Benötigen Sie mehrere Spalten ab einem bestimmten Absatz, platzieren Sie die Einfügemarke zu Beginn dieses Absatzes.

Nehmen wir an, Sie haben den folgenden Text bereits eingetippt. Die Überschrift und den ersten Absatz möchten Sie nach wie vor in einer Spalte anordnen.

Die Behandlung mit homöopathischen Arzneien
Fieber ist als Zeichen eines intakten Abwehrsystems zu werten. Wenn das Fieber über 39 Grad steigt, sollte ärztliche Hilfe aufgesucht werden. Ebenso bei Kopfschmerzen mit Nackensteifigkeit, Kreislauf- oder Atembeschwerden.

Aconitum
Hier ist die Ursache für die Erkältung kalte Zugluft oder eisiger Wind. Die Krankheitserscheinungen treten **plötzlich** und **heftig** auf. Innerhalb von ein paar Stunden nach der Ansteckung kommt das Fieber und stiegt schnell an, begleitet von einer körperlichen Schwäche. Diese Entwicklung tritt häufig **nach Mitternacht** auf. Die Hitze ist trocken und von Frösteln oder sogar von Schüttelfrost begleitet. Es besteht ein großer Durst v.a. nach kaltem Wasser.

Der Ausgangszustand: ein einspaltiger Text.

Wir markieren den Bereich, der ein dreispaltiges Layout erhalten soll. Dieser beginnt mit dem dritten Absatz, also mit dem Wort »Aconitum«. Über *Format | Spalten* öffnet sich der gleichnamige Dialog, in dem die Festlegung der gewünschten Anzahl an Spalten erfolgt. Wir wählen *Drei*.

Ist ein Textabschnitt markiert, sollte *Übernehmen für* bereits auf *Markierten Text* eingestellt sein.

Die Auswahl der gewünschten Spaltenzahl im Dialog »Spalten«.

Nach einem Klick auf *OK* verfügt das Dokument ab der gewünschten Stelle jetzt über ein dreispaltiges Layout.

Die Behandlung mit homöopathischen Arzneien
Fieber ist als Zeichen eines intakten Abwehrsystems zu werten. Wenn das Fieber über 39 Grad steigt, sollte ärztliche Hilfe aufgesucht werden. Ebenso bei Kopfschmerzen mit Nackensteifigkeit, Kreislauf- oder Atembeschwerden.

Aconitum
Hier ist die Ursache für die Erkältung kalte Zugluft oder eisiger Wind. Die

Aufsitzen wird das rote Gesicht blass.
Der Patient ist unruhig und wirft sich im Bett hin und

Husten: Der Husten ist kurz, hackend und trocken mit wenig oder keiner Schleimabsonderung.

Ein dreispaltiger Text.

Bei diesem Vorgang erzeugt *Word* automatisch einen fortlaufenden Abschnittsumbruch vor und hinter der markierten Textpassage.

Was uns noch nicht gefällt ist der Abstand zwischen den einzelnen Spalten. Wir rufen deshalb nochmals den Dialog *Spalten* auf. Dies kann auch über die Schaltfläche *Spalten* im Register *Layout*, Gruppe *Seite einrichten* erfolgen. Deren Einblendmenü gestattet zum einen die Auswahl der gewünschte Anzahl an Spalten, zum anderen öffnet der Eintrag *Weitere Spalten* den Dialog *Spalten*.

Bei aktivierter Option *Gleiche Spaltenbreiten* bewirkt das Verkleinern des Wertes für den Abstand von Spalte 1 zu Spalte 2, beispielsweise auf 0,75 cm, automatisch dessen Übernahme für den Abstand zwischen Spalte 2 und Spalte 3. Damit verbunden ist eine Anpassung der Breite aller Spalten.

Das Anpassen der Abstände zwischen den Spalten im gleichnamigen Dialog.

Dieser Abstand verbessert das Erscheinungsbild deutlich, so dass wir es deshalb bei dieser Einstellung belassen. Jetzt stört nur noch die geringe Distanz zwischen ein- und dreispaltigem Text. Dies lässt sich mit der Angabe eines Abstandes nach dem zweiten Absatz beheben.

Das Erhöhen des Zeilen-Abstands im Eingabefeld »Nach« in der Gruppe »Absatz« von Register »Layout«.

Das Erscheinungsbild des Textes nach dem Anpassen von Abständen.

Die Behandlung mit homöopathischen Arzneien
Fieber ist als Zeichen eines intakten Abwehrsystems zu werten. Wenn das Fieber über 39 Grad steigt, sollte ärztliche Hilfe aufgesucht werden. Ebenso bei Kopfschmerzen mit Nackensteifigkeit, Kreislauf- oder Atembeschwerden.

Aconitum
Hier ist die Ursache für die Erkältung kalte Zugluft oder

Aufsitzen wird das rote Gesicht blass.
Der Patient ist unruhig und

Husten: Der Husten ist kurz, hackend und trocken mit wenig oder keiner

Die Anzahl von Spalten in einem Dokument können Sie jederzeit verändern. Möchten Sie eine solche Änderung auf das gesamte Dokument anwenden, wählen Sie *Bearbeiten | Alles markieren (cmd-A)*. Sollte Ihr Dokument lediglich aus einem Abschnitt bestehen, können Sie sich diesen Schritt ersparen.

Ist beim Anlegen von Spalten kein Textabschnitt markiert, müssen Sie zuvor zwei fortlaufende Abschnittswechsel erzeugen, und zwar vor und nach dem einzurichtenden mehrspaltigen Bereich.

Spaltenbreiten lassen sich wie vertikale Seitenränder mit Hilfe des Lineals verändern.

Seitenzahlen und Zeilennummern

Üblicherweise beginnt in einem Dokument die Zeilen- und Seitennummer mit »1«, die weitere Nummerierung erfolgt fortlaufend. Bei einem umfangreichen Inhalt kann es Sinn machen, diesen auf mehrere Dateien zu verteilen. Dies wiederum erfordert die individuelle Festlegung der Nummer der Startseite von jedem einzelnen beteiligten Dokument. Das Gleiche gilt für Dokumente mit mehreren Abschnitten, bei denen sich die Nummerierung von Seiten aus Abschnitts- und Seitenzahl zusammensetzt und die Seitenzahl in jedem Abschnitt neu beginnen soll. Oder Dokumente verfügen über ein Deckblatt, das normalerweise für die Seitennummerierung nicht zu berücksichtigen ist.

Die Anzeige von Seitenzahlen erfolgt in Kopf- oder Fußzeilen, die Thema des nächsten Abschnitts sind. Die Festlegung der Nummer einer Startseite lässt sich jedoch Abschnitts-spezifisch vornehmen, weshalb wir uns damit in diesem Kapitel beschäftigen.

Die Einstellung erfolgt im Dialog *Seitenzahlen*, sein Aufruf über das Einblendmenü der Schaltfläche *Seitenzahl* in der Gruppe *Kopf- und Fußzeile* von Register *Einfügen* des Menübands. Darin ist *Seitenzahl* auszuwählen. Alternativ bringt *Einfügen | Seitenzahlen* diesen Dialog zur Ansicht.

Das Einblendmenü »Seitenzahl« und der Dialog »Seitenzahlen«.

Position gestattet die Festlegung, ob die Seitenzahlen in der Kopf- oder in der Fußzeile erscheinen sollen. *Ausrichtung* bestimmt die Position der Seitenzahl innerhalb einer Zeile. Bei der Wahl von *Innen* oder *Außen* erfolgt die Anzeige stets am Innen- bzw. Außenrand einer Seite. Darüber hinaus gestattet die Aktivierung der Option *Seitenzahl auf erster Seite anzeigen* die Darstellung einer Seitenzahl auf der ersten Seite eines Dokuments oder Abschnitts.

Achten Sie vor dem Aufruf dieses Dialogs immer darauf, dass sich die Einfügemarke auch in dem Abschnitt befindet, dessen Seitennummerierung Sie einstellen möchten.

Die Einblendmenüs »Position« (links) und »Ausrichtung« des Dialogs »Seitenzahlen«.

Die Anwendung der Einstellung *Innen* oder *Außen* ist nützlich für beidseitig bedruckte Dokumente wie Bücher, bei den die Seitenzahlen auf der Vorderseite immer am rechten und auf der Rückseite immer am linken Rand platziert sein sollen.

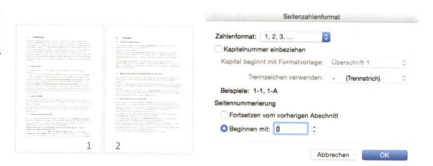

Ein Dokument mit »Außen«-Ausrichtung von Seitenzahlen in der Fußzeile.

Die Darstellung von Seitennummern ist nicht ausschließlich auf Zahlenwerte beschränkt. Der Dialog *Seitenzahlenformat* bietet hierfür diverse Varianten wie beispielsweise das Nummerierungsformat »i, ii, iii«, welches häufig bei Inhaltsverzeichnissen Anwendung findet.

Den Dialog erreichen Sie direkt über *Seitenzahlen formatieren* im Einblendmenü von *Seitenzahl* oder per Mausklick auf die Schaltfläche *Format* im Dialog *Seitenzahlen*.

Ist die Option *Seitenzahl auf erster Seite anzeigen* nicht aktiviert und soll die Anzeige bei »1« beginnen, müssen Sie im Dialog die Ziffer »0« bei *Beginnen mit* einstellen.

Der Dialog »Seitenzahlenformat« mit dem Einblendmenü »Zahlenformat«.

Um die Anzeige von Seitenzahlen wieder verschwinden zu lassen, wählen Sie einfach *Seitenzahlen entfernen* im Einblendmenü *Seitenzahl*.

Word zählt automatisch die in einem Dokument vorhandenen Zeilen. Davon ausgenommen sind Tabellen, Fußnoten, Endnoten, Textfelder, Positionsrahmen und Kopf- und Fußzeilen. Die Aktivierung der Anzeige dieser Zeilenzahlen erfolgt durch die Auswahl des gewünschten Eintrags im Einblendmenü der Schaltfläche *Zeilennummern* in Gruppe *Seite einrichten* des Registers *Layout*.

Die Aktivierung der Zeilenzahl-Anzeige.

Diese Anzeige ist hilfreich, wenn in einem Dokument Referenzen auf bestimmte Zeilen erforderlich sind, wie etwa bei einem Vertrag oder für die Dokumentationen von Anwendungsprogrammen. Die Anzeige der jeweiligen Zeilennummer erfolgt links neben jeder Textzeile.

Ein Dokument mit eingeblendeten Zeilenzahlen.

```
1   <!DOCTYPE HTML PUBLIC "-//W3C//DTD HTML 4.01 Transitional//EN">
2   <HTML>
3   <HEAD>
4   <title>Saisonspielplan 2014 / 2015</title>
5   <meta http-equiv="Content-Type" content="text/html; charset=ISO-8859-1">
6   <LINK REL="stylesheet" TYPE="text/css" HREF="../Stile_80.css">
7   </HEAD>
8
```

Zusätzliche Gestaltungsvarianten bietet der Dialog *Zeilennummern*, zu erreichen über *Zeilennummerierungsoptionen* von Einblendmenü *Zeilennummern*. Dies öffnet zunächst den Dialog *Dokument*. Erst ein Mausklick auf die darin befindliche Schaltfläche *Zeilennummern* bringt den benötigten Dialog zur Ansicht.

Der Dialog »Zeilennummern« ermöglicht diverse Feineinstellungen für die Zeilennummerierung.

Dieser Dialog gestattet ebenfalls die Aktivierung oder Deaktivierung der Anzeige von Zeilennummern, deren Abstände zum eigentlichen Fließtext und einige weitere Festlegungen. Etwas missverständlich ist hier der Begriff Zählintervall. Die darin eingestellte Zahl bezieht sich lediglich auf die Anzeige. Ist beispielsweise »5« gewählt, erscheint eine Zeilennummer nur vor jeder fünften Zeile.

Die Anzeige von Zeilenzahlen mit einem Zählintervall von »5«.

```
    <!DOCTYPE HTML PUBLIC "-//W3C//DTD HTML 4.01 Transitional//EN">
    <HTML>
    <HEAD>
    <title>Saisonspielplan 2014 / 2015</title>
5   <meta http-equiv="Content-Type" content="text/html; charset=ISO-8859-1">
    <LINK REL="stylesheet" TYPE="text/css" HREF="../Stile_80.css">
    </HEAD>

    <!--- Kopfzeile mit Navigationsbereich --->
10
    <HEADER>
```

Sie haben jetzt alle Werkzeuge zum Anwenden von Formatierungen kennengelernt. Mit der Zeichenformatierung hatten wir den kleinsten Elementen eines Dokuments – den einzelnen Zeichen – Eigenschaften wie Schriftart, Schriftgröße, Schriftfarbe etc. zugewiesen. Auf der nächst höheren Ebene erfolgt die Formatierung von Absätzen, beispielsweise durch die Festlegung von Abständen zwischen Zeilen und Absätzen. Mit der Abschnittsformatierung haben wir über Seitenränder oder Spaltenzahlen das Layout einzelner Seiten eines Dokuments festgelegt, aber auch die Art von Nummerierungen definiert.

Damit verfügen wir über sämtliche Hilfsmittel, um das Erscheinungsbild von Dokumenten zu beeinflussen. Word *bietet* aber noch einige weitere Werkzeuge, deren Nutzung die Gestaltung von Dokumenten wesentlich vereinfacht.

Gestaltungselemente

In den vergangenen Abschnitten haben Sie verschiedene Funktionen und Werkzeuge kennengelernt, um Texten ein ansprechendes Aussehen zu verleihen. Prinzipiell stehen Ihnen damit sämtliche Hilfsmittel zu Verfügung, die Sie zum Erstellen und Gestalten von Dokumenten benötigen. Die in diesem und dem folgenden Abschnitt vorgestellten Hilfsmittel bieten weitere erhebliche Arbeitserleichterungen. Dazu zählen Funktionalitäten für den Umgang mit Kopf- und Fußzeilen, Tabellen und Formeln.

Kopf- und Fußzeilen

Als Kopf- und Fußzeilen bezeichnet man Bereiche an den oberen und unteren Rändern von Dokumenten, die auf mehreren Seiten gleiche Inhalte aufweisen. Müssten Sie solche Inhalte im Satzspiegel, also im Bereich des Fließtextes unterbringen, würden Änderungen und Ergänzungen im Fließtext ohne ein entsprechendes Werkzeug einen immensen Arbeitsaufwand zur Folge haben – und dies nicht nur bei großen Dokumenten.

Aus diesem Grund verwendet man die beiden Bereiche zwischen Satzspiegel und oberen und unterem Seitenrand. Diese sogenannten Kopf- und Fußzeilen eignen sich zur Aufnahme unterschiedlicher Arten von Informationen. Vor allem bei umfangreichen Dokumenten erleichtern sie die Orientierung. Neben statischen Angaben wie Dokumententitel, Ausgabedatum, Dateinamen, Angaben zu Autoren oder anderem mehr finden sich hier häufig auch dynamische Informationen wie durchgängige Seitenzahlen oder Kapitelüberschriften. Darüber hinaus lassen sich in diesen Bereichen auch gestalterische Elemente wie Linien, Grafiken, Tabellen oder Firmen-Logos verwenden.

Die Inhalte von Kopf- und Fußzeilen sind getrennt vom eigentlichen Textkörper in einem eigenen Arbeitsbereich einquartiert. Sie sind bei der Erstellung eines neuen Dokuments bereits eingerichtet. Zu diesem Zeitpunkt enthalten sie allerdings noch keinerlei Inhalt und sind deshalb auch nicht sichtbar. Aus diesem Grund ist diese Funktionalität im Menü unter *Ansicht* und nicht unter *Einfügen* zu finden.

Kopf- und Fußzeilen sind immer an einen Abschnitt gebunden. Die dafür getroffenen Einstellungen vererben sich standardmäßig auf den jeweils folgenden Abschnitt. Zur Verwendung unterschiedlicher Kopf- und Fußzeilen ist diese Vererbung explizit auszuschalten.

Aktivieren des Kopf- und Fußzeilen-Modus

Das Bearbeiten ihrer Inhalte erfordert die Aktivierung der Bereiche durch einen Wechsel in den *Kopf-* und *Fußzeilen*-Modus. Am einfachsten erreichen Sie dies mit einem Doppelklick. Bewegen Sie dazu den Mauszeiger in die Nähe des oberen oder unteren Seitenrandes. Sobald er eine andere Form annimmt, befinden Sie sich im gewünschten Bereich.

Alternativ können Sie diese Aktivierung über *Ansicht | Kopf- und Fußzeile* bewerkstelligen. Ein weiterer Weg führt über die Schaltflächen *Kopfzeile* und *Fußzeile* in der Gruppe *Kopf- und Fußzeile*, die nicht ganz konsistent im Register *Einfügen* untergebracht ist.

Eine blaue Linie kennzeichnet zum einen die Aktivierung dieses Modus und zum anderen die Grenze zum Seitentext, der jetzt transparent dargestellt ist. Dessen Bearbeitung ist in diesem Modus nicht möglich. Sie sind damit in der Lage, Text oder andere Elemente in die Kopf- oder Fußzeile einzufügen und/oder zu bearbeiten.

Am linken Rand sind unter- bzw. oberhalb der Trennlinie zwei hellblau unterlegte Rechtecke angebracht. Das linke zeigt an, ob es sich bei dem betrachteten Bereich um eine Kopf- oder um eine Fußzeile handelt. Mit der unmittelbar daneben angeordneten Schaltfläche *Schließen* kehren Sie zum »normalen« Modus zurück. Alternativ bewirkt dies ein Doppelklick auf eine beliebige Stelle des Fließtexts. Danach sind die Kopf- und Fußzeilenbereiche ausgegraut.

Kopf- und Fußzeile eines Dokuments bei aktiviertem »Kopf-und Fußzeilen«-Modus.

Enthält ein Dokument mehrere Abschnitte, wird auch dies entsprechend dargestellt.

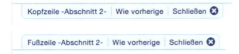

Die Anzeige von Abschnittsinformationen im Kopf-und Fußzeilenmodus.

Einfügen und Bearbeiten

Bevor Sie das Gestalten einer Kopf- oder Fußzeile angehen, positionieren Sie als Erstes die Einfügemarke in genau demjenigen Abschnitt, den Sie damit auszustatten gedenken. Für die Gestaltung selbst können Sie auf vorgefertigte Elemente zurückgreifen. Die Verwendung der Schaltflächen *Kopfzeile* oder *Fußzeile* bzw. deren Einblendmenüs im Register *Einfügen* bewirken einen automatischen Wechsel in den *Kopf-* und *Fußzeilen*-Modus – seine vorherige Aktivierung ist in diesem Fall nicht erforderlich. Sie bieten eine Auswahl an diversen vorgefertigten Vorlagen.

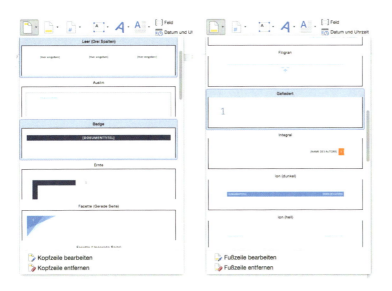

Einige angebotene Kopf- (links) und Fußzeilen- (rechts) Varianten von »Word«.

Eine jeweils mit integrierten Vorlagen gestaltete Kopf-und Fußzeile.

Einige Vorlagen sind mit Platzhaltern ausgestattet, die sinnvollerweise durch eigene Begriffe oder Formulierungen zu ersetzen sind. Ansonsten stehen zur Gestaltung einer Kopf- oder Fußzeile die gleichen Werkzeuge und Funktionalitäten zu Verfügung wie zum Bearbeiten des »normalen« Fließtextes. Darüber erscheint im Menüband im *Kopf-* und *Fußzeilen*-Modus ein *Kontext*-Register *Kopf- und Fußzeile*, das mit speziellen Schaltflächen zur Bearbeitung von Kopf- und Fußzeilen ausgestattet ist.

Der Wechsel zwischen unterschiedlichen Kopf- und Fußzeilen lässt sich per Mausklick in den gewünschten Bereich vollziehen. Wesentlich einfacher gelingt dies mit den Navigationstasten der Gruppe *Navigation* im *Kontext*-Register *Kopf- und Fußzeilen*.

Die Navigationstasten im »Kontext«-Register »Kopf- und Fußzeile«.

Kontext-Register tauchen nur dann auf, wenn bestimmte Objekte oder Modi wie der *Kopf-* und *Fußzeilen*-Modus aktiv sind. Sie sind kein permanenter Bestandteil des Menübands.

In vielen Fällen möchten Sie den Inhalt Ihrer Kopf- und Fußzeilen selbst komponieren. Wie bereits erwähnt steht es Ihnen frei, statische Inhalte wie beliebigen Text, Bilder, Tabellen etc. einzufügen. Für diesen Zweck ist das Register *Kopf- und Fußzeilen* mit mehreren Schaltflächen (*Datum, Uhrzeit, Feldern und Bildern*) in der Gruppe *Einfügen* ausgerüstet.

Die Schaltflächen ermöglichen den Aufruf von Dialogen, in denen Sie eine Auswahl treffen und Einstellungen vornehmen können. *Bild aus Datei* bewirkt die Anzeige des Dialogs *Bild auswählen*, also des »normalen« *Öffnen*-Dialogs. Darin können Sie sich zur Bilddatei Ihrer Wahl vorhangeln.

Datum und Uhrzeit führt zum Erscheinen des gleichnamigen Dialogs. Darin können Sie das Darstellungsformat von Datum und Uhrzeit **zum Zeitpunkt dieser Aktion** auswählen. *Word* fügt dies als statischen Text an der Einfügemarke ein. In diesem Text können Sie jedes einzelne Zeichen bearbeiten.

Der Dialog zum Einfügen von Datum und Uhrzeit mit der Auswahlmöglichkeit des Darstellungsformats.

Ist dagegen *Automatisch aktualisieren* aktiviert, fügt *Word* einen dynamischen Platzhalter ein, dessen Inhalt es von Zeit zu Zeit aktualisiert. Zu erkennen ist dies am grauen Hintergrund des Textes, sobald die Einfügemarke in diesem Bereich platziert ist. Das *Kontext*-Menü dieses Platzhalters gestattet das Umschalten der Anzeige zur sogenannten *Feldfunktionen*-Ansicht.

Eine Fußzeile mit einem dynamischen Platzhalter für Datum und Uhrzeit sowie dessen »Kontext«-Menü.

Bei eingestellter *Feldfunktionen*-Ansicht besitzt dieser Platzhalter folgendes Aussehen:

Die »Feldfunktionen«-Ansicht des Platzhalters für Datum und Uhrzeit.

In dieser Ansicht lässt sich das Darstellungsformat modifizieren, beispielsweise wie im folgenden Bildschirmfoto dargestellt.

Die »Feldfunktionen«-Ansicht des Platzhalters für Datum und Uhrzeit mit modifiziertem Darstellungsformat.

Dies bewirkt die folgende Darstellung:

Datum und Uhrzeit nach der Modifikation des Formats.

Das Umschalten zur »Normalansicht« bewirkt allein noch keine Änderung der Anzeige. Dies muss explizit manuell mit *Felder aktualisieren* im *Kontext*-Menü erfolgen.

Auch dynamische Platzhalter lassen sich wie »normaler« Text formatieren.

Genau genommen handelt es sich bei dem dynamischen Platzhalter für Datum und Uhrzeit um ein sogenanntes Feld. *Word* verfügt über weitere solcher Felder, die unterschiedliche Informationen beinhalten. Der Zugriff auf sie erfolgt über den Dialog *Felder* – aufzurufen mit der gleichnamigen Schaltfläche.

Der Dialog »Felder« bietet Zugriff auf in Feldern abgelegte Informationen.

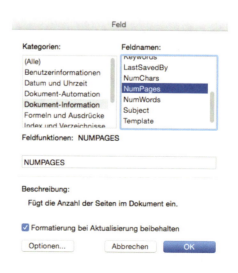

Die Bestückung einer Fußzeile mit dem Dateinamen (links), mit Datum und Uhrzeit (Mitte) sowie aktueller und Gesamtseitenzahl (rechts) kann mit folgenden Feldern erfolgen.

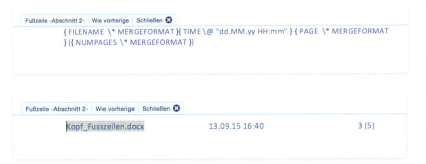

Eine Fußzeile mit diversen Dokument-Informationen in der »Feldfunktionen«-Ansicht.

Und so sieht die Fußzeile dann in der »Normal«-Ansicht aus.

Das *Kontext*-Register *Kopf- und Fußzeile* beinhaltet ebenfalls ein Werkzeug zum Einstellen des Abstands von Kopf- und Fußzeile zum jeweiligen Seitenrand. Die Gruppe *Position* enthält Felder zur manuellen Eingabe der Abstandswerte. Die Pfeile rechts neben den Felder verändern die Abstandswerte in Stufen von ± 1 mm.

Die Felder zur Eingabe von Abständen für Kopf- und Fußzeilen im Menüband.

Alternativ lassen sich die Positionen von Kopf- und Fußzeile mit Hilfe des vertikalen Lineals einstellen. Bewegen Sie dazu den Mauszeiger an die Grenze von oberem grauen und weißen Bereich des Lineals. Sobald der Mauszeiger seine Form verändert, ziehen Sie ihn mit gedrückter Maustaste nach oben oder unten. Ist beim Ziehen die *alt*-Taste gedrückt, erscheinen im Lineal die Abmessungen zum Seitenrand und zum Rand des Fließtextes.

Das Einstellen des Abstands einer Kopfzeile mit dem Lineal.

Word bietet für die Gestaltung von Kopf- und Fußzeilen diverse Varianten. So lässt sich die erste Seite losgelöst vom Rest eines Dokumentes einrichten. Weiterhin erlaubt es das unterschiedliche Gestalten von Kopf- und Fußzeilen für gerade und ungerade Seiten. Und es gestattet die individuelle Gestaltung für jeden einzelnen Abschnitt.

Die Option »Erste Seite«

Die erste Seite eines Dokuments fungiert bei Berichten häufig als Deckblatt. Sie enthält generelle Angaben zum Inhalt oder zu den Verfassern und unterscheidet sich im Aussehen vom restlichen Dokument. Ähnlich ist es bei Briefen, deren erste Seite üblicherweise mit einem ausführlichen Kopf inklusive Firmenlogo ausgestattet ist. Auch die erste Seite eines Abschnitts kann sich von dessen restlichen Seiten unterscheiden.

Über die Option *Erste Seite anders* bietet *Word* ein Instrument, diesen Seiten eine Sonderbehandlung angedeihen zu lassen. Dies beinhaltet die Möglichkeit, entsprechende Bereiche leer zu lassen, sodass eine erste Seite ohne Kopf- und Fußzeile erscheint. Wenn Sie also die Anzeige von Kopf- und Fußzeile auf der ersten Seite unterdrücken möchten, aktivieren Sie mittels Mausklick die Option *Erste Seite anders* im Register *Kopf- und Fußzeile*. Lassen Sie dann die Kopf- und Fußzeile leer.

Das Aktivieren der Option »Erste Seite anders«.

Ansonsten steht es Ihnen frei, für erste Seiten eine abweichende Gestaltung zu realisieren.

Gerade und Ungerade Seiten

Besonders bei zweiseitigen Druckwerken ist es sinnvoll, ein unterschiedliches Layout für gerade und ungerade Seiten anzuwenden. Dies ermöglicht das Platzieren von Seitenzahlen in einer Kopf- oder Fußzeile immer am Außenrand. Dazu ist lediglich *Gerade und ungerade Seiten anders* in der Gruppe *Optionen* von *Kontext*-Register *Kopf- und Fußzeile* zu aktivieren.

Das Aktivieren der Option »Gerade und ungerade Seiten anders«.

Alternativ lässt sich diese Einstellung im Register *Seitenränder* des Dialog *Dokument* durch das Aktivieren von *Gegenüberliegende Seiten* vornehmen.

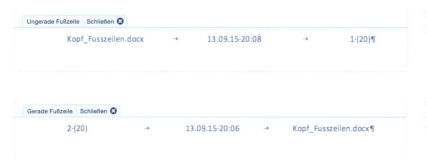

Eine Fußzeile für ungerade Seiten und …

eine andere für gerade Seiten im gleichen Abschnitt.

Die Option *Unterschiedliche Einstellungen für gerade und ungerade Seiten* gilt immer für ein gesamtes Dokument. Dies trifft auch zu, wenn verschiedenen Abschnitte mit individuellen Kopf- und Fußzeilen eingerichtet sind.

Abschnittsbezogene Kopf- und Fußzeilen

Änderungen an einer Kopf- oder Fußzeile überträgt *Word* automatisch auf das gesamte Dokument. Wenn Sie unterschiedliche Kopf- oder Fußzeilen für bestimmte Teile eines Dokuments einrichten möchten, müssen Sie dieses in eine entsprechende Anzahl von Abschnitten unterteilen. Kopf- und Fußzeilen sind immer abschnittsbezogen. Entsprechend den Voreinstellungen erfolgt eine Vererbung von Kopf- und Fußzeile auf den jeweils nächsten Abschnitt.

Die Voreinstellung: verknüpfte Kopfzeilen zwischen zwei Abschnitten.

Diese Verknüpfung können Sie aufheben – und zwar für Kopfzeile und Fußzeile getrennt. Dies macht vor allem Sinn bei umfangreichen Dokumenten mit einer Vielzahl von Kapiteln. Fügen Sie als Erstes Abschnittsumbrüche an den gewünschten Stellen in Ihrem Dokument ein. Erstellen Sie dann eine Kopf- und/oder Fußzeile für den ersten vorgesehenen Abschnitt. Wechseln Sie dann zur Kopf- oder Fußzeile des nächsten Abschnitts. In der Gruppe *Navigation* von Register *Kopf- und Fußzeile* ist *Mit vorheriger verknüpfen* dunkelgrau hinterlegt, was eine aktivierte Verknüpfung kennzeichnet. Die Info-Bereiche des *Kopf-* und *Fußzeilen*-Modus enthalten ebenfalls einen Hinweis.

Ein Mausklick auf *Mit vorheriger verknüpfen* deaktiviert und aktiviert die Verknüpfung. Im Falle einer Deaktivierung verschwinden sowohl der dunkelgraue Hintergrund als auch der Hinweis im Info-Bereich.

Eine gelöschte Verknüpfung von Kopfzeilen zwischen zwei Abschnitten.

Vorhandener Text oder andere Elemente werden durch das Aufheben solcher Verknüpfungen nicht gelöscht. Es lassen sich jetzt die Kopf- und Fußzeilen im aktuellen Abschnitt bearbeiten.

Sie können auch für jeden beliebigen Abschnitt die Option *Erste Seite anders* aktivieren.

Wenn Sie eine Kopf- oder Fußzeile löschen möchten, aktivieren Sie den *Kopf-* und *Fußzeilen*-Modus für den gewünschten Abschnitt. Markieren Sie mit *cmd-A* seinen gesamten Inhalt und drücken Sie dann die *Rückschritt-* oder die *Entfernen*-Taste. Schneller erledigen Sie dies über die Einblendmenüs der Schaltflächen *Kopfzeile* und *Fußzeile* in den Registern *Kopf-* und *Fußzeile* oder *Einfügen* (Eintrag *Kopfzeile entfernen* bzw. *Fußzeile entfernen*).

Tabellen entwerfen

Tabellen sind ein gutes Hilfsmittel, um Informationen übersichtlich strukturiert darzustellen. In einem der vorangegangenen Abschnitte haben Sie erfahren, wie Sie Tabellen auch mit Hilfe von Tabulatoren relativ einfach gestalten können. Weit mehr Komfort bietet jedoch die integrierte Tabellenfunktion von *Word*. Sie bietet eine wesentliche Vereinfachung insbesondere bei der horizontalen Platzierung von Text oder Grafiken. Weiterhin erfordert das nachträgliche Einfügen, Austauschen oder Löschen insbesondere von Spalten einen wesentlich geringeren Arbeitsaufwand.

Die Basis jeder Tabelle bilden die grafisch aneinander ausgerichteten Zellen, wobei jede Zelle den Schnittpunkt einer Zeile mit einer Spalte darstellt. Eine solche Zelle kann nicht nur Text oder Grafiken aufnehmen, sondern auch eine weitere Tabelle. Auch ist es möglich, Zellen zu teilen oder zusammenzuführen und so mit wenig Aufwand komplex strukturierte Tabellen zu erstellen.

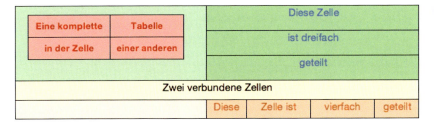

Eine etwas komplexere Tabelle.

Konvertieren von Text in Tabellen

Nehmen wir an, Sie möchten die integrierte Tabellenfunktion nutzen, um eine Tabelle zu überarbeiten. Leider basiert diese – weil alt oder von einem Freund oder Kollegen übernommen – auf Tabulatoren. Sie müssen in diesem Fall weder traurig noch ärgerlich sein, denn eine solche Tabelle ist im Nu in die neue Form umgesetzt.

Markieren Sie sämtliche Zeilen der Tabelle und wählen Sie *Tabelle | Konvertieren | Text in Tabelle konvertieren*. Den gleichnamigen Dialog können Sie auch über das Einblendmenü der Schaltfläche *Tabelle* im Register *Einfügen*, Gruppe *Tabellen* aufrufen.

Die Ausgangstabelle als Text mit Tabulatoren.

Bundesland	Stadt	Juli	August	Juli	August
Bayern	Augsburg	15	13	17	14
	München	14	12	18	16
	Nürnberg	17	16	10	12
Hessen	Darmstadt	18	18	10	12
	Frankfurt	20	19	15	13
	Kassel	19	17	17	15
Niedersachsen	Braunschweig	15	16	17	16
	Hannover	17	15	16	14
	Wolfsburg	14	10	16	20

Wählen Sie hierin die erforderlichen Optionen aus. *Word* hat den markierten Text analysiert und entsprechende Voreinstellungen (Spaltenzahl, Trennzeichen etc.) im Dialog gesetzt.

Der Dialog »Text in Tabelle konvertieren« mit gesetzten Voreinstellungen.

Nach einem Klick auf *OK* konvertiert *Word* die ursprüngliche Tabelle in das neue Format.

Die Tabelle im neuen Format.

Bundesland	Stadt	Juli	August	Juli	August
Bayern	Augsburg	15	13	17	14
	München	14	12	18	16
	Nürnberg	17	16	10	12
Hessen	Darmstadt	18	18	10	12
	Frankfurt	20	19	15	13
	Kassel	19	17	17	15
Niedersachsen	Braunschweig	15	16	17	16
	Hannover	17	15	16	14
	Wolfsburg	14	10	16	20

Der Rückweg funktioniert genauso schnell und einfach mit *Tabelle in Text konvertieren*. Dies kann Ihnen eventuell viel Zeit ersparen. Nehmen wir an, in einem Dokument sind – aus welchen Gründen auch immer – Tabulator-basierte Tabellen gefordert. Diese können Sie, wenn bereits vorhanden, in »richtige« *Word*-Tabellen umwandeln. Anschließend nehmen Sie die erforderlichen Modifikationen vor, und zum Schluss verwandeln Sie die Tabelle wieder in eine konventionelle Tabulator-Tabelle zurück.

Einfügen einer Tabelle

Das Einfügen einer neuen Tabelle in einen Text gestaltet sich denkbar einfach. Positionieren Sie die Einfügemarke an der Stelle, an der sie erstellt werden soll. Klicken Sie auf die Schaltfläche *Tabelle* in der Gruppe *Tabellen* von Register *Einfügen*. Bewegen Sie den Mauszeiger im erscheinenden Einblendmenü über das Symbolraster, was die aktuell gewählte Anzahl an Zeilen und Spalten direkt unterhalb der Schaltfläche einblendet. Darüber hinaus sind die aktuell beteiligten Zellensymbole blau unterlegt.

Das Einblendmenü zum Erzeugen von Tabellen.

Nach einem Mausklick auf die rechte untere Zelle der blauen Markierung fügt *Word* eine leere Tabelle entsprechend der ausgewählten Werte ein.

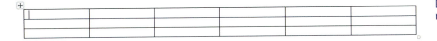

Die eingefügte leere 6 x 3 Tabelle.

Word weist in diesem Fall allen Zellen der Tabelle einen einfachen Rahmen zu. Außerdem ist jede Spalte gleich breit. Wenn Sie bereits eine konkrete Vorstellung hinsichtlich der Spaltenbreiten haben, entscheiden Sie sich im Einblendmenü von *Tabelle* besser für *Tabelle einfügen*. Im gleichnamigen Dialog können Sie Zeilen- und Spaltenzahl direkt in Felder eingeben.

Der Dialog »Tabelle einfügen«.

Über *Einstellungen für AutoAnpassen* legen Sie fest, wie eine Tabelle mit dem einzugebenden Text umgehen soll. Wenn Sie *Autoanpassen: Inhalt* wählen, passt *Word* die Spaltenbreite dem hinzugefügten Inhalt an. Da dieser unmittelbar nach der Erstellung aber noch gar nicht vorhanden ist, fällt die eingefügte Tabelle ziemlich schmal aus.

Eine eingefügte Tabelle mit der Option »Auto-Anpassen: Inhalt«.

Mit der Eingabe von Text passt sich die Spaltenbreite dann automatisch den Textlängen an.

Die gleiche Tabelle nach der Eingabe von Text.

Dies ist ein eingegebener Text in Spalte 1	Und dies ist einer in Spalte 2		
		Hier ist SP 3	SP 4

Geben Sie im Dialog *Tabelle einfügen* die Breite der ersten Spalte an, weist *Word* den restlichen Spalten die gleiche Breite zu. In diesem Fall erfolgt keine Anpassung von Spaltenbreiten mit der Texteingabe.

Eine eingefügte Tabelle bei Vorgabe der Breite der ersten Spalte.

Dies ist ein eingegebener Text in Spalte 1	Und dies ist einer in Spalte 2		
		Hier ist SP 3	SP 4

Ist im Dialog *Tabelle einfügen* die Option *Fenster* für *AutoAnpassen* gesetzt, verändert *Word* automatisch die Breite der gesamten Tabelle und passt sie an die Breite des Dokuments an.

Wenn Sie eine Tabelle verschieben möchten, fahren Sie mit dem Mauszeiger in die Tabelle hinein. Daraufhin blendet *Word* am linken oberen Rand ein Symbol ein. Bewegen Sie den Mauszeiger auf dieses Symbol, drücken Sie die Maustaste und ziehen Sie die Tabelle auf ihre neue Position.

Das Einfügen einer einzeiligen Tabelle können Sie übrigens auch ganz allein mit Hilfe der Tastatur erledigen. Wenn Sie beispielsweise die in der folgenden Abbildung gezeigte Folge der Zeichen »+« und »-« eingeben, erhalten Sie unmittelbar nach Betätigung der Zeilenschaltung die darunter befindliche Tabelle.

Erzeugen einer Tabelle mit Hilfe der Tastatur.

Sollte sich dieser Effekt bei Ihnen nicht einstellen, rufen Sie über *Word | Einstellungen* den gleichnamigen Dialog auf. Klicken Sie auf *AutoKorrektur* und überprüfen Sie im Register *AutoFormat während der Eingabe*, ob im Bereich *Während der Eingabe anwenden* die Option *Tabellen* aktiviert ist.

Der Dialog »AutoKorrektur«.

Modifizieren der Tabellendimensionen

Nicht selten werden Sie an den von Ihnen erstellten Tabellen nachträglich Änderungen vornehmen müssen. So benötigen Sie vielleicht zusätzliche Zeilen und Spalten bzw. müssen vorhandene entfernen. Am einfachsten gestaltet sich das Hinzufügen einer zusätzlichen Zeile am Tabellenende. Positionieren Sie die Einfügemarke in die rechte Spalte der letzten Zeile. Mit dem Betätigen der *Tabulator*-Taste erzeugen Sie eine weitere Tabellen-Zeile.

Zum Einfügen von Zeilen innerhalb einer Tabelle müssen Sie zuvor eine oder mehrere Zeilen markieren. Am einfachsten erreichen Sie dies, indem Sie den Mauszeiger links in die Markierungsleiste neben die erste zu markierende Zeile bewegen. Drücken Sie die Maustaste, sobald er seine Form in einen rechts nach oben zeigenden Pfeil verändert. Bewegen Sie den Mauszeiger bei gedrückter Taste nach oben oder unten. Lassen Sie die Taste los, sobald die gewünschte Anzahl an Zeilen markiert ist. Mit der Anzahl der markierten Zeilen legen Sie die Anzahl der einzufügenden Zeilen fest. Wählen Sie im *Kontext*-Menü *Zeilen einfügen*. Die gewünschte(n) Zeile(n) werden daraufhin oberhalb der Markierung eingefügt.

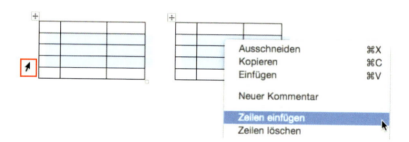

Das Markieren und Einfügen von Zeilen über das »Kontext«-Menü.

Das Einfügen von Spalten verläuft auf die gleiche Art und Weise. Zum Markieren einer Spalte müssen Sie den Mauszeiger an den oberen Spaltenrand bewegen, bis er die Form eines Abwärtspfeils annimmt. Ein Mausklick markiert die gewünschte Spalte. Bewegen Sie den Mauszeiger bei gedrückter Taste nach links oder rechts. Danach geht es wie gehabt mit dem *Kontext*-Menü weiter. Word fügt die zusätzlichen Spalten links von der Markierung ein.

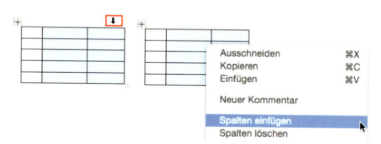

Das Markieren und Einfügen von Spalten über das »Kontext«-Menü.

Die Vorgehensweise beim Löschen von Zeilen oder Spalten mit dem *Kontext*-Menü ist identisch, wobei der Eintrag *Zeilen löschen* bzw. *Spalten löschen* auszuwählen ist.

Sind in einer Tabelle Zellen markiert, können diese ebenfalls mit dem *Kontext*-Menü gelöscht werden.

Bei umfangreicheren Modifikationen empfiehlt sich die Nutzung der Schaltflächen der Gruppe *Zeilen und Spalte* im *Kontext*-Register *Layout*. Diese gestatten das Einfügen von Zeilen oberhalb oder unterhalb der aktuellen Position der Einfügemarke. Zum Einfügen mehrerer Zeilen ist auch hier die gewünschte Anzahl vorher zu markieren. Analog gilt das auch für Spalten.

Das Einfügen von Zeilen und Spalten über die Schaltflächen des Menübands.

Das Einblendmenü der Schaltfläche *Löschen* bietet die Möglichkeit, neben Zeilen und Spalten auch einzelne Zellen sowie ganze Tabellen zu entfernen.

Das Löschen von Tabellenelementen mit dem Einblendmenü der Schaltfläche »Löschen«.

Ist *Zellen löschen* gewählt, erscheint der gleichnamige Dialog.

Der Dialog beim Löschen einzelner Zellen (rechts das Resultat des Löschvorgangs).

Modifizieren von Abmessungen

Nachdem Sie eine Tabelle mit Text, Grafiken oder anderen Elementen bestückt haben, werden Sie häufig die Abmessungen ihrer Einzelteile verändern wollen – sei es aus rein ästhetischen oder aus praktischen Gründen.

Um die Breite einer ganzen Tabelle zu verändern, positionieren Sie den Mauszeiger an den rechten unteren Tabellenrand, bis sich seine Form in einen schrägen Doppelpfeil verwandelt. Verschieben Sie dann den Mauszeiger mit gedrückter Taste, bis die Tabelle den gewünschten Umfang angenommen hat. *Word* passt die Zeilenhöhen und Spaltenbreiten automatisch an.

Um die Höhe einer Zeile manuell anzupassen, positionieren Sie den Mauszeiger direkt auf der Begrenzungslinie der auserkorenen Zeile. Sobald er seine Form verändert hat, ziehen Sie ihn mit gedrückter Taste nach oben oder unten, bis die gewünschte Zeilenhöhe erreicht ist.

Befindet sich Text in einer Zelle der betroffenen Zeile, lässt sich deren Höhe nicht kleiner als die Texthöhe einstellen.

Mit der gleichen Methode können Sie die Breite von Spalten verändern. Dabei müssen Sie den Mauszeiger auf der Begrenzungslinie der zu verändernden Spalte positionieren.

Wenn Sie beim Verändern einer Zeilenhöhe oder Spaltenbreite die *alt*-Taste drücken, blendet *Word* deren jeweils aktuelle Abmessung im Lineal an.

Alternativ lassen sich die Abmessungen von Zeilen und Spalten auch mit Hilfe der Lineale verändern. Positionieren Sie dazu die Einfügemarke in eine beliebige Zelle der Tabelle. Bewegen Sie den Mauszeiger dann in das Lineal auf eine grau unterlegte Zeilen- oder Spaltenbegrenzung.

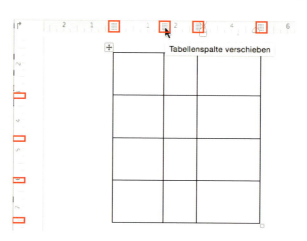

Das Lineal mit der Darstellung von Zeilen- und Spaltenbegrenzungen einer Tabelle.

Bei der manuellen Einstellung einer Spaltenbreite müssen Sie nicht warten, bis der Mauszeiger seine Form verändert (im Gegensatz zur Einstellung von Zeilenhöhen behält er seine Form bei) oder der Info-Text *Tabellenspalte verschieben* erscheint. Ziehen Sie den Mauszeiger mit gedrückter Taste in die gewünschte Richtung. Eine beim Ziehen erscheinende Hilfslinie erleichtert die Positionierung. Auch bei diesem Vorgang erfolgt die Darstellung der Spaltenbreiten oder Zeilenhöhen, wenn gleichzeitig die *alt*-Taste gedrückt ist.

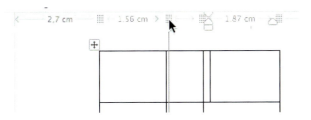

Das Verändern von Spaltenbreiten über das Lineal.

Nicht selten erfordern Anwendungsfälle eine genaue Angabe der Abmessungen von Zeilen und/oder Spalten. Für diesen Zweck bietet das *Kontext*-Register *Layout* in der Gruppe *Zellengröße* Eingabefelder für die Zeilenhöhe und die Spaltenbreite. In sie lassen sich Werte manuell eingeben oder mit den daneben postierten Pfeilsymbolen in Stufen von ± 1 mm verändern. Dabei reicht es aus, die Einfügemarke in einer Zelle zu positionieren. Betroffen sind von den Änderungen immer die gesamte Zeile oder Spalte.

Das Verändern von Spaltenbreiten im »Kontext«-Register »Layout«.

Sind bei diesem Vorgang mehrere Zeilen oder Spalten markiert, so bezieht sich der eingestellte Wert immer auf eine Zeile bzw. Spalte.

Die Schaltflächen *Zeilen verteilen* und *Spalten verteilen* dienen zum Angleichen der Abmessungen mehrerer Zeilen und Spalten. *Word* teilt die Summe der Abmessungen der aktuell beteiligten Zeilen bzw. Spalten durch deren Anzahl und weist ihnen den jeweiligen Mittelwert zu.

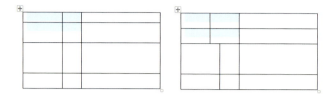

Das Angleichen von Zeilenhöhen und Spaltenbreiten (links die Ausgangskonfiguration).

Beim Erstellen komplexerer Tabellen oder bei umfangreichen Modifikationen einer Tabelle empfiehlt sich die Nutzung des Dialogs *Tabelleneigenschaften*. Sein Aufruf erfolgt entweder über *Tabelle | Tabelleneigenschaften*, über das *Kontext*-Menü von Tabellen oder über die Schaltfläche *Eigenschaften* der Gruppe *Tabellen* im Kontext-Register *Layout*. Der Dialog verfügt über mehrere Register, wobei sich darin Abmessungen absolut oder als relative Werte festlegen lassen. Die Gesamtbreite einer Tabelle können Sie beispielsweise in Zentimeter oder in Prozent als Verhältnis zur aktuellen Breite des Satzspiegels angeben. Darüber hinaus können Sie darin die Ausrichtung und die Art des Textumbruchs um die Tabelle angeben.

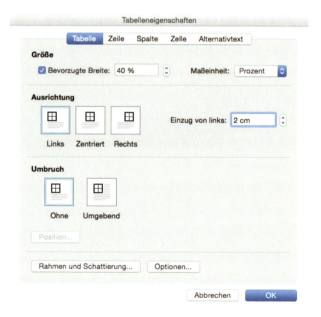

Das Register »Tabelle« des Dialogs »Tabelleneigenschaften«.

Die Anzeige des Registers nach dem Aufruf hängt ab vom aktuell markierten Element. Ist beispielsweise die Einfügemarke in einer beliebigen Zelle platziert oder die gesamte Tabelle markiert, erscheint Register *Tabelle*. Analog gilt das für *Zeile* und *Spalte*. Damit *Zelle* erscheint, muss mindestens eine Tabellenzelle markiert sein – die Platzierung der Einfügemarke in eine Zelle reicht dabei nicht aus. Zur Markierung einer Zelle bewegen Sie den Mauszeiger an den linken Rand. Sobald er sich verändert, kann die Markierung mit einem Mausklick erfolgen.

Die Abmessungen für die einzelnen Zeilen und Spalten lassen sich in den Registern *Zeile* und *Spalte* einstellen. Auch hier ist eine absolute Angabe in Zentimeter oder eine relative Größenangabe in Prozent der Gesamtbreite bzw. Gesamthöhe einer Tabelle möglich. Beide Register verfügen über Schaltflächen zur Navigation von Zeile zu Zeile bzw. von Spalte zu Spalte. Damit können Sie nacheinander die einzelnen Zeilen- und Spaltenbreiten einstellen. Bei jedem Wechsel erfolgt eine Aktualisierung der Tabellendarstellung auf die zuvor eingestellten Werte. Auch wenn das Verändern der Abmessungen lediglich eine Zeile oder Spalte betrifft, gestattet dies das unmittelbare Erkennen der Auswirkungen solcher Modifikationen. Dadurch lassen sich sofort Korrekturmaßnahmen ergreifen, ohne den Dialog verlassen und wieder aufrufen zu müssen.

Im Register *Zeile* können Sie zusätzlich festlegen, ob Sie einen automatischen Seitenumbruch innerhalb der Zelle zulassen möchten. Falls nicht, deaktivieren Sie die entsprechende Option. Für umfangreiche Tabellen lässt sich zusätzlich eine Kopfzeile einrichten, die sich auf jeder Seite wiederholt. Das Aktivieren dieser Option erfordert die Markierung der ersten Zeile der Tabelle **vor** dem Aufruf dieses Dialogs. Alternativ müssen Sie dies mit den Schaltflächen *Vorherige Zeile* oder *Nächste Zeile* bewirken.

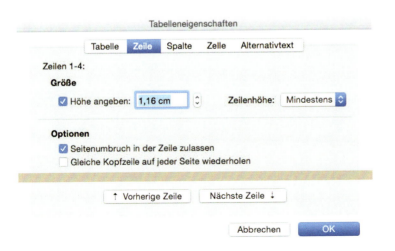

Das Register »Zeile« des Dialogs »Tabelleneigenschaften«.

Das Register *Spalte* verfügt über analoge Werkzeuge zum Einstellen von Spaltenbreiten.

Register »Spalte« des Dialogs »Tabelleneigenschaften«.

Die drei im Bereich *Vertikale Ausrichtung* befindlichen Schaltflächen von Register *Zelle* erlauben die vertikale Ausrichtung der in der aktivierten Zelle untergebrachten Elemente.

Das Register »Zelle« des Dialogs »Tabelleneigenschaften«.

Eine Veränderung des Wertes in *Bevorzugte Breite* wirkt sich auf die gesamte Spalte aus.

Ein Mausklick auf *Optionen* bewirkt den Aufruf des Dialogs *Zellenoptionen* zum Einstellen der Abstände des Inhalts von Zellelementen zu deren Zellenrand. Betrachten wir als Beispiel die folgende Tabelle mit den in *Word* voreingestellten Standardmaßen für die Innenabstände von Zellinhalten.

2 | Texte im Griff mit Microsoft Word

	Aconitum	Belladonna
Hals	Der Hals ist rot, trocken und fühlt sich wie zugeschnürt an. Die Mandeln sind entzündlich gerötet, ohne starke Schwellung; Aconitum ist meist zu Beginn der Angina angezeigt.	Scharlachröte des Schlundes und der Mandeln mit Schwellung. Die Entzündung entwickelt sich von rechts nach links. Oft sind die Nackendrüsen schmerzhaft geschwollen. Es können Schlundkrämpfe auftreten.
Verschlechterung	Am Abend, nachts.	durch Licht und Sonne, Geräusche, Erschütterungen.
Besserung	Bei Gehen an der frischen Luft.	Durch Wärme. Im dunklen Zimmer.

Eine Tabelle mit Standardabständen von Zellinhalten zu den Zellrändern.

Zum Verbessern des Erscheinungsbilds dieser Tabelle erhöhen wir die Innenabstände.

Der Dialog »Zellenoptionen« zum Festlegen der Innenabstände von Zellinhalten.

Die neu eingestellten Werte verhelfen der Tabelle zu einem deutlich angenehmeren Erscheinungsbild – die Texte wirken bei weitem nicht mehr so gedrängt.

	Aconitum	Belladonna
Hals	Der Hals ist rot, trocken und fühlt sich wie zugeschnürt an. Die Mandeln sind entzündlich gerötet, ohne starke Schwellung; Aconitum ist meist zu Beginn der Angina angezeigt.	Scharlachröte des Schlundes und der Mandeln mit Schwellung. Die Entzündung entwickelt sich von rechts nach links. Oft sind die Nackendrüsen schmerzhaft geschwollen. Es können Schlundkrämpfe auftreten.
Verschlechterung	Am Abend, nachts.	durch Licht und Sonne, Geräusche, Erschütterungen.
Besserung	Bei Gehen an der frischen Luft.	Durch Wärme. Im dunklen Zimmer.

Die Tabelle mit vergrößerten Abständen der Inhalte zu den Zellrändern.

Einzig die erste Zeile wirkt deutlich missraten. Die Ursache dafür liegt in der ursprünglich festgelegten Zeilenhöhe. Dafür war in Register *Zeile* die Höhe als *Genau* festgelegt. Eine Umstellung auf *Mindestens* bereinigt das Problem.

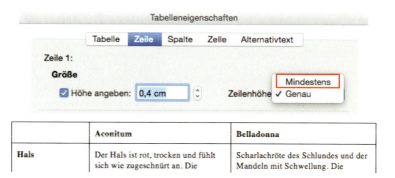

Die Umstellung einer Tabellenzeile in variable Höhe mit Mindestwert.

Damit sind die Einstellungsmöglichkeiten noch nicht erschöpft, denn auch der Abstand zwischen den einzelnen Zellen lässt sich verändern. Dies erfolgt im Dialog *Tabellenoptionen*, der über die Schaltfläche *Optionen* in Register *Tabelle* aufzurufen ist. Aktivieren Sie darin *Abstand zwischen Zellen zulassen* im Bereich *Standardzellenbegrenzungen*. Geben Sie den gewünschten Wert in das rechts daneben befindliche Feld ein.

Der Dialog »Tabellenoptionen«.

Die Tabelle mit Abständen zwischen den einzelnen Zellen.

Modifizieren von Tabellenstrukturen

Überschriften in der Kopfzeile einer Tabelle können sich bei vorgegebener Spaltenbreite über mehrere Zeilen erstrecken, dasselbe gilt für Zeilenköpfe. In solchen Fällen kann es Sinn machen, mehrere Zellen zu einer einzigen zusammenzufassen. Ziehen wir als Beispiel eine Tabelle mit den (virtuellen) Regenmengen für verschiedene deutsche Städte in den Monaten Juli und August der Jahre 2014 und 2015 heran.

	Maximale Regenmengen im Vergleich [l / m²]				
			2014		2015	
Bundesland	Stadt	Juli	August	Juli	August
Bayern	Augsburg	15	13	17	14
	München	14	12	18	16
	Nürnberg	17	16	10	12
Hessen	Darmstadt	18	18	10	12
	Frankfurt	20	19	15	13
	Kassel	19	17	17	15
Niedersachsen	Braunschweig	15	16	17	16
	Hannover	17	15	16	14
	Wolfsburg	14	10	16	20

Die ursprüngliche Form der »Regenmengen«-Tabelle.

Die erste Maßnahme besteht im Verteilen der Überschrift *Maximale Regenmengen* auf die Spalten 2 bis 6. Diese Markierung nehmen Sie vor, indem Sie den Mauszeiger über der zweiten Zelle der ersten Spalte positionieren. Drücken Sie die Maustaste und bewegen Sie den Zeiger nach rechts. Lassen sie die Maustaste los, sobald Spalte 6 erreicht und markiert ist. Wählen Sie *Zellen verbinden* im *Kontext*-Menü der Markierung.

	Maximale Regenmengen im Vergleich [l / m²]		Ausschneiden	⌘X
		2014	Kopieren	⌘C
Bundesland	Stadt	Juli	Einfügen	⌘V
Bayern	Augsburg	15		
	München	14	Neuer Kommentar	
	Nürnberg	17	Tabelle…	
Hessen	Darmstadt	18	Zellen löschen…	
	Frankfurt	20	**Zellen verbinden**	

Das Verbinden von Zellen mit dem »Kontext«-Menü der Markierung.

	Maximale Regenmengen im Vergleich [l / m²]				
		2014		2015	
Bundesland	Stadt	Juli	August	Juli	August

Die Tabelle mit einer Verbundzelle in der ersten Zeile.

Diesen Vorgang gilt es nun für die Zellen mit den Jahreszahlen zu wiederholen. Diese verbinden wir mit der jeweils rechts danebenliegenden.

Anstelle des *Kontext*-Menüs bewerkstelligen wir eine solche Vereinigung diesmal mit der Schaltfläche *Zellen verbinden* in der Gruppe *Zusammenführen* im *Kontext*-Register *Layout*.

Word **löscht bei diesem Vorgang keinerlei Zellinhalte. Enthalten mehrere Zellen Text, erscheinen die Einzelteile auch in der neuen Verbundzelle, getrennt durch Absatzmarken.**

Zu guter Letzt vereinigen wir die Zellen mit den Bundesländern mit den jeweils zwei darunterliegenden. Wir sorgen noch für gleiche Spaltenbreiten bei den Regenmengen und blicken dann stolz auf das erreichte Zwischenergebnis.

Die »Regenmengen«-Tabelle (Version 2).

	Maximale Regenmengen im Vergleich [l / m²]			
		2014		2015	
Bundesland	Stadt	Juli	August	Juli	August
Bayern	Augsburg	15	13	17	14
	München	14	12	18	16
	Nürnberg	17	16	10	12
Hessen	Darmstadt	18	18	10	12
	Frankfurt	20	19	15	13
	Kassel	19	17	17	15
Niedersachsen	Braunschweig	15	16	17	16
	Hannover	17	15	16	14
	Wolfsburg	14	10	16	20

Der umgekehrte Weg funktioniert ebenfalls, denn eine Zelle lässt sich in mehrere Unterzellen aufteilen. Betrachten wir auch dazu als Beispiel die folgende Tabelle:

Eine Tabelle mit homöopathischen Mitteln (Ausgangskonfiguration).

Mittel	C Potenzen	D Potenzen	LM Potenzen
Kalium carb.			
Nat mur			
Silicea			

Entsprechend den lieferbaren Mitteln teilen wir die einzelnen Zellen in mehrere Teile. Dazu positionieren wir die Einfügemarke zuerst in die zweite Zelle der zweiten Zeile. Wir haben jetzt wieder die Wahl zwischen *Zellen teilen* im *Kontext*-Menü und der Schaltfläche *Zellen teilen* in der Gruppe *Zusammenführen* von *Kontext*-Register *Layout*. Bei beiden Vorgehensweisen erscheint der Dialog *Zellen teilen*. Darin lässt sich festlegen, in wie viele Einzelteile die auserwähle Zelle aufgeteilt werden soll.

2 | Texte im Griff mit Microsoft Word

Der Dialog »Zellen teilen« ermöglicht die Aufspaltung von Zellen in mehrere Einzelteile.

Word teilt die ausgewählte Zelle gleichmäßig in die angegebene Anzahl von Zellen auf. Dies wiederholen wir für weitere Zellen und erhalten damit das folgende Erscheinungsbild der Tabelle.

Mittel	C Potenzen			D Potenzen			LM Potenzen		
Kalium carb.	C30	C200	C1000	D6		D12	LM6	LM9	
Nat mur	C200		C1000	D3	D6	D12	LM6	LM9	
Silicea	C30		C200	D3	D6	D12	LM6	LM9	LM12

Die überarbeitete und mit Informationen gefüllte Tabelle für homöopathische Mittel.

Das Aufteilen kann auch bei einer Markierung mehrerer Zellen erfolgen. Dies erfordert die Nutzung der Schaltfläche *Zellen teilen* in der Gruppe *Zusammenführen* von *Kontext*-Register *Layout*.

Mit Hilfe der Schaltfläche *Tabelle teilen* lässt sich eine Tabelle bei einer markierten Zeile aufspalten. *Word* erzeugt an der Trennstelle einen harten Absatzumbruch.

Zeichnen von Tabellen

Bei komplexeren Tabellen mit verschachtelten Zellstrukturen bietet es sich an, diese zu zeichnen. Dies erscheint in den Fällen sinnvoll, wo Zeilenzahl, Spaltenzahl oder Zellhöhen sich über die gesamte Tabelle stark unterscheiden.

Positionieren Sie die Einfügemarke an der Stelle im Text, an der Sie die Tabelle einfügen möchten. Wählen Sie *Tabelle zeichnen* im Einblendmenü der Schaltfläche *Tabelle* im Register *Einfügen*. Der Mauszeiger verwandelt sich daraufhin in einen Bleistift. Als Erstes ist jetzt mit gedrückter Maustaste ein Rechteck aufzuziehen, das den äußeren Rahmen der Tabelle festlegt.

Das Aufziehen eines Tabellenrahmens.

151

Danach können Sie Zeilen- und Spaltenlinien an beliebiger Stelle innerhalb des festgelegten Rahmens zeichnen. Bewegen Sie den Bleistift zum Anfangspunkt einer Linie und ziehen Sie den Zeiger in die gewünschte Richtung. Die einzufügende Linie erscheint zunächst in roter Farbe. Sobald *Word* meint, den gewünschten Endpunkt ermittelt zu haben, stellt es die Linie bis dahin gepunktet dar. Während dieser beiden Zustände lässt sich dieser Vorgang jederzeit mit der *esc*-Taste abbrechen. Erst das Freigeben der Maustaste bewirkt das Einfügen einer Linie und damit eine Zellteilung in der Tabelle.

Das Zeichnen von Trennlinien in einer Tabelle.

Meistens reicht es aus, den Anfang einer Trennlinie zu zeichnen – den Rest ergänzt *Word* automatisch. Haben Sie sich verzeichnet, klicken Sie im *Kontext*-Register *Layout* auf die Schaltfläche *Radierer*. Der Mauszeiger verwandelt sich daraufhin in einen Radiergummi. Ein Mausklick auf eine Linie löscht diese – allerdings nicht in jedem Fall über deren gesamte Länge. Trifft die Linie in ihrem Verlauf auf andere, quer verlaufende Linien, ist nur das Liniensegment zwischen den beiden Schnittpunkten gelöscht. Die zu löschende Linie bzw. das Segment ist beim Drücken der Maustaste mit einer dicken roten Farbe gekennzeichnet. Auch in diesem Status ist ein Abbruch mit der *esc*-Taste möglich, das Löschen erfolgt erst nach dem Loslassen der Maustaste.

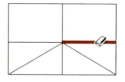

Das Löschen einer Trennlinie.

Das Linien- und das Radiergummi-Werkzeug steht für alle Tabellen zu Verfügung, nicht nur für gezeichnete.

Auch führt das Löschen von Linien nur dann zum Verschmelzen benachbarter Zellen, wenn dadurch wieder eine viereckige Zelle entsteht. Andernfalls wird lediglich die Linie gelöscht, die Zellen bleiben aber erhalten. In der folgenden Tabelle wurden beispielsweise die Linien zwischen orangefarbenen Zellen gelöscht. Als Folge einer Verschmelzung sind keine Vierecke entstanden, weshalb hier die Zellstruktur erhalten blieb.

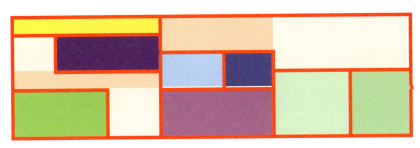

Eine Tabelle mit diversen gelöschten Trennlinien.

Den *Zeichnen-* und den *Radierer-*Modus verlassen Sie durch Betätigen der *esc-*Taste oder per Mausklick auf eine Stelle außerhalb der aktuell bearbeiteten Tabelle.

Neben dem *Radierer* verfügt das *Kontext-*Register *Layout* auch über die Schaltfläche *Tabelle zeichnen* ganz links in der Gruppe *Zeichnen*.

Ist eine Tabelle fertig gezeichnet, kann die Eingabe von Informationen auch mit einem Klick in eine beliebige Zelle beginnen.

> Sie können auch Diagonalen zeichnen. Diese dienen aber lediglich als Verzierung – eine Zellteilung erfolgt dadurch nicht.

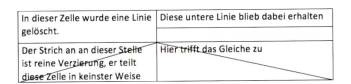

Eine Tabelle mit diagonalen Linien.

Formatieren von Tabellen

Verfügt eine Tabelle über zahlreiche Zeilen und Spalten, erhöht der Einsatz von Farben und/oder Mustern ihre Lesbarkeit. Auch die Verwendung unterschiedlicher Strichstärken und Strichmuster an den Zellgrenzen kann dazu beitragen. Häufig finden sich Tabellen, deren Zeilen oder Spalten mit alternierenden Farben versehen sind.

Der schnellste Weg beim Formatieren einer Tabelle führt zur Nutzung der integrierten Tabellenformatvorlagen. Deren Anwendung erfolgt analog zur Auswahl von Formatvorlagen. Es ist lediglich die betroffene Tabelle zu aktivieren und anschließend das gewünschte Outfit aus der *Vorlagen-*Bibliothek auszusuchen. Deren Repräsentationen befinden sich in Symbolform in der Gruppe *Tabellenformatvorlagen* von *Kontext-*Register *Tabellenentwurf*.

Das Einblendmenü »Tabellenformatvorlagen« offenbart den Inhalt der Vorlagen-Bibliothek.

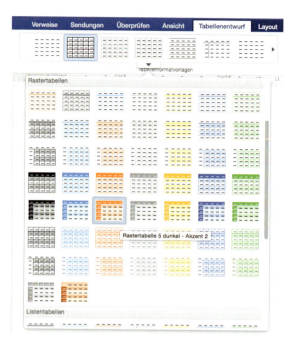

Die Auswahl der Vorlage *Rastertabelle 5 dunkel – Akzent 6* verleiht unserer *Regenmengen*-Tabelle mit nur einigen wenigen Mausklicks das folgende Erscheinungsbild.

Die Anwendung einer integrierten Tabellenformatvorlage auf die »Regenmengen«-Tabelle.

Maximale Regenmengen im Vergleich [l / m²]				
		2010		2011	
Bundesland	Stadt	Juli	August	Juli	August
Bayern	Augsburg	15	13	17	14
	München	14	12	18	16
	Nürnberg	17	16	10	12
Hessen	Darmstadt	18	18	10	12
	Frankfurt	20	19	15	13
	Kassel	19	17	17	15
Niedersachsen	Braunschweig	15	16	17	16
	Hannover	17	15	16	14
	Wolfsburg	14	10	16	20

Ansonsten steht es Ihnen vollkommen frei, jede einzelne Zelle getrennt für sich zu formatieren. Oder Sie markieren mehrere, nicht notwendigerweise zusammenhängende Zellen und formatieren sie in einem Rutsch.

Das Markieren von Zellen und deren Inhalt unterscheidet sich in der Vorgehensweise nicht prinzipiell vom Markieren eines »normalen« Textes. In den beiden folgenden Tabellen sind die verschiedenen Möglichkeiten zusammengefasst.

2 | Texte im Griff mit Microsoft Word

Objekt	Vorgehensweise
Eine Zelle	Bewegen Sie den Mauszeiger links neben die zu markierende Zelle. Betätigen Sie die Maustaste, sobald er seine Form in einen rechts nach oben zeigenden Pfeil verändert.
Mehrere zusammenhängende Zellen	Positionieren Sie den Mauszeiger über einer Zelle. Betätigen Sie die Maustaste und bewegen Sie die Maus mit gedrückter Taste in die gewünschte Richtung. Sind alle Zellen markiert, geben Sie die Maustaste frei.
Eine Zeile	Bewegen Sie den Mauszeiger links neben die zu markierende Zeile in die Markierungsleiste. Betätigen Sie die Maustaste, sobald er seine Form in einen rechts nach oben zeigenden Pfeil verändert.
Eine Spalte	Bewegen Sie den Mauszeiger über die zu markierende Spalte. Betätigen Sie die Maustaste, sobald er seine Form in einen nach unten zeigenden Pfeil verändert.
Mehrere, nicht zusammenhängende Zellen	Markieren Sie wie oben beschrieben eine Zelle. Halten Sie dann die *cmd*-Taste gedrückt und markieren Sie weitere Zellen per Mausklick. Sie können dabei auch nicht zusammenhängenden Text markieren.

Markierung	Aktion
Eine Zelle	Positionieren Sie die Einfügemarke in die zu markierende Zelle. Drücken Sie *cmd-Umschalttaste-→*. Mit dieser Tastenkombination springen Sie zum Ende einer Zelle. Damit markieren Sie auch das Zellenende-Zeichen. Durch seine Markierung wird automatisch die ganze Zelle markiert. Die Anzeige des Zellenende-Zeichens erfolgt, wenn Sie die Darstellung der nicht druckbaren Zeichen aktivieren.
Mehrere zusammenhängende Zellen	Markieren Sie eine Zelle. Halten Sie dann die *Umschalttaste* gedrückt und erweitern Sie mit Hilfe der Pfeiltasten den markierten Bereich. Die Erweiterung erfolgt zellenweise.

Markierten Zellen oder Zellbereichen können Sie verschiedene Eigenschaften wie Hintergrundfarbe, Schriftfarbe, Hintergrundmuster, Zellrahmen oder Zellausrichtungen zuweisen. Die Einblendmenüs der Schaltflächen *Schattierung* und *Stiftfarbe* in der Gruppe *Rahmen* von *Kontext*-Register *Tabellenentwurf* dienen zur Auswahl von Hintergrund- und Linienfarbe.

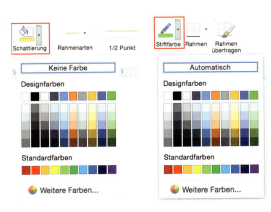

Das Einstellen der Hintergrund- und Linienfarbe von Zellen oder Zellbereichen.

In der Gruppe *Rahmen* tummeln sich noch weitere Schaltflächen, deren Einblendmenüs das Einstellen von Linienart, Linienstärke und Rahmenart erlauben.

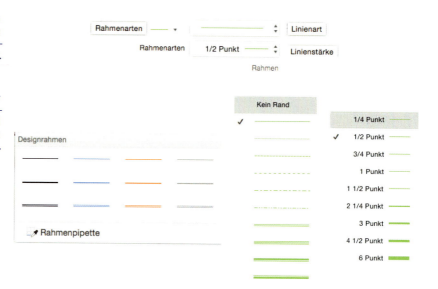

Die Schaltflächen zum Einstellen von Rahmenart, Linienstärke und Linienart.

Die Einblendmenüs der Schaltflächen »Rahmenarten«, »Linienart« und »Linienstärke« (von links nach rechts).

Im Einblendmenü der Schaltfläche *Rahmen* lässt sich genau angeben, welche Rahmenlinien eines markieren Bereichs von den Formatierungs-Aktionen betroffen sein sollen (oben, unten, außen etc.).

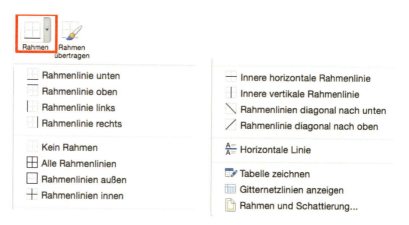

Das Einblendmenü der Schaltfläche »Rahmen«.

Legen Sie zuerst Eigenschaften wie Farbe, Strichstärke etc. fest und weisen Sie diese erst dann den einzelnen Linien zu.

Mit dem Einblendmenü können Sie nacheinander jeder einzelnen Rahmenlinie die aktuell eingestellten Eigenschaften zuweisen. Demgegenüber bietet der Dialog *Rahmen und Schattierung* den Luxus, sich nicht auf eine einzige Rahmenlinie beschränken zu müssen, sondern die Auswahl per Mausklick für jede einzelne Randlinie tätigen zu können.

Die Zuweisung von Rahmen-Eigenschaften im Dialog »Rahmen und Schattierung« und das Resultat.

Darüber hinaus gestattet das Einblendmenü *Übernehmen für* die Festlegung, Formatierungen für eine einzelne Zelle bzw. einen markierten Zellbereich oder für die gesamte Tabelle anzuwenden.

Auch wenn im Einblendmenü der Punkt *Zelle* eingestellt ist – die Zuweisung erfolgt für den aktuell markierten Zellbereich.

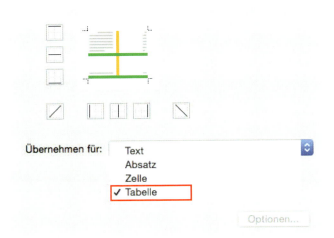

Zuweisungen im Dialog »Rahmen und Schattierung« für eine gesamte Tabelle.

Der Dialog *Rahmen und Schattierung* lässt sich auch mittels *Kontext*-Menü aufrufen.

Sichtbare Rahmenlinien einer Zelle oder eines Zellbereichs sind – sofern markiert – im Einblendmenü *Rahmen* mit einem Haken gekennzeichnet.

Die Anzeige sichtbarer Rahmenlinien im Einblendmenü der gleichnamigen Schaltfläche.

Am einfachsten formatieren Sie Linien mit dem Werkzeug *Rahmen übertragen* (*Rahmenformat-Pinsel*). Es ermöglicht die Zuweisung der eingestellten Rahmeneigenschaften per Mausklick. Seine Aktivierung erfolgt mit einem Klick auf die gleichnamige Schaltfläche ganz rechts in der Gruppe *Rahmen* des *Kontext*-Registers *Tabellenentwurf*. Mit seiner Auswahl verwandelt sich der Mauszeiger in ein Pinselsymbol.

Die Zuweisung von Rahmeneigenschaften mit dem »Rahmenformat-Pinsel«.

Sie beenden diesen Modus durch das Betätigen der *esc*-Taste oder mit einem Klick in den Fließtext weitab von einer Tabelle.

Bereits verwendete Zellenrand-Formatierungen müssen Sie nicht jedes Mal neu einstellen. Das Einblendmenü der Schaltfläche *Rahmenarten* verfügt über die Rubrik *Zuletzt verwendete Rahmen*, welche die Auswahl der darin aufgeführten, bereits benutzten Rahmenarten gestattet.

Das Einblendmenü »Rahmenarten« mit der Rubrik »Zuletzt verwendete Rahmen«.

Ist die gewünschte Formatierung darin nicht aufgeführt, hilft der ebenfalls in diesem Menü untergebrachte Eintrag *Rahmenpipette*. Seine Auswahl verwandelt das Aussehen des Mauszeigers in eine Pipette. Ein Klick auf eine Rahmenlinie bewirkt die Übernahme ihrer Formatierung als aktuelle Rahmen-Einstellungen.

Die Übernahme von Rahmeneigenschaften mit der »Rahmenpipette«.

Auch diesen Modus beenden Sie durch das Betätigen der *esc*-Taste oder mit einem Klick in den Fließtext.

Wie bereits erwähnt, ermöglicht die Schaltfläche *Schattierung* die Zuweisung einer Hintergrundfarbe. Erweiterte Möglichkeiten für die Hintergrund-Gestaltung bietet das Register *Schattierung* im Dialog *Rahmen und Schattierung*. Der nicht ganz glücklich (weil missverständlich) gewählte Begriff *Schattierung* kennzeichnet den Hintergrund.

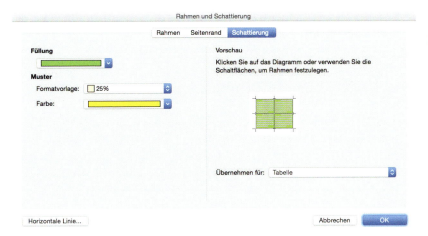

Die Hintergrund-Formatierung eines Zellbereichs.

Die Einstellung der eigentlichen Hintergrundfarbe erfolgt im Einblendmenü *Füllung*. Die beiden Einblendmenüs des Bereichs *Muster* gestatten die Überlagerung einer zweiten Farbe.

Bayern	Hessen	Rheinland - Pfalz	Sachsen
349	428	182	212

Zellbereiche mit einem »Muster«-Hintergrund.

159

Die Anwendung solcher Muster auf Zellen kann zu einer Verringerung der Lesbarkeit der darin enthaltenen Texte führen.

Formatieren von Tabellentext

In einer Zelle enthaltener Text lässt sich wie »normaler« Text formatieren. Ist eine Zelle oder ein Bereich markiert, erfolgt die Übernahme der Einstellungen für die gesamte(n) Zelle(n). Zum Formatieren eines Textabschnitts müssen Sie nur diesen markieren.

Eine Tabellenzelle mit unterschiedlichen Absatzausrichtungen des darin enthaltenen Textes.

	Spalte 1
Ausrichtung	Linksbündige Ausrichtung in Absatz 1. Rechtsbündige Ausrichtung in Ansatz 2. Zentrierte Ausrichtung in Ansatz 3.

Zeichen und Absätzen lassen sich wie in einem Fließtext Formatvorlagen zuweisen und sie auf diese Weise mit den gewünschten Zeilenabständen, Schriften, Textausrichtungen und anderen Eigenschaften ausstatten. Die Ausrichtung des Inhalts ganzer Zellen erfolgt am schnellsten über das *Kontext*-Menü der Markierung.

Das Festlegen der Zellausrichtung über das Kontextmenü einer Markierung.

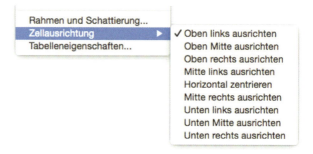

Alternativ lässt sich die Einstellung dieser Eigenschaft über Schaltflächen der Gruppe *Ausrichtung* im *Kontext*-Register *Layout* vornehmen.

Das Einstellen von Zellausrichtungen im Menüband.

Unserer »Regenmengen«-Tabelle können wir durch die Anwendung entsprechender Ausrichtungen und durch die Vergrößerung von Zeilenabständen den letzten Schliff geben.

Maximale Regenmengen im Vergleich [l / m²]					
		2010		2011	
Bundesland	Stadt	Juli	August	Juli	August
Bayern	Augsburg	15	13	17	14
	München	14	12	18	16
	Nürnberg	17	16	10	12
Hessen	Darmstadt	18	18	10	12
	Frankfurt	20	19	15	13
	Kassel	19	17	17	15
Niedersachsen	Braunschweig	15	16	17	16
	Hannover	17	15	16	14
	Wolfsburg	14	10	16	20

Die finale Version der »Regenmengen«-Tabelle.

Bei breiten Tabellen kann das Drehen von Text zusätzlichen Platz schaffen. Zur Einstellung von Textrichtungen verfügt das *Kontext*-Register *Layout* in der Gruppe *Ausrichtung* über die Schaltfläche *Textrichtung*. Ein Klick darauf dreht den Zellentext um jeweils 90° im Uhrzeigersinn.

Das Einstellen einer Textrichtung im Menüband.

	Besserung	Verschlechterung
Aconitum	Bei Gehen an der frischen Luft.	Am Abend, nachts. Husten: im Liegen, nach Mitternacht, in warmen Räumen.
Apis	Kälte, eisgekühlte Getränke.	Wärme jeder Art (Zimmer, Getränke).
Arsenicum album	Im warmen Zimmer, Wärme, warme Anwendungen, warmes Essen, heiße Getränke, Liegen mit hochgelagertem Kopf. Gesellschaft. Im Freien.	Kälte, Eis, kalte Getränke, kaltes Essen, kalte Luft, Gemüse, saftiges Obst, körperliche Anstrengung.
Belladonna	Durch Wärme, warme Wickel bei Ohrenschmerzen. Im dunklen Zimmer. Halb aufrechte Lage.	Durch Licht und Sonne, Geräusche, Erschütterungen. Kälte, Zugluft, Nach 12 Uhr, gegen Nachmittag, nachts.

Eine Tabelle mit vertikal ausgerichteten Texten.

Für häufig benötigte, speziell gestaltete Tabellen bietet sich die Nutzung von Formatvorlagen an.

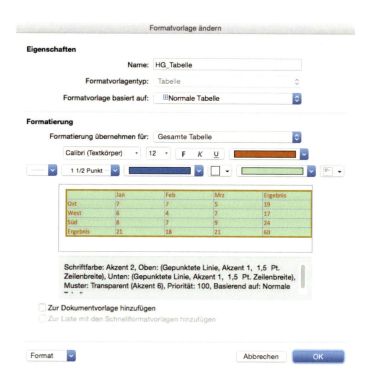

Das Einrichten einer Tabellen-Formatvorlage.

Allerdings verweigert *Word* bei der Zuweisung die Anwendung des eingestellten Zeichenformats.

Eine Tabelle nach der Zuweisung der definierten Formatvorlage.

Dieses Problem lässt sich aber mit der Definition einer weiteren Zeichen-Formatvorlage leicht beheben.

Insgesamt eignen sich Tabellen ausgezeichnet zur strukturierten Positionierung von Texten, Bildern oder sonstigen Inhalte auf einer Seite. *Word* verfügt über zahlreiche Werkzeuge zu ihrer Gestaltung. Sie sind wegen ihrer flexiblen Handhabung der Verwendung von Tabstopps vorzuziehen.

Listen konstruieren

Listen dienen zur komprimierten Darstellung thematisch zusammenhängender Informationen. Ihre Realisierung erfolgt durch kurze, untereinander angeordnete, freistehende Zeilen. Sie dienen zum Auflockern von Texten und verbessern auch dadurch deren Lesbarkeit.

Bei ungeordneten Listen oder Aufzählungen kennzeichnen Sonderzeichen wie »•«, »*«, »➢«, »☞« oder »➢« den Beginn eines Listenelements. Bei geordneten Listen oder Nummerierungen leiten numerische oder alphanumerische Aufzählungszeichen die einzelnen Listenelemente ein. Solche Nummerierungen sind häufig in wissenschaftlichen Abhandlungen zu finden.

Listen können sich über mehrere Ebenen erstrecken. Um eine gute Übersicht zu gewährleisten, ist es empfehlenswert, jeder einzelnen Ebene eine eigene Einrückung sowie ein spezifisches Aufzählungszeichen bzw. eine spezifische Zahlenfolge zuzuordnen.

Niemand wird Sie daran hindern, solche Listen manuell zu erstellen. Dies erfordert das Einrichten einer Einrückung für den ersten Absatz der Liste. Setzen Sie dann eine Zahl, eine Zahlenfolge oder ein Aufzählungszeichen an den Anfang der Zeile. Fügen Sie danach ein Tabulatorzeichen ein und schreiben Sie dann den Text. Bei mehreren Ebenen müssen Sie die Einzüge entsprechend anpassen. Noch etwas mühsamer gestaltet sich diese Vorgehensweise, wenn Sie nachträglich weitere Einträge vornehmen oder zusätzliche Ebenen einbringen möchten. Mit den dadurch erforderlichen Modifikationen der Aufzählungszeichen können Sie gerade bei Nummerierungen einiges an Zeit verschwenden.

Wesentlich weniger Aufwand bereitet der Einsatz der hierfür vorgesehenen Werkzeuge von *Word*. Listen sind dabei nichts anderes als speziell formatierte Absätze. Meint *Word*, bei einer Listen-Formatierung einen Absatz identifiziert zu haben, stellt es dem Text automatisch ein Aufzählungszeichen oder eine Nummerierung voran.

Die Verwendung von Listen mit automatischen Nummerierungen oder Aufzählungszeichen bietet weiterhin den Vorteil automatischer Aktualisierungen beim Hinzufügen oder Löschen von Listenelementen sowie beim Verschieben von Ebenen. Auch dies kann zeitaufwendige Korrekturen ersparen, denn *Word* passt bei Modifikationen Aufzählungszeichen und Zahlenfolgen automatisch an.

Standardmäßig ist *Word* unter anderem permanent darum bemüht zu erkennen, ob Sie eine solche Liste anlegen möchten. Wenn Sie beispielsweise ein Aufzählungszeichen, gefolgt von einem Tabulatorzeichen eingeben, interpretiert *Word* dies als Willensabsicht zur Erzeugung einer Liste und weist das entsprechende Format zu. Zwar können Sie dies mit *esc* abbrechen, es dauert jedoch einige Zeit, bis *Word* diese Versuche einstellt. Und dies auch nur bis zur nächsten Eingabe an einer anderen Stelle im Text. Wenn Ihnen, so wie mir, diese Bevormundung entschieden zu lästig ist, rufen Sie über *Word | Einstellungen* oder mit *cmd-, (Komma)* den Dialog *Word-Einstellungen* auf. Klicken Sie in *Erstellungstools und Korrekturhilfen* auf *AutoKorrektur*. Deaktivieren Sie im Register *Autoformat während der Eingabe* die Optionen *Automatische Aufzählung* und *Automatisch nummerierte Liste*.

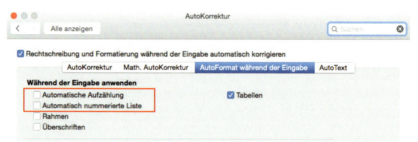

Die Deaktivierung der automatischen Listenerkennung in den »Word«-Einstellungen.

Aufzählungen

Wie bereits erwähnt beginnen Listenelemente bei Aufzählungen mit einem Sonderzeichen. Um eine solche Aufzählung zu erzeugen, geben Sie zunächst die einzelnen Elemente ein – getrennt durch Absatzmarken. Markieren Sie anschließend den gesamten eingegebenen Text.

Ein für eine Aufzählung markierter Text.

Klicken Sie auf den Pfeil in der Schaltfläche *Aufzählungszeichen* in der Gruppe *Absatz* im Register *Start*. Wählen Sie im erscheinenden Einblendmenü ein Ihnen genehmes Aufzählungszeichen.

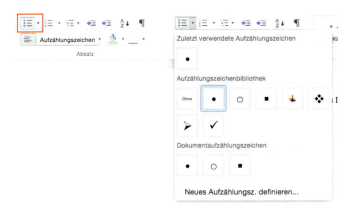

Die Schaltfläche »Aufzählungszeichen« mit ihrem Einblendmenü.

Markieren Sie anschließend diejenigen Absätze, die Sie weiter einrücken möchten. Das *Kontext*-Menü der Markierung gestattet das Vergrößern eines Einzugs.

Die Strukturierung einer Aufzählung durch das Einstellen von Einzügen.

Zum gleichen Ergebnis führt die Verwendung der Schaltfläche *Einzug vergrößern*. Mit ihr und der Nachbar-Schaltfläche *Einzug verkleinern* lassen sich Aufzählungs-Elemente per Mausklick nach links und rechts verschieben.

Die Schaltflächen zum Verschieben von Einzügen.

Beide Methoden gestatten die Realisierung der gewünschten Ebenen-Struktur.

Das Ergebnis der Strukturierungs-Maßnahmen.

Bitte bringen Sie folgende Unterlagen mit
- Legitimation
    - Personalausweis
    - Amtliches Führungszeugnis
- Gesundheit
    - Impfpass
    - Tauglichkeitsbescheinigung eines Internisten
- Reiseunterlagen
    - Visa
    - Flugtickets
    - Mietwagen
        - Vertrag
        - Führerschein
        - Internationaler Führerschein

Wenn Sie innerhalb einer Aufzählung eine neue Zeile mit erklärendem Text oder eine Leerzeile ohne Aufzählungszeichen einfügen möchten, können Sie dies mit Hilfe eines manuellen Zeilenumbruchs (*Umschalttaste-Eingabetaste*) bewerkstelligen.

Eine Aufzählung mit Zeilen ohne Aufzählungszeichen.

- → Gesundheit ¶
    - → Impfpass ¶
    - → Tauglichkeitsbescheinigung eines Internisten ↵
       Ohne ein solches Attest können Sie an den geplanten Veranstaltungen 5 und 7 nicht teilnehmen! ¶

Alternativ können Sie zur Erstellung einer Aufzählung die Einfügemarke an der Stelle positionieren, an der sie beginnen soll. Wählen Sie dann im Einblendmenü der Schaltfläche *Aufzählungszeichen* ein Symbol aus. Wenn Sie am Ende eines Aufzählungs-Elements die Zeilenschaltung betätigen, fügt *Word* einen neuen Eintrag hinzu. Er erhält dann automatisch das gleiche Aufzählungszeichen. Das Verkleinern oder Vergrößern der Einzüge erfolgt wie gezeigt mit den beiden Schaltflächen oder den beiden Einträgen im *Kontext*-Menü. Das Beenden der Aufzählung erfolgt durch mehrfaches Betätigen der Zeilenschaltung, bis kein Aufzählungssymbol mehr am Zeilenanfang erscheint.

Der Abstand vom Symbol nach rechts zum Text und nach links zum Seitenrand lässt sich variieren. Dazu bietet das Register *Einzüge und Abstände* des Dialogs *Absatz* im Bereich *Einzug* die entsprechenden Eingabefelder.

2 | Texte im Griff mit Microsoft Word

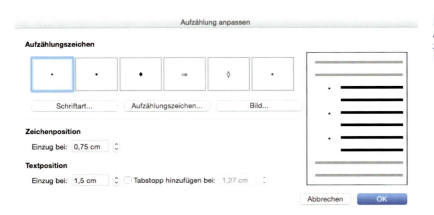

Die Festlegung der Abstände von Aufzählungssymbolen im Dialog »Absatz«.

Deutlich vielfältigere Konfigurations-Varianten beinhaltet der Dialog *Aufzählung anpassen*. Sein Aufruf erfolgt mit dem Eintrag *Neues Aufzählungsz. definieren* im Einblendmenü *Aufzählungszeichen*. Neben der Beeinflussung von Abständen bietet er eine Auswahl alternativer Aufzählungszeichen und gestattet die Einstellung der Schriftart.

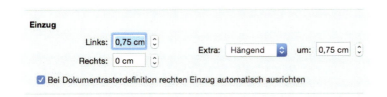

Der Dialog »Aufzählung anpassen« bietet vielfältige Gestaltungsmöglichkeiten für Aufzählungen.

Findet keines der angezeigten Symbole Gnade vor Ihren Augen, klicken Sie auf *Aufzählungszeichen* und wählen Sie ein Symbol im gleichnamigen Dialog aus, ggf. nach Einstellung einer anderen Schriftart.

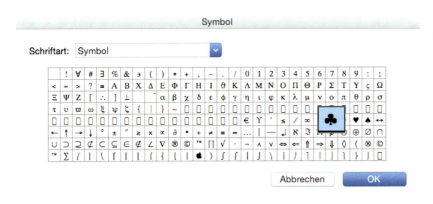

Der Dialog »Symbol« dient zur Auswahl von Aufzählungszeichen.

167

Der Dialog *Schriftart* ermöglicht ebenfalls die Wahl einer anderen Schrift und bietet diverse Werkzeuge zur Zeichenformatierung.

Der Dialog »Schriftart« ermöglicht die Formatierung von Aufzählungszeichen.

Die in diesem Dialog vorgenommenen Einstellungen beziehen sich nur auf das Symbol, nicht auf den Absatztext.

Word erlaubt auch die Verwendung von Mini-Grafiken als Aufzählungszeichen. Ein Mausklick auf *Bild* führt zum Erscheinen des *Öffnen*-Dialogs. Darin können Sie eine Grafik-Datei mit einem selbst gestalteten Symbol auswählen. Beachten Sie bitte, dass dies einen Text unnötig aufblähen kann.

Insgesamt bietet der Dialog *Aufzählung anpassen* zahlreiche Gestaltungsmöglichkeiten.

Eine sehr bunt formatierte Aufzählung.

Bei häufig benötigten Aufzählungsformatierungen empfiehlt sich wie bei Tabellen das Einrichten von Formatvorlagen. Sind in der Aufzählung farbige Schriften erwünscht, erzeugen Sie zunächst zwei auf Ihrer *Standard*-Vorlage basierende *Absatz*-Vorlagen mit den gewünschten Schriftfarben für die Ebenen zwei und drei.

Danach ist eine Vorlage vom Type *Liste* zu erstellen. *Word* unterscheidet dabei nicht zwischen Aufzählungen und Nummerierungen, sondern kennt nur den einen Typ *Liste*. Der Dialog *Neue Formatvorlage* erlaubt neben dem Festlegen von Schriftart und Abständen der Symbole auch die Zuordnung von Aufzählungszeichen bzw. von Zahlenformaten zu den Hierarchie-Ebenen.

Das Einblendmenü *Formatierung übernehmen für* im Dialog gestattet die Auswahl der zu gestaltenden Ebene. Damit lassen sich die Gestaltungsmerkmale sämtlicher benötigten Ebenen nacheinander festlegen, ohne den Dialog verlassen zu müssen.

Die hier getroffenen Einstellungen beziehen sich ausschließlich auf die Formatierung der Symbole.

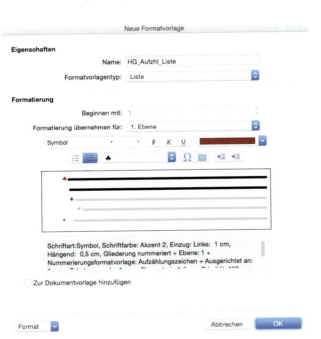

Eine Listenformat-Vorlage für die »bunte Aufzählung«.

Sind nicht nur die Schriftart und ihre Eigenschaften zu spezifizieren, sondern auch Symbol-Abstände, ist die Verwendung des Dialogs *Gliederung anpassen* vorzuziehen. Dazu ist zunächst der Eintrag *Nummerierung* im Einblendmenü *Format* auszuwählen. Daraufhin erscheint der Dialog *Nummerierung und Aufzählungszeichen*. Wählen Sie darin eine beliebige Variante (mit Ausnahme von *Ohne*) und klicken Sie auf *Anpassen*.

Die Auswahl einer beliebigen Aufzählungsvariante.

Jetzt erscheint der benötigte Dialog *Gliederung anpassen*. Neben den verschiedenen Aufzählungssymbolen und ihrer Formatierung erlaubt dieser Dialog auch das Spezifizieren von Abständen. *Ausrichtung* ist der Abstand des Symbols zum linken Seitenrand, *Einzug* der Abstand des Textes. Darüber hinaus lässt sich jeder Ebene eine *Absatz*-Formatvorlage zuordnen.

Auch dieser Dialog ermöglicht Festlegungen für alle Ebenen, ohne ihn zwischenzeitlich verlassen zu müssen.

Die Zuordnung einer »Absatz«-Vorlage zu einer Hierarchieebene.

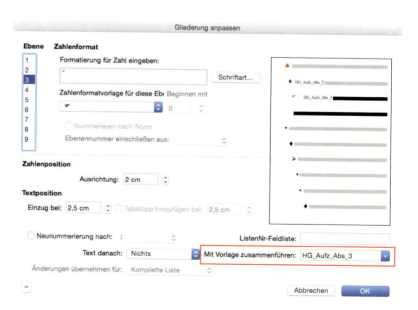

Noch eine letzte *Absatz*-Vorlage benötigen wir für unsere Definitionen. Darin legen wir die Schriftfarbe für die oberste Ebene fest. Und wir weisen dieser Vorlage im Register *Listenformatvorlagen* des Dialogs *Nummerierung und Aufzählungszeichen* die von uns erzeugte Listenformatvorlage zu. Danach beenden wir alle Dialoge.

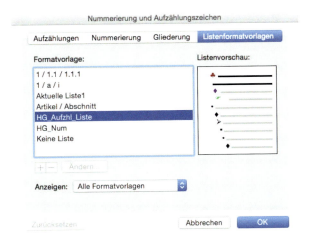

Die Zuweisung eines Listenformats zu einer »Absatz«-Vorlage.

Zum Erzeugen einer Aufzählung markieren wir zuerst die entsprechenden Textzeilen. Anschließend weisen wir die zuletzt erzeugte *Absatz*-Formatvorlage zu. Erst danach beginnen wir mit dem Verschieben der Ebenen.

Nummerierungen

Im Gegensatz zu Aufzählungen beginnen Nummerierungen mit einer alphanumerischen Zahlenfolge. Dabei sind auch römische Ziffern oder Kleinbuchstaben einsetzbar. Jedes Element erhält automatisch seine eigene fortlaufende Nummer. Um die (hoffentlich) korrekte Nummerierung kümmert sich *Word*.

Die Vorgehensweise zum Erstellen von Nummerierungen ist identisch mit denen für Aufzählungen. Sie geben entweder alle Elemente nacheinander ein, markieren sie dann und weisen zum Schluss ein Nummernformat zu. Falls erforderlich, verändern Sie im Nachhinein noch den Einzug einzelner Elemente.

Alternativ weisen Sie gleich dem ersten Element eine Nummerierung zu und verändern – falls erforderlich – den Einzug erst vor der Eingabe eines neuen Elements. Schließen Sie die Nummerierung mit der notwendigen Anzahl von Zeilenschaltungen ab.

Für die Zuweisung von Nummerierungs-Formaten stehen zwei Schaltflächen in der Gruppe *Absatz* im Register *Start* des Menübands zu Verfügung. Über die Einblendmenüs von *Nummerierung* und *Liste mit mehreren Ebenen* können Sie geeignete Nummerierungsfolgen auswählen.

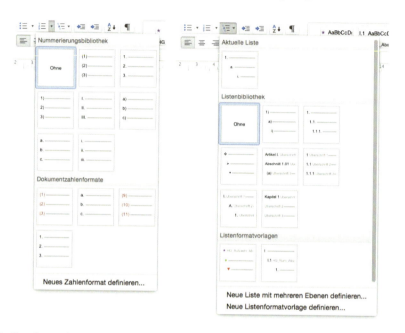

Formate für »Nummerierung« (links) und »Liste mit mehreren Ebenen« (rechts).

Sollte Ihnen keines der angebotenen Formate zusagen, so gestattet *Word* auch die Einrichtung zusätzlicher Zahlenformate. Dies erfolgt im Dialog *Nummerierte Liste anpassen* – aufzurufen mit *Neues Zahlenformat definieren* im Einblendmenü der Schaltfläche *Nummerierung*.

Der Dialog »Nummerierte Liste anpassen« ermöglicht die Einrichtung zusätzlicher Zahlenformate.

Dieser Dialog erlaubt neben einem Zahlenformat auch die Festlegung einer Schrift inklusive deren Eigenschaften sowie von Einzügen und Ausrichtungen.

Wir haben die Wahl zwischen den folgenden Möglichkeiten.

[1] Nichts tun
[2] Verwendung eines PC mit einer Workstation – Version von Windows
[3] Verwendung eines PC mit einer Server-Version von Windows
[4] Verwendung eines PC mit einem RAID System und einer Server-Version von Windows
[5] Anschaffung eines Servers

Eine nummerierte Liste mit einem nutzerspezifischen Zahlenformat.

Die Festlegung der Ausrichtung der Zahlenposition hat keine Auswirkung auf die Ausrichtung des Absatzes.

Word gestattet das Unterbrechen einer Nummerierung durch »normalen« Text – danach zählt es automatisch weiter. Um eine Nummerierung bei einem bestimmten Element wieder von vorne beginnen zu lassen, ist *Word* dies mitzuteilen. Nach dem Positionieren der Einfügemarke in dem Element, ab dem eine neue Nummerierung beginnen soll, lässt sich die Zählfolge im *Kontext*-Menü einstellen.

Die Einträge im »Kontext«-Menü zum Festlegen der Zählfolge.

Eine Liste mit fortlaufender und mit neu beginnender Nummerierung.

Der Dialog *Nummerierte Liste anpassen* ermöglicht auch die Festlegung eines beliebigen Startwerts im Eingabefeld *Beginnen mit* für die Zahlenfolge einer Liste. Enthält die Aufzählung eine Mischung aus ein- und mehrstelligen Ziffern, sollte im Einblendmenü von *Zahlenposition* der Eintrag *Rechts* ausgewählt sein. Die rechtsbündig ausgerichtete Nummerierung verleiht den Listen ein angenehmeres Outfit.

Eine nummerierte Liste mit rechtsbündiger Ziffern-Ausrichtung.

Professionell

(9) Verwendung eines PC mit einem RAID System und einer Server-Version von Windows

(10) Anschaffung eines Servers

Listen, deren Elemente auf unterschiedliche Ebenen mit jeweils verschiedenen Einzügen ausgestattet sind, bezeichnet man als Gliederungen. Markieren Sie zum Erstellen einer numerischen Gliederung zunächst die künftigen Listenelemente. Wählen Sie dann im Einblendmenü der Schaltfläche *Liste mit mehreren Ebenen* ein passendes Zahlenformat.

Die »Listenbibliothek« von »Word« im Einblendmenü »Liste mit mehreren Ebenen«.

Die Auswahl eines rein numerischen Formats bewirkt das folgende Erscheinungsbild.

Eine nummerierte Gliederung.

Die Sechzehn Großen Geheimnisse

1. Obere Geheimnisse (Haupt – Geheimnisse)
   1.1. Wi (Sonne)
   1.2. Skan (Bewegung)

Das Verschieben von Elementen einer Gliederung auf die erwünschte Hierarchie-Ebene durch das Verändern von Einzügen bezeichnet man als Höher- und Tieferstufen. Diese Verschiebungen sind mit Hilfe der bereits erwähnten Schaltflächen *Einzug vergrößern* und *Einzug verkleinern* zu realisieren.

Zum Verändern eines Nummerierungs-Formats ist zuerst wieder die Einfügemarke in der entsprechenden Liste zu positionieren. Dann benötigen wir den Dialog *Gliederung anpassen* – aufzurufen mit dem Eintrag *Neue Liste mit mehreren Ebenen definieren* im Einblendmenü *Liste mit mehreren Ebenen*.

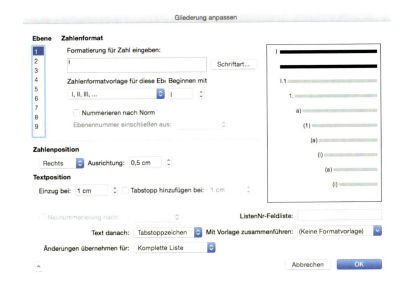

Der Dialog »Gliederung anpassen«.

Wie von den Aufzählungen her bekannt lassen sich neben dem Zahlenformat auch Einzug, Ausrichtung und Schriftformat anpassen. Auch dieser Dialog ermöglicht es, die Einstellungen für alle benötigten Ebenen vorzunehmen. Für die oberste Ebene wählen wir die römische Zeichenfolge aus.

I   Obere Geheimnisse (Haupt – Geheimnisse)
   I.1   Wi (Sonne)
   I.2   Skan (Bewegung)
   I.3   Maka (Erde)
   I.4   Injan (Stein)
II Verbündete Geisteswesen
   II.1 Hanwi (Mond)
   II.2 Tate (Wind)
   II.3 Unk (Streit)
   II.4 Wakinjan (Donnervogel)

Eine nummerierte Gliederung mit nutzerspezifischen Formatierungen.

Bei häufigerem Einsatz dieser Art von Nummerierungen empfiehlt sich auch hier der Einsatz von Formatvorlagen. Die dabei erforderliche Vorgehensweise ist vom Prinzip her die gleiche wie bei Aufzählungen. Sie müssen lediglich anstelle von Aufzählungs-Symbolen im Dialog *Gliederung anpassen* eine alphanumerische Zahlenformatierung spezifizieren.

Eine Gliederung mit angepassten Einstellungen.

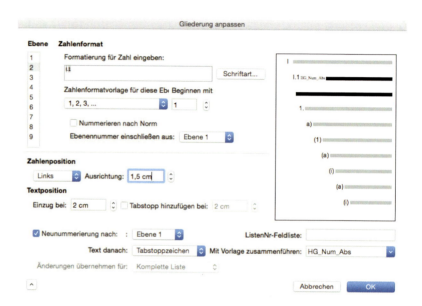

Das Positionieren der Einfügemarke in ein Element der untersten Ebene einer bestehenden Nummerierung erleichtert die Definition. Der Dialog *Neue Formatvorlage* übernimmt dabei die Einstellungen für die bestehende Liste.

Wie bereits erwähnt tauchen *Listen*-Formatvorlagen nicht im Formatbereich auf. Somit empfiehlt sich zusätzlich die Definition eines Absatzformats mit der erstellten Listennummerierung.

Nummerierungen lassen sich nicht nur »normalen« Absätzen zuweisen, denn *Word* erlaubt ebenfalls das automatische Nummerieren von Kapiteln, Abbildungen, Tabellen, Bildern etc. Nicht jede Hierarchieebene muss notwendigerweise über eigene Einrückungen verfügen, wie das Beispiel einer Listenvorlage für ein Literaturverzeichnis zeigt.

2 | Texte im Griff mit Microsoft Word

Die Einstellungen für die Listenformatierung eines Literaturverzeichnisses.

Die Nummerierungen in der folgenden Abbildung sind ausschließlich von der eingestellten Hierarchiestufe (=Anzahl der Einrückungen) abhängig.

[I]	Die Chronischen Krankheiten (Hahnemann, S.)
[II]	Organon der Heilkunst (Hahnemann, S.)
[II.1]	Reine Arzneimittellehre (Hahnemann, S.)
[II.2]	Der Neue Clarke (Clarke, J. H.; Vint, P.)
[II.3]	Leitsymptome unserer Materia Medica (Hering, C.)
[II.3 - 1]	Das behinderte Kind in der homöopatischen Praxis (Plattner, I.)
[II.3 - 2]	Klassische Homöopathie - Erkennen und verantwortlich handeln (Plattner, I.)
[II.3 - 3]	Klassische Homöopathie - Behindert? (Plattner, I.)
[II.3 - 4]	Medizin der Zukunft (G. Vithoulkas)

Das damit formatierte Literaturverzeichnis.

Insgesamt bietet *Word* also ein mächtiges Werkzeug für die Behandlung von Aufzählungs-Symbolen und Nummerierungen inklusive deren automatische, von der aktuell eingestellten Hierarchiestufe abhängige Generierung und Formatierung.

Mit Formeln arbeiten

Vor allem im technisch-naturwissenschaftlichen Bereich besteht häufig die Notwendigkeit, mathematische Formeln oder Ausdrücke in einen Text einzubinden. Mit Hilfe von Tabellen lässt sich dies mehr schlecht als recht bewerkstelligen. Ein weitaus geeigneteres Werkzeug ist für solche Fälle der *Formel-Editor*. Er beinhaltet von Haus aus diverse integrierte Formeln. Ein Mausklick auf den kleinen Pfeil neben der durch das Symbol »π« gekennzeichneten Schaltfläche *Formel* im Bereich *Symbole* des Registers *Einfügen* bringt die vorgefertigten Formeln zu Ansicht.

Die Formel-Bibliothek von »Word«.

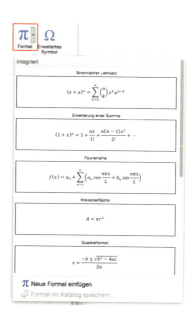

Mit etwas Glück finden Sie darunter eine Variante, die Ihren Anforderungen zumindest nahekommt. Nehmen wir als Beispiel die Formel für eine *Fourier*-Reihe.

Die integrierte Formel für eine Fourier-Reihe.

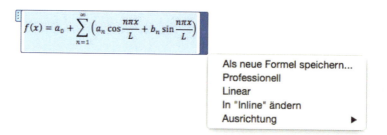

Unmittelbar nach dem Einfügen befindet sich die Formel im Bearbeitungsmodus. Ihn kennzeichnet ein blauer Rahmen um die Formel. Ansonsten erfolgt das Aktivieren dieses Modus durch einen Mausklick auf eine beliebige Stelle in der Formel. Die einzelnen Elemente lassen sich wie »normaler« Text markieren.

Zum Bearbeiten einer Formel kann es hilfreich sein, deren Ansicht zuvor in ihre »lineare Form« umzuwandeln. Dies erleichtert mitunter das Markieren und Bearbeiten der in der Formel enthaltenen Einzelteile. Klicken Sie dazu auf den Pfeil im dunklen Bereich am rechten Rand der Formel und wählen Sie den Eintrag *Linear* im daraufhin erscheinenden Einblendmenü.

$f(x) = a\_0 + \sum\_(n = 1)\wedge\infty ▨ (a\_n \cos \{n\pi x/L\} + b\_n \sin \{n\pi x/L\})$

Die lineare Darstellung einer Formel.

Nach den vorgenommenen Änderungen verfügt die Formel über das folgende Aussehen.

$s(t) = s\_0 + \sum\_(n = 1)\wedge\infty ▨ (s\_gn \cos 2\pi nFt + s\_un \sin 2\pi nFt)$

Die modifizierte Formel in linearer Darstellung.

Sind sämtliche Änderungen vorgenommen, erfolgt der Wechsel zurück zur professionellen Darstellung.

$$s(t) = s_0 + \sum_{n=1}^{\infty} \left(s_{gn} \cos 2\pi nFt + s_{un} \sin 2\pi nFt \right)$$

Die modifizierte Formel in der Darstellung »professionell«.

Findet sich in den integrierten Formeln nichts Passendes, bleibt Ihnen nichts anderes übrig, als die Formel aus den entsprechenden Einzelteilen selbst zusammenzustellen. Ein Klick direkt auf die Schaltfläche *Formel* fügt das folgende Objekt in das Dokument ein.

Geben Sie hier eine Formel ein.

Das Objekt »Formel«.

Gleichzeitig erfolgt die Aktivierung des *Kontext*-Registers *Formel*. Dessen Gruppe *Symbole* ist mit einer Vielzahl von Schaltflächen zum Einfügen mathematischer Symbole in eine Formel ausgestattet. Die eigentliche Konstruktion einer Formel erfolgt mit den Schaltflächen in der Gruppe *Strukturen*. Sie beinhaltet vorgefertigte Basis-Elemente zur Konstruktion mathematischer Ausdrücke wie Brüche, Integrale und andere Operatoren.

Die Gruppen »Symbole« (oben) und Strukturen im »Kontext«-Register »Formel«.

Jede Schaltfläche verfügt über ein Einblendmenü, das wiederum verschiedene Varianten eines Konstrukts zu Verfügung stellt.

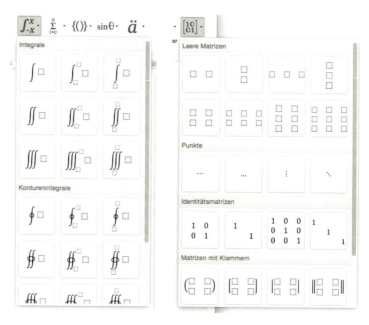

Die Einblendmenüs der Schaltflächen »Integral« und »Matrix«.

Mit Hilfe dieser Struktur-Elemente und der Symbol-Bibliothek lassen sich beliebig komplexe Formeln erzeugen. Im Formelbereich selbst lassen sich »normaler« Text und Struktur-Elemente beliebig miteinander mischen.

Die Konstruktion einer Formel.

$$H_z = \int \frac{a^{\square}}{\square} \, dx$$

Die gepunkteten Vierecke können nach dem Anklicken sowohl durch Text als auch durch andere Struktur-Elemente ersetzt werden.

Eine aus Struktur-Elementen und Symbolen zusammengesetzte Formel.

$$H_z = \frac{1}{4\pi} \int_0^{2\pi} \frac{a^2}{\left(\sqrt{(a^2 + z_p^2)}\right)^3} \, d\beta$$

Sie können eine Formel vergrößern, indem Sie die Einfügemarke an einer beliebigen Stelle innerhalb der Formal platzieren und anschließend eine größere Schrift auswählen.

Textfelder

Textfelder in *Word* sind beliebig auf einer Seite zu positionierende Behälter. Diese Objekte sind vom eigentlichen Text vollkommen entkoppelt. Wie der Name nicht vermuten lässt, ermöglichen sie neben Text auch die Unterbringung von Bildern, Grafiken, *WordArt* und anderen Objekten.

Durch das Einrichten von Verknüpfungen können Textpassagen von einem Textfeld in ein anderes überlaufen. Weiterhin lassen sich Textfelder drehen und kippen, ihre Textrichtung ist veränderbar, und vieles andere mehr.

Das Platzieren eines Textfeldes auf einer Dokumentenseite erfolgt über *Einfügen | Textfeld | Textfeld*. Alternativ kann dies durch die Auswahl von *Textfeld erstellen* des Einblendmenüs *Textfeld* in der Gruppe *Text* von Register *Einfügen* erfolgen. In beiden Fällen ändert der Mauszeiger seine Form – jetzt können Sie ein Rechteck aufziehen. Seien Sie dabei nicht zu penibel, denn Größe und Position des Textfelds lassen sich jederzeit ändern.

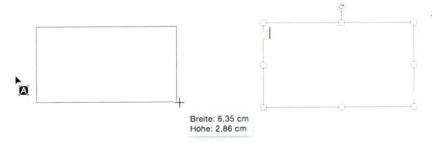

Das Erzeugen eines Textfelds (links die Form des Mauszeigers zu Beginn).

Unmittelbar nach der Erzeugung des Feldes platziert *Word* darin die Einfügemarke. Sie können also sofort mit der Eingabe von Text über die Tastatur beginnen oder andere Objekte über die Zwischenablage darin einfügen. Ansonsten ist Text in einem Textfeld nicht anders als »normaler« Fließtext zu behandeln.

Ein Textfeld in einem Fließtext.

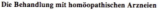

Zum Verschieben eines Textfelds müssen Sie es per Mausklick auf seinen Rand aktivieren und es anschließend mit weiterhin gedrückter Maustaste an eine andere Stelle bewegen. Im markierten Zustand lassen sie sich auch mit Hilfe der Pfeiltasten verschieben. Das gleichzeitige Drücken der *alt*-Taste deaktiviert dabei den Rasterfang.

Das Drehen eines Textfelds ist mit einem Mausklick auf den grauen Kreis mit dem Pfeilsymbol im Inneren über den mittleren oberen Aktivpunkt zu bewerkstelligen. Bei gedrückter Maustaste lässt sich die Form über entsprechende Mausbewegungen in die gewünschte Lage bringen.

Das Drehen eines Textfelds mit der Maus.

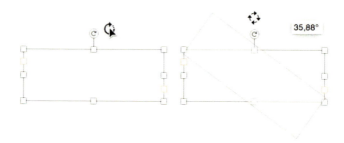

Für Feineinstellungen eignet sich der Dialog *Erweitertes Layout* – aufzurufen über den gleichnamigen Eintrag im *Kontext*-Register. Das Register *Größe* verfügt dabei über Eingabefelder, über die Sie die Abmessungen und den Drehwinkel spezifizieren können.

2 | Texte im Griff mit Microsoft Word

Das Register »Größe« im Dialog »Erweitertes Layout«.

Der Eintrag *Form formatieren* im *Kontext*-Menü bringt den Formatbereich zur Ansicht. Er bietet in mehreren Registern weitere Konfigurationsmöglichkeiten für den Text und die Form.

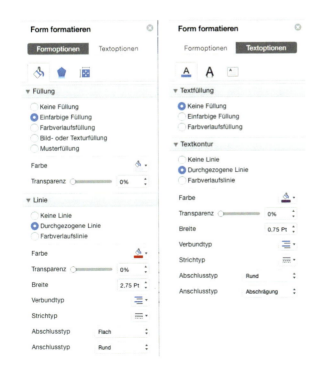

Das Erscheinungsbild des Formatbereichs für Textfelder und Formen.

Weitere Werkzeuge zum Formatieren von Textfeldern bietet das *Kontext*-Register *Formformat*. Über das Einblendmenü von *Anordnen | Zeilenumbruch* der Schaltfläche *Anordnen* lässt sich das Verhalten des Fließtextes im Bereich des Textfelds beeinflussen.

Die Festlegung des Fließtext-Verhaltens im Bereich eines Textfelds.

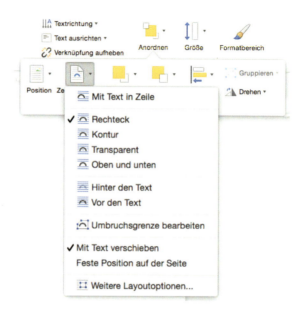

Word gestattet auch das Aufteilen von Texten auf mehrere Textfelder. Kann ein Textfeld nicht mehr den gesamten Textumfang aufnehmen, fließt dieser nach dem Einrichten einer Verbindung in das nächste Textfeld. Die Erschaffung einer solchen Verknüpfung erfolgt mit der Schaltfläche *Verknüpfung erstellen* in der Gruppe *Text* des *Kontext*-Registers *Formformat*.

Die Schaltfläche zum Einrichten von Verbindungen zwischen Textfeldern.

Klicken Sie nach der Markierung des Ausgangs-Textfelds auf diese Schaltfläche und danach auf das Folge-Textfeld.

Ein *Textabschnitt*, bestehend aus mehreren miteinander verketteten Textfeldern, kann sich über mehrere Seiten erstrecken.

2 | Texte im Griff mit Microsoft Word

Gerät der Mauszeiger über ein Mitglied eines *Textabschnitts*, blendet *Word* in dessen linker oberer Ecke die Position innerhalb dieses *Textabschnitts* ein.

Ein aus mehreren miteinander verbundenen Textfeldern bestehender »Textabschnitt«.

Sie haben jetzt die wichtigsten Werkzeuge zum Gestalten von Texten kennengelernt. Die Formatierung beginnt beim einzelnen Zeichen und reicht über Absätze bis hin zu ganzen Seiten. Sie haben auch den Grund für diese ganzen Bemühungen erfahren: nämlich die Lesbarkeit von Texten zu verbessern. Im nächsten Abschnitt beschäftigen wir uns mit den verschiedenen Varianten bei der Darstellung von Dokumenten auf dem Bildschirm.

Ansichten

Wir haben uns bis jetzt Dokumente ausschließlich in der sogenannten *Drucklayout*-Ansicht betrachtet. *Word* bietet zur Darstellung aber mehrere Varianten. Diese Funktionalität bezeichnet man in *Word* als Dokumenten-Ansichten. Jede dieser Ansichten bietet eine eigene, auf eine spezielle Verwendung hin optimierte Darstellungsart.

Die verschiedenen Werkzeuge und Funktonen von *Word* sind nicht in allen Ansichten verfügbar.

Am schnellsten vollziehen Sie einen Ansichtswechsel über die Schaltflächen am rechten unteren Fensterrand. Das Symbol der aktuell eingestellten Ansicht ist dunkelgrau unterlegt.

Die Schaltflächen für den Ansichtswechsel in »Word«.

Alternativ lassen sich die Wechsel im Menü *Ansicht* oder mit den Schaltflächen der Gruppe *Ansichten* im Register *Ansicht* vollziehen.

Ansichtswechsel sind in »Word« auch per Menü oder mittels Schaltflächen möglich.

Drucklayout

Nach dem Start von *Word* landen Sie automatisch in der Ansicht *Drucklayout*. Darin werden Sie wohl auch die meiste Zeit mit *Word* zusammen verbringen. Sie stellt Dokumente (meistens) so dar, wie sie nach einem Ausdruck auch auf dem Papier erscheinen. Dies bedeutet, dass auch mehrspaltige Texte sowie eventuell vorhandene Kopf- und Fußzeilen Bestandteil dieser Darstellungsart sind. Weiterhin erkennen Sie in dieser Ansicht sehr gut die Position eingefügter Grafiken oder Bilder sowie die Größe der Seitenränder. Eventuell erforderliche Korrekturmaßnahmen sind also gut aus dieser Darstellungsart ersichtlich.

Entwurf

Die *Entwurfsansicht* zeigt sämtliche Textformatierungen an – in ihr fehlen jedoch die Darstellungen verschiedener Seitenelemente wie Kopf- und Fußzeilen, Spalten, Seitenbegrenzungen oder Hintergründe. Insgesamt bietet die *Entwurfsansicht* eine vereinfachte Darstellung des Seitenlayouts.

Die *Entwurfsansicht* wurde ursprünglich entwickelt, um Text in aufwendig gestalteten Dokumenten schneller bearbeiten und formatieren zu können. Dies wirkte sich vor allem beim Bearbeiten großer Dokumente mit vielen eingebetteten Objekten wie Bildern, Grafiken, Tabellen etc. positiv auf das Geschwindigkeitsverhalten von *Word* aus. Die heutigen Prozessorleistungen, verbunden mit einer ausreichenden Speicherausstattung, machen Wechsel in diesen Modus nur noch in Ausnahmefällen erforderlich. Zu solchen Ausnahmefällen zählt die Nutzung eines älteren, nicht mehr ganz so leistungsstarken Macintosh und/oder die erwähnten umfangreichen, komplexen Dokumente.

2 | Texte im Griff mit Microsoft Word

Die Darstellung einer mehrspaltigen Textpassage in der Ansicht »Drucklayout«.

Die gleiche Passage in der Ansicht »Entwurf«.

Gliederung

Die Verwendung der Ansicht *Gliederung* erfolgt am häufigsten zu Beginn der Erstellung von Dokumenten. Insbesondere bei umfangreichen Dokumenten ist es sinnvoll, diese als Erstes durch die Zuordnung verschiedener Themengebiete zu unterschiedlichen Ebenen zu strukturieren.

Eine solche Ebenen-Struktur lässt sich durch die Zuordnung einer Gliederungsebene zu einem Textabschnitt erzeugen. Positionieren Sie dazu die Einfügemarke in die zu behandelnde Textzeile. Weisen Sie ihm dann mit Hilfe des Einblendmenüs ganz links in der Gruppe *Gliederung* des gleichnamigen *Kontext*-Registers *Gliederung* eine solche Ebene zu.

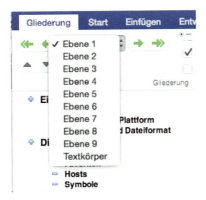

Die Zuweisung einer Hierarchieebene mit dem Einblendmenü »Gliederungsebene«.

Eine weitere Möglichkeit für die Zuordnung von Hierarchieebenen ist die Nutzung der Schaltflächen *Höher stufen* und *Tiefer stufen*. Zwei weitere Schaltflächen gestatten die unmittelbare Zuordnung zur höchsten bzw. niedrigsten (Textkörper-) Stufe.

Die Schaltflächen zum Einstellen von Hierarchieebenen (von links nach rechts: Ebene 1, Höher, Tiefer und Textkörper).

Ein so gestaltetes Dokument weist dann das folgende Erscheinungsbild auf:

Ein Dokument in der Gliederungsansicht.

Die »+« und »-«-Symbole im Dokument dienen zum Erweitern bzw. zum Reduzieren der Anzeige von Ebenen niedrigerer Hierarchiestufen mit einem Doppelklick. Für die blauen Symbole mit dem »+« oder »-« genügt für diesen Vorgang ein einfacher Klick. Betroffen ist davon die Ebene, in der sich die Einfügemarke aktuell befindet.

Die beiden Schaltflächen mit den schwarzen Pfeilen ermöglichen das vertikale Versetzen von Ebenen nach oben und unten. Mit der Maus ist der Zeiger über ein »+« oder »-«-Symbol zu bewegen. Beim Betätigen der Maustaste verändert er seine Form in einen Vierfach-Pfeil. Jetzt lässt sich das Element bei gedrückter Taste auf eine neue Position verschieben.

Mit Hilfe des Einblendmenüs *Anzeigen* können Sie die Darstellung auf eine Ebene beschränken. Die Darstellung der Gliederung lässt sich mit Hilfe des Einblendmenüs *Ebene anzeigen* von Ebene 1 bis auf die eingestellte Ebene beschränken.

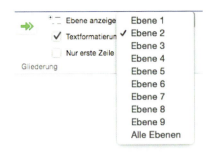 

Die Beschränkung der Ebenen-Anzeige in der Gliederungsansicht.

Weblayout

Ist Ihr Dokument nicht zur Ausgabe auf einem Drucker, sondern zur Veröffentlichung im Web bestimmt, ist die Ansicht *Weblayout* die Anzeige Ihrer Wahl. Sie verschafft Ihnen eine Vorstellung darüber, wie Ihr Dokument von einem Internet-Browser dargestellt wird.

> Die Darstellung eines Dokuments in der Ansicht *Weblayout* liefert keine exakte Wiedergabe.

Diese Ansicht erzeugt auch keinerlei *HTML*-Code. Das Konvertieren in dieses Format erfordert das explizite Speichern als Webseite im *.htm*-Format.

Die Darstellung einer Webseite in der Weblayout-Ansicht.

Vollbildansichten

Mit der Vollbildansicht bietet *Word* dem Anwender den größtmöglichen Platz zum Lesen und Schreiben von Dokumenten auf dem Bildschirm. Dabei stehen alle Funktionen für die Erstellung und das Bearbeiten von Dokumenten zu Verfügung. In der Vollbildansicht füllt *Word* den gesamten Bildschirm. Der Aufruf erfolgt mittels *Ansicht | Vollbild ein (ctrl-cmd-F)*.

Diese Ansicht ist nicht identisch mit dem gleichnamigen Modus der Vorversion, denn *Word* nutzt dafür jetzt den *Vollbild*-Modus des Systems.

Wie alle Office-Programme unterstützt auch *Word* den neuen *Split View* von *El Capitan*. Dieser ermöglicht die parallele Darstellung zweier Programmfenster auf dem gesamten Bildschirm. Zum Aktivieren dieses Modus müssen Sie auf die grüne Vollbild-Taste am linken oberen Rand eines Fensters klicken und es mit gedrückter Taste in den linken oder rechten Teil des Bildschirms bewegen. Der Teil, in dem das Fenster positioniert wird, erscheint blau unterlegt.

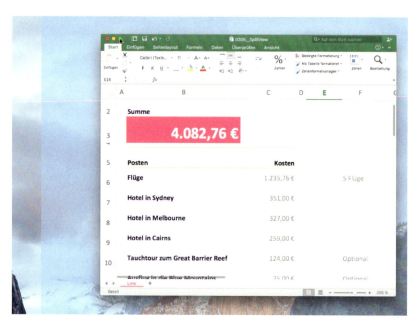

Die Erzeugung des rechten Teils eines »Split Views«.

Nach der Freigabe der Maustaste nimmt das so bewegte Fenster die Hälfte des Bildschirms ein. Zur Bestimmung des Inhalts der zweiten

Hälfte müssen Sie mit dem Mauszeiger in ein anderes Fenster fahren, das dann durch eine blaue Umrandung gekennzeichnet ist.

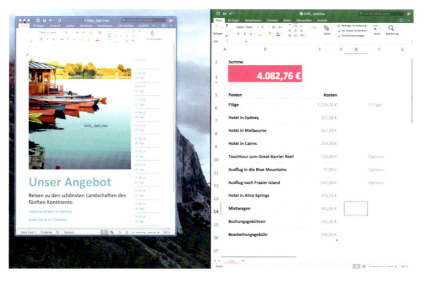

Die Erzeugung des linken Teils eines »Split Views«.

Mit einem Mausklick auf das zweite Fenster stellen Sie den *Split View* ein.

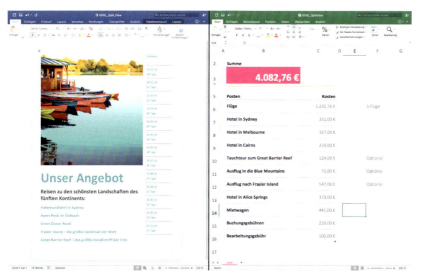

Ein kompletter »Split View«.

Durch Bewegen der vertikalen Linie zwischen den Fenstern nach links oder rechts können Sie die Breiten der beiden Fenster anpassen.

Der Umgang mit Fenstern

Wie fast alle modernen Programme gestattet auch *Word* das parallele Bearbeiten mehrerer Dokumente. Das Menü *Fenster* enthält dabei in seinem unteren Teil die Namen sämtlicher aktuell geöffneten Dateien. Dies ermöglicht insbesondere den Zugriff auf Fenster, die hinter anderen Dokumentenfenstern verborgen sind. Alternativ ermöglicht die Schaltfläche *Fenster wechseln* in der Gruppe *Fenster* von Register *Ansicht* einen solchen Wechsel.

Das Menü »Fenster«.

Der Eintrag *Alle anordnen* weist – abhängig von der Zahl der geöffneten Dokumente – jedem (d. h. nicht im Dock befindlichen) Fenster die gleiche Größe zu und positioniert sie sichtbar neben- und untereinander auf dem Bildschirm. Das Gleiche leistet die Schaltfläche *Alle Anordnen* in der Gruppe *Anordnen* von Register *Ansicht*.

De Schaltflächen für die Handhabung von Fenstern im Register »Ansicht«.

Ein Fenster lässt sich theoretisch auch in zwei Bereiche unterteilen. Dies ermöglicht die Anzeige unterschiedlicher Teile eines Dokuments im gleichen Fenster. Das erleichtert das Kopieren, Einsetzen oder Verschieben von Textpassagen innerhalb eines umfangreichen Dokuments. Auch erweist es sich als nützlich, wenn Sie wissen möchten, was Sie in einem anderen Teil eines Dokuments bereits geschrieben haben. Die Funktion des Teilens erreichen Sie in *Word* über das Menü *Fenster | Teilen* bzw. über die gleichnamige Schaltfläche im Register *Ansicht* des Menübands.

Alternativ gelingt das auch über *Fenster | Neues Fenster* bzw. die Schaltfläche in der Gruppe *Anordnen* von Register *Ansicht*. Hinsichtlich der Anzahl an Fenstern soll es keine Beschränkungen geben, auch dies ermöglicht einen simultanen Blick auf unterschiedliche Stellen im aktuell bearbeiteten Dokument.

Darstellungsmaßstäbe einstellen

Üblicherweise ist der Darstellungsmaßstab so eingestellt, dass die Größe von Zeichen oder Objekten auf dem Bildschirm so ungefähr denjenigen auf einem Ausdruck entspricht. Manchmal ist es jedoch sinnvoll, mehrere Seiten gleichzeitig oder ein bestimmtes Objekt stark vergrößert darzustellen. *Word* bietet an verschiedenen Stellen Werkzeuge zum Einstellen eines der jeweiligen Situation angepassten Darstellungsmaßstabs.

In allen Ansichten befindet sich in der rechten unteren Fensterecke ein Regler in der Statusleiste. Er ermöglicht eine stufenlose Anpassung des Darstellungsmaßstabs zwischen 10% und 500%. Die daneben angeordneten Schaltflächen »+« und »-« gestatten eine Vergrößerung bzw. Verringerung des eingestellten Maßstabs um ± 10%. *Word* zeigt den aktuell gewählten Wert rechts neben dem »+«-Symbol an.

Der Schieberegler und die Schaltflächen zum Einstellen des Darstellungsmaßstabs.

Ein Mausklick auf die Maßstabsanzeige öffnet den Dialog »Zoom«. Damit lässt sich der Maßstab prozentgenau spezifizieren.

Der Dialog »Zoom« gestattet eine prozentgenaue Angabe des Darstellungsmaßstabs.

Darüber hinaus ermöglicht er die Einstellung vorgegebener Stufen. Für *Ganze Seite* wählt *Word* einen Maßstab, bei dem bei vorgegebenen Fensterabmessungen eine ganze Seite dargestellt werden kann. Analog ist bei *Seitenbreite* die volle Breite einer Dokumenten-Seite dargestellt.

Diese Funktionalitäten bietet auch die Schaltflächen in der Gruppe *Zoom* von Register *Ansicht*. Und auch mit *Ansicht | Zoom* lassen sich solche Einstellungen vornehmen.

Die Schaltflächen zum Einstellen des Darstellungsmaßstabs.

Word verfügt also über verschiedene Werkzeuge, um einen geeigneten, also für die jeweiligen Bedürfnisse geeigneten Darstellungsmaßstab einzustellen.

Ein Dokument im Darstellungsmaßstab 10%.

Die Randleiste

Die Randleiste von *Word* befindet sich am linken Fensterrand links neben dem Dokumentenbereich. Sie kann vier verschiedene Arten von Informationen darstellen. Eine davon haben Sie bereits im Zusammenhang mit der Funktion *Suchen und Ersetzen* kennengelernt. In diesem Fall stellt sie eine vollständige Liste mit sämtlichen Treffern einer Suche dar.

Standardmäßig ist die Randleiste ausgeblendet. Die Aktivierung der Option *Navigationsbereich* in der Gruppe *Anzeigen* des Registers *Ansicht* bewirkt das Einblenden der mit insgesamt vier Registern ausgestatteten Leiste.

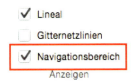

Das Einblenden des »Navigationsbereichs« in der Randleiste.

Im Register *Dokumentenstruktur* sind alle Textpassagen dargestellt, denen ein Überschriften-Format zugewiesen ist. Ein Mausklick auf eine solche Überschrift lässt Sie zu der Stelle springen, an der sich dieser Text im Dokument befindet. Die Einfügemarke wird an den Beginn der ausgewählten Überschrift versetzt.

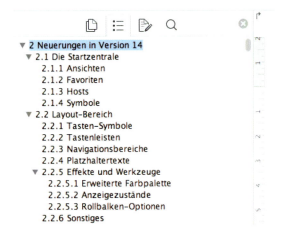

Das Register »Dokumentenstruktur« in der Randleiste erlaubt auch Sprünge zu den Überschriften.

Die Pfeile neben einer Überschrift erlauben das Erweitern bzw. Reduzieren der Anzeige der betroffenen Struktur.

Eine Auswahl der Randleistenregister gelingt auch über *Ansicht | Randleiste,* wobei Sie darüber gezielt die Bereiche *Miniaturansicht, Navigation, Prüfen* oder *Suchen* erreichen. Ist die Randleiste bereits eingeblendet, bewirkt ein Mausklick auf ein Register-Symbol ein schnelles Umschalten zwischen den einzelnen Registern.

Das Register *Miniaturbildbereich* stellt alle Seiten eines Dokuments in verkleinerter Ansicht untereinander dar. Ein Mausklick auf eine solche Miniaturseite führt zur Anzeige der zugehörigen Seite im Hauptteil des Fensters.

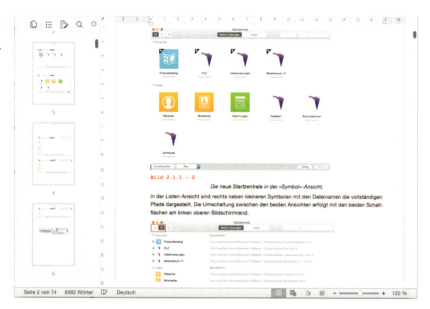

Die Randleiste mit dem eingeblendeten »Miniaturbildbereich«.

Schließlich lassen sich in diesem Bereich noch alle am Dokument vorgenommenen Änderungen darstellen und so nachverfolgen. Dies ist insbesondere in den Fällen nützlich, wenn die Bearbeitung durch mehrere Benutzer erfolgt.

Die Nutzung dieser Funktion erfordert zunächst die Aktivierung der Option *Änderungen nachverfolgen* in der Gruppe *Verfolgen* im Register *Überprüfen*.

Das Aktivieren der Nachverfolgung von Änderungen in einem Dokument.

Alle ab der Aktivierung vorgenommenen Änderungen werden im Dokument selbst farblich gekennzeichnet und im Register *Überarbeitungsbereich* der Randleiste erfasst. Auch der Name des Anwenders, der die Änderungen vorgenommen hat, wird genannt.

2 | Texte im Griff mit Microsoft Word

Die Kennzeichnung von Änderungen im Dokument und ihre Erfassung in der Randleiste.

Diese Anzeigen bleiben so lange erhalten, bis eine Modifikation akzeptiert oder verworfen ist. Dazu dienen zwei Schaltflächen in der Gruppe *Änderungen*. Das Symbol mit dem grünen Haken ist für Annahmen, das mit dem roten Kreuz für Ablehnungen zuständig.

Die beiden Schaltflächen mit den blauen Pfeilen erlauben die Navigation von Änderung zu Änderung. Neben den erwähnten Schaltflächen lassen sich Änderungen auch mit dem *Kontext*-Menü akzeptieren oder ablehnen.

Das Annehmen oder Ablehnen von Änderungen mit dem »Kontext«-Menü.

Eine Änderungs-Statistik befindet sich im Kopf der Randleiste.

Die Änderungs-Statistik im Kopf der Randleiste.

197

Ein Mausklick auf die Taste *Prüfen* blendet die Randleiste ein und aus.

Damit haben wir alle wesentlichen Funktionen hinsichtlich der Erstellung von Textdokumenten und deren Darstellung auf dem Bildschirm abgehandelt. *Word* bietet aber noch weitere Hilfsmittel, die den Feinschliff bei der Fertigstellung von Dokumenten erleichtern.

Nützliche Hilfsmittel im Alltag

Sie kennen jetzt alle Werkzeuge, um mit *Word* gut lesbare Dokumente zu erstellen. In diesem Abschnitt beschäftigen wir uns mit Funktionen, die für den eigentlichen Umgang mit Text nicht zwingend notwendig sind, die sich aber zur Optimierung von Dokumenten in optischer und sprachlicher Hinsicht als überaus nützlich erweisen.

Rechtschreib- oder Grammatikfehler in Ihren Dokumenten könnten Leser vermuten lassen, Sie hätten bei der Erstellung eines Schriftstücks nicht die gebührende Mühe und Sorgfalt walten lassen. Darüber hinaus nimmt die Beseitigung von Flattersatz durch manuelles Einfügen weicher Trennstriche viel Zeit in Anspruch. Auch die mehrfache Verwendung des gleichen Wortes in mehreren aufeinanderfolgenden Sätzen macht keinen guten Eindruck. Das Auffinden von Begriffen gleicher oder zumindest ähnlicher Bedeutung in Wörterbüchern (aus Papier oder elektronisch im Internet) kann ebenfalls zu einer zeitraubenden Tätigkeit ausarten.

Die Rechtschreibprüfung für fehlerfreie Texte

Text ist in *Word* sehr schnell eingegeben, genauso schnell entstehen dabei auch Tippfehler. Glücklicherweise zählt heutzutage eine Rechtschreibprüfung zur Standard-Ausstattung einer modernen Textverarbeitung. Diese überprüft Wörter auf ihre korrekte Schreibweise, indem sie eingegebene Zeichenfolgen mit dem Inhalt eines bzw. den Inhalten mehrerer Wörterbücher vergleicht.

Word bietet zwei verschiedene Arten der Rechtschreibprüfung. Standardmäßig ist die Hintergrund-Prüfung eingeschaltet. Sie sucht bereits während der Eingabe von Text nach Fehlern. Dabei kennzeichnet sie alle nicht in den Wörterbüchern enthaltenen Zeichenketten auf dem Bildschirm mit einer wellenförmigen roten Unterstreichung. Diese Art

2 | Texte im Griff mit Microsoft Word

der Rechtschreibprüfung ist geeignet, um Tippfehler, Auslassungen, Zeichendreher etc. unmittelbar nach der Eingabe zu verbessern.

> **Hals:** Scharlachröe des Schlundes und der Mandeln mit Schwelllung. Die Entzündung entwickelt sich von rechts nach links. Oft sind die Nackendruesen schmerzhaft geschwollen. Es können Schlundkraempfe auftreten.
> **Ohren:** akute Otitis media. Grabender, bohrender, reißender Schmerz, plötzlich heftig auftretend. im Gehoergang und im Mittelor lokalisiert. Summegeräusche. Bei jedem Herzschlag wird im Ohr ein Pulsieren gespürt. Die eigene Stimme hallt wider. Wir finden die für Belladonna typische Empfindlichkeit – hier für Geraeusche und Erschuetterungen.

Ein Textabschnitt mit Wörtern, die von der Hintergrundprüfung gekennzeichnet sind.

Um ein so hervorgehobenes Wort zu korrigieren, klicken Sie mit gedrückter *ctrl*-Taste oder mit der rechten Maustaste auf das so gekennzeichnete Wort. Die Korrekturfunktion vergleicht die unbekannte Zeichenkette mit vorhandenen Wörterbucheinträgen und erstellt eine Vorschlagsliste mit ähnlichen Wörtern. Diese Liste erscheint als Bestandteil des *Kontext*-Menüs. Wählen Sie daraus den Eintrag, den Sie verwenden möchten.

Nun ist aber nicht alles falsch, was sich lediglich nicht in einem Wörterbuch von *Word* befindet. Sind Ihrer Meinung nach korrekt geschriebene Wörter als fehlerhaft gekennzeichnet, lässt sich der markierte Begriff mit *Zum Wörterbuch hinzufügen* ins Benutzerwörterbuch von *Word* aufnehmen. *Ignorieren* schließt einen Begriff an der betrachteten Stelle, *Alle ignorieren* im gesamten Dokument von der Prüfung aus.

Das Kontext-Menü mit einer Vorschlagsliste.

Wer es dagegen vorzieht, die Rechtschreibprüfung lieber in einem Rutsch gegen Ende der Erstellung eines Dokuments durchzuführen, kann den Dialog *Rechtschreibung und Grammatik* nutzen. Sein Aufruf erfolgt über *Extras | Rechtschreibung und Grammatik | Dokument überprüfen* oder durch das Betätigen von *cmd-alt-L*.

199

Der Dialog »Rechtschreibung und Grammatik«.

Sind im Dokument keine Rechtschreibfehler vorhanden, erscheint nicht der Dialog *Rechtschreibung und Grammatik*, sondern der Hinweis *Die Rechtschreib- und Grammatikprüfung ist abgeschlossen*.

Um ein angeprangertes Wort zu ändern, markieren Sie das gewünschte Wort in der Vorschlagsliste und klicken auf *Ändern*. Schneller geht ein solcher Austausch mit einem Doppelklick auf das zu verwendende Wort. Ein Mausklick auf *Immer ändern* setzt jedes Vorkommen dieses Worts im Dokument in die gewählte Schreibweise um. *Ignorieren* umgeht das aktuell angezeigte Wort und springt zum nächsten unbekannten Wort. *Alle ignorieren* übersieht sämtliche Vorkommen dieses Worts in diesem Dokument. *Hinzufügen* trägt das Wort in das Wörterbuch ein.

Die Rechtschreibprüfung vergleicht die im Dokument enthaltenen Wörter zunächst mit den Wörtern im so genannten Hauptwörterbuch. Dieses enthält beileibe nicht alle Wörter einer Sprache in sämtlichen Varianten, sondern nur sehr häufig benutzte Wörter. Technische Begriffe, Eigennamen, Akronyme oder schlicht unterschiedliche Schreibweisen von Wörtern finden sich im Hauptwörterbuch eher selten.

Es empfiehlt sich deshalb, solche Wörter auch im Benutzerwörterbuch unterbringen. Dies hält die Rechtschreibprüfung anschließend davon ab, sie als Fehler zu kennzeichnen. *Word* gestattet das Anlegen beliebig vieler zusätzlicher Benutzerwörterbücher – beispielsweise für unterschiedliche Themengebiete (Elektrotechnik, Maschinenbau, Regelung etc.) oder für projektspezifische Begriffssammlungen.

Das Anlegen von Wörterbüchern erfolgt über die Schaltfläche *Rechtschr./Grammatik* im Bereich *Erstellungstools und Korrekturhilfen* der Word-Einstellungen. Es erscheint der Dialog *Rechtschreibung und Grammatik*. Mit der im Bereich *Rechtschreibung* befindlichen Schaltfläche *Wörterbücher* öffnet sich der Dialog *Benutzerwörterbücher*. Geben Sie nach einem Klick auf *Neu* im Dialog *Sichern* einen Namen ein und legen Sie – falls erforderlich – die gewünschte Sprache fest.

Der Dialog »Benutzerwörterbücher«.

Beenden Sie diesen Dialog mit einem Mausklick auf *OK*. Wählen Sie im noch offenen Dialog *Rechtschreibung und Grammatik* das gerade erzeugte Wörterbuch mit dem Einblendmenü *Benutzerwörterbuch* aus. Schließen Sie dann diesen und eventuell noch weitere offene Dialoge.

Auswahl eines Benutzerwörterbuchs.

Sollte sich ein tatsächlich falsch geschriebenes Wort in ein solches Wörterbuch eingeschlichen haben oder möchten Sie einfach wissen, was sich so alles in einem Wörterbuch angesammelt hat, so können Sie es auch bearbeiten. Markieren Sie im Dialog *Benutzerwörterbücher* das angepeilte Wörterbuch und betätigen Sie die Taste *Bearbeiten*. Sie erhalten den folgenden Hinweis.

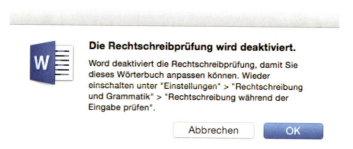

Der Hinweis vor dem Bearbeiten eines Benutzerwörterbuchs.

Nach Betätigen der Taste *OK* öffnet sich das ausgewählte Wörterbuch als *Word*-Dokument. Darin lassen sich nun Wörter verändern, hinzufügen oder löschen.

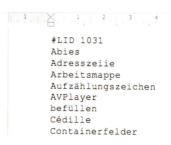

Das Benutzerwörterbuch als »Word«-Dokument.

Vergessen Sie nicht, anschließend wieder *Rechtschreibung während der Eingabe überprüfen* zu aktivieren.

Neu eingegebene Begriffe sind nach einer gewissen Karenzzeit im Dokument nicht mehr markiert.

AutoKorrektur

Die *AutoKorrektur*-Funktion dient zum automatischen Korrigieren häufig vorkommender Tippfehler und falsch geschriebener Wörter. Automatisch bedeutet, dass das Ersetzen einer Zeichenfolge ohne jegliche vorherige Nachfrage geschieht. Die Listen mit häufig falsch geschriebenen Begriffen sowie den zugehörigen Ersatzobjekten gehört zur Grundausstattung von *Word*. Diese Listen sind nebst diversen Einstellungsmöglichkeiten im Dialog *AutoKorrektur* zu besichtigen. Sein Aufruf erfolgt über *Extras | AutoKorrektur*.

2 | Texte im Griff mit Microsoft Word

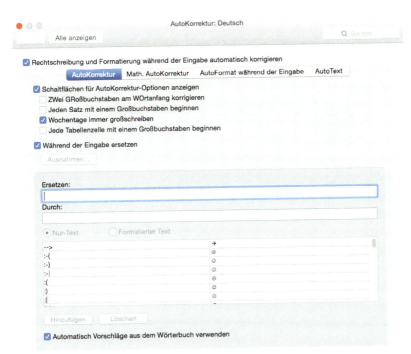

Der Dialog »AutoKorrektur«.

Nun hat jeder Anwender seine eigenen, ganz speziellen Vorlieben für ganz bestimmte Fehleingaben wie beispielsweise »dre« statt »der« oder die Eingabe zweier großer Anfangsbuchstaben bei bestimmten Begriffen. Dies alles lässt sich von *Word* automatisch beheben. Ähnlich der Rechtschreibprüfung vergleicht *Word* die eingegebenen Begriffe mit dem Inhalt eines Wörterbuchs. Im Unterschied dazu gibt es bei der *AutoKorrektur* zwei Listen. Die erste dient zum Vergleich mit eingegebenen Textmustern, die zweite enthält die Ersatzobjekte.

Die beiden Eingabefelder *Ersetzen*: und *Durch*: im Bereich *Während der Eingabe ersetzen* dienen zur Erweiterung der beiden Listen. Die Spezifikation des Musters erfolgt in *Ersetzen*, die des Ersatzmusters in *Durch*. Ein Klick auf *Hinzufügen* erweitert endgültig die beiden Listen. Das Entfernen eines Eintrags kann nach dessen Markierung über *Löschen* erfolgen.

> Der Austausch von Mustern erfolgt nur wortweise und erst nach der Eingabe eines Leer- oder Satzzeichens unmittelbar nach dem zu ersetzenden Wort. Darüber hinaus berücksichtigt *Word* dabei

Groß- und Kleinschreibung. Ist beispielsweise *Satellit* als Suchmuster und *Satellit* als Ersatzmuster eingegeben, erfolgt kein Ersetzen bei *sattelit* oder *Erdsatellit*.

Dem pfiffigen Benutzer stellt sich nun die Frage, ob denn die zu ersetzenden Begriffe wirklich alle »falsch« sein müssen. Dies ist nicht der Fall. *Word* ist es so ziemlich egal, was es wodurch ersetzen soll. Sie können deshalb Zeichenfolgen verwenden, um die Eingabe von Symbolen oder längeren Texten zu vereinfachen. So lässt sich beispielsweise »sskm« durch »Stadtsparkasse München« ersetzen oder #cmd durch das zugehörige Tasten-Symbol. Dies erspart im einen Fall Tipparbeit und verringert im anderen einen Suchaufwand.

Grammatikprüfung für gutes Deutsch

Ein Vertippen muss nicht notwendigerweise zu einem fehlerhaften Wort führen. Wenn Sie beispielsweise »sie« eingeben, beim Tippen daraus aber ein »sei« wird, ist dies ein im Wörterbuch vorhandenes Wort und wird demzufolge von *Word* nicht als Rechtschreibfehler gekennzeichnet. In solchen Fällen springt nun die Grammatikprüfung in die Bresche. Sie dient zur Erkennung von existierenden Begriffen, die in einem falschen Zusammenhang verwendet werden. Solche Fehler kann eine grammatikalische Prüfung innerhalb eines gesamten Satzes entdecken.

Wie bei der Rechtschreibprüfung bietet *Word* wieder zwei Varianten: eine automatische zur sofortigen Prüfung während der Eingabe und eine für das gesamte Dokument. Auch die Funktionsweise ist in beiden Fällen dieselbe. Grammatikfehler unterstreicht *Word* mit der automatischen Ausführung durch grüne wellenförmige Linien.

Von der Grammatikprüfung gekennzeichnete Formulierungen und Satzzeichen.

Das heißt, wir müssen uns fragen, durch welche Symptome unterscheidet sich ein Patient der eine bestimmte Krankheit hat, von einem anderen mit derselben Krankheit?.
Darüber hinaus gibt es noch Symptome, die nicht zur Krankheit gehören, sondern **Allgemeinsymptome des Patienten sind.**
Dieses sind Symptome, die den **Menschen näher charakterisieren.** Welche **Vorlieben, Abneigungen, Unverträglichkeiten** er hat. Wie er auf bestimmt Wettereinflüsse reagiert? Dann gilt es für die Wahl der homöopathischen Arzneimittels auch noch nach der **Ursache** zu forschen?

Die Korrektur erfolgt wie bei der Berichtigung von Rechtschreibfehlern über das *Kontext*-Menü der gekennzeichneten Passage. Darin ist die Formulierung auszuwählen, welche die vorhandene Formulierung ersetzen soll. Ist die Formulierung Ihrer Meinung nach korrekt, wählen Sie *Einmal ignorieren*.

Das Kontext-Menü mit einem Verbesserungsvorschlag.

Die Grammatikprüfung funktioniert allerdings nicht ganz so reibungslos wie die Rechtschreibprüfung. *Word* tut sich anscheinend schwer bei mehreren aufeinander folgenden Fehlen, besonders in einem Satz.

Von der Grammatikprüfung nicht bemängelte Formulierungen.

Im Dialog *Rechtschreibung und Grammatik* erscheinen mutmaßliche Grammatikfehler in grüner Schrift. Die Vorgehensweise bei der Korrektur ist analog zur Rechtschreibprüfung. Der Dialog macht zwar optisch mehr her, das Ergebnis der Korrektur bleibt das gleiche.

Die Kennzeichnung eines Grammatikfehlers im Dialog »Rechtschreibung und Grammatik«.

Die Grammatikprüfung kann sich also als hilfreich bei der Aufdeckung von Grammatikfehlern präsentieren, ihre Trefferquote ist in der derzeitigen Version allerdings eher bescheiden.

Nicht helfen kann Ihnen *Word* auch bei der Aufdeckung semantischer Fehler. Dabei handelt es sich um orthografisch und grammatikalisch korrekte Sätze, in denen Wörter im falschen Kontext stehen wie etwa bei »Der Fisch schwimmt hoch in der Luft«.

Thesaurus – Synonyme finden und einsetzen

Was in Texten auch nicht gut ankommt ist die gehäufte Verwendung des gleichen Wortes in aufeinanderfolgenden Sätzen. In solchen Fällen unterstützt Sie die *Thesaurus*-Funktion mit Vorschlägen alternativer Begriffe.

Möchten Sie ein Wort schnell nachschlagen, klicken Sie bei gedrückter *ctrl*-Taste mit der Maustaste auf eine beliebige Stelle in ein Wort und positionieren den Mauszeiger im *Kontext*-Menü auf den Eintrag *Synonyme*. *Word* präsentiert Ihnen eine Liste mit möglichen Alternativen. Wählen Sie daraus eine sinnvolle Alternative.

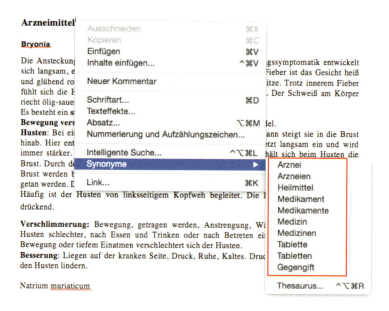

Das Auffinden von Synonymen.

Silbentrennung für ein harmonischeres Layout

Wie Sie inzwischen wissen, beginnt *Word* bei der Eingabe von Text eine neue Zeile, sobald ein Wort nicht mehr in die aktuelle Zeile passt. Dies kann zur Folge haben, dass der verfügbare Platz häufig nicht richtig ausgenutzt wird. Dadurch entstehen bei linksbündiger Textausrichtung ein ausgeprägter Flattersatz oder deutliche weiße Lücken im Text bei der Verwendung von Blocksatz.

Abhilfe schafft eine saubere Silbentrennung. Die Anwendung für ein einzelnes Wort haben Sie bereits kennengelernt. Positionieren Sie die Einfügemarke an der Trennstelle eines Wortes und drücken Sie *cmd*-»-«.

Darüber hinaus bietet *Word* eine automatische und eine manuelle Form der Silbentrennung. Die automatische Version ist schneller und bequemer, die manuelle Variante bietet dagegen erweiterte Einflussmöglichkeiten.

Die Aktivierung der automatischen Silbentrennung erfolgt im Dialog *Silbentrennung*, aufzurufen über *Extras | Silbentrennung*.

Der Dialog »Silbentrennung«.

Alternativ lässt sich die Silbentrennung im Einblendmenü der gleichnamigen Schaltfläche in der Gruppe *Seite einrichten* von Register *Layout* einstellen. Die Wahl des Eintrags *Silbentrennungsoptionen* führt ebenfalls zum Erscheinen des Dialogs *Silbentrennung*.

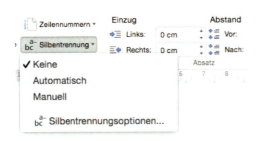

Das Einblendmenü der Schaltfläche »Silbentrennung«.

Nach der Aktivierung von *Automatisch* fügt *Word* bei der Eingabe automatisch optionale Trennstriche in einen Text ein. Den Abstand zwischen dem Ende des letzten Wortes in einer Zeile und dem rechten Seitenrand lässt sich über den Wert von *Silbentrennzone* steuern. *Aufeinander folgende Trennstriche* bedeutet die maximale Zahl an aufeinander folgenden Zeilen, die mit einem Trennstrich enden. Einer Empfehlung zufolge sollte die Anzahl der Zeilen auf vier begrenzt werden, da andernfalls der Redefluss leide.

Durch das Vergrößern der *Silbentrennzone* verringert sich die Anzahl der Trennstriche. Flattersatz wiederum lässt sich mit einer kleineren *Silbentrennzone* verringern.

Die Durchführung einer manuellen Silbentrennung starten Sie mit einem Klick auf die Taste *Manuell*. *Word* sucht nacheinander sämtliche Stellen im Dokument, an denen eine Möglichkeit zur Silbentrennung in einem Wort besteht. Im Dialog *Manuelle Silbentrennung: »Sprache«* präsentiert es nacheinander die einzelnen Vorschläge. Das zu trennende Wort ist im Dialog in seine einzelnen Silben aufgeteilt entsprechend den gültigen Trennstellen. Mit dem Betätigen der Taste *Ja* bestätigen Sie einen Vorschlag, andernfalls können Sie im Feld *Trennvorschlag* per Mausklick eine alternative Position auswählen.

Möchten Sie die manuelle Silbentrennung lediglich in einem Teil eines Dokuments durchführen, markieren Sie den auserkorenen Textabschnitt vor dem Start der manuellen Silbentrennung.

Der Dialog »Manuelle Silbentrennung«.

Eine Markierung und ein senkrechter Strich kennzeichnen die Stelle in einem Wort, an der dessen linker Teil gerade noch in eine Zeile aufgenommen werden kann. Sollten Sie eine Trennstelle rechts neben dem grauen Strich wählen, führt *Word* keine Trennung durch. Es fügt aber einen weichen Trennstrich an der gewählten Stelle ein. Falls erforderlich, verwendet es diesen im Falle nachträglich hinzugefügten oder gelöschten Textes.

> Beim Abbruch einer manuellen *Silbentrennung* bleiben die bis dahin eingefügten Trennstriche erhalten.

Inhaltsverzeichnisse erstellen

Durch die Verwendung der Funktionen *Kopieren und Einsetzen* (*Drag & Drop*) hält sich der Aufwand für die Erstellung auch größerer Inhaltsverzeichnisse in Grenzen. Trotzdem ist es empfehlenswert, deren automatische Erstellung durch *Word* zu nutzen. Zum einen geht es schneller, zum anderen bietet dies den Vorteil automatischer Aktualisierungen.

Die automatische Variante setzt voraus, dass allen Textpassagen, die in das Inhaltsverzeichnis einfließen sollen, eine Formatvorlage aus dem Bereich *Überschriften* zugewiesen ist. Danach positionieren Sie die Einfügemarke an der Stelle, an der die Unterbringung des Inhaltsverzeichnisses gewünscht ist.

> In der Praxis erweist es sich häufig als vorteilhaft, das Inhaltsverzeichnis in einem separaten Bereich unterzubringen. Dazu sind Abschnittsumbrüche vor und nach dem Gebiet für das Inhaltsverzeichnis einzufügen.

Anschließend wählen Sie *Einfügen | Index und Verzeichnisse* zum Öffnen des gleichnamigen Dialogs. Dessen Register *Inhaltsverzeichnis* zeigt die dafür zur Verfügung stehenden Formatierungen. Es ist also lediglich diese Auswahl zu treffen und auf *OK* zu klicken. Das ist im Prinzip alles.

Zusätzlich lässt sich die Zahl der zu berücksichtigenden Ebenen, die Anzeige von Seitenzahlen, deren rechtsbündige Ausrichtung sowie ein Füllzeichen zwischen Überschriften-Text und der Seitenzahl aktivieren bzw. auswählen.

Der Dialog »Index und Verzeichnisse«.

Jeder Ebene eines Inhaltsverzeichnisses ist – abhängig von der jeweiligen Überschriftsebene – eine entsprechende integrierte Formatvorlage zugewiesen. Änderungen sind im Dialog *Optionen für Inhaltsverzeichnis* möglich, den ein Klick auf *Optionen…* zum Erscheinen bringt.

Die Festlegung von Überschriften-Formatvorlagen für einzelne Ebenen.

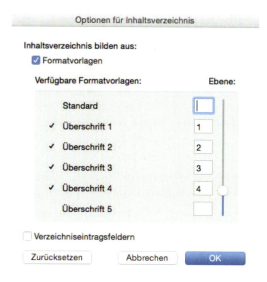

Nach dem Klick auf *OK* im Dialog *Index und Verzeichnisse* erstellt *Word* das Inhaltsverzeichnis an der Position der Einfügemarke.

2.2	Layout-Bereich		17
2.2.1	Tasten-Symbole		17
2.2.2	Tastenleisten		21
2.2.3	Navigationsbereiche		27
2.2.4	Platzhaltertexte		31
2.2.5	Effekte und Werkzeuge		34
2.2.5.1		Erweiterte Farbpalette	34
2.2.5.2		Anzeigezustände	36
2.2.5.3		Rollbalken-Optionen	38
2.2.6	Sonstiges		40

Das erstellte Inhaltsverzeichnis.

Klicken Sie zum Aktualisieren des Inhaltsverzeichnisses bei gedrückter *ctrl*-Taste auf eine beliebige Stelle im Inhaltsverzeichnis. Wählen Sie im *Kontext*-Menü den Eintrag *Felder aktualisieren*. Der Dialog *Inhaltsverzeichnis aktualisieren* bietet die Auswahl zwischen dem ganzen Verzeichnis oder einer Beschränkung auf die Seitenzahlen.

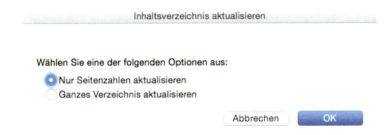

Der Dialog »Inhaltsverzeichnis aktualisieren«.

Das Generieren eines Index

Die manuelle Erstellung und Aktualisierung eines Index-Verzeichnisses kann bei umfangreichen Dokumenten in ein sehr mühsames Unterfangen ausarten. *Word* bietet glücklicherweise Werkzeuge zum automatisierten Erzeugen und Aktualisieren solcher Verzeichnisse.

Als Erstes ist wie üblich ein Eintrag, also ein Wort, ein Satzteil, eine Textpassage, ein Ausdruck oder ein Symbol mittels einer Markierung zu kennzeichnen. Rufen Sie mit *Umschalttaste-cmd-alt-X* oder per Mausklick auf *Eintrag festlegen* in der Gruppe *Index* von Register *Verweise* den Dialog *Indexeintrag festlegen* auf.

Falls erforderlich, modifizieren Sie den Text im Feld *Haupteintrag* und klicken Sie auf *Markieren*. Wiederholen Sie diese Prozedur für weitere Einträge.

Der Dialog »Indexeintrag markieren« dient zur Aufnahme von Einträgen in den Index.

Sie können den Dialog *Indexeintrag festlegen* geöffnet lassen. Sie müssen lediglich nach der Markierung eines neuen Eintrags immer wieder *Umschalttaste-cmd-alt-X* betätigen, um den jeweils markierten Text in den Dialog zu übernehmen.

Sind alle Einträge vorgenommen, positionieren Sie die Einfügemarke an der Stelle, die das Index-Verzeichnis aufnehmen soll. Rufen Sie über *Einfügen | Index und Verzeichnisse* den gleichnamigen Dialog auf und wählen Sie, falls es nicht eingestellt ist, Register *Index*. Die Vorgehensweise ist analog zum Erstellen von Inhaltsverzeichnissen.

Das Register »Index« des Dialogs »Indexeintrag festlegen«.

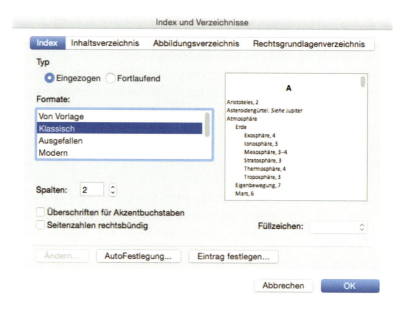

Wählen Sie ein Format aus und klicken Sie auf *OK*. *Word* erstellt daraufhin das Index-Verzeichnis.

B
Beschriftungstyp-Leiste, 17

F
Favoriten, 4, 6

H
Host-Favoriten, 13
Hosts, 8

L
Listen-Ansicht, 3

S
Startzentrale, 2
Symbol-Ansicht, 2

W
WebDirect, 2

Das erzeugte Indexverzeichnis.

Um einen Eintrag aus dem Index zu löschen, blenden Sie zunächst die nicht druckbaren Zeichen ein. Indexeinträge werden dadurch im Text erkennbar, da sie von geschweiften Klammern umschlossen sind.

Ein Mausklick auf die dritte Schaltfläche links oben beschränkt auf die Rubrik *Favoriten* { XE "Favoriten" }

Ein Indexeintrag im Fließtext.

Nach der Kennzeichnung *XE* (für Indexeintrag) ist der eigentliche Begriff in Klammern angegeben. Sie können übrigens den Text innerhalb der Anführungszeichen bearbeiten. Markieren Sie den Eintrag einschließlich der geschweiften Klammern und löschen Sie ihn. Bei der nächsten Aktualisierung ist er dann aus dem Indexverzeichnis verschwunden.

> Die Vorgehensweise zur Aktualisierung eines Index ist identisch zu dessen Erzeugung. *Word* fragt vor der Neuerstellung lediglich vorsichtshalber nach, ob Sie den bestehenden Index auch wirklich ersetzen möchten. Alternativ können Sie die Aktualisierung wie beim Inhaltsverzeichnis über den Eintrag *Felder aktualisieren* im *Kontext*-Menü anstoßen.

Fuß- und Endnoten

Fußnoten dienen dazu, bestimmten Stellen in einem Text Anmerkungen zuzuweisen. Um einen Text flüssig lesbar zu gestalten, sind diese aus dem eigentlichen Fließtext ausgelagert. Solche Fußnoten können Anmerkungen, Quellenangaben, zusätzliche Erklärungen, Kommentare oder Verweise enthalten.

Sie sind üblicherweise am Ende von Seiten platziert und bestehen aus einem Fußnotenzeichen und einem dazugehörigen Text. Um eine Fußnote einzufügen, platzieren Sie die Einfügemarke an der gewünschten Position im Text. Klicken Sie im Bereich *Fußnote* von Register *Verweise* auf die Schaltfläche *Fußnote einfügen*.

Die Schaltfläche »Fußnote einfügen«.

Daraufhin öffnet sich weder ein Dialog noch ein Einblendmenü, sondern *Word* fügt rechts neben der Einfügemarke eine fortlaufende Nummer, die sogenannte *Fußnotenreferenz*, in den Text ein.

Ein Text mit von »Word« eingefügten »Fußnotenreferenzen«.

Diese Nummer taucht am Seitenende wieder auf – und zwar durch eine ebenfalls von *Word* erzeugte Linie vom Fließtext abgetrennt. *Word* platziert die Einfügemarke automatisch neben dieser Ziffer, so dass sich ein beliebiger Text eingeben lässt. Mehrere *Fußnoten* platziert *Word* automatisch untereinander.

Um die Anordnung von *Fußnoten* müssen Sie sich selbst nicht kümmern, denn das erledigt *Word* für Sie. Wenn Sie nachträglich eine *Fußnote* einfügen, aktualisiert *Word* automatisch die Nummerierung und die Reihenfolge.

Fußnoten sind üblicherweise am Seitenende positioniert, *Endnoten* dagegen am Ende eines Abschnitts. Bei der Generierung einer *Endnote* ist die Schaltfläche *Endnote einfügen* zu benutzen, ansonsten ist die Vorgehensweise identisch zum Einfügen einer *Fußnote*.

Word gestattet die Umwandlung von Fußnoten in Endnoten und umgekehrt mit Hilfe des *Kontext*-Menüs.

Die Konvertierung von »Fußnoten« in »Endnoten« und umgekehrt.

Ein Doppelklick auf eine Fuß- oder Endnotenziffer ermöglicht einen schnellen Wechsel zwischen dem Fließ- und dem Fuß- bzw. Endnotentext.

Sind Fuß- und/oder Endnoten eingegeben, bietet *Word* diverse Möglichkeiten für ihre Formatierung. Dies betrifft die Zahlenformate, die Art der Nummerierung, die Anzeigepositionen im Dokument und einiges mehr. Die Einstellungen erfolgen im Dialog *Fuß- und Endnote* – aufzurufen über *Einfügen | Fußnote*.

Das Formatieren von »Fuß«- und »Endnoten« im Dialog »Fuß- und Endnote«.

Das Löschen von Fußnoten und Endnoten erfolgt durch das Entfernen der von *Word* im Fließtext erzeugten Zahlensymbole.

Serienbriefe für die Massen

Auch Sie haben sicher schon das eine oder andere Schreiben erhalten, in denen Ihnen herausragende Produkte zu unglaublich günstigen Preisen angeboten wurden. Früher war die Adressierung nach dem Motto *An alle Bewohner des Hauses, des Bezirks* etc. recht allgemein gehalten, meist in Verbindung mit einer Anrede wie *Liebe Anwohner*. Heutzutage sind Adressierung und Anrede eher persönlich gehalten, gerade so, als habe sich der Vorstandsvorsitzende des Unternehmens mit seinen Vorstandskollegen persönlich über Ihre Person unterhalten.

Auch wenn sich dahinter schlicht und ergreifend eine Serienbrief-Funktion verbirgt – diese Form des Anschreibens macht schon mehr her. Sie formulieren den eigentlichen Text wie üblich in einem *Word*-Dokument, in diesem Fall *Hauptdokument* genannt. Sie können dafür ein bereits bestehendes Dokument verwenden oder ein ganz neues erstellen. Die Informationen zu den Empfängern der Briefe sind in einer davon getrennten Datei – der Empfängerliste – untergebracht. Dabei kann es sich um ein *Excel*-Arbeitsblatt, die Apple-*Kontakte*, ein *Office-Adressbuch*, eine *FileMaker*-Datenbank, eine Textdatei mit Trennzeichen oder um ein anderes *Word*-Dokument handeln.

Das Einrichten eines *Word*-Dokuments als Datenquelle erfordert zuerst die Auswahl eines Dokuments, in dem der für alle Adressaten gedachte Fließtext enthalten ist. Dabei kann es sich um ein zunächst völlig leeres Dokument handeln, da die Eingabe und das Modifizieren von Text auch zu späteren Zeitpunkten möglich ist.

Mit dem Eintrag *Neue Liste erstellen* des Einblendmenüs der Schaltfläche *Empfänger auswählen* legen wir nun eine neue Datenquelle für das *Hauptdokument* an.

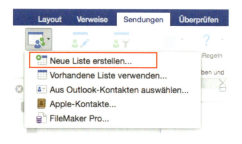

Die Erstellung einer neuen Datenquelle für ein »Hauptdokument«.

2 | Texte im Griff mit Microsoft Word

Der Dialog *Listenfelder bearbeiten* verfügt über eine Liste mit verschiedenen vordefinierten Feldnamen. Nicht benötigte Felder lassen sich nach ihrer Markierung mit einem Klick auf die Schaltfläche »-« entfernen. Zusätzlich erforderliche Felder können Sie nach der Eingabe eines entsprechenden Namens in *Neuer Feldname* mit einem Klick auf »+« hinzufügen. Die beiden schwarzen Pfeile rechts unterhalb der Feldnamen dienen zum Verändern von Positionen in der Liste.

Die Konfiguration einer Empfänger-Datenbank im Dialog »Listenfelder bearbeiten«.

Sind alle Konfigurationsmaßnahmen durchgeführt, öffnet ein Klick auf *Erstellen* den »normalen« *Sichern*-Dialog. Darin ist der (aussagekräftige) Name eines »normalen« *Word*-Dokuments anzugeben.

Das Speichern einer Empfänger-Datenbank mit dem normalen »Sichern«-Dialog.

Daraufhin erscheint der Dialog *Listeneinträge bearbeiten*, der sich jetzt mit aktuellen Angaben befüllen lässt.

Der Dialog »Listen-einträge bearbeiten« dient zur Eingabe von Empfänger-Daten.

Die Übernahme der eingegebenen Informationen in das Adressen-Dokument erfolgt mit einem Klick auf »+«. Auf diese Weise lassen sich noch weitere Datensätze hinzufügen. Sind alle Daten erfasst, beenden Sie den Dialog mit OK. Der Eintrag weiterer Adress-Daten über diesen Dialog ist jederzeit möglich – Sie öffnen ihn über die Schaltfläche *Empfängerliste bearbeiten* oder über die Tastenkombination *Umschalttaste-ctrl-E*.

Die Schaltflächen im Bereich »Seriendruck starten« von Register »Sendungen«.

Ein Mausklick auf »-« bewirkt das Löschen eines Eintrags, die Pfeile unterhalb der Eingabefelder dienen zum Navigieren in der Datenquelle. Alle im Dialog *Listenfelder bearbeiten* übernommenen und/oder neu definierten Felder sind nach dessen Beendigung Bestandteil des Einblendmenüs *Seriendruckfeld einfügen*.

Das Einblendmenü zum Einfügen von Platzhaltern.

2 | Texte im Griff mit Microsoft Word

Die Auswahl eines Eintrags aus dieser Liste bewirkt das Einfügen des zugehörigen Platzhalters in das Hauptdokument. Anstelle von konkreten Angaben lässt sich das Hauptdokument an vorgesehenen Stellen mit diesen Platzhaltern bestücken.

Münzen Unlimited

«Anrede»

«Vorname» «Name»

«Adresse»

«Postleitzahl» «Ort»

Sehr geehrte «Anrede» «Name»,

wir freuen uns Ihnen mitteilen zu dürfen, daß wir Sie persönlich im Rahmen unserer Sonderaktion als bezugsberechtigt ausgewählt haben. Die Münzverein GmbH und Co. KG

Ein Hauptdokument mit diversen Platzhaltern im Fließtext.

Denken Sie unbedingt an Leerzeichen zwischen den Platzhaltern.

Word bietet neben dem Dialog *Listeneinträge bearbeiten* eine weitere Möglichkeit, Adress-Daten einzugeben und zu verändern. Ein Mausklick auf die Schaltfläche *Datenquelle* in diesem Dialog öffnet das Dokument mit den Adress-Daten. In unserem Beispiel handelt es sich um ein *Word*-Dokument.

Ein »Word«-Dokument als Datenquelle.

Das Erscheinungsbild des Lineals legt die Vermutung nahe, dass die Adress-Daten in einer *Word*-Tabelle abgelegt sind. Das Einschalten der Anzeige nichtdruckbarer Zeichen bestätigt diese Vermutung. Die Modifikation des Tabelleninhalts bietet insbesondere den unschätzbaren Vorteil, exzessiv das *Kopien und Einsetzen* auch zwischen verschiedenen Datensätzen durchführen zu können.

Formatieren Sie diese Tabelle nach Belieben, sinnvollerweise sollten anschließend die Feldgrenzen sichtbar sein. Erzeugen Sie eine neue Tabellenzeile und geben Sie die Information zu weiteren Adressaten ein.

Die formatierte und ergänzte Datenquelle.

Geschlecht	Anrede	Vorname	Name	Adresse	Postleitzahl	Ort
m	Herr	Peter S.	Dom	Rütscherstraße 2	55597	Parkhaus
f	Frau	Anna	Konda	Gartenweg 359	66683	Maisingen
m	Herr	Frank	Enstein	Spitzingweg 756	88851	Nürchtwangen

Um die Auswirkungen des Bearbeitens der Datenquelle zu begutachten, wechseln wir ins Hauptdokument. Nach einem Mausklick auf die Schaltfläche *Ergebnisvorschau* im Bereich *Vorschau* aktiviert die Anzeige realer Informationen anstelle der Platzhalter. Die Pfeiltasten rechts daneben gestatten das Durchblättern der gesamten Datenquelle.

Die Schaltflächen zum Aktivieren der Vorschau und zur Navigation.

Das Hauptdokument mit eingeschalteter Vorschau.

Münzen Unlimited

Herr

Peter S. Dom

Rütscherstraße 2

55597 Parkhaus

Sehr geehrte Herr Dom,

wir freuen uns Ihnen mitteilen zu dürfen, dass wir Sie persönlich im Rahmen unserer Sonderaktion als bezugsberechtigt ausgewählt haben. Die Münzverein GmbH und Co. KG

Sie können auch vorhandene Dokumente mit Adressinformationen per *Einfügen | Datei* in die Datenquelle importieren. Achten Sie dabei auf die Feldreihenfolge in der bestehenden Datei. Bei Nicht-Übereinstimmung müssen Sie die Spalten entsprechend vertauschen.

Die bis jetzt getroffenen Maßnahmen beinhalten noch einige kleinere Probleme. Bei einem männlichen Adressaten ist in der Adresse hinter »Herr« ein »n« anzufügen, desgleichen ein »r« in der Anrede *Sehr geehrter*

Herr. Auch wenn es letztendlich jeweils nur um einen einzigen Buchstaben geht – des guten Eindrucks wegen ist dieser Unterschied unbedingt zu berücksichtigen.

Für solche Fälle verfügt *Word* über die *Regeln*. Um die erste Unsauberkeit zu beheben, positionieren wir die Einfügemarke unmittelbar hinter dem Platzhalter «Anrede». Aus dem Einblendmenü von Schaltfläche *Regeln* wählen wir *Wenn… Dann… Sonst…*

Die Auswahl einer Regel.

Im Dialog *Bedingungsfeld einfügen: WENN* kann die Bedingung spezifiziert werden: Wenn das Feld *Geschlecht* ein »m« enthält, soll unmittelbar danach ein »n« eingefügt werden.

Bedingtes Einfügen von Zeichen

Diese Prozedur wiederholen wir analog für das »r« hinter *geehrte*. Jetzt fällt uns auf, dass wir noch ein Feld zur Aufnahme eines Titels benötigen. Am einfachsten geht dies durch Einfügen einer zusätzlichen Spalte in die Adress-Tabelle. *Word* kappt daraufhin stillschweigend die Verbindung zum *Hauptdokument*. Mit *Vorhandene Liste verwenden* im Einblendmenü von *Empfänger auswählen* und der erneuten Wahl unseres Dokuments mit der Adress-Tabelle im Dialog *Datei auswählen* ist die Verbindung recht schnell wieder eingerichtet.

Hinter dem Platzhalter des neuen Feldes benötigen wir ein Leerzeichen, falls dieses nicht leer ist. Wir gehen genauso vor wie bei den bisher getroffenen Bedingungen, wählen jetzt aber für *Titel* die Vergleichsoperation *ist nicht leer* im *Bedingungsfeld*-Dialog.

Die Überprüfung eines Feldes auf einen leeren Inhalt.

Dieser Fall erfordert die Eingabe eines Leerzeichens in *Dann diesen Text einfügen*. Damit haben wir politisch korrekte Formulierungen für männliche wie weibliche Adressaten mit und ohne Titel erreicht.

Ein Serienbrief mit bedingten Platzhaltern.

«Anrede»	Frau	Herrn
«Titel»«Vorname» «Name»	Anna Konda	Dr. Frank Enstein
«Adresse»	Gartenweg 359	Spitzingweg 756
«Plz» «Ort»	66683 Maisingen	88851 Nürchtwangen

Nun steht der Ausgabe des gerade erzeugten Dokuments nichts mehr im Wege. Mit etwas Wagemut können Sie es sofort an einen Drucker schicken. Wählen Sie dazu *Dokumente drucken* im Einblendmenü der Schaltfläche *Fertig stellen und zusammenführen*. Etwas vorsichtigere Naturen dürften den Eintrag *Einzelne Dokumente bearbeiten* bevorzugen. Dies veranlasst *Word* zur Erzeugung eines neuen Dokuments, in dem alle Einzelteile so konfiguriert und dargestellt sind, wie sie dann auch auf einem Ausdruck erscheinen. Darüber hinaus lässt sich jedes einzelne Anschreiben manuell nachbearbeiten.

Die Ausgabe-Varianten für »Serienbriefe«.

Bei einer umfangreichen Adresssammlung dürfte nicht selten der Fall eintreten, die Menge der Adressaten nach festgelegten Kriterien einzuschränken. So soll beispielsweise die Versendung eines Rundschreibens nur an Bewohner bestimmter Bezirke erfolgen. Dies ermöglicht die Schaltfläche *Empfänger filtern* in der Gruppe *Seriendruck starten*. Ein Mausklick darauf öffnet den Dialog *Abfrageoptionen*, in dem sich Bedingungen für die auszuwählenden Datensätze angeben lassen. In unserem Beispiel lässt sich so die Ausgabe auf vorgegebene Postleitzahlen-Gebiete beschränken.

Eine Einschränkung des Ausgabevolumens durch die Spezifikation von Zustellungsbereichen.

Obendrein lässt sich für das *Serienbrief*-Dokument eine Sortierfolge spezifizieren. In diesem Fall sind die Einzelbriefe entsprechend der angegebenen Folge in diesem Dokument angeordnet.

Die Angabe einer Sortierfolge für ein »Serienbrief«-Dokument.

Entsprechend der geschilderten Vorgehensweise erzeugt *Word* auch Massenmails, Umschläge, Etiketten und Listen.

223

Anpassen von Word

Bei der reichhaltigen Werkzeug-Ausstattung von *Word* kann es nicht sonderlich verwundern, dass es auch eine Vielzahl von Einstellungsmöglichkeiten bietet, über die sich sein Verhalten und die Darstellung der Dokumente an individuelle Bedürfnisse und Vorlieben anpassen lässt. Einige Stellschrauben wurden bereits erwähnt, im Folgenden seien noch einige wesentliche Einflussnahmen erwähnt.

Den Dialog *Word-Einstellungen* rufen Sie über *Word | Einstellungen* oder mit der Tastenkombination *cmd-»,«* auf. Ein Mausklick auf eine der darin enthaltenen Schaltflächen führt Sie zum gewünschten Thema. Wenn Sie den Mauszeiger über einem Eintrag positionieren, blendet *Word* Erläuterungen zu dieser Einstellmöglichkeit ein.

Der Dialog »Word«-Einstellungen.

Sollten Sie sich nicht im Klaren darüber sein, wo genau die gesuchte Einstellmöglichkeit zu finden ist, geben Sie einen Begriff in das Feld *Suchen* rechts oben im Dialog ein. Mit der Eingabe erstellt *Word* eine Liste möglicher Begriffe und blendet sie unterhalb des Suchfelds ein. Die in Frage kommenden Elemente hebt es im Dialog hervor. Klicken Sie auf ein gewünschtes, gegebenenfalls hervorgehobenes Element.

2 | Texte im Griff mit Microsoft Word

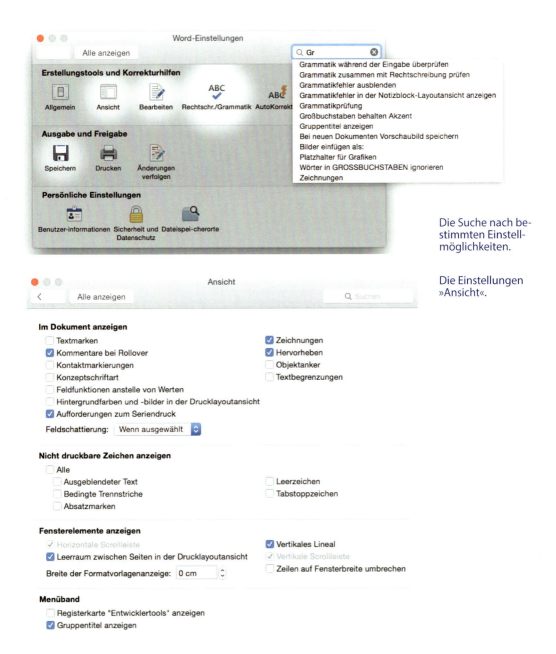

Die Suche nach bestimmten Einstellmöglichkeiten.

Die Einstellungen »Ansicht«.

Im Bereich *Ansicht* können Sie aktivieren, was Sie gerne auf dem Bildschirm sehen möchten. Dies reicht von bestimmten nicht druckbaren Zeichen bis hin zu Hintergrundfarben und Linealen.

Wie bereits erwähnt versucht *Word* bei verschiedenen Aktionen, mehr mitzudenken als einem Nutzer lieb ist. Meine Empfehlung lautet deshalb, dieses Mitdenken so weit wie möglich zu deaktivieren. Entfernen Sie vor allem die Häkchen in *Autokorrektur* bei *Während der Eingabe anwenden*. Lediglich der Haken bei *Tabellen* richtet normalerweise wenig Unbill an.

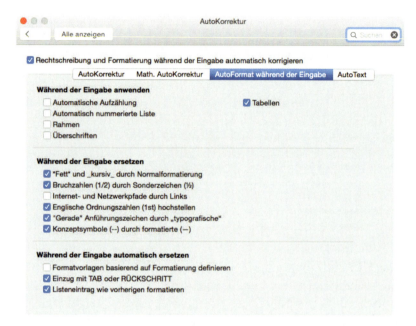

Die Einstellungen »AutoKorrektur«.

Im Bereich *Bearbeiten* sollten Sie auf jeden Fall *Beim Auswählen von Text ganzes Wort auswählen* deaktivieren.

2 | Texte im Griff mit Microsoft Word

Die Einstellungen »Bearbeiten«.

In *Rechtschreibung und Grammatik* haben Sie die Wahl zwischen traditioneller und neuer deutscher Rechtschreibung. Auch können Sie die Rechtschreib- und Grammatikprüfung während der Eingabe aktivieren oder deaktivieren. Und Sie sind in der Lage, persönliche Nutzer-Wörterbücher einzurichten und ihnen eine Sprache zuzuordnen.

Die Einstellungen »Rechtschreibung und Grammatik«.

Sie wissen jetzt, wie Sie Texte eingeben, formatieren und bearbeiten können. Sie haben weiterhin gesehen, dass Sie sich Dokumente in unterschiedlichen Ansichten auf dem Bildschirm darstellen lassen können. Sie haben Hilfsmittel zur optischen und sprachlichen Optimierung kennengelernt und Sie können *Word* an Ihre eigenen Bedürfnisse anpassen.

Damit haben wir noch längst nicht alle verfügbaren Werkzeuge von *Word* behandelt. Dies würde auch den Rahmen dieses Buches sprengen. Im folgenden Abschnitt sehen wir uns noch einige weitere Funktionen an, die Sie in *Word* nutzen können – aber eben nicht nur in *Word*.

Programmübergreifende Office-Funktionen | Mehrwert für Sie

Microsoft bietet ihr *Office*-Paket seit 1989 an, damals nur für den *Macintosh*. Die Einzelteile existierten aber schon einige Zeit vorher – *Excel* und *Word* beispielsweise gibt es als Einzelprogramme bereits seit 1985. Anfangs stand eine Reihe von Funktionen für einen bestimmten Verwendungszweck mehrfach zu Verfügung, mit teilweise mehr oder weniger unterschiedlicher Bedienungsweise. *Microsoft* hat sich in der Vergangenheit bemüht, für eine einheitliche Oberfläche in allen Programmen zu sorgen und die Bedienung der *Office*-Werkzeuge – so weit möglich – anzugleichen.

Die gemeinsamen Werkzeuge und Funktionen sind Thema dieses Kapitels. Die Auswahl ist dabei ein wenig willkürlich. Die *Rechtschreibprüfung*, die *AutoKorrektur* und der *Formel-Editor* sind bereits beim Thema *Word* behandelt, weil sie darin wohl am häufigsten benötigt werden. Sie stehen aber auch in den anderen Anwendungen zu Verfügung.

Ansonsten werden Sie wahrscheinlich die einzelnen Instrumente nicht in jedem Programm im gleichen Ausmaß verwenden. Die Möglichkeiten der Bildbearbeitung dürften Sie am häufigsten wohl in *PowerPoint* oder *Word* nutzen. *Visual Basic* wiederum wird wohl dagegen besonders in *Excel* Anwendung finden. Die Nutzung anderer Funktionen wird sich etwa gleichmäßig auf die einzelnen Programme verteilen. Dazu zählen die *Vorlagen*-Kataloge, die für jedes Einzelprogramm eine Vielzahl vorgefertigter Dokumente zu Verfügung stellen. Auch das *Menüband* oder die *Cloud*-Funktionalität sind nicht auf ein spezielles Programm hin zugeschnitten.

Wegen ihrer besonderen Anwendungsgebiete stehen *Outlook* und *OneNote* ein wenig abseits. Die folgenden Betrachtungen beziehen sich deshalb im Wesentlichen auf *Excel*, *PowerPoint* und *Word*. Auf *Outlook* und *OneNote* gehen wir, falls erforderlich, gesondert ein.

Office und OS X, das Mac-Betriebssystem

Viele Werkzeuge, Funktionen und Prinzipien der Bedienung haben Sie bereits im Abschnitt über *Word* kennengelernt. *Microsoft* hat sich bemüht, neben der erwähnten einheitlichen Oberfläche auch die Bedienung von Funktionen, die (zumindest in ähnlicher Form) in allen Programmen zu Verfügung stehen, weitgehend anzugleichen. Da Sie nun *Word* bereits kennen, dürften Ihnen bestimmte Vorgehensweisen bei der Bedienung der anderen *Office*-Programme vertraut vorkommen.

Der Start aller Programme erfolgt unter *OS X* durch einen Klick auf das jeweilige Programm-Symbol im Dock oder im *Launchpad*. Standardmäßig erscheint nach einer kurzen Verzögerung der jeweilige Katalog mit den Vorlagen.

Die Dock-Symbole zum Starten der »Office«–Programme.

Alternativ können Sie im *Finder* auf das Icon eines Dokuments doppelklicken, *Mac OS X* öffnet es daraufhin mit dem zugehörigen Programm.

Wenn Sie die einzelnen Oberflächen betrachten, erkennen Sie eine gewisse Ähnlichkeit zwischen allen Bedienoberflächen. Deren Gemeinsamkeit liegt in der funktionalen Struktur. Am oberen Bildschirmrand befindet sich, hier nicht abgebildet, die klassische Menüzeile.

Am linken oberen Rand eines Dokumentenfensters befindet sich die *Symbolleiste für den Schnellzugriff*. Sie ermöglicht einen schnellen Zugriff auf häufig verwendete Befehle wie *Öffnen*, *Speichern*, *Rückgängig* etc. Mit der Eingabe von Textmustern in das *Suchfeld* rechts oben gelangen Sie schnell zu den entsprechenden Stellen im Text.

Darunter ist das bereits aus Version *2011* bekannte, jetzt im *Yosemite*-Stil gestaltete *Menüband* platziert. Viele der darin enthaltenen Elemente haben sich im Vergleich zur Vorversion eine andere Position gesucht. Es folgt der eigentliche Arbeitsbereich, in dem Sie Text, Zahlen und Grafikobjekte erzeugen, bearbeiten und formatieren. Den unteren Abschluss bildet die Statusleiste. Die Symbole an ihrem rechten Rand ermöglichen den schnellen Wechsel zwischen den verschiedenen Dokumenten-An-

3 | **Programmübergreifende Funktionen**

sichten. Weiterhin gestattet ein Schieberegler sowie zwei Schaltflächen die Einstellung der Vergrößerungsstufe.

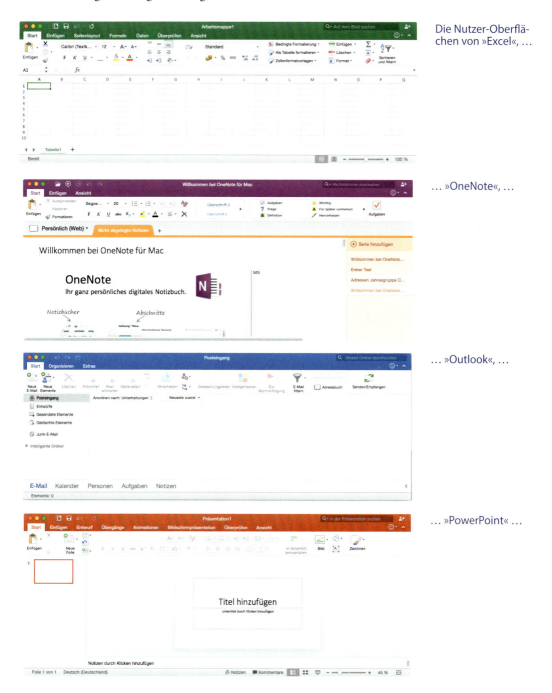

Die Nutzer-Oberflächen von »Excel«, …

… »OneNote«, …

… »Outlook«, …

… »PowerPoint« …

sowie der Anwendung »Word«.

Links und rechts neben dem Arbeitsbereich können – abhängig von Programm-Ansicht und aufgerufenem Modul – weitere Bereiche eingeblendet sein.

Die Startzentralen

Wie bereits erwähnt präsentieren *Excel, PowerPoint* und *Word* nach dem Start quasi zur Begrüßung ein Fenster mit einem *Vorlagen*-Katalog. Nutzern der *iPad*-Version von *Office* dürfte er bekannt vorkommen, denn sein Erscheinungsbild stimmt im Wesentlichen mit den entsprechenden Heimbildschirmen der *iPad*-Varianten überein. Ein solches Fenster ist im Folgenden als *Startzentrale* bezeichnet.

Die im linken Teil der *Startzentrale* angebrachte Leiste verfügt über vier Symbole, die den Zugriff auf die wesentlichen Funktionen zu Beginn der Bearbeitung von Dokumenten ermöglichen. *Neu* dient zum Anlegen weiterer Dokumente, *Zuletzt verwendet* und *Öffnen* gestatten den Zugriff auf bereits erzeugte Dateien. Das oberste Symbol mit dem Namenskürzel erlaubt die Anbindung von *Cloud*-Diensten bzw. Laufwerken.

Die Symbolleisten der Startzentralen von »Excel«, »PowerPoint« und »Word«.

3 | Programmübergreifende Funktionen

Im Folgenden gehen wir etwas genauer auf den Umgang mit den *Startzentralen* ein.

Vorlagen-Kataloge

Damit Sie nicht bei jedem Anwendungszweck immer wieder mit einem leeren Dokument beginnen müssen, verfügen *Excel*, *PowerPoint* und *Word* über jeweils einen Katalog, der mit einer Vielzahl von vorgefertigten Dokumenten, den sogenannten *Vorlagen*, bestückt ist. Der Zugriff auf diesen Katalog erfolgt bei allen drei Programmen über den Bereich *Neu* der *Startzentrale*. Darin landen Sie automatisch nach dem Start eines Programms über das *Dock* oder das *Launchpad*. Ansonsten können Sie dieses Fenster mit *Datei | Neu aus Vorlage* oder dem Tastaturkürzel *Umschalttaste-cmd-P* jederzeit aufrufen.

Der Vorlagen-Katalog von »PowerPoint«.

Falls Sie es vorziehen, nach dem Start eines Programms immer mit einem leeren Dokument zu beginnen, deaktivieren Sie die entsprechende Option im Bereich *Allgemein* der Einstellungen. Trotz unterschiedlicher Namensgebung handelt es sich bei allen Programmen um einen *Vorlagen*-Katalog.

Excel	Arbeitsmappenkatalog
PowerPoint	Startbildschirm
Word	Dokumentenkatalog

233

Die Auswahl einer Vorlage erfolgt durch das Markieren ihres Symbols im Katalog-Fenster und anschließendem Mausklick auf *Erstellen*. Das Programm öffnet daraufhin eine Kopie der gewählten Vorlage. Wesentlich schneller vollzieht sich dieser Prozess mit einem Doppelklick auf das gewünschte Symbol.

Sagt Ihnen keine der angebotenen Vorlagen zu, können Sie in den *Online*-Vorlagen von *Microsoft* unter der Internet-Adresse `https://templates.office.com/` stöbern.

Die »Online«-Vorlagen von Microsoft für »Office«.

Nach einem Klick auf ein Vorlagen-Symbol erhalten Sie detailliertere Informationen dazu sowie Hinweisen zu ähnlichen Vorlagen.

Detaillierte Informationen zu einer »Online«-Vorlage.

3 | Programmübergreifende Funktionen

Den Transfer dieser Vorlage auf Ihren Rechner starten Sie mit einem Mausklick auf die grüne Taste *Öffnen in Excel Online*. Sie erhalten daraufhin die Information, dass die Fortsetzung dieses Vorgangs die Anmeldung an ein *Microsoft*-Konto erfordert.

Die Aufforderung zum Anmelden an ein »Microsoft«-Konto.

Detailliertere Informationen zu *Microsoft*-Konten lassen sich im Abschnitt über *Wolken*-Speicher finden. Falls Sie bereits über ein *Microsoft*-Konto verfügen, melden Sie sich jetzt an.

Die Webseite für die Anmeldung an ein »Microsoft«-Konto.

Nach erfolgreicher Anmeldung erfolgt die Übertragung dieser Datei auf Ihren *OneDrive*.

Die Information für den erfolgreichen Datei-Transfer auf einen »OneDrive«.

Ein Klick auf *Weiter* bewirkt das Öffnen der heruntergeladenen Datei im Browser.

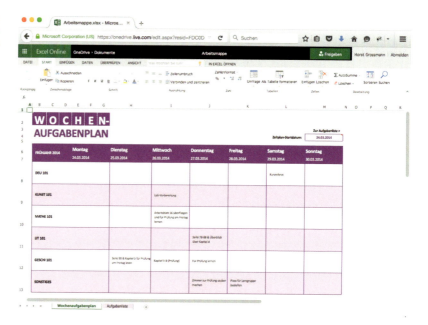

Die heruntergeladene »Excel«-Vorlage in einem Browser-Fenster.

Zu guter Letzt ist diese Datei noch auf den eigenen Rechner zu übertragen. Klicken Sie dazu auf Register *Datei* links oben im Browser-Fenster und dann auf *Eine Kopie herunterladen*.

Die Vorlage im Browser-Fenster.

3 | Programmübergreifende Funktionen

Der erscheinende Dialog bietet die Wahl, die Datei zu speichern oder mit *Excel* zu öffnen.

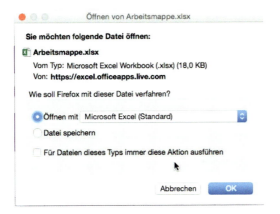

»Speichern« oder »Öffnen« – das ist hier die Frage.

Wir belassen es bei der Voreinstellung und klicken auf *OK*. Die Vorlage erscheint daraufhin im »richtigen« *Excel* und lässt sich auf die bekannte Weise abspeichern.

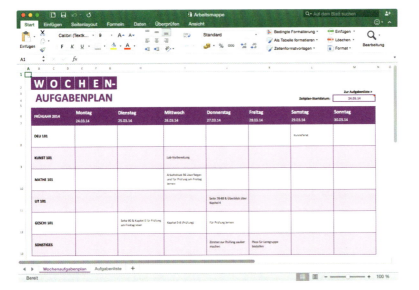

Die in »Excel« geöffnete Vorlage.

Eine weitere Möglichkeit zur Nutzung von *Online*-Vorlagen bietet die Suchfunktion der *Startzentralen*. Mit der Eingabe eines Suchbegriffs in das Suchfeld rechts oben startet sie automatisch eine Suche nach Vorlagen, denen dieser Suchbegriff zugeordnet ist. Die Suche beschränkt sich nicht auf die lokal gespeicherten Vorlagen, sondern erstreckt sich auch auf *Online*-Kataloge.

Das Ergebnis einer Vorlagen-Suche in »PowerPoint«.

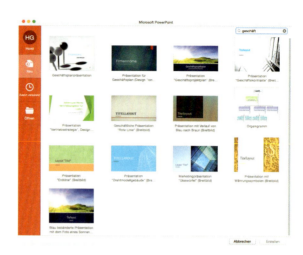

Die Suchfunktion einer *Startzentrale* findet nicht unbedingt jedes auf der Vorlagen-Webseite angezeigtes Dokument.

Natürlich können Sie sich auch selbst Vorlagen erzeugen. Gestalten Sie ein beliebiges Dokument und wählen Sie nach dessen Fertigstellung *Datei | Als Vorlage sichern*.

Sie können auch den »normalen« *Sichern*-Dialog verwenden und darin als Dateiformat *Vorlage* wählen. In diesem Fall müssen Sie sich aber zu dem *Vorlagen*-Verzeichnis von *Office 2016* durchhangeln und das Dokument darin speichern, damit es danach im Katalog auftaucht.

Selbst erstellte Vorlagen im »Excel«-Katalog.

3 | Programmübergreifende Funktionen

Die genaue Kenntnis des Speicherorts der Vorlagen ist für verschiedene Anwendungsfälle durchaus von Nutzen. Er wird unter anderem benötigt, wenn Sie Ihre Vorlagen einem Freund oder Kollegen weitergeben möchten oder sie auf einen neuen Rechner transferieren wollen. Weiterhin können Sie darin Vorlagen umbenennen oder löschen.

Zunächst müssen Sie den Ordner *Library* öffnen, den *Apple* seit *OS X Lion* normalerweise vor dem Anwender verbirgt. Wenn Sie im *Finder* die *alt*-Taste drücken und *Gehe zu* wählen, taucht darin der Eintrag *Library* auf. Mit dessen Auswahl bringen Sie das *Library*-Verzeichnis in einem *Finder*-Fenster zur Ansicht. Damit ist es auch schon fast geschafft, jetzt müssen Sie sich nur noch zu dem im folgenden Bildschirmfoto angegebenen Vorlagen-Verzeichnis vorhangeln.

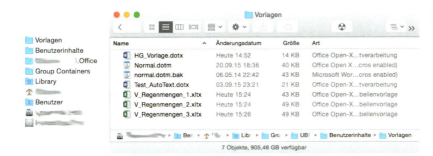

Das »Vorlagen«-Verzeichnis von »Office 2016«.

Dokumenten-Kataloge

Ein Dokument ist schnell angelegt und gespeichert, vereinzelt bereitet jedoch das Wiederfinden Probleme. Hier kann *Datei | Zuletzt verwendete öffnen* helfen. In diesem Untermenü sind die Namen der zehn zuletzt benutzten Dokumente chronologisch eingetragen, wobei sich der Name der zu allerletzt geöffneten Datei auf der obersten Position befindet.

Sind Anwender in mehreren Projekten involviert, sind zehn Einträge schnell erreicht. Da kann es leicht passieren, dass ein Dokument im falschen Verzeichnis landet. In solchen Fällen oder bei einer großen Anzahl von Dokumenten hilft der Bereich *Zuletzt verwendet* der Startzentralen.

Der Dokumenten-Katalog von »Excel«.

Dieser Katalog enthält, ebenfalls chronologisch geordnet, nicht nur die Namen der zuletzt bearbeiteten Dokumente, sondern auch deren Speicherorte. Des Weiteren beschränkt die Suchfunktion die Zahl der angezeigten Dateien auf solche, deren Namen ein eingegebenes Suchmuster beinhaltet.

Die Reduzierung der Anzeige auf Dokumente mit einem eingegebenen Suchmuster im Namen.

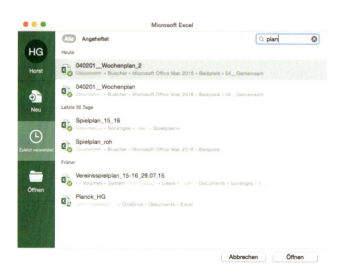

3 | Programmübergreifende Funktionen

Eine weitere Erleichterung beim Umgang mit häufig benutzten Dokumenten bietet das *Anheften*, was nichts anderes als die Definition persönlicher Favoriten bedeutet. Sobald sich der Mauszeiger über der Zeile eines Dateinamens befindet, erscheint an deren rechten Rand das Symbol einer Pin-Nadel.

Der erste Schritt zum Anheften von Dokumenten.

Nach einem Mausklick auf die betreffende Zeile bleibt das Nadel-Symbol permanent sichtbar – jetzt in kräftigerer Farbe dargestellt.

Ein »angeheftetes« Dokument.

Das Register *Angeheftet* von Bereich *Zuletzt verwendet* umfasst alle auf diese Weise erzeugten Favoriten.

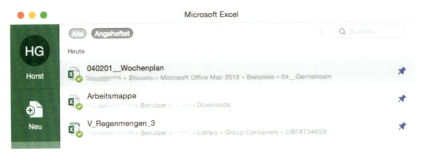

Das Register »Angeheftet« mit den Favoriten.

Ein Klick auf eine Nadel entfernt eine Datei wieder aus dem *Favoriten*-Bereich.

Ein Mausklick auf *Öffnen* ermöglicht nicht nur den Zugriff auf lokal gespeicherte Dokumente, sondern auch auf solche, die auf einem verbundenen *Cloud*-Laufwerk abgelegt sind.

Der Zugriff auf lokale und auf in einer »Cloud« abgelegte Dokumente.

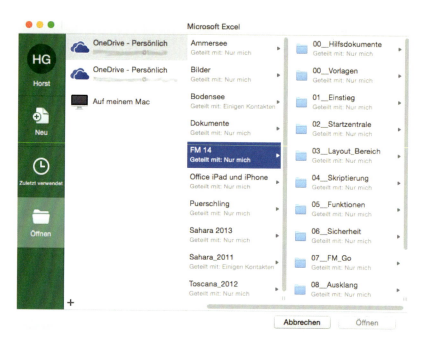

Die Wahl von *Auf meinem Mac* bringt den »normalen« *Öffnen*-Dialog zum Erscheinen.

Menübänder

Der Funktionsumfang von *Microsoft Office* hat von Version zu Version zugenommen. Dabei hat sich Microsoft immer bemüht, Wünsche und Anregungen von Nutzern zu berücksichtigen. Nicht wenige solcher »Feature Requests« bezogen sich allerdings auf bereits realisierte Funktionen, die Anwender lediglich vergeblich gesucht hatten. Diese Problematik versuchte *Microsoft* mit der Einführung von Menübändern zu verbessern.

Menübänder, auch *Multifunktionsleisten* genannt, kombinieren die Elemente »Symbolleiste« und »Menüsteuerung«. Der Zugriff auf die thematisch gruppierten Funktionen erfolgt dabei über diverse Registerkarten, kurz als Register bezeichnet. Um den Inhalt eines Registers anzuzeigen, müssen Sie einfach auf den entsprechenden Namen klicken.

3 | Programmübergreifende Funktionen

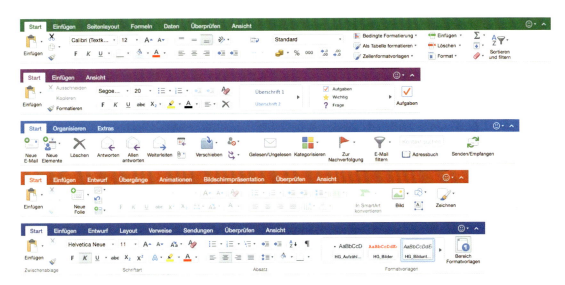

Die Register sind in diverse Befehlsgruppen unterteilt, deren Namen am unteren Rand des Bandes angezeigt sind. In den Gruppen selbst sind wiederum verschiedene Schaltflächen untergebracht.

Oben: Die Menübänder der einzelnen Office-Anwendungen (von oben nach unten): »Excel«, »OneNote«, »Outlook«, »PowerPoint« und das von »Word«.

Links: Die Struktur eines Menübands.

Sind die Namen der Befehlsgruppen nicht angezeigt, müssen Sie im Bereich *Ansicht* der Einstellungen die Option *Gruppentitel anzeigen* aktivieren.

Es gibt zwei verschiedene Typen von Schaltflächen. Ein Mausklick auf den direkten Typ führt zur unmittelbaren Ausführung der damit verknüpften Anweisung. Wenn Sie in *Excel* in *Start | Schriftart* ganz links auf die Schaltfläche mit dem »F« klicken, so bewirkt dies die sofortige Zuweisung des Schriftstils *fett* auf einen markierten Text. Der indirekte Typ ist an seiner rechten Seite mit einem kleinen Abwärtspfeil versehen. Bei ihm öffnet ein Klick auf diesen Pfeil ein Einblendmenü, das mit weiteren Befehlen gefüllt ist.

243

Bei einigen der indirekten Schaltflächen macht es einen Unterschied, ob Sie links neben oder auf den Pfeil klicken. Diese Schaltflächen sind quasi zweigeteilt. Ein Mausklick auf den Pfeil öffnet ein Einblendmenü, der Klick auf das Symbol führt direkt eine Anweisung aus. Wenn Sie die Maus über eine solche Schaltfläche bewegen, ist der jeweils aktive Teil dunkler dargestellt als der andere. Zu diesen Schaltflächen gehören beispielsweise *Aufzählungszeichen* und *Nummerierung* in der Gruppe *Absatz* des Registers *Start* von *Word*.

Die Schaltfläche »Aufzählungszeichen« mit direktem (links) und indirektem Anteil (links).

Menübänder beanspruchen mehr Darstellungsfläche als konventionelle Menüs auf dem Bildschirm, sodass viele Nutzer diese *Ribbons* schlicht als Platzverschwendung betrachten. Andere Nutzer wiederum, insbesondere Einsteiger, erachten dies als sinnvolle Maßnahme zum einfacheren Zugriff auch auf selten benötigte Funktionen.

Unabhängig von persönlichen Vorlieben und Geschmäckern steht es jedem *Macintosh*-Nutzer frei, die Menübänder zu nutzen oder nicht. Sie lassen sich mit einem Mausklick ein- und ausblenden. Dazu dient der Auf- oder Abwärtspfeil am rechten Rand der Registerleiste eines Menübands. Alternativ können Sie auf den Namen des aktuell eingestellten Registers klicken oder die Tastenkombination *cmd-alt-R* nutzen.

Ein Dokumentenfenster von »PowerPoint« mit ein- und ausgeblendetem Menüband.

Im Gegensatz zu den *Windows*-Ausgaben seit *Office 2010* blieb die klassische Menüleiste in *Office 2016* für *Macintosh* nach wie vor erhalten. Allerdings ist es für Menübänder nicht mehr wie in der Vorgängerversion möglich, sie bei Nichtgefallen vollkommen zu deaktivieren. Inzwischen dürfte sich wohl auch die Mehrzahl der Anwender damit arrangiert haben.

Zusätzlich zu den bisher betrachteten permanenten Registern existieren auch sogenannte kontextbezogene Register, kurz *Kontext*-Register genannt. Sie treten nur bei der Aktivierung bestimmter Objekte in Erscheinung. Wenn Sie beispielsweise in einem *Word*- oder *PowerPoint*-Dokument ein Bild aktivieren, taucht das Register *Bildformat* auf.

3 | Programmübergreifende Funktionen

Designs für ein einheitliches Dokumentlayout

Der durchschnittliche Nutzer verfügt in der Regel nur über geringe Kenntnisse auf den Gebieten *Typografie* und *Dokumentengestaltung*. Es fehlt ihm insbesondere das Wissen, welche Schriftarten sich für bestimmte Anwendungen besonders gut eignen oder welche Farben besonders gut miteinander harmonieren. Hier sollen *Designs* Unterstützung bieten, indem sie für eine einheitliche Dokumenten-Gestaltung sorgen.

Ein *Design* beinhaltet eine Kombination von Farben, Schriftarten und Effekten wie Linien und Füllungen. *PowerPoint* bietet darüber hinaus zusätzliche Optionen zum Einstellen von Hintergründen. Alle *Office*-Programme verfügen über diverse integrierte Designs. Deren Auswahl erfolgt in *PowerPoint* und *Word* im Register *Entwurf*, bei *Excel* im Register *Seitenlayout*.

Die integrierten Designs von »PowerPoint«.

Sämtliche Inhalte von Dokumenten wie Text, Tabellen, Grafiken etc. sind dynamisch mit einem voreingestellten *Design* verbunden. Dies ist üblicherweise das *Office-Standarddesign*, das sich durch ein einfaches Erscheinungsbild mit weißem Hintergrund und dezenten Farben auszeichnet.

Neben den genannten ästhetischen Gründen hat die Verwendung von Designs vor allem den Vorteil, mit einer schlichten Zuweisung das Erscheinungsbild ganzer Dokumente verändern zu können. Dazu ist in *Excel* und *Word* lediglich das entsprechende *Design*-Symbol im Einblendmenü der Schaltfläche *Designs* auszuwählen. *PowerPoint* verfügt in der Gruppe *Designs* über einen Bereich zur Anzeige eines Teils dieser Symbole, der komplette Umfang ist im zugehörigen Einblendmenü ersichtlich.

Eine »PowerPoint«-Folie in den Designs »Ion«, »Organisch« und »Facette«.

PowerPoint bietet als zusätzliche Option, ein *De*sign für sämtliche oder nur für markierte Folien zu übernehmen. Auch die Festlegung als Standarddesign ist möglich. Die Auswahl der gewünschten Option erfolgt über das *Kontext*-Menü eines *Design*-Symbols, das Sie mit *ctrl*-Mausklick oder mit der rechten Maustaste aufrufen.

Die zusätzlichen Optionen von »PowerPoint« bei der Zuweisung von »Designs«.

Es steht Ihnen vollkommen frei, ob Sie die Vorgaben eines Designs nutzen möchten oder nicht. Allerdings erzielen Sie die beabsichtige Wirkung nur dann, wenn Sie die im jeweiligen Design voreingestellten Merkmale durchgängig verwenden.

Die Anpassung von Dokumenten-Designs erfolgt durch die Auswahl alternativer Farben, Schriftarten, Linien oder Fülleffekte. Diese Änderungen fließen unmittelbar in die im aktuellen Dokument benutzten Formatvorlagen ein. Wegen der erwähnten Wirkung empfiehlt es sich, nicht beliebige Farben oder Schriftarten zu wählen, sondern auf die integrierten Farbpaletten und Designschriftarten zurückzugreifen. Eine Designfarben-Gruppe besteht aus jeweils zwei Text- und Hintergrundfarben, sechs sogenannten Akzentfarben und zwei Farben für Webadressen. Eine Schriftart für Überschriften und eine Schriftart für Text bilden zusammen eine Designschriftarten-Gruppe.

In *PowerPoint* erfolgt die Auswahl von Designfarben und -Schriftarten im Einblendmenü der Gruppe *Varianten* von Register *Entwurf*.

Das Einblendmenü der Gruppe »Varianten« in »PowerPoint« zum Anpassen von »Designs«.

Die Farbpaletten und Designschriftarten in »PowerPoint« zum Anpassen von »Designs«.

Die Folie im Design »Facette« mit der Farbgruppe »Gelb« und der Designschriftart »Garamond«.

Word verfügt im Register *Entwurf* über die Schaltflächen Farben und Schriftarten, über deren Einblendmenüs die Auswahl einer integrierten Farbpalette und / oder Designschriftart analog zu *PowerPoint* erfolgt. Analog sind diese Schaltflächen in *Excel* im Register *Seitenlayout* zu finden.

Ein individuell verändertes Design lässt sich als benutzerdefiniertes *Dokumentdesign* abspeichern. Dazu enthalten die Einblendmenüs der Schaltflächen *Designs* in allen drei Programmen den Eintrag *Aktuelles Design speichern*. Analog zu den Dokumentenvorlagen ist auch hier der Speicherort von Interesse.

Das Verzeichnis für »Designs«.

Ist ein eigenes *Design* in diesem Verzeichnis abgelegt, taucht es auch in den jeweiligen Einblendmenüs auf. Ansonsten können Sie ein *Design* in einem beliebigen Verzeichnis speichern und es mit *Nach Designs suchen* im Einblendmenü der Schaltflächen *Designs* in ein Dokument importieren.

Bearbeitung von Bildern

Neben reinem Text enthalten nicht wenige Dokumente auch Bilder, Illustrationen, Diagramme und andere grafische Elemente. *Office 2016* verfügt dabei über eine ganze Reihe leistungsfähiger Werkzeuge zum Bearbeiten von Grafiken. Dies erspart Ihnen in vielen Fällen, deren Bearbeitung in einem eigenständigen Bildbearbeitungsprogramm wie *Photoshop*, *Gimp* oder *Affinity Photo* – zu Letzterem ist im *Mandl & Schwarz*-Verlag eine Buchanleitung erhältlich – vornehmen zu müssen. Der Funktionsumfang reicht vom einfachen Zuschneiden eines Bildes bis hin zum Freistellen von Motiven bzw. zum Entfernen von Hintergründen.

Wenn Sie eine Grafik bearbeiten, so erfolgt mehr oder weniger in Echtzeit die Anzeige der vorgenommenen Änderungen. Sie können sämtliche Umgestaltungen mit einem Mausklick auf die Schaltfläche *Zurücksetzen* in der Gruppe *Anpassen* von *Kontext*-Register *Bildformat* ungeschehen machen. Das zugeordnete Einblendmenü bietet darüber hinaus die Auswahl, lediglich angewendete Formatierungen oder zusätzlich auch Änderungen der Bildgröße zurückzusetzen. Letzteres beinhaltet auch das Rückgängigmachen von an der Grafik vorgenommenen Zuschneide-Operationen.

Das Einblendmenü »Bild zurücksetzen«.

Durch das Einbetten von Bildern kann sich der Platzbedarf von Dokumenten beträchtlich erhöhen. Beim Hinzufügen eines Bildes erfolgt dessen automatische Komprimierung. Standardmäßig ist dabei ein Wert von 220 ppi für den Druck eingestellt. Mit Hilfe des Dialogs *Bilder komprimieren*, aufzurufen über die gleichnamige Schaltfläche ganz rechts in der Gruppe *Anpassen*, lässt sich dieser Wert verändern.

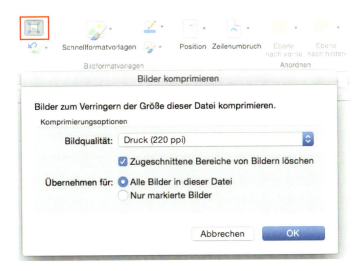

Der Dialog zum Komprimieren von Bildern mit dem Einblendmenü »Bildqualität«.

Word protokolliert sämtliche Änderungen an Bildern und legt die entsprechenden Angaben im Dokument selbst ab. Die Operation *Bilder komprimieren* entfernt alle Informationen, die Größenänderungen und – bei aktivierter Option *Zugeschnittene Bereiche von Bildern löschen* – Zuschneide-Informationen betreffen. Das Entfernen dieser Daten reduziert ebenfalls die Größe von Dokumenten, verhindert aber die Wiederherstellung der ursprünglichen Abmessungen eines Bildes mit *Bild und Größe zurücksetzen*. Solange ein Dokument geöffnet bleibt, lässt sich dies aber mit dem Einblendmenü von *Rückgängig* in der *Symbolleiste für den Schnellzugriff* bewerkstelligen.

Die Komprimierung eines Bildes kann auch zu einem veränderten Aussehen führen. Aus diesem Grund sollten Sie Formatierungen immer nach einer solchen Operation anwenden.

Zur Bearbeitung von Bildern stehen Ihnen die Schaltflächen nebst deren Einblendmenüs im *Kontext*-Register *Bildformat* zu Verfügung. Dessen Name kommt im Menüband zur Ansicht, wenn Sie ein Bild mit einem Mausklick markieren. Ein Doppelklick blendet zum einen dessen Inhalt ein, zum anderen bringt dies den *Aufgaben*- bzw. *Formatierungsbereich* zur Anzeige. Letzteres erreichen Sie alternativ über *Bild formatieren* im *Kontext*-Menü eines Bildes.

Der »Aufgaben«- bzw. »Formatierungs«-Bereich zum Bearbeiten von Bildern.

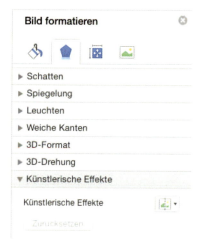

Das Einfügen von Bildern in ein Dokument kann auf verschiedene Arten erfolgen. Die einfachste Methode besteht darin, eine Bilddatei im *Finder* an eine ausersehene Stelle in einem Dokumenten-Fenster zu ziehen. Dasselbe erreichen Sie über *Einfügen | Bilder | Bild aus Datei* mit anschließender Auswahl der Bilddatei im *Öffnen*-Dialog.

Einfügen | Bilder | Fotobrowser öffnet ein Fenster, das Ihnen den Zugriff auf Bilder ermöglicht, die Sie in der App *Fotos* abgelegt haben.

3 | Programmübergreifende Funktionen

Der »Foto-Browser« der Office-Programme.

Der obere Teil dieses Fensters beinhaltet verschiedene Suchkategorien, in denen Sie gezielt nach Orten, Tagen, Zeiträumen, Jahren oder Alben suchen können. Das Einfügen von Bildern aus dem Foto-Browser geschieht ebenfalls mit *Ziehen und Ablegen*.

Bildgröße und Bildausschnitt bestimmen

Wenn Sie ein Foto oder eine Grafik in ein Dokument einfügen, hat es in den seltensten Fällen bereits die erwünschte Größe. Häufig wird auch nur ein bestimmter Bildausschnitt für ein Dokument benötigt. Zur groben Größenanpassung eines Bildes reicht es aus, auf einen Aktivpunkt (Zuschneidepunkt) zu klicken und bei gedrückter Maustaste die Abmessungen durch Ziehen des Mauszeigers so zu verändern, bis das Bild annähernd die erwünschte Größe erreicht hat. *Word* zeigt bei einem solchen Vorgang die jeweils aktuellen Abmessungen in einem Info-Fenster an.

Das Ändern der Abmessungen von Bildern mit der Maus.

Damit die Proportionen der Grafik bei diesem Vorgang erhalten bleiben, muss die Option *Seitenverhältnis sperren* in der Gruppe *Größe* von *Kontext*-Register *Bildformat* aktiviert sein. Ansonsten müssen Sie beim Ziehen die *Umschalttaste* gedrückt halten. Beides ist nur bei der Verwendung eines Aktivpunkts in einer Ecke wirksam. Die Nutzung eines mittleren Zuschneidepunktes bewirkt dabei grundsätzlich das Dehnen oder Stauchen von Bildern.

Wenn Sie vor der Betätigung der Maustaste auf einen Aktivpunkt die *alt*-Taste gedrückt halten, zeigt *Word* permanent die Ausgangsabmessungen eines Bildes an.

Das Ändern der Abmessungen von Bildern mit der Maus bei gedrückter »alt«-Taste.

Ein Doppelklick auf das zu bearbeitende Bild bringt das *Kontext*-Register *Bildformat* inklusive dessen Inhalt zum Erscheinen. Feineinstellungen hinsichtlich Abmessungen lassen sich mit Hilfe der Eingabefelder *Höhe* und *Breite* in der Gruppe *Größe* vornehmen. Die angepeilten Abmessungen können Sie direkt in die Eingabefelder eingeben oder die angezeigten Werte mittels der Pfeiltasten stufenweise verändern.

Die Eingabefelder für Höhe und Breite eines Bildes.

Benötigen Sie von einem Bild nur einen bestimmten Ausschnitt, kommt das in derselben Gruppe beheimatete Werkzeug *Zuschneiden* zum Einsatz. Nach einem Klick auf dieses Symbol oder nach der Auswahl von *Zuschneiden* in dessen Einblendmenü erscheinen in den Ecken und in der

Mitte der Bildränder kurze und dicke schwarze Striche, die sogenannten Anfasser. Wenn Sie den Mauszeiger auf einen dieser Anfasser bewegen, verändert auch er sein Aussehen. In den Rand-Mitten nimmt er die Form eines »T«, an den Ecken die eines Winkels an. Sobald er eine solche Form aufweist, können Sie von diesen Stellen aus den Rand verkleinern.

Beim Ziehen verändert sich der Mauszeiger in ein kleines Fadenkreuz und *Word* blendet zusätzlich Informationen zu den aktuellen Abmessungen ein.

Das Zuschneiden von Bildern.

Um die Änderungen wirksam werden zu lassen, betätigen Sie die Zeilenschaltung oder klicken Sie an eine beliebige Stelle außerhalb des Bildes.

> **Sie können den Zuschneide-Prozess auch durch Betätigen der *esc*-Taste abschließen. In diesem Fall bewirkt dies keinen Abbruch der Operation.**

Es lassen sich auch zwei gegenüberliegende Seiten gleichzeitig und in gleicher Weise zuschneiden, indem Sie beim Ziehen eines mittleren Zuschneidepunktes die *Umschalt*- und *alt*–Taste gedrückt halten. Wenn Sie einen Eckpunkt benutzen, schneiden Sie alle vier Seiten gleichzeitig und gleichmäßig zu.

Über die Eingabefelder *Breite* und *Höhe* im Bereich *Zuschneiden | Zuschneideposition* des Registers *Grafik* des Formatierungsbereichs können Sie den rechten und unteren Rand von Bildern sehr genau abschneiden.

Der Bereich »Zuschneiden« im Register »Grafik« des Aufgabenbereichs.

Es ist weiterhin möglich, Bilder auch auf übliche Seitenverhältnisse zuzuschneiden. Das Menü *Seitenverhältnis* der Schaltfläche *Zuschneiden* in der Gruppe *Größe* von Register *Bildformat* enthält eine Reihe verbreiteter Proportionen, aus denen Sie lediglich eine Auswahl treffen müssen.

Das Zuschneiden eines Bildes mit vorgegebenem Seitenverhältnis.

Alternativ lassen sich nicht benötigte Bildteile auch durch Maskieren eines Bildes mit einer beliebigen Form entfernen. Dazu ist das Menü *Auf Form zuschneiden* der Schaltfläche *Zuschneiden* mit einer ganzen Reihe von geometrischen Grundformen ausgestattet.

3 | Programmübergreifende Funktionen

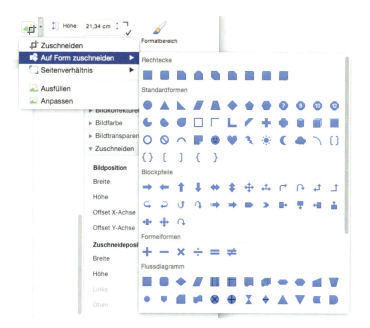

Die integrierten Formen zum Zuschneiden von Bildern.

Mit der Auswahl einer Form-Variante wird ein Bild so beschnitten, dass es in die ausgewählte Form hineinpasst, wobei sämtliche Bildanteile außerhalb der gewählten Form entfernt werden. Die Proportionen des Bilds bleiben dabei unverändert. Die Größe der Form wird automatisch so gesetzt, dass sich möglichst viele Teile ihres Randes mit dem Bildrand berühren.

Ein »oval« zugeschnittenes Bild.

Klicken Sie zum Abschluss dieses Prozesses wieder auf einen Punkt außerhalb des Bildes. Zum Verkleinern eines Bildausschnitts können Sie zusätzlich nochmals das »normale« *Zuschneide*-Werkzeug anwenden.

Die Nachbearbeitung des »oval« zugeschnittenen Bildes.

Sie können beim Zuschneiden das Bild innerhalb der Form verschieben. Bewegen Sie dazu den Mauszeiger auf eine beliebige Stelle im Bild, an der er sein Aussehen in ein Fadenkreuz verändert. Mit gedrückter Maustaste können Sie dann das Bild verrücken.

Bildkorrekturen vornehmen

Entspricht das Erscheinungsbild einer Grafik nicht so ganz Ihren Vorstellungen, bietet *Office* diverse Werkzeuge zum Verändern von Bildparametern. Folgende Bildeigenschaften lassen sich variieren:

- Helligkeit
- Kontrast
- Transparenz
- Schärfe
- Farbton
- Farbintensität
- Sättigung

Wir gehen im Folgenden davon aus, dass das zu bearbeitende Bild aktiviert ist und die Werkzeuge im Register *Bildformat* und im *Formatbereich* zur Verfügung stehen.

Kontrast bezeichnet den Unterschied zwischen den hellsten und den dunkelsten Bereichen eines Bildes. Über das Ändern von Helligkeit und Kontrast können Sie somit nicht nur unter- oder überbelichtete Fotos auf Vordermann bringen, sondern auch Kunst-Effekte erzielen.

3 | Programmübergreifende Funktionen

In der folgenden Aufnahme erweisen sich die Zeichnung der Wolken sowie die Schatten im Vordergrund als ein wenig überarbeitungswürdig.

Das Bild könnte eine wenig Nachbearbeitung vertragen.

Es bietet sich an, die Helligkeit und den Kontrast des Bildes zu reduzieren. Das Einblendmenü *Helligkeit und Kontrast* im Bereich *Bildkorrekturen* von Register *Grafik* enthält diverse Vorschau-Bilder, bei denen diese beiden Parameter in 20 %-Stufen variieren.

Die Vorschau-Bilder im Einblendmenü »Helligkeit und Kontrast«.

Feinere Abstufungen lassen sich mit Hilfe der Schieberegler und/oder Eingabefelder des Bereichs *Bildkorrekturen* vornehmen.

Die Werkzeuge im Bereich »Bildkorrekturen« im Aufgabenbereich erlauben die stufenlose Einstellung von Helligkeit, Schärfe und Kontrast.

Die Aufnahme mit um 10% erhöhter Helligkeit und Kontrast.

Die Instrumente zum *Schärfen* und *Weichzeichnen* sind im oberen Teil des Bereichs *Bildkorrekturen* untergebracht.

Das Erhöhen des Schärfegrads bewirkt eine deutlichere Darstellung der Details eines Bildes. Seine Verringerung, Weichzeichnen genannt, dient zum Entfernen von Kratzern, Flecken oder anderer Störungen aus einem Bild.

Das Einblendmenü *Schärfen* und *Weichzeichnen* zeigt Vorschaubilder mit unterschiedlichen Schärfegraden von -50% bis +50% in Stufen von 25% und lässt sich somit zur Grobeinstellung verwenden. Für feinere Einstellungen müssen Sie wieder den Schieberegler oder die Eingabefelder im Bereich *Schärfen/Weichzeichnen* heranziehen.

3 | Programmübergreifende Funktionen

Die Grobeinstellung des Schärfegrads über das Einblendmenü »Schärfen und Weichzeichnen«.

Die *Sättigung* oder *Farbintensität* ist ein Maß für den Buntanteil einer Farbe. Je niedriger eine Sättigung, desto grauer oder blasser wirkt ein Bild. Höhere Farbintensitäten verleihen Bildern dagegen eine höhere Lebendigkeit, wobei eine zu intensive Farbgebung auch störend wirken kann. Darüber hinaus lassen sich Motive durch die Veränderung der Sättigung von Farben verschönern.

Die *Farbtemperatur* eines Bildes beschreibt eine Lichtsituation bei der Aufnahme eines Fotos durch einen Zahlenwert. Ein Sonnentag erzeugt bei klarem Himmel tagsüber laut internationaler Norm eine Farbtemperatur von 5500 K (Kelvin). Eine Kerze erzeugt 1500 K, eine Glühbirne je nach Leistung zwischen 2700 K und 3000 K. Insgesamt liegt der Bereich der Farbtemperatur bei alltäglichen Lichtverhältnissen zwischen 1000 K und 10000 K, wobei niedrige Farbtemperaturen rötliche, höhere dagegen bläuliche Lichtsituationen kennzeichnen. Die Werte für weißes Tageslicht liegen im Bereich zwischen 5000 K und 6000 K.

Zum Verbessern eines Bildes können Sie sowohl die *Sättigung* als auch die *Farbtemperatur* verändern. Grobeinstellungen gestattet das Einblendmenü *Farbe* der Gruppe *Anpassen* in Register *Bildformat* des Menübands.

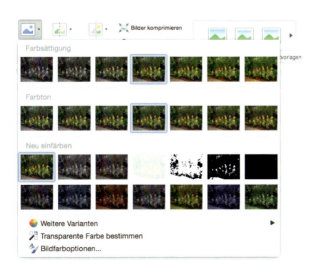

Das Einblendmenü zum Verändern von Sättigung, Farbton (Farbtemperatur) und Bildfarbe.

Alternativ bieten die Einblendmenüs neben *Voreinstellungen* im Bereich *Bildfarbe* des Aufgabenbereichs die gleichen Einstellungs-Varianten. Zusätzlich ermöglichen darin Schieberegler und Eingabefelder feinere Einstellungen.

Von links nach rechts: das Original, mit 400% Sättigung, mit 0% Sättigung sowie mit 100% Sättigung und 11200 K Farbtemperatur

Mit dem Neueinfärben eines Bildes reduziert sich dessen Buntheit. Im Rahmen dieses Prozesses erfolgt zunächst eine Umwandlung in Graustufen, also in Farb-Abstufungen zwischen reinem Weiß und reinem Schwarz. Anschließend erfolgt ein Austausch der Graustufen durch eine andere Farbe. Solche Operationen lassen sich über das Einblendmenü *Neu einfärben* im Aufgabenbereich oder über das Einblendmenü *Farbe* in der Gruppe *Anpassen* von Register *Bildformat* durchführen. Letzteres bietet über *Weitere Varianten* | *Weitere Farben* den Zugriff auf den Dialog *Farben* von *OS X*.

Das Einblendmenü »Neu einfärben« zum Verändern von Sättigung, Farbton (Farbtemperatur) und Bildfarbe im Aufgabenbereich.

3 | Programmübergreifende Funktionen

Ein mit »Gold« (links) und »Orange dunkel« eingefärbtes Bild.

Weiterhin gibt es verschiedene Gründe, eine Grafik oder Teile davon durchsichtiger zu machen. Ein häufiger Anwendungsfall besteht darin, bei der Kombination zweier oder mehrerer Grafiken auf den unteren Ebenen befindliche Elemente ganz oder teilweise sichtbar zu machen. Die Erhöhung der Transparenz ist auch eine Methode, ein Bild aufzuhellen und so den Kontrast zu einem Text zu verringern.

Eine nicht durchsichtige Grafik besitzt 0 % Transparenz, sie ist opak. 100 % bzw. 0 % Opazität bedeutet dagegen völlige Durchsicht. Das Verändern der Transparenz eines Bildes lässt Objekte sichtbar werden, die dahinter platziert sind. Analoges gilt für das Überlagern von Bildern.

Die grobe Einstellung des Transparenzwertes kann im Einblendmenü der Schaltfläche *Transparenz* in der Gruppe *Anpassen* von Register *Bildformat* des Menübandes vorgenommen werden. Alternativ führt die Nutzung des gleichnamigen Einblendmenüs im Bereich *Bildtransparenz* des Formatbereichs zum gleichen Ziel. Darüber hinaus ist dieser Bereich mit einem Schieberegler und Eingabefeldern zur Feineinstellung eines Transparenzwertes ausgestattet.

Das Einblendmenü »Transparenz« zum Verändern der Durchsichtigkeit von Bildern.

Das Original (links) und die bearbeitete Aufnahme mit 30% Transparenz.

Office gestattet auch den Austausch einer einzigen Farbe eines Bildes durch Transparenz. Dabei ist allerdings zu beachten, dass Bereiche wie grüner Rasen, blaues Meer oder weiße Wolken in der Regel nur feine Farbabstufungen aufweisen. Aus diesem Grund ist es bisweilen schwierig, solche speziellen Transparenzeffekte zu erkennen.

Nach der Auswahl von *Transparente Farbe bestimmen* im Einblendmenü von *Farbe* in der Gruppe *Anpassen* nimmt der Mauszeiger die Form einer Pipette an. Damit wählen Sie per Mausklick diejenige Farbe im Bild aus, die ausgetauscht werden soll. Die Bildstellen mit dieser Farbe bieten danach eine völlige Durchsicht auf den Hintergrund.

Das Bild mit einem durch »Transparenz« ersetzten Blauton.

Damit kennen Sie nun die wichtigsten Werkzeuge zur Bildkorrektur in *Microsoft Office*.

3 | Programmübergreifende Funktionen

Die vorhandenen Werkzeuge erlauben auch die Anwendung verschiedener Effekte auf ein Bild und deren anschließende Übertragung auf andere Bilder mit dem Formatierungspinsel.

Verfremden von Bildern

Office beinhaltet über 20 spezielle Filter zur Verfremdung von Bildern. Die Anwendung solcher künstlerischen Effekte verleiht Bildern beispielsweise das Aussehen von Strichzeichnungen, Gemälden, Radierungen, Fotokopien oder Skizzen.

Die Anwendung ist auch hier denkbar einfach, da lediglich der gewünschte Filter im Einblendmenü *Künstlerische Effekte* im Menüband oder im Arbeitsbereich auszuwählen ist.

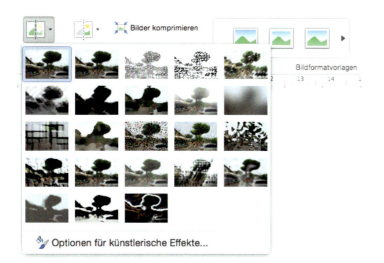

Die integrierten Filter im Einblendmenü »Künstlerische Effekte« im Menüband.

Das Original (links) und der darauf angewendete integrierte Filter »Fotokopie« (rechts).

263

Auch bei den künstlerischen Effekten ist eine Feinabstimmung möglich. Bei den meisten ist neben der Transparenz ein zweiter Parameter justierbar – beispielsweise die Pinselgröße bei *Wasserfarben* oder die Bleistiftgröße bei *Strichzeichnung*.

Die integrierten Filter »Leuchteffekt: Ränder«, »Mosaik: Tupfen«, »Kreideskizze«, »Wasserfarbe: Schwamm«, »Filmkörnung«, »Glas«, »Strichzeichnung« und »Weichzeichnen« (jeweils von links nach rechts).

Sie können auch selbst als Künstler tätig werden und sich Ihre eigenen Effekte gestalten. Setzen Sie dazu als Erstes die Transparenz eines Bildes auf einen Wert größer als 0, beispielsweise auf 50 %.

Das Original (links) und mit 50% Transparenz (rechts).

Der Bereich *Füllung* des Registers *Füllung und Struktur* im Aufgabenbereich bietet für die Option *Bild- oder Texturfüllung* diverse Varianten für Füllungen. Weiterhin enthält das Einblendmenü der darin befindlichen Schaltfläche *Muster* eine Anzahl integrierte Strukturen für die Hintergrund-Gestaltung. Wir wählen daraus *Gewebe*.

3 | Programmübergreifende Funktionen

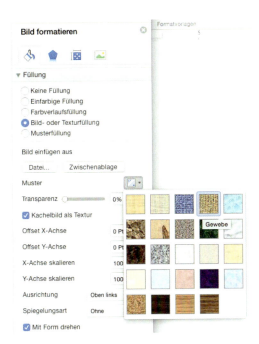

Die integrierten Muster für die Hintergrund-Gestaltung von Grafiken.

Das Register *Füllung* des Aufgabenbereichs enthält einen Schieberegler und ein Eingabefeld für die Justierung der Muster-Transparenz. Damit können Sie zusätzlich noch die Durchsichtigkeit der ausgewählten Struktur beeinflussen.

Das Foto mit unterlegtem Muster (links) und mit 50% Muster-Transparenz (rechts).

Wie Sie sehen, lassen sich mit Hilfe von Filtern mit geringem Arbeitsaufwand interessante Bildeffekte erzielen. Darüber hinaus können Sie – ebenfalls ohne große Mühe – die vorhandenen Filter um eigene Kreationen ergänzen.

Sie können immer nur einen künstlerischen Effekt auf ein Bild anwenden. Die Auswahl eines anderen künstlerischen Effekts entfernt den zuvor angewendeten Effekt.

Entfernen von Hintergründen

Es kommt nicht selten vor, dass von einem Bild nur ein ganz bestimmtes Objekt (ein Tier, ein Auto, ein Gebäude etc.) benötigt wird. Die Funktion *Freistellen* ermöglicht das Entfernen des Hintergrunds eines Bildes um ein solches Objekt. Im Gegensatz zum *Zuschneiden* reduziert diese Funktionalität das Bild nicht auf eine ausgewählte geometrische Form, sondern extrahiert ein bestimmtes Motiv aus einer Aufnahme.

In diesem Foto interessiert der Koala.

Nach einem Klick auf *Hintergrund entfernen* ganz links im Register *Bildformat* analysiert *Office* die Aufnahme und markiert im ersten Schritt den zu entfernenden Bereich um das vermutete Motiv mit violetter Farbe.

Der erste Schritt: »Office« macht einen Vorschlag für den zu entfernenden Bereich (violett).

Office blendet zusätzlich einen Laufrahmen um das zu erhaltende Objekt ein. Mithilfe der Ziehpunkte auf dessen Linien lassen sich beizubehaltende Bereiche weiter eingrenzen.

Der zweite Schritt: das manuelle Eingrenzen des beizubehaltenden Bereichs.

Hebt sich ein zu extrahierendes Objekt deutlich von seiner Umgebung ab, genügt in vielen Fällen die Festlegung von Position und Größe des Laufrahmens, um ein vernünftiges Ergebnis zu erzielen. Ansonsten ist manuelles Nachbearbeiten angesagt.

Wenn Sie jetzt den Mauszeiger innerhalb des Laufrahmens positionieren, erscheint unter ihm entweder ein Plus- oder ein Minuszeichen in einem schwarzen Kreis. Das Pluszeichen zeigt an, dass der zu erhaltende Bereich erweitert wird. Das Minuszeichen signalisiert eine weitere Eingrenzung dieses Bereichs. Klicken Sie nun mit der Maus einfach auf die Bereiche, die Sie zusätzlich entfernen oder beibehalten möchten. Jeder Klick aktualisiert automatisch den Umfang des zu entfernenden Bereichs.

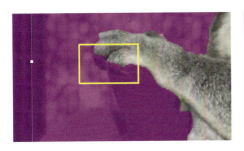 

Die Feineinstellung: manuelles Anpassen des beizubehaltenden Bereichs.

Es ist nicht möglich, gesetzte Markierungspunkte zu verschieben. Sie müssen stattdessen einen falsch oder unglücklich positionierten Punkt mit einem weiteren Mausklick wieder entfernen und anschließend neu setzen.

Das finale Entfernen des Hintergrundes erfolgt mit einem Mausklick auf eine Stelle außerhalb des Bildes. Ist das Ergebnis nicht zu Ihrer Zufriedenheit ausgefallen, können Sie erneut auf *Freistellen* klicken und weitere Anpassungen vornehmen.

Das Ergebnis: das freigestellte Motiv.

Je höher der Kontrast zwischen einem Motiv und dessen Hintergrund, desto mehr Arbeit kann Ihnen das *Freistellen*-Werkzeug abnehmen. Bei geringem Kontrast ist ein deutliches Mehr an Feinarbeit angesagt.

Ein freizustellender Bereich bei geringem Kontrast des Motivs zum Hintergrund.

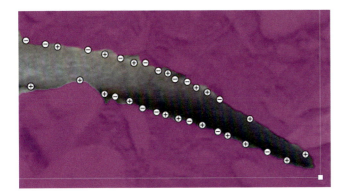

Die erforderliche Feinarbeit am Känguru-Schwanz.

Bildformatvorlagen

Die letzten Abschnitte behandelten die in *Office* verfügbaren Funktionen und Werkzeuge, mit deren Hilfe es gelingt,

- Bilder optisch aufzuwerten,
- Bildern eine andere Form zu geben sowie
- den Bildinhalt zu verfremden.

Darüber hinaus bietet *Office* noch diverse grafische Effekte mit individuell einstellbaren Parametern. Diese Effekte lassen sich nicht nur auf Bilder, sondern auf alle grafischen Formen anwenden. Deshalb ist für diesen Themenbereich ein eigener Abschnitt reserviert.

Speziell für die Gestaltung von Bildern bietet *Office* eine Reihe vorgefertigter Schemata. Diese *Bildformatvorlagen* beinhalten verschiedene Kombinationen der Effekte *Grafikrahmen* und *Bildeffekte*. Die Zuweisung erfolgt durch Auswahl des entsprechenden Symbols im Einblendmenü der gleichnamigen Gruppe.

Einzelne Parameter wie Rahmenfarbe, Schattengröße, Abstand einer Spiegelung vom Bild etc., lassen sich dabei nachträglich verändern.

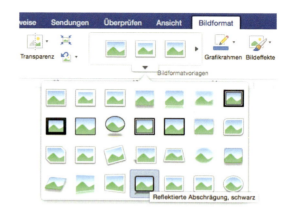

Das Einblendmenü »Bildformatvorlagen« für die Auswahl kombinierter Bild-Effekte.

Die Bildformatvorlagen »Metallrahmen« (links), »Metallenes Oval« mit transparenten Rahmen ohne Kontur (Mitte) und »Reflektierte Abschrägung, schwarz« mit violettem Rahmen (rechts).

Damit kennen Sie nun die grundsätzlichen Vorgehensweisen beim Bearbeiten von Grafiken. *MS Office* bietet eine reichhaltige Sammlung von Funktionen und Werkzeugen, die in vielen Fällen die Bearbeitung von Grafiken mit speziellen Bildbearbeitungsprogrammen wie etwa *Photoshop*, *Gimp* oder eben *Affinity Photo* erübrigen mag.

Der Umgang mit grafischen Objekten

Sie haben im letzten Abschnitt verschiedene Methoden zum Bearbeiten von Bildern kennengelernt. Dies sind – wie die im Kapitel über *Word* vorgestellten Textfelder – geometrische Objekte mit einem speziellen Inhalt. *Office* kennt weitere grafische Elemente wie

- Formen,
- SmartArt,
- Diagramme und
- Textfelder.

3 | Programmübergreifende Funktionen

Diverse grafische Effekte solcher Gebilde wie Kanten, Schatten, Spiegelungen etc. lassen sich auf identische Weise einstellen.

Formen

Formen sind geometrische Gebilde wie Linien, Rechtecke, Pfeile, Formelformen, Flussdiagrammformen und andere. Das Einblendmenü *Formen* der gleichnamigen Schaltfläche in der Gruppe *Illustrationen* von Register *Einfügen* stellt diverse Varianten bereit. Sie müssen lediglich eine Auswahl treffen.

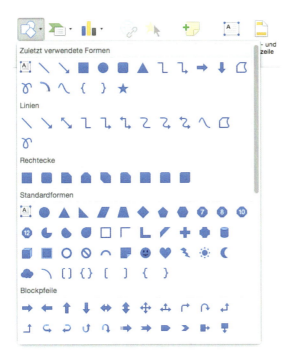

Mit Hilfe von »Formen« können Sie in »Excel«, »PowerPoint« und »Word« auch zeichnen.

Daraufhin verwandelt sich der Mauszeiger in ein Kreuz. Ziehen Sie dann an der vorgesehenen Stelle im Dokument ein Rechteck auf.

> Wenn Sie beim Aufziehen des Rechtecks die *Umschalt*-Taste gedrückt halten, erzeugen Sie eine Form mit einem quadratischen Umriss.

Die Größe und die Position einer Form lassen sich jederzeit verändern – auch Drehungen sind möglich.

271

Analog zur Bearbeitung von Bildern erscheint beim Markieren einer Form das *Kontext*-Register *Formformat* in der Menüleiste. Mit den darin enthaltenen Schaltflächen *Fülleffekt* und *Formkontur* bzw. mit deren Einblendmenüs können Sie die Farbe der Füllung und der Kontur einer Form jederzeit Ihrem eigenen Geschmack und Ihren Vorlieben festlegen.

Die Gruppe »Formenarten« im Kontext-Register »Formformat« des Menübands.

Eine »formatierte Form«.

Detailliertere Einstellwerkzeuge bietet das Register *Füllung und Linie* im Aufgabenbereich.

Der »Aufgabenbereich« (»Formatbereich«) enthält Einstellmöglichkeiten für diverse Parameter.

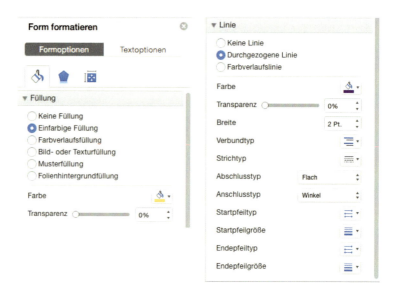

Schneller kommen Sie mit der Verwendung von *Formenformatvorlagen* ans Ziel. Diese enthalten vordefinierte Kombinationen von Linien-, Füllungs- und Schriftformatierungen.

3 | Programmübergreifende Funktionen

Das Einblendmenü »Formformatvorlagen«.

Das *Kontext*-Menü einer Form gestattet die Zuweisung von Text. Dieser lässt sich wie »normaler« Text bearbeiten und formatieren – Sie können also Textfarbe, Schriftgröße etc. individuell anpassen.

Das Verbinden von Text mit einer Form.

Auch die Verwendung von *WordArt-Schnellformatvorlagen* für den Text ist dabei möglich.

Das Formatieren von Text in einer Form mit »Schnellformatvorlagen«.

273

»SmartArt«-Grafiken

SmartArt-Grafiken sind Kombinationen aus Text und Formen und erlauben die schnelle Erstellung von *Organigrammen*, *Zyklen*- und Beziehungs-Diagrammen sowie diverser anderer grafischer Repräsentationen in Diagrammform. Das Erstellen dieser Grafiken geschieht analog zur Erzeugung von Formen: *SmartArt*-Variante auswählen und mit dem Mauszeiger ein Rechteck aufziehen.

Das Einblendmenü »SmartArt« ist mit einer reichhaltigen Sammlung der unterschiedlichsten Diagrammtypen ausgestattet.

Im Falle eines Organigramms fügt *Office* eine *Basis*-Variante, bestehend aus fünf Rechtecken und mehreren Verbindungslinien, in ein Dokument ein.

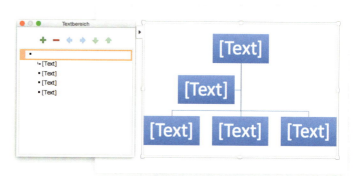

Die »Basis«-Variante eines Organigramms.

Die zugehörigen Texte können Sie entweder direkt in ein Rechteck oder in die zugehörige Zeile im Fenster *Textbereich* eingeben. Letzteres erscheint, wenn die Grafik markiert ist. Die Auswahl eines Rechtecks für die Texteingabe erfolgt per Mausklick.

Die Eingabe von Text für die Beschriftung der Rechtecke eines Organigramms.

Die Anpassung der geometrischen Struktur des Organigramms geschieht mit Hilfe der Schaltflächen im oberen Teil des Fensters *Textbereich*. Ein Mausklick auf »+« fügt ein weiteres Element unter dem aktuell markierten hinzu, einer auf »-« entfernt das markierte Objekt. Die beiden blauen Pfeile dienen zur Herauf- bzw. Herabstufung eines Elements in der Hierarchie, mit den beiden grünen Pfeilsymbolen lässt sich die Reihenfolge der Elemente umändern.

Zum Formatieren der Grafik können Sie jedes Einzelelement nebst seinem Inhalt getrennt behandeln. Deutlich schneller und mit wesentlich geringerem Aufwand erreichen Sie eine Formatierung mit der Anwendung von Vorlagen für Farbkombinationen für Text, Hintergründe und Umrisse sowie für die Formgestaltung. Die entsprechenden Werkzeuge sind im *Kontext*-Register *SmartArt-Design* untergebracht.

Das Einblendmenü »Farben ändern« enthält verschiedene Farbpaletten für die Gestaltung von »Smart-Art«-Grafiken.

Die »Smart-Art«-Formatvorlagen enthalten vordefinierte Varianten für die Objektgestaltung.

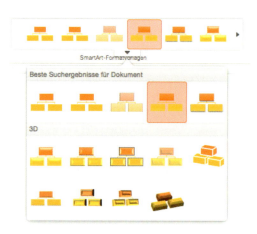

Der Inhalt von *Kontext*-Register *SmartArt-Design* erscheint mit einem Doppelklick auf eine beliebige Stelle im Diagramm.

Die Verwendung der erwähnten Gestaltungs-Werkzeuge ermöglicht es, einem Organigramm das im folgenden Bildschirmfoto gezeigte Erscheinungsbild zu verleihen.

Die »finale«-Form des Organigramms.

Wie üblich lassen sich verschiedene Resultate auch mit einer anderen Vorgehensweise realisieren. So gestattet beispielsweise das *Kontext*-Menü einer Form das Hinzufügen eines weiteren Elements oder die Auswahl einer anderen Form.

3 | Programmübergreifende Funktionen

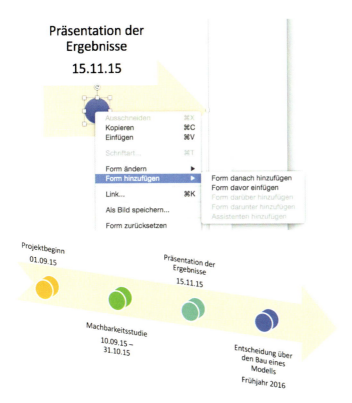

Das Hinzufügen einer zusätzlichen »Form« in eine »Smart-Art«-Grafik mit dem Kontext-Menü.

Eine »Zeitachsen«-Grafik mit einem per »Kontext«-Menü hinzugefügten Ereignis.

Effekte

Unabhängig vom Typ eines erzeugten Grafik-Objekts besitzt dieses im Anfangsstadium seiner Erzeugung selten die gewünschten bzw. benötigten Eigenschaften. *Office* bietet für die Gestaltung von Objekten diverse grafische Effekte mit individuell einstellbaren Parametern. Dazu zählen Spiegelungen, Leuchten, weiche Kanten, Schatten und einiges andere mehr. Die im Folgenden geschilderten Wege zum Festlegen verschiedener Parameter sind auf alle Grafik-Objekte anwendbar – und zwar unabhängig davon, ob es sich bei dem Objekt um eine *Form*, eine *SmartArt*-Grafik, ein Bild oder ein Textfeld handelt.

Die Darstellung der Fülle an möglichen Effekten mit den zugehörigen Feineinstellungen würde einige Seiten dieses Buches füllen. Wir handeln diese Thematik deshalb exemplarisch ab, da sich die Vorgehensweise bei den einzelnen Effekten nicht wesentlich unterscheidet. Wir betrachten dazu ein freigestelltes Bildmotiv, entfernen seine weißen

Randbereiche und weisen ihm ein Leuchten, einen perspektivischen Schatten und eine Spiegelung zu. Dafür bietet sich das Register *Effekte* des *Aufgabenbereichs* an.

Das Register »Effekte« im »Aufgabenbereich« beinhaltet Werkzeuge zum Gestalten grafischer Objekte.

Die Einstellungen verschiedener Parameter beim grafischen Formatieren eines Bildes.

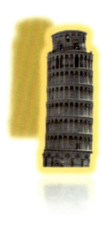

Ein freigestelltes Motiv mit Leuchten, perspektivischem Schatten und Spiegelung.

3 | Programmübergreifende Funktionen

Hilfsmittel zum Platzieren und Gestalten

Ein grobes Platzieren oder Drehen von Objekten lässt sich mit Hilfe der Maus vornehmen. Zum Drehen ist lediglich der Drehpunkt oberhalb einer markierten Form in die gewünschte Richtung zu ziehen. Der jeweils aktuelle Drehwinkel ist neben dem Mauszeiger als Info-Text eingeblendet.

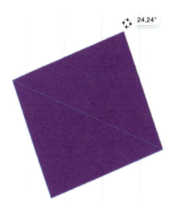

Das Drehen von Objekten mit der Maus.

Eine wesentlich genauere Festlegung des Drehwinkels sowie der Abmessungen von Objekten gestatten die Eingabefelder im Bereich *Größe* des Registers *Größe und Eigenschaften* im Formatierungsbereich.

Die Festlegung von Abmessungen, Drehwinkel und Skalierungen im »Aufgabenbereich«.

Sie können markierte Grafik-Objekte auch mit den Pfeiltasten der Tastatur verschieben.

Zum Platzieren mehrerer Objekte auf einer Höhe oder Breite und mit gleichen Abständen verfügt das Einblendmenü *Ausrichten* in der Gruppe *Anordnen* von Register *Formformat* über die entsprechenden Funk-

279

tionalitäten. Sie müssen lediglich die anzuordnenden Elemente markieren und anschließend den benötigten Eintrag wählen.

Das Einblendmenü »Ausrichten« zum Ausrichten und Verteilen von Objekten.

Mehrere Objekte vor und nach einem »Ausrichten« und »Verteilen«.

Beim Erstellen von Formen wird jedes Element einer unsichtbaren Ebene zugeordnet. Das zuletzt erzeugte Objekt befindet sich dabei auf der obersten Ebene. Für sich überlappende Elemente lässt sich deren ursprüngliche Reihenfolge mit den beiden Einblendmenüs *Ebene nach vorne* und *Ebene nach hinten* im Register *Formformat* vornehmen. Der Eintrag *In den Vordergrund* bzw. *In den Hintergrund* befördert ein Objekt in die oberste bzw. unterste Ebene einer Grafik. *Ebene nach vorne* bzw. *Ebene nach hinten* bewegt ein Objekt um jeweils eine Ebene näher zum Vorder- bzw. Hintergrund.

Auch das *Kontext*-Menü ermöglicht die Verschiebung von Objekten zwischen Ebenen.

Die Einblendmenüs »Ebene nach vorn« und »Ebene nach hinten« erlauben das Verschieben von Objekten zwischen einzelnen Grafik-Ebenen.

3 | Programmübergreifende Funktionen

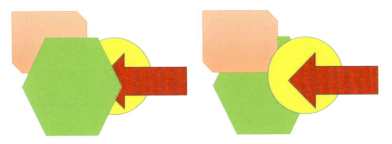

Grafik-Objekte vor und nach dem Verschieben zwischen einzelnen Ebenen.

Möchten Sie ein aus mehreren Elementen bestehendes Grafik-Objekt an verschiedenen Stellen in einem Dokument verwenden, bietet es sich an, die Einzelelemente mit *Gruppieren* zu einem einzigen Objekt zusammenzufassen. Dies hat den Vorteil, beim Kopieren oder beim Anpassen von Abmessungen nur ein einziges Objekt behandeln zu müssen. Außerdem verhindert dies das versehentliche Verschieben von Einzelelementen beim Markieren.

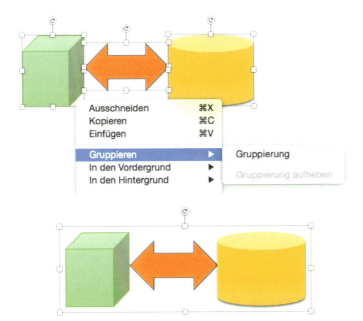

Das Gruppieren einzelner Objekte mit deren »Kontext«-Menü.

Nach einer Gruppierung behandelt »Office« die Gesamtheit der Einzelteile wie ein einziges Objekt.

Sind Modifikationen oder Ergänzungen notwendig, ist die Auflösung einer Gruppierung jederzeit möglich. Neben dem *Kontext*-Menü kann dies wie eine Gruppierung auch mit dem Einblendmenü *Objekte gruppieren* rechts im Register *Formformat* erfolgen.

Das Einrichten und Aufheben von Gruppierungen mit dem Einblendmenü »Objekte gruppieren«.

Das Einblendmenü *Objekte drehen* im gleichen Register ermöglicht Links- und Rechtsdrehungen von Objekten um jeweils 90° sowie horizontales und vertikales Kippen.

Die Werkzeuge zum Drehen und Spiegeln von Objekten.

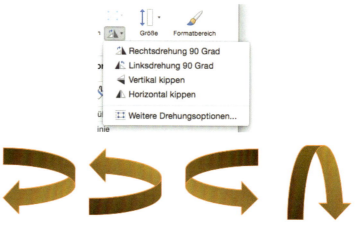

Das Ausgangsobjekt, vertikal und horizontal gekippt, und mit einer 90°-Linksdrehung (von links nach rechts).

Häufig stellt sich die Aufgabe, eine Form in einen Text einzubetten. Office bietet dafür verschiedene Varianten für die Art und Weise, einen Text um eine Form fließen zu lassen. Die verschiedenen Typen lassen sich mit dem Einblendmenü *Zeilenumbruch* im Register *Formformat* einstellen.

Das Einblendmenü »Zeilenumbruch« steuert den Textfluss um eine Form.

3 | Programmübergreifende Funktionen

Die folgende Tabelle enthält einen Überblick über die verfügbaren Varianten des Textflusses um ein Grafik-Objekt.

Option	Wirkung
Mit Text in Zeile	Das Objekt wird wie ein einzelnes Zeichen im Text behandelt.
Rechteck	Der Text wird rechteckförmig um den Rahmen angeordnet.
Kontur	Ein unregelmäßig geformtes Objekt wird eng umschlossen.
Transparent	Anpassung eines Textes an sichtbare Bildflächen. Ähnliche Wirkung wie »Kontur«.
Oben und unten	Das Objekt ist in einer eigenen Zeile platziert.
Hinter dem Text	Text ist über dem Bild angezeigt.
Vor dem Text	Bild ist über dem Text angezeigt.

Die Varianten des Textflusses um ein Grafik-Objekt.

Die Optionen »Oben und unten« und »Rechteck« zum Steuern des Textflusses um ein Grafik-Objekt.

Sollten Sie in der reichhaltigen Auswahl an Formen nicht fündig werden, können Sie sich an der Umformung bestehender Gebilde versuchen. Verschiedene Formen bieten beim Bearbeiten neben den *Ziehpunkten* zum Verändern von Abmessungen ein oder mehrere *Gestaltungspunkte* zum Verändern einer Form. Mit Hilfe dieser umrandeten, gelben Quadrate lassen sich beispielsweise bei Pfeilen die Länge der Spitze und die Breite des Schaftes einstellen, bei abgerundeten Rechtecken der Krümmungsradius.

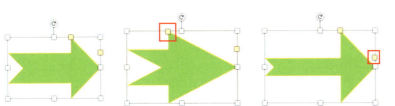

Das Umformen einer »Pfeil«-Kontur mit deren Gestaltungspunkten.

Drastischere Umformungen lassen sich mit der Funktion *Punkte bearbeiten* erzielen, die Sie über das *Kontext*-Menü einer Form oder das Einblendmenü *Form bearbeiten* links im Register *Formformat* aufrufen.

Das Umformen einer »Pfeil«-Kontur durch »Punktbearbeitung«.

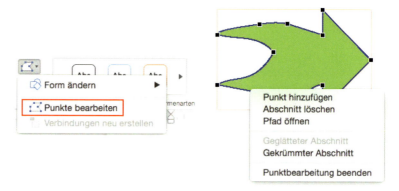

Damit kennen Sie nun die wesentlichen Werkzeuge zum Erzeugen von Effekten und deren Feineinstellungen für grafische Objekte. Weiterhin sollten Ihnen die gängigen Hilfsmittel zum Platzieren und Gestalten dieser Elemente vertraut sein.

Kommentare

Sind mehrere Personen an der Bearbeitung eines Dokuments beteiligt, kann im Prinzip jeder Beteiligte darin beliebige Änderungen vornehmen. Damit dabei nicht der Überblick verloren geht, verfügt *Office* über die Werkzeuge *Änderungen verfolgen* und *Kommentare*. Die Vorgehensweise bei *Änderungen verfolgen* wurde bereits in *Word* erläutert, dessen Funktionalität analog in *Excel* und *PowerPoint* zu Verfügung steht.

Möchten Sie einen Text in *Word*, eine Zelle oder einen Zellbereich in *Excel* oder eine Form in *PowerPoint* etc. nicht verändern, können Sie ein Dokument mit Anmerkungen, Vorschlägen oder Fragen in Form von *Kommentaren* versehen. Damit bleibt der eigentliche Inhalt unverändert. Die prinzipielle Vorgehensweise beim Einfügen von Kommentaren ist in *Excel*, *PowerPoint* und *Word* gleich, auch wenn sich die Darstellungsweise unterscheidet. Wir betrachten diesen Vorgang am Beispiel eines *PowerPoint*-Dokuments.

Um solche Kommentare einzufügen, ist als Erstes wie üblich die Einfügemarke an die vorgesehene Stelle zu bewegen, um den entsprechenden Bereich oder das Objekt zu markieren. Ein Mausklick auf die Schaltfläche *Neuer Kommentar* links in der Gruppe *Kommentare* von Register *Überprüfen* bewirkt die Erstellung eines neuen Kommentars.

3 | Programmübergreifende Funktionen

Das Erzeugen eines Kommentars in einem Dokument.

Damit einhergehend blendet *Office* den *Aufgabenbereich* ein, in diesem Fall *Kommentarbereich* benannt. Im Bereich mit den Informationen zum neuen Kommentar ist bereits der Name des aktuellen Nutzers und der Zeitpunkt der Erstellung eingetragen. Ein roter Strich an der linken Seite kennzeichnet den aktuell bearbeiteten Kommentar. Die Einfügemarke befindet sich schon im Eingabefeld für den Text, das Kommentieren kann sofort beginnen. Weiterhin ist das aktuell bearbeitete Objekt mit einem *Markup* in Form einer Sprechblase gekennzeichnet.

- Ermittlung des dafür notwendigen Finanzbedarfs
- Entwurf von Strategien für die Umsetzung
- Bildung von Teams
- Erstellen eines Zeitplans

Der »Kommentarbereich« (links) und eine mit einem »Markup« gekennzeichnete, zu kommentierende Textzeile.

Die *Markup*-Symbole lassen sich wie alle grafischen Objekte beliebig verschieben. Ein Mausklick auf ein solches Symbol markiert den zugehörigen Kommentar im *Kommentarbereich*. Ist dieser ausgeblendet, bewirkt der Klick auch dessen Anzeige. Das *Markup*-Symbol des aktiven Kommentars ist mit roter Farbe gekennzeichnet.

Die Kennzeichnung von Kommentaren in einem »PowerPoint«-Dokument.

Ein *Markup*-Symbol sollten Sie nicht zu weit vom kommentierten Objekt platzieren, damit die Zuordnung von Kommentar zu Objekt nachvollziehbar bleibt.

Es ist auch möglich, Bemerkungen zu kommentieren und so Unterhaltungen zu erzeugen. Das Erstellen einer Antwort funktioniert analog zum Erzeugen eines Kommentars: die Einfügemarke mittels Mausklick in das Eingabefeld für die Antwort platzieren und losschreiben.

Kommentare und Antworten in einem »PowerPoint«-Dokument.

Für das Abarbeiten von Kommentaren stehen Schaltflächen mit identischer Funktionalität im Register *Überprüfen* und im *Kommentarbereich* zu Verfügung. Die beiden Symbole mit den blauen Pfeilen ermöglichen das Durchhangeln von einem Kommentar zum nächsten bzw. vorhergehenden. Erscheint ein Kommentar überflüssig oder obsolet, lässt er sich jederzeit mit den Symbolen mit dem »X« löschen.

Die Schaltflächen zum Behandeln von Kommentaren.

Nach exzessiven Überarbeitungen und Kommentierungen kann sich in einem Dokument eine solche Anzahl an Kennzeichnungen angesammelt haben, dass der Überblick leicht verloren gehen kann. In solchen Fällen lassen sich die Markup-Symbole in *PowerPoint* ausblenden.

Das Ausblenden des Kommentarbereichs und der »Markup«-Symbole in »PowerPoint«.

3 | Programmübergreifende Funktionen

In *Excel* sind kommentierte Zellen und Zellbereiche durch ein rotes Dreieck in der rechten oberen Ecke gekennzeichnet. Die Kommentare selbst sind in gelben, verschiebbaren *Info*-Boxen untergebracht, und eine Linie weist auf den kommentierten Bereich. Antworten und die Anbindung von Kommentaren an grafische Objekte sind in *Excel* nicht möglich.

Die Anzeige von Kommentaren und die Kennzeichnung der zugeordneten Bereiche in »Excel«.

Word bringt die Kommentare in einem eigenen, nicht benannten Bereich rechts neben dem Arbeitsbereich unter. Dieser Bereich ist nicht identisch mit dem Aufgabenbereich und dient lediglich zur Anzeige, Symbole zum Bearbeiten von Kommentaren sind darin nicht untergebracht.

Wie bei *PowerPoint* ist beim Erstellen eines Kommentars der Name des aktuellen Nutzers und der Zeitpunkt der Erstellung bereits eingetragen. Die kommentierte Passage ist rot hinterlegt, eine gestrichelte rote Linie verweist auf den zugehörigen Text. Ein Mausklick auf das Symbol mit dem violetten Linkspfeil erzeugt eine Antwort auf den aktuell behandelten Kommentar.

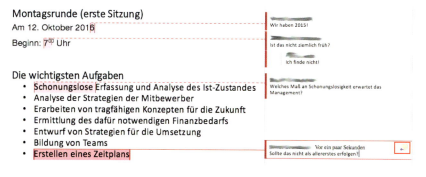

Die Anzeige von Kommentaren und die Kennzeichnung der zugeordneten Bereiche in »Word«.

Das »Datei«-Menü – die Schnittstelle zum Betriebssystem

Der Schwerpunkt der bisherigen Betrachtungen lag im Wesentlichen im Umgang mit dem Inhalt von Dokumenten. Sie haben erfahren, wie Sie Text und andere Objekte in ein *Word*-Dokument einfügen und bearbeiten können. Beim Start von *Word* – aber auch von *Excel* oder *PowerPoint* – können Sie mit Hilfe der Vorlagen-Kataloge neue Dokumente erstellen – entweder vollkommen leere oder solche auf Basis bestehender Vorlagen.

Neue Dokumente lassen sich natürlich auch bei bereits gestarteten Anwendungen erstellen. Zum Wiederauffinden der Dokumente empfiehlt es sich, diese unter einem aussagekräftigen Namen abzuspeichern. Und dann besteht natürlich auch der Bedarf, diese auszudrucken. Alle diese Aktionen erfordern ein enges Zusammenspiel zwischen Anwendungsprogramm und Betriebssystem. Die entsprechenden Anweisungen zur Durchführung solcher Arbeiten sind im Menü *Datei* untergebracht. Dieses stellt quasi die Schnittstelle eines Programms zum Betriebssystem dar.

Das Datei-Menü von »Excel«, »PowerPoint« und »Word«.

In der Regel stehen Ihnen zur Erledigung einer Aktion verschiedene Möglichkeiten offen. Wenn Sie ein neues Dokument anlegen möchten, können Sie – wie bereits erwähnt – ein vollkommen leeres Dokument erzeugen oder die Kopie einer bestehenden Vorlage nutzen. Sie können aber auch ein von Ihnen erzeugtes Dokument über *Sichern unter* unter einem anderen Namen abspeichern. Dies empfiehlt sich insbesondere in den Fällen, wo Sie Texte oder Formatierungen oder beides wiederverwenden möchten.

3 | Programmübergreifende Funktionen

Bereits erstellte Dateien können Sie über *Öffnen* mittels gleichnamigem Dialog zum Überarbeiten starten. In *Zuletzt verwendete öffnen* finden Sie eine Liste der zuletzt von Ihnen bearbeiteten Dokumente. Es reicht aus, den entsprechenden Eintrag zu wählen, was unter Umständen die Suche nach einem Dokument über den Dialog deutlich verkürzen kann.

Und Sie können über *Drucken* Ihre Erzeugnisse auf einem Drucker zu Papier bringen. Verschiedene Druckparameter wie zu benutzender Drucker oder Seitengröße können Sie über *Seite einrichten* steuern.

Der Dialog »Seite einrichten«.

Wenn Sie ein *Office*-Dokument an einen Freund oder Kollegen weitergeben möchten, sollten Sie beachten, dass dieser eventuell noch eine ältere Version oder überhaupt kein *Office* benutzt. In einem solchen Fall ist es möglich, Dokumente in anderen Formaten abzuspeichern. Neben älteren Versionen bietet *Excel* beispielsweise die Formate *HTML*, *PDF* sowie weitere diverse Textformate an.

Die Option »Dateiformat« des Dialogs »Sichern unter« von »Excel«.

289

Speichern in der Wolke

Das Schlagwort *Cloud Computing*, auf Deutsch *Datenwolke* oder *Internetwolke* genannt, beherrscht seit längerem die Diskussionen auf dem Gebiet der Informationstechnik. Darunter versteht man, vereinfacht gesagt, die Nutzung von Rechenkapazitäten und Computerprogrammen über das Internet.

Dies ermöglicht Nutzern, beliebige Dokumente irgendwo im Internet abzulegen. Auch Anwendungen zum Erstellen und Bearbeiten von Dokumenten müssen nicht mehr notwendigerweise auf dem eigenen Rechner installiert sein. Die benutzten Ressourcen sind somit nicht mehr genau lokalisierbar, sondern quasi in einer mehr oder weniger undurchsichtigen *Wolke* untergebracht.

Microsoft will natürlich bei diesem immer noch als zukunftsträchtig erachteten Thema nicht abseitsstehen, sondern mitmischen – und gibt sich dabei großzügig. *OneDrive* (ehemals *SkyDrive*), der kostenlose Online-Dienst, stellt Anwendern die Nutzung der Online-Versionen der *Office*-Programme und bis 2016 satte 15 GB (ab Anfang 2016 will Microsoft den Speicherplatz auf 5 GB reduzieren.) freien Speicherplatz zu Verfügung.

Es gibt mehrere Möglichkeiten, *OneDrive* zu nutzen. Unabhängig davon, welche Sie verwenden wollen – seine Nutzung setzt eine erfolgreiche Registrierung bei *Windows Live* voraus. Starten Sie Ihren Internet-Browser und besuchen Sie `https://login.live.com`.

Die Startseite des Dienstes »OneDrive«.

3 | Programmübergreifende Funktionen

Falls Sie noch nicht über ein *Microsoft*-Konto verfügen, klicken Sie auf *Jetzt registrieren*. Sie haben daraufhin die Wahl zwischen einem »normalen« Konto und einem Testkonto für's Business.

Die Alternativen »OneDrive« und »OneDrive for Business« bei der Registrierung.

Füllen Sie das angezeigte Formblatt aus und wählen Sie für sich einen *Benutzernamen* (entspricht einer Email-Adresse) und ein Kennwort. Sie können dabei auf eine bereits bestehende Adresse zurückgreifen oder sich eine neue zuteilen lassen. Falls Sie sich für Letzteres entscheiden, erhalten Sie unmittelbar nach der Eingabe der gewünschten Adresse die Information, ob die bereits vergeben oder noch verfügbar ist.

Die Alternativen bei der Verwendung einer Email-Adresse als Kontenname.

Klicken Sie zum Abschließen dieses Vorgangs auf *Konto erstellen*. Mit dem im Formular festgelegten Kontennamen und Passwort sind Sie jetzt in der Lage, sich an *OneDrive* anzumelden.

Das Anmelden an »OneDrive«.

Sie landen auf einer Seite von *OneDrive*, die Ihnen den Inhalt Ihres neuen *Heimat*-Verzeichnisses anzeigt. Zu Beginn Ihrer Nutzung von *OneDrive* dürfte dies relativ leer sein.

Das persönliche »Heimat«-Verzeichnis von »OneDrive«.

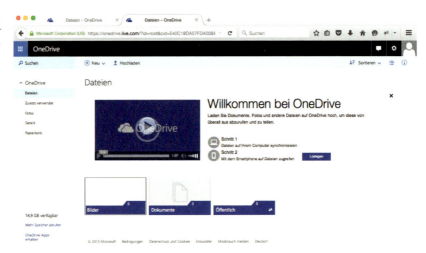

Die Schaltfläche *Hochladen* am oberen Rand des Browser-Fensters ermöglicht das Ablegen beliebiger Dokumente auf *OneDrive* – die Auswahl erfolgt über den Dialog *Datei hochladen*. Liegen viele Dokumente in diesem Laufwerk, empfiehlt es sich aus Gründen der Übersicht, bereits zu Beginn Ordner anzulegen, damit sich Dokumente darin strukturiert speichern lassen. Darüber hinaus gestattet *OneDrive* das Erstellen von *Excel*-, *OneNote*, *PowerPoint*, Text und *Word*-Dokumenten und deren Bearbeitung in einem Browser.

3 | Programmübergreifende Funktionen

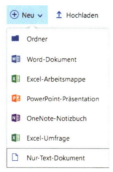

Das Einblendmenü zum Erstellen neuer Dokumente auf »OneDrive«.

Jedem Verzeichnis lassen sich spezifische Zugriffsberechtigungen zuordnen. Damit erhält ein ausgewählter Personenkreis Zugriff auf jeweils einen bestimmten Ordner. Für die Zuweisung solcher Zugriffsrechte muss zunächst das vorgesehene Verzeichnis durch einen Mausklick markiert sein. Im Browser-Fenster wiederum muss die Listen-Darstellung mit Hilfe der Schaltfläche oben rechts eingestellt sein.

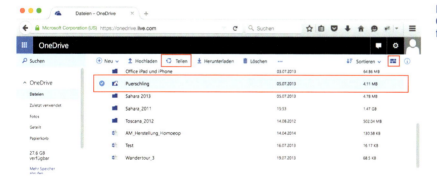

Das Markieren eines Ordners in »OneDrive« für die Freigabe.

Nach einem Klick auf *Teilen* können Sie die Email-Adresse einzelner Personen von Hand eintragen oder bereits benutzte Kontakte per Mausklick auswählen.

Das Eintragen einer Email-Adresse und eines Textes bei der Freigabe eines Verzeichnisses.

293

Ein Mausklick auf die Schaltfläche *Teilen* schließt diesen Vorgang ab. *OneDrive* generiert nun automatisch eine Email und sendet diese zur Information an die eingetragene(n) Adressen(n). Bei der Menge der heutzutage versendeten Emails sollten Sie einen Kommentar in das Adressfeld eingeben, damit der oder die Empfänger sofort erkennen, worum es sich bei dieser Mail handelt.

Eine von »OneDrive« automatisch erzeugte Email zur Information eines Empfängers über die Freigabe eines Verzeichnisses.

Damit können Sie oder andere berechtigte Personen von jedem beliebigen Rechner, Smartphone oder Tablet überall dort auf Ihre Dateien zugreifen, wo ein Internet-Zugang zu Verfügung steht. Für Fotos ist bereits ein eigenes Verzeichnis namens *Bilder* eingerichtet. Wenn Sie hier Ihre Urlaubsfotos ablegen und entsprechende Zugriffsrechte festlegen, ersparen Sie sich weitestgehend das Brennen und Versenden von CDs oder DVDs. Dies erfordert allerdings eine gewisse Aufgeschlossenheit gegenüber Neuerungen bei den Empfängern. In Einzelfällen bleibt ihnen der konventionelle Weg.

Das Hochladen von Dateien auf *OneDrive* ist zwar nicht unbedingt als mühsam, bisweilen aber doch als lästig zu bezeichnen. Aus diesem Grund stellt *Microsoft* eine ebenfalls kostenlose *OneDrive*-App für diverse Betriebssysteme zu Verfügung. Im Falle von *OS X* können Sie diese Anwendung über den *App Store* auf Ihrem Rechner installieren. Beim ersten Start müssen Sie ein *OneDrive*-Verzeichnis auf Ihrem Rechner auswählen. Der *OneDrive*-Dienst synchronisiert automatisch sämtliche Dateien und Ordner, die Sie in diesem Verzeichnis ablegen, zwischen Ihren mit einer *OneDrive*-App ausgestatteten Geräten.

3 | Programmübergreifende Funktionen

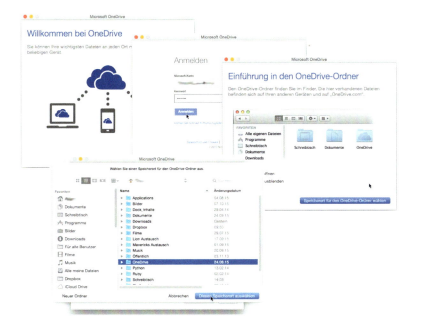

Die Konfiguration des »OneDrive«-Verzeichnisses auf einem Rechner.

Ansonsten lässt sich der *OneDrive*-Ordner wie ein ganz »normales« Verzeichnis behandeln. Bei jedem Hinzufügen, Verändern oder Löschen von Dateien oder Verzeichnissen erfolgt eine Aktualisierung aller beteiligten Speicherorte. Es ist aber auch möglich, Unterverzeichnisse in diesem Ordner gezielt von einer Synchronisation auszuschließen. Dies können Sie in der Rubrik *Ordner auswählen* in den *Einstellungen* vornehmen, die sich über das Einblendmenü von *OneDrive* in der Menüzeile öffnen lassen. Nach einem Mausklick auf die gleichnamige Taste erscheint ein Dialog zur Auswahl der gewünschten Verzeichnisse.

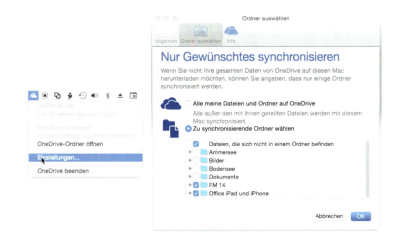

Die gezielte Auswahl von zu synchronisierenden Verzeichnissen in einem »OneDrive«-Ordner.

Ist ja alles gut und schön, aber was hat das ganze eigentlich mit Office zu tun? mag sich der eine oder andere inzwischen gefragt haben. Nun gut, Sie können Dokumente jeder Art wie beschrieben auf *OneDrive* ablegen, und dazu zählen natürlich auch *Office*-Dokumente. Dies ist aber auch direkt aus den *Office*-Programmen heraus möglich. Voraussetzung dafür ist das Einrichten einer Verbindung zu einem oder mehreren *OneDrive*–Laufwerken.

Die Prozedur beginnt mit einem Klick auf das Symbolbild oder Namenskürzel in der linken oberen Ecke eines Vorlagen-Kataloges. Es erscheint ein *Popup*, ein weitere Klick auf das darin befindliche »+«-Symbol neben *Verbundene Dienste* öffnet einen Dialog mit der Frage, ob Sie einen »normalen« oder einen »Business«-Dienst anbinden möchten.

Das Anbinden von »OneDrive«-Diensten.

OneDrive for Business ist diejenige Variante von *OneDrive*, die *Microsoft* für *Office365 Business*-Konten zur Verfügung stellt.

Nach der Auswahl der Dienst-Alternative erfolgt die Anmeldung an das gewünschte Konto. Danach erscheint der neue Dienst ebenfalls im *Popup*.

Die Anzeige des neu verbundenen »OneDrive«-Dienstes im »Popup«.

Es ist nicht möglich, *OneDrive – Persönlich* umzubenennen. Bei mehreren angebundenen Diensten ist eine Unterscheidung nur mit dem darunter befindlichen Kontennamen möglich.

3 | Programmübergreifende Funktionen

Im Dialog *Speichern unter* befindet sich links unten die Schaltfläche *Onlinespeicherorte*.

Die Schaltfläche »Onlinespeicherorte« im Dialog »Speichern unter«.

Nach einem Klick auf diese Taste verändert sich das Erscheinungsbild dieses Dialogs, es bietet jetzt den Zugriff auf die verbundenen Dienste. Dasselbe gilt für den Dialog *Öffnen*.

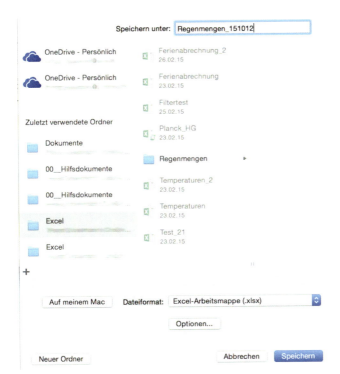

Das Erscheinungsbild des Dialogs »Speichern unter« für »Online«-Speicherorte.

Sämtliche auf einem *OneDrive*-Laufwerk abgelegten *Office*-Dokumente lassen sich auch mit den Online-Varianten der *Office*-Programme bearbeiten. Die Anmeldung an ein *Microsoft*-Konto über die Seite `https://www.microsoft.com/de-de/account` verschafft unmittelbaren Zugriff auf diese Applikationen.

297

Die Anmeldung an ein »Microsoft«-Konto.

Nach einem Mausklick auf das *Office*-Symbol und einem weiteren auf *PowerPoint* haben Sie über das Einblendmenü *Präsentation bearbeiten* die Wahl, eine Präsentation mit *PowerPoint* selbst oder seiner Online-Variante zu bearbeiten.

Das Öffnen einer Präsentation mit der »Online«-Variante von »PowerPoint«.

Mit der Auswahl der *Online*-Bearbeitung lässt sich ein Dokument in einem Browser bearbeiten.

Es ist bei einer *Online*-Bearbeitung auch möglich, neue Dokumente zu erstellen.

3 | Programmübergreifende Funktionen

Die Bearbeitung einer »PowerPoint«-Präsentation im Browser.

Die Nutzung von *Cloud*-Speicher ist nicht auf *OneDrive* beschränkt. Die *Dropbox* bietet eine vergleichbare Funktionalität. Dazu muss die *Dropbox*-App auf einem Rechner installiert und konfiguriert sein. Analog zu *OneDrive* muss auch hier ein Verzeichnis auf der lokalen Festplatte als *Dropbox*-Ordner festgelegt sein. Sobald ein *Office*-Dokument darin abgelegt ist, erscheint am rechten Rand seines Dokumenten-Fensters die sogenannte *Dropbox-Badge*.

Die »Dropbox-Badge«- am rechten Rand eines Dokumentenfensters.

Sie können die Anzeige der *Dropbox*-Badge im Register *Allgemein* in den Einstellungen jederzeit deaktivieren.

299

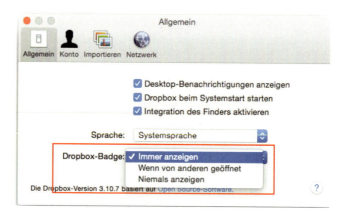

Das Deaktivieren der Anzeige der »Dropbox-Badge«.

Auch mit der *Dropbox* ist es möglich, Dokumente für andere Nutzer freizugeben. Und inzwischen lassen sich sogar die *Online*-Versionen der *Office*-Programme nutzen. Dazu muss ein Dokument mit einem Browser geöffnet sein. Das Einblendmenü *Öffnen* rechts oben gestattet den Aufruf der *Online*-Variante eines *Office*-Programms.

Der Aufruf von »Word Online« zum Bearbeiten eines im Browser geöffneten, auf »Dropbox« abgelegten Dokuments.

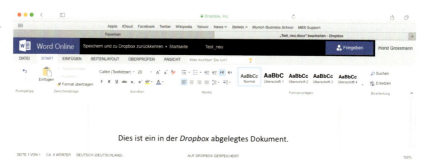

Das mit »Word Online« geöffnete »Dropbox«-Dokument.

Die Nutzung von *Online*- oder *Cloud*-Diensten wie *OneDrive* oder *Dropbox* vereinfacht insbesondere den Austausch von Dokumenten und deren Bearbeitung durch mehrere Nutzer. Die in *Office* selbst verfügbaren Werkzeuge beschleunigen das Ablegen und den Zugriff auf in einem *Cloud*-Laufwerk abgelegten Dokumente.

3 | Programmübergreifende Funktionen

Ein wichtiger Aspekt beim Ablegen von Dokumenten auf einem *Wolken*-Laufwerk ist die Datensicherheit. Dieses Thema betrifft aber nicht ausschließlich *Office* und auch nicht nur *OneDrive* und *Dropbox*. An dieser Stelle sei lediglich dringend empfohlen, vor irgendwelchen Gedankenspielen hinsichtlich der Vergabe von Berechtigungen zu überlegen, welchen Schaden eine unberechtigte Nutzung des Inhalts eines Dokuments anrichten könnte.

Intelligentes Suchen

Mit Suchmaschinen ist es heutzutage sehr einfach, nach Informationen zu forschen und sie zu überprüfen: Einfach in einem Browser einige Begriffe in ein Eingabefeld eintragen, die Suche starten – fertig. Nur die Suchergebnisse muss der Anwender noch selbst auswerten.

Die in *Office 2016* integrierte Funktion *Intelligente Suche* erspart bei einfachen Suchvorgängen den erforderlichen Wechsel zwischen Browser und *Office*-Programm. Dabei ist lediglich eine Textstelle zu markieren und dann über *Extras | Intelligente Suche*, über das *Kontext*-Menü der Markierung oder mit *ctrl-alt-cmd-L* die Suche zu starten.

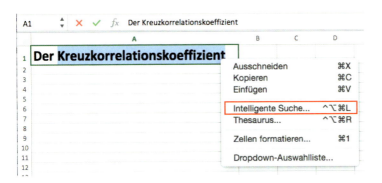

Das Auslösen einer »Intelligenten Suche« über das »Kontext«-Menü einer Markierung.

Bei der erstmaligen Nutzung informiert *Office*, dass die markierten Suchbegriffe an *bing*, die Suchmaschine von *Microsoft*, weitergereicht werden.

Die Information über die Weitergabe von Suchbegriffen an »bing«.

Die Darstellung der recherchierten Informationen erfolgt rechts im Aufgabenbereich. Ein Mausklick auf *Mehr* blendet alle im Web ermittelten Ergebnisse ein. Ein Klick auf die blau dargestellten Überschriften öffnet die zugehörige Webseite in einem Browser. Kopieren und in das aktuell bearbeitete Dokument übernehmen lassen sich nur einzelne Worte über das *Kontext*-Menü.

Die Darstellung von Ergebnissen der »Intelligenten Suche«.

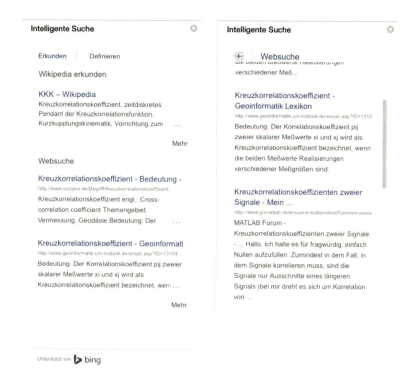

3 | Programmübergreifende Funktionen

Visual Basic

Seit *Office:mac 2011* steht die Entwicklungsumgebung *Visual Basic for Applications (VBA)* wieder für die *OS X*–Variante von *Office* zu Verfügung. Damit lassen sich für *Windows* erstellte Anwendungen mit *VBA*-Makros auch auf dem Macintosh nutzen. *VBA* ist eine objektorientierte Entwicklungsumgebung zur Automatisierung von Abläufen in *MS Office*-Anwendungen. Programmierkenntnisse sind hilfreich, aber nicht in jedem Fall erforderlich.

Makros sind Befehlsfolgen, die sich durch Aufruf ihres Namens ausführen lassen. Entsprechende Schaltflächen für den Umgang mit *VBA*-*Makros* sind in *Excel*, *PowerPoint* und *Word* rechts im Register *Ansicht* untergebracht.

Die Schaltflächen für »VBA-Makros« in »Excel«, »PowerPoint« und »Word« (von links nach rechts).

VBA unterscheidet zwischen Befehlsprozeduren (Befehlsmakros) und Funktionen. Befehlsprozeduren führen, wie der Name vermuten lässt, eine Anzahl von Befehlen zur Erledigung einer Aufgabe aus. Funktionen dienen zu Berechnungen und liefern einen Wert zurück.

Im Gegensatz zur Version *2011* hat *Microsoft* die *VBA*-Unterstützung nicht vollends versteckt. Die Nutzung des Registers *Entwicklertools* erfordert jedoch die explizite Aktivierung von dessen Anzeige in den *Einstellungen*.

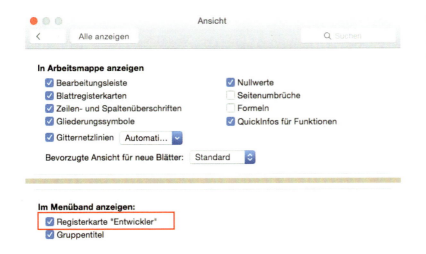

Die Aktivierung der Anzeige von Register »Entwicklertools« in der Rubrik »Ansicht«.

303

Dieses Register beinhaltet Symbole verschiedener Schaltflächen, deren Verwendung in Dokumenten die Ausführung von Befehlsmakros ermöglicht. Ihre Platzierung und Formatierung geschieht analog zu der von Formen.

Das Register »Entwicklertools« von »Excel«.

Ein Mausklick auf *Makros* bzw. *Makros anzeigen* öffnet den Dialog *Makros*. Er ermöglicht das Erstellen, Bearbeiten, Ausführen und Löschen von *VBA*-Makros.

Der Dialog »Makro« zum Behandeln von »VBA«-Makros.

Über *Optionen* lässt sich einem Makro eine Tastenkombination zuweisen, auf deren Betätigung hin dessen Ausführung erfolgt. Auch ein Kommentar lässt sich zuordnen.

Die Zuweisung einer Tastenkombination zu einem »VBA«-Makro.

3 | Programmübergreifende Funktionen

Excel und *Word* verfügen zusätzlich über einen *Makro-Recorder*. Dieser zeichnet die einzelnen Arbeitsschritte einer Aktionsfolge (meistens) auf und erzeugt automatisch den entsprechenden Code. Diese Art der Code-Erzeugung ist nicht nur für Einsteiger interessant. Das Aufzeichnen von Aktionen und das Umsetzen in *VBA*-Code kann Tipparbeit und insbesondere langwierige Recherchen in Dokumentationen ersparen. Die aufgezeichneten Abläufe lassen sich nachträglich beliebig modifizieren und erweitern.

Objektorientierte Programmierung

Der Sprachkern von *Visual Basic* umfasst Schlüsselwörter, Befehle, Funktionen und Kontroll-Strukturen für alle *Office*-Anwendungen. Dazu gesellen sich Programm-spezifische Objekte, Methoden und Eigenschaften. *Objekte* bilden den zentralen Bestandteil fast aller *VBA*-Anwendungen. Im Fall von *Excel* sind dies beispielsweise zunächst *Excel* selbst, weiterhin Arbeitsmappen, Tabellenblätter sowie Zellen und Zellbereiche. *Eigenschaften* sind Merkmale eines Objektes wie etwa die Hintergrundfarbe einer Zelle oder der Name eines Tabellenblatts. In den meisten Fällen lassen sich solche Eigenschaften per Anweisung ändern. *Methoden* dienen zum Ansprechen, Steuern oder Verändern des Verhaltens von Objekten. Kurz gesagt löst eine Methode eine Aktion an einem Objekt aus. So wählt die *SELECT*-Methode von *Excel* ein Objekt aus, *CLEAR* löscht einen Zellbereich.

Die Entwicklungsumgebung

Die Betätigung der Schaltfläche *Bearbeiten* im Dialog *Makro* öffnet das aktuell ausgewählte Makro im *Visual Basic-Editor*, der eigentlichen Entwicklungs-Umgebung.

Im linken Teil dieses Fensters ist der *Projekt-Explorer* beheimatet. In ihm erfolgt die hierarchische Darstellung sämtlicher Bestandteile der aktuell geöffneten Projekte. In *Excel* entspricht ein Projekt einer Arbeitsmappe. Diese kann unterschiedliche Module enthalten, in denen Prozeduren untergebracht sind.

Ein im »Visual Basic-Editor« geöffnetes Befehlsmakro.

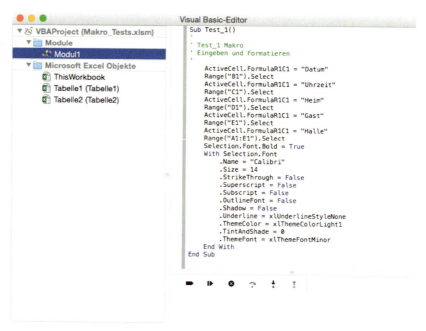

Rechts daneben befindet sich im oberen Teil der Codebereich. Er enthält den *VBA*-Code. Die darunter angebrachte Befehlsleiste verfügt über Schaltflächen zum Starten und Beenden von Programmen. Weiterhin ermöglichen sie die Definition von Haltepunkten und das schrittweise Durchlaufen von Programmen oder Programmteilen. Der im unteren Teil befindliche Direktbereich dient zur unmittelbaren Eingabe von *VBA*-Code.

Mit der Implementierung von *VBA* in *Office 2016* hat *Microsoft* – ganz vorsichtig angedeutet – nicht gerade Begeisterungsstürme ausgelöst. So ist die Erzeugung von Modulen erst ab Version 15.15 möglich. Auch fehlt beispielsweise die noch in der Vorversion vorhandene *IntelliSense*-Funktion, die das Schreiben von Code deutlich vereinfacht hatte. Weiterhin vermisst man die Anzeige von Objektkatalogen und Objekt-Eigenschaften sowie eine Datenanzeige beim Debuggen. Es bleibt zu hoffen, dass *Microsoft* in diesem Bereich noch deutlich nachbessert.

Damit wollen wir es gut sein lassen mit den programmübergreifenden Funktionen und uns dem nächsten *Office*-Programm zuwenden.

Mehr als nur Tabellen – Kalkulieren mit Excel

Zum Büroalltag gehören auch Berechnungen aller Art. Das Spektrum reicht dabei von der einfachen Nachverfolgung von Ein- und Ausgaben der Kaffeekasse bis hin zu komplexen Auswertungen aus unterschiedlichen Gebieten wie Statistik, Finanzmathematik oder Technik.

Für solche Aufgaben ist in *Office* das Modul *Excel* zuständig. Bei ihm handelt es sich um eine Tabellenkalkulation. Diese Art von Programmen ermöglichen die Eingabe und Verarbeitung von Informationen in Tabellenform. Darüber hinaus gestatten sie die Umsetzung sogenannter Zahlenfriedhöfe in deutlich aussagekräftigere Grafiken. Vielfach verfügen sie auch über eine eingeschränkte Datenbank-Funktionalität. Dies ermöglicht das Sortieren und Filtern von Informationen. Sinnvoll anwendbar ist dieses Werkzeug allerdings nur bei geringen Datenmengen mit einfacher Datenstruktur.

Der Clou bei der Nutzung einer Tabellenkalkulation liegt in der Tatsache, dass Anwender mit ihrer Hilfe zum ersten Mal Berechnungen durchführen konnten – und zwar ohne die geringste Notwendigkeit, eine Programmiersprache erlernen zu müssen. Dies hat wesentlich zum Siegeszug des Personal Computer beigetragen.

Excel zählt zu den Alleskönnern. Mit seinen Fähigkeiten reicht es nicht an Spezialprogramme wie *Mathematica*, *MAPLE* oder *w* heran. Die aber sind schwieriger zu erlernen und zu bedienen. Dagegen bietet der Funktionsumfang von *Excel* Lösungswege für die unterschiedlichsten Probleme – und das alles unter einer einzigen Oberfläche.

Erste Schritte mit Excel

Im Abschnitt über *Microsoft Word* hatten wir bereits behandelt, wie Sie

- das Programm starten und beenden
- ein Dokument sichern
- ein Dokument drucken und
- ein Dokumentenfenster schließen.

Für die Handhabung von *Excel* müssen Sie, was diese einzelnen Abläufe betrifft, weder neu lernen noch umdenken. Sie starten *Excel* genau wie *Word* durch einen Mausklick auf sein Symbol im Dock. Unmittelbar nach dem Start präsentiert Ihnen *Excel* ebenfalls den Katalog – jetzt bestückt mit diversen Vorlagen für die Tabellenkalkulation.

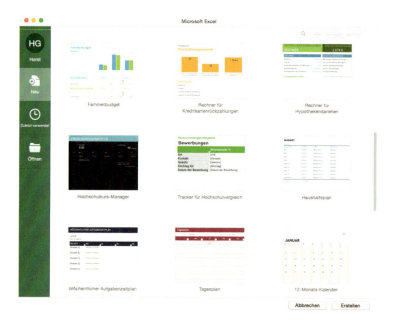

Der Vorlagen-Katalog von »Excel«.

In diesem Fenster können Sie eine Ihnen genehme Vorlage per Doppelklick auswählen.

Die Tabelle

Mit Ausnahme von *Outlook* und *OneNote* ist der prinzipielle Aufbau der Benutzeroberfläche sämtlicher *Office*-Programme ähnlich gestaltet. Dies wurde im vorherigen Abschnitt ausgiebig behandelt, weshalb wir im Folgenden gleich gezielt auf die Besonderheiten von *Excel* eingehen können.

Wie bei *Word* nimmt zunächst ein leeres weißes Blatt einen Großteil des Bildschirmfensters ein. Im Unterschied dazu ist in *Excel* dieses Blatt – der Arbeitsbereich – in lauter kleine Rechtecke unterteilt. Dabei handelt es sich um *Zellen*, die kleinsten Elemente einer Tabelle. Solche *Zellen* können Text, Zahlen, Datums- und Uhrzeitwerte, aber auch Grafiken

4 | Mehr als nur Tabellen: Kalkulieren mit Excel

oder Formeln aufnehmen. Alle untereinander liegenden Zellen bilden eine Spalte, alle nebeneinander liegenden Zellen eine Zeile. Anders ausgedrückt ist eine Zelle der Schnittpunkt einer Spalte mit einer Zeile.

Die Oberfläche von »Excel«.

Die Spalten sind alphabetisch, die Zeilen mit fortlaufenden Nummern versehen. Ist das Alphabet erschöpft, erfolgt die Kennzeichnung mittels zweier Buchstaben (AA, AB etc.). Eine Zelle ist eindeutig durch die Angabe ihrer Spalte und ihrer Zeile bestimmt. Die linke obere Zelle in Zeile 1 und Spalte A heißt demnach *A1*. Diese Bezeichnung findet normalerweise in der Anzeige der Spalten- und Zeilenköpfe des Dokumentenfensters Verwendung.

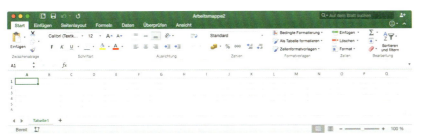

Ein Ausschnitt aus einem leeren Tabellenblatt.

Alternativ lassen sich auch die Spalten mit natürlichen Zahlen versehen. Bei dieser Bezeichnungsweise erfolgt zuerst die Angabe der Zeilen- und dann die der Spaltennummer. Die Zelle *A1* kann somit auch durch *Z1S1* referenziert werden.

Ein *Excel*-Dokument kann mehrere Tabellen enthalten, wobei alle Tabellen zusammen eine *Arbeitsmappe* bilden. Damit lassen sich beispielsweise Auswertungen auf Monats-Basis zusammen mit der Auswertung für ein gesamtes Jahr in einem einzigen Dokument unterbringen. Für jedes Tabellenblatt, auch Arbeitsblatt oder kurz Blatt genannt, finden Sie einen Eintrag im *Arbeitsmappen*-Register unterhalb des aktuell dargestellten Tabellenblatts. Die Wechsel zwischen den Tabellenblättern erfolgen durch einen Mausklick auf den ausgesuchten Blattnamen.

Das Register mit den Tabellennamen am unteren Rand des Dokumentenfensters.

Standardmäßig setzt sich der Name einer Tabelle aus dem Wort »Tabelle« und einer fortlaufenden Nummer zusammen. Das erste Arbeitsblatt heißt demnach *Tabelle1*, jedes weitere hat am Ende eine entsprechende Zahl. Eine hellere Hintergrundfarbe und eine grüne Schrift im Register kennzeichnen das aktive Blatt.

Im nächsten Schritt geht es darum, Zellen mit Informationen zu füllen. Dazu müssen wir uns aber erst mit der Navigation innerhalb einer Tabelle befassen.

Bewegen in Tabellenblättern

Die aktive Zelle ist in *Excel* durch eine grüne Umrandung mit einem kleinen Viereck als Anfasser in der rechten unteren Ecke gekennzeichnet. Zeilen- und Spaltenkopf sind mit einem dunkleren Hintergrund, einer fett grünen Beschriftung und mit einer dicken grünen Linie am unteren bzw. rechten Rand charakterisiert.

Die Kennzeichnung der aktiven Zelle in einem Tabellenblatt.

Diese Aktivmarke, in *Excel* Markierung genannt, entspricht der Einfügemarke von *Word*: An dieser Stelle geben Sie Informationen ein. Der Anfasser rechts unten heißt *Ausfüllkästchen*. Wenn Sie den Mauszeiger darauf positionieren, ändert er seine Form in ein Kreuz. Durch einen Mausklick auf das Ausfüllkästchen und Ziehen mit gedrückter Maustaste können Sie Inhalte in angrenzenden Zellen einer Zeile oder Spalte erzeugen (*AutoAusfüllen*).

Sie wechseln die aktive Zelle, indem Sie mit der Maus auf eine beliebige andere Zelle klicken. Auch für Tastatur-Fans ist wieder gesorgt, denn sie können dafür auf vordefinierte Tastenkombinationen zurückgreifen.

4 | Mehr als nur Tabellen: Kalkulieren mit Excel

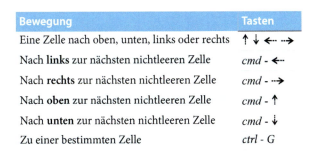

Tastenkombinationen für Bewegungen im Tabellenblatt.

Für die Bewegung nach rechts können Sie auch die *Tabulator*-Taste nutzen, nach links müssen Sie zusätzlich die *Umschalt*-Taste drücken.

Die Tastenkombination *ctrl-G* (und **nicht** *cmd-G!*) öffnet den Dialog *Gehe zu*. Im Feld *Verweis* können Sie eingeben, zu welcher Zelle Sie springen möchten.

Der Dialog »Gehe zu«.

Die Bezeichnung der aktiven Zelle ist im Namensfeld oben links in der Bearbeitungsleiste angezeigt. Auch dies lässt sich zur Änderung der aktiven Zelle verwenden. Ein Mausklick darauf markiert den Zellnamen, Sie können ihn daraufhin überschreiben. Nach Betätigung der *Eingabetaste* oder der *Zeilenschaltung* springt die Markierung zum eingegebenen Wert.

Markieren von Zellbereichen

Bestimmte Operationen sind nicht nur auf einzelne Zellen, sondern auch auf ganze Zellbereiche anwendbar. In *Word* müssen Sie einen Text erst markieren, bevor Sie darauf Formatierungsanweisungen anwenden können. Analog müssen Sie in *Excel* einen Zellbereich markieren. Positionieren Sie dazu den Mauszeiger über einer Zelle in einer Ecke des zu markierenden Bereichs. Drücken Sie die Maustaste und ziehen Sie ihn mit gedrückter Taste in die gegenüberliegende »Grenzzelle« des Bereichs.

Danach ist der markierte Bereich durch eine grüne Umrandung gekennzeichnet, rechts unten befindet sich wieder das Ausfüllkästchen. Weiterhin sind alle Zellen der Markierung grau unterlegt, lediglich die aktive Zelle verfügt noch über einen weißen Hintergrund. Die beteiligten Zeilen- und Spaltenköpfe sind wie bei einer markierten Einzelzelle charakterisiert. Während des Aufziehens, also solange Sie die Maustaste gedrückt halten, erscheint im Namensfeld die Anzahl der aktuell markierten Zeilen und Spalten.

Ein markierter Zellbereich.

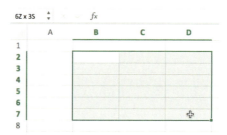

Die Markierung heben Sie auf, indem Sie auf eine beliebige Zelle außerhalb des markierten Bereichs klicken oder eine Pfeiltaste betätigen. Sollten Sie feststellen, dass die Markierung zu klein oder zu groß ausgefallen ist, müssen Sie nicht von vorne beginnen. Drücken Sie die *Umschalt*-Taste und klicken Sie auf eine Zelle innerhalb oder außerhalb des markierten Bereichs. Dies führt zu einer entsprechenden Reduktion oder Vergrößerung. Diese Methode erlaubt ebenfalls das Markieren eines Bereichs. Einfach eine Ecke der gewünschten Markierung zur aktiven Zelle machen und dann bei gedrückter *Umschalt*-Taste auf die diagonal gegenüberliegende Zelle klicken.

Zum Markieren einer gesamten Zeile oder Spalte müssen Sie den Mauszeiger auf einen Zeilen- oder Spaltenkopf bewegen, wo er die Form eines Rechts- oder nach unten zeigenden Pfeils annimmt. Mit einem Mausklick markieren Sie dann die Zeile oder Spalte. Ziehen Sie zum Markieren mehrerer Zeilen oder Spalten den Mauszeiger mit gedrückter Taste in die gewünschte Richtung.

Die gesamte Tabelle markieren Sie, indem Sie in das Kästchen direkt oberhalb der Zeilenköpfe bzw. links neben den Spaltenköpfen klicken. Der Mauszeiger nimmt über ihm die Form eines nach rechts unten zeigenden Pfeils an.

4 | Mehr als nur Tabellen: Kalkulieren mit Excel

Wenn Sie verschiedene, nicht-zusammenhängende Zellen und Bereiche markieren möchten, klicken Sie mit gedrückter *cmd*-Taste auf die gewünschten Zellen oder ziehen Sie entsprechende Bereiche auf.

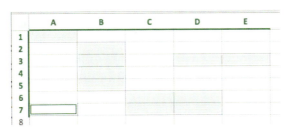

Ein Tabellenblatt mit mehreren, nicht zusammenhängenden Zellbereichen.

Auch beim Markieren können Sie wieder diverse Tastaturkürzel benutzen – die folgende Tabelle zeigt die gebräuchlichsten Kombinationen.

Aktion	Tasten
Erweitern einer Markierung um eine Zelle nach oben, unten, links oder rechts	⇧ - ← ⋯ → ↑ ↓
Erweitern einer Markierung nach **links** bis zur nächsten nichtleeren Zelle	⇧ - cmd - ←
Erweitern einer Markierung nach **rechts** bis zur nächsten nichtleeren Zelle	⇧ - cmd - →
Erweitern einer Markierung nach **oben** bis zur nächsten nichtleeren Zelle	⇧ - cmd - ↑
Erweitern einer Markierung nach **unten** bis zur nächsten nichtleeren Zelle	⇧ - cmd - ↓
Markieren einer **Spalte**	ctrl - Leertaste
Markieren einer **Zeile**	⇧ - Leertaste
Markieren einer **Tabellenblatts**	cmd - A

Auch der Dialog *Gehe zu* ermöglicht das Erzeugen von Markierungen. Geben Sie dazu den zu markierenden Bereich in das Namensfeld ein – nach Betätigung der *Eingabetaste* oder der *Zeilenschaltung* ist der gewünschte Bereich markiert.

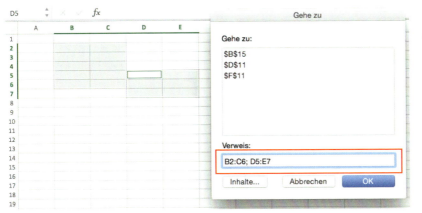

Die Verwendung des Dialogs »Gehe zu« zum Erzeugen von Markierungen.

Die Eingabe von Informationen

Manuelle Eingabe

Informationen geben Sie grundsätzlich in die aktive Zelle ein. Bewegen Sie also die Aktivmarke zur auserkorenen Zelle und fangen Sie dort einfach an, Zeichen über die Tastatur einzugeben. Beim Tippen werden Sie feststellen, dass alle eingetippten Zeichen nicht nur in der aktiven Zelle, sondern auch im Eingabebereich der Bearbeitungsleiste erscheinen.

Die Bearbeitungsleiste befindet sich in *Excel* unmittelbar oberhalb der Tabelle, genauer gesagt oberhalb der Spaltenköpfe. Im linken Teil ist das Namensfeld untergebracht, das die aktuell aktive Zelle anzeigt. Dies kann bei umfangreichen Tabellen Zeit für die Suche danach ersparen. Den größten Teil der Bearbeitungsleiste nimmt der Eingabebereich ein. Dazwischen befinden sich noch drei Schaltflächen.

Sobald Sie Informationen in eine Zelle eingeben, wechselt *Excel* vom *Ansichts*-Modus in den *Eingabe*- oder *Bearbeiten*-Modus. Sie erkennen dies an den unterschiedlichen Farben der Schaltflächen. Im *Ansichts*-Modus ist alles in tristem Grau gehalten, im *Eingabe*-Modus sehen Sie links ein rotes Kreuz, rechts daneben ein grünes Häkchen.

Die Bearbeitungsleiste im »Ansichts«-Modus.

Die Bearbeitungsleiste im »Eingabe«-Modus.

In einer *Excel*-Zelle können Sie die folgenden Informationsarten unterbringen.

- Text
- Numerische Daten
- Zahlen
- Datumswerte
- Uhrzeiten
- Zeitstempel

4 | Mehr als nur Tabellen: Kalkulieren mit Excel

Einen Text stellt *Excel* linksbündig, Zahlen rechtsbündig dar.

Die standardmäßige Darstellung von Text und Zahlen in »Excel«.

Im Unterschied zu *Word* erfolgt die Übernahme eingetippter Zeichen in ein Dokument nicht automatisch. Sie müssen eine Eingabe erst mit einem Mausklick auf das grüne Häkchen abschließen. Eine solche Eingabe können Sie jederzeit mit einem Klick auf das rote Kreuz abbrechen. In beiden Fällen arbeiten Sie wesentlich schneller mit der Tastatur. Eine Eingabe bestätigen Sie mit der *Eingabetaste* oder der *Zeilenschaltung*, ihren Abbruch erreichen Sie durch Drücken von *esc*. Diese und weitere Möglichkeiten zum Abschluss von Eingaben sind in der folgenden Tabelle zusammengefasst.

Aktion	Tasten
Abschließen einer Zelleingabe und Bewegen der Aktivmarke eine Zelle nach unten	↵
Beginnen einer neuen Zeile in derselben Zelle	ctr - alt - ↵
Abschließen einer Zelleingabe, Verbleib der Aktivmarke in dieser Zelle	ctrl - ↵
Abschließen einer Zelleingabe und Bewegen der Aktivmarke eine Zelle nach oben	⇧ - ↵
Abschließen einer Zelleingabe und Bewegen der Aktivmarke eine Zelle nach **rechts**	→
Abschließen einer Zelleingabe und Bewegen der Aktivmarke eine Zelle nach **links**	⇧ - →
Abbruch einer Zelleingabe	esc

Die verschiedenen Möglichkeiten zum Abschließen von Eingaben in Zellen.

Die *Zeilenschaltung* und die *Eingabetaste* sind in *Excel* funktional identisch. Wenn im Folgenden von der *Eingabetaste* die Rede ist, können Sie stattdessen auch die *Zeilenschaltung* benutzen.

Verändern von Zellinhalten

Es dürfte nicht selten vorkommen, dass Sie Zellinhalte verändern möchten. Sei es, weil Ihnen eine treffendere Formulierung eingefallen ist oder weil Sie einen oder mehrere Fehler festgestellt haben. Platzieren Sie einfach die Aktivmarke auf der Zelle mit dem zu verändernden Inhalt.

Als Radikalmethode können Sie den Inhalt einfach überschreiben. *Excel* ist es egal, ob eine Zelle bereits befüllt oder noch leer ist. Vor einem Überschreiben erhalten Sie keinerlei Warnhinweise. Möchten Sie lediglich einige wenige der bereits eingegebenen Zeichen verändern, können Sie dies im Eingabebereich der Bearbeitungsleiste oder in der Zelle selbst durchführen. Durch einen Mausklick in den Eingabebereich der Bearbeitungsleiste oder durch einen Doppelklick auf die zu bearbeitende Zelle aktivieren Sie den *Bearbeiten*-Modus. Über dieser Zelle und über dem Eingabebereich nimmt der Mauszeiger dann die von *Word* bekannte I-Form an.

Das Verändern eines Zellinhalts in der Bearbeitungsleiste.

Damit können Sie Zeichen markieren oder die Position der jetzt ebenfalls verfügbaren Einfügemarke verändern. Letzteres können Sie auch mit Hilfe von Rechts- und Linkspfeil. Ebenso stehen Ihnen Lösch- und Rückschritt- Taste zu Verfügung. Und Sie können, wie von *Word* her bekannt, Zeichen kopieren, ausschneiden und an anderer Stelle innerhalb oder außerhalb der bearbeiteten Zelle einfügen. Haben Sie Ihre Korrekturen oder Ergänzungen beendet, beenden Sie den Vorgang wie gewohnt mit der *Eingabe*-Taste ab.

Möchten Sie den Inhalt einer Zelle gänzlich löschen, bewegen Sie die Aktivmarke zu ihr und betätigen Sie die *Rückschritt*-Taste oder, so vorhanden, die *Entfernen*-Taste.

AutoAusfüllen

Wie alle anderen *Office*-Module versucht sich auch *Excel* am Mitdenken – ob nun vom Anwender gewünscht oder nicht. Zu den angenehmen Aspekten dieser Verhaltensweise zählt die Fähigkeit, auf Basis eines Ausgangswertes Kombinationen von Text und Zahlen entsprechend dem von *Excel* vermuteten Muster fortzusetzen.

4 | Mehr als nur Tabellen: Kalkulieren mit Excel

Geben Sie in eine Zelle einen Anfangswert ein und bewegen Sie den Mauszeiger über das Ausfüllkästchen – dort sollte er sein Aussehen in ein schwarzes Kreuz verändern. Drücken Sie die Maustaste und ziehen Sie den Zeiger in Zeilen- oder Spaltenrichtung über die auszufüllenden Zellen.

Sie können beim *AutoAusfüllen* immer nur über eine Spalte oder eine Zeile ziehen.

Excel blendet den Endwert neben der letzten markierten Zelle als Info ein. Sobald Sie die Maustaste loslassen, fügt *Excel* die Informationen in den markierten Bereich ein.

Das Verhalten von *Excel* hängt bei diesem Vorgang vom eingegebenen Datentyp und vom jeweiligen Inhalt der ersten Zelle ab. Im Falle von Text kopiert *Excel* diesen Inhalt in die restlichen markierten Zellen.

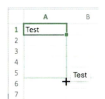 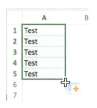

Das »AutoAusfüllen«-Werkzeug bei Textinhalten.

Bei speziellen Begriffen in der ersten Zelle (etwa Monatsname oder Wochentag) setzt *Excel* die Reihe entsprechend fort.

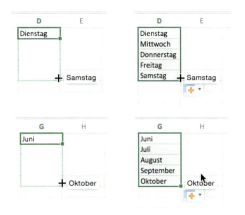

»AutoAusfüllen« bei Wochentagen.

»AutoAusfüllen« bei Monaten.

Bei Zahlen überträgt *Excel* ebenfalls den Inhalt der ersten Zelle in den markierten Bereich. Möchten Sie eine fortlaufende Zahlenfolge erzielen, geben Sie zwei Werte entsprechend vor. Markieren Sie beide Zellen und ziehen Sie dann den Mauszeiger in die gewünschte Richtung.

»AutoAusfüllen« bei Zahlen.

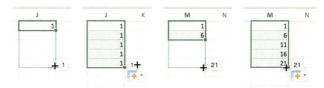

Bei Texten mit numerischen Zeichen hängt das Verhalten von *Excel* davon ab, an welcher Stelle sich die numerischen Zeichen befinden und ob sie von den nichtnumerischen von einem Sonderzeichen (etwa einem Leerzeichen) getrennt sind.

»AutoAusfüllen« bei alphanumerischen Inhalten.

	A	B	C	D	E
1	Test2Test3	Test2 Test3	1Test2Test3	1 Test2Test3	Test2Test_3
2	Test2Test4	Test2 Test4	1Test2Test4	2 Test2Test3	Test2Test_4
3	Test2Test5	Test2 Test5	1Test2Test5	3 Test2Test3	Test2Test_5
4	Test2Test6	Test2 Test6	1Test2Test6	4 Test2Test3	Test2Test_6
5	Test2Test7	Test2 Test7	1Test2Test7	5 Test2Test3	Test2Test_7
6					

Bei Datumswerten zählt *Excel* die Tage hoch, bei Zeiten die Stunden, und bei Zeitstempel die Tage. Wünschen Sie eine andere Schrittweite, müssen Sie den gewünschten Bereich wieder von zwei Anfangswerten aus aufziehen.

»AutoAusfüllen« bei Datumswerten, Uhrzeiten und Zeitstempel.

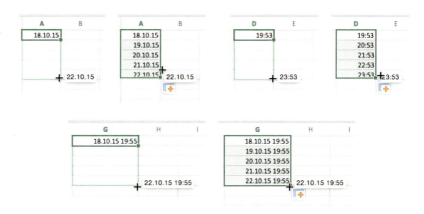

Die aktuelle Uhrzeit können Sie mit *Umschalttaste*-*cmd*-*»;«* (Semikolon) oder *Umschalttaste*-*cmd*-*»:«* (Doppelpunkt) in eine Zelle einfügen. Die angegebene Tastenkombination für das aktuelle Datum funktioniert in der aktuell benutzten *Excel*-Version nicht.

4 | Mehr als nur Tabellen: Kalkulieren mit Excel

Sind in einer Spalte bereits verschiedene Einträge vorhanden, überprüft *Excel* bei neuen Einträgen die eingegebenen Zeichen. Bei Übereinstimmung mit bereits vorhandenen Eingaben öffnet sich ein Menü, das eine alphabetisch sortierte Liste mit den Einträgen beinhaltet, die mit den gleichen Zeichen beginnen. Mit Hilfe der Pfeiltasten können Sie zum gewünschten Eintrag navigieren, durch Drücken der *Eingabetaste* oder der *Tabulator*-Taste wählen Sie ihn aus. Die Auswahl kann natürlich auch mit einem Mausklick erfolgen.

Auswahlmöglichkeiten in automatisch generierten Listen.

Übertragung von Zellinhalten

Sie können den Inhalt von Zellen oder Zellbereichen mit Kopieren, Ausschneiden und Einfügen übertragen oder verschieben. Beim Einsetzen ist es nicht erforderlich, einen gleich großen Bereich zu markieren. Es genügt, die Aktivmarke in die linke obere Zelle des Zielbereichs zu bewegen. Bei diesem Vorgang überschreiben Sie sämtliche Inhalte des Zielbereichs, einschließlich der vorhandenen Formatierungen.

Zellen und Zellinhalte lassen sich getrennt formatieren. Entsprechend vielfältiger sind im Vergleich zu *Word* die Varianten beim Einsetzen der Zwischenablage.

Es ist ebenfalls möglich, Zellinhalte mit der Maus zu verschieben. Positionieren Sie dazu den Mauszeiger auf den Rand der aktiven Zelle bzw. des aktiven Bereichs. Sobald er die Form einer Hand annimmt, können Sie die Zelle bzw. den Bereich mit gedrückter Maustaste an eine andere Stelle bewegen. Wenn Sie dabei die *alt*-Taste gedrückt halten, kopieren Sie die Zellinhalte.

Alternativen beim Einsetzen der Zwischenablage.

Die Darstellung von Informationen

Bis jetzt haben wir Informationen einfach in Zellen einer leeren Standard-Tabelle eingegeben und sie von *Excel* entsprechend dessen Voreinstellungen darstellen lassen. Sie können in *Excel* die eingegebenen Daten wie in *Word* durch den Einsatz entsprechender Stilmittel optisch aufbereiten, um ihnen eine ansprechende Optik zu verleihen und damit ihre Lesbarkeit zu verbessern.

Die folgenden Eigenschaften lassen sich beeinflussen.

- Schrift (Schriftarten, Schriftgröße, Schriftstil etc.)
- Zahlendarstellung
- Ausrichtung des Zellinhalts
- Zellrahmen
- Hintergrundfarbe
- Hintergrundmuster

Sie haben im Abschnitt über *Word* erfahren, wie Sie einen Text formatieren. Der erste Schritt bestand in der Markierung einer Textpassa-

4 | Mehr als nur Tabellen: Kalkulieren mit Excel

ge. Danach konnten Sie der Markierung auf unterschiedlichen Wegen (Menü, Schaltfläche etc.) verschiedene Eigenschaften zuweisen.

Die Vorgehensweise in *Excel* ist im Prinzip identisch. Als Erstes markieren Sie die auserkorene Zelle oder den Zellbereich. Anschließend weisen Sie die gewünschten Formatierungen zu. In *Excel* kommt aber noch eine Besonderheit hinzu. Besteht der Inhalt einer Zelle lediglich aus Text, können Sie auch seine Einzelteile bis hin zum einzelnen Zeichen unterschiedlich formatieren.

Formatieren von Text

Wie gerade geschildert, besteht kein prinzipieller Unterschied in der Formatierung von Texten in *Word* und Zellen oder Zellbereichen in *Excel*. Zuerst ist das Objekt zu markieren, das kann bei *Excel* eine Zelle, ein Zellbereich oder eine Zeichenfolge des Textinhalts einer Zelle sein. Die Methoden zum Markieren von Zellen oder Bereichen sind in einem vorangegangenen Kapitel bereits behandelt. Für eine Zeichenfolge innerhalb einer Zelle können Sie auf eine der von *Word* her bekannten Methoden zurückgreifen.

- Fahren Sie mit gedrückter Maustaste über die zu markierende Zeichenfolge.

- Positionieren Sie die Einfügemarke zu Beginn (am Ende) der zu markierenden Zeichenfolge. Halten Sie die *Umschalttaste* gedrückt und klicken Sie auf das letzte (erste) Zeichen oder

- positionieren Sie die Einfügemarke zu Beginn (am Ende) der zu markierende Zeichenfolge. Halten Sie die *Umschalttaste* gedrückt und bewegen Sie die Einfügemarke mit einer Pfeiltaste an das Ende (den Beginn) der Zeichenfolge.

Sämtliche Operationen können Sie sowohl in der Zelle als auch in der Bearbeitungsleiste vornehmen. Sollten Sie das Arbeiten direkt in der Zelle bevorzugen, müssen Sie zuvor den *Eingabe*-Modus per Doppelklick aktivieren.

Wie üblich stehen für die Zuweisung von Formateigenschaften verschiedene Wege offen. Betrachten Sie im Menüband die Gruppe *Schriftart* von Register *Start*. Die darin untergebrachten Einblendmenüs und Schaltflächen sollten Ihnen bekannt vorkommen.

Mögliche Formatierungen des gesamten Textes einer Zelle.

Wie bei *Word* stellen Sie Schrift und Schriftgröße über die beiden Einblendmenüs in der oberen Zeile der Gruppe *Schriftart* ein, die Schrifteigenschaften per Mausklick auf die entsprechenden Schaltflächen in der zweiten Zeile. Dort befinden sich auch die Einblendmenüs zur Auswahl der Farben (*Schriftfarbe* und *Füllfarbe*).

Die Auswahl einer Farbe für diese Schaltflächen bewirkt gleichzeitig deren Zuweisung zu Schrift oder Zellhintergrund.

Die Möglichkeiten zum Formatieren von Text in einer Zelle beschränken sich auf die Schrift-Formatierung. Es ist nicht möglich, unterschiedliche Absatzausrichtungen oder Texthintergründe in einer einzigen Zelle unterzubringen, da die dazu benötigten Schaltflächen für diesen Zweck inaktiv sind.

Einen Zeilenumbruch in einer Zelle erzwingen Sie mit *ctrl-alt-Eingabetaste*.

Ein Text mit unterschiedlichen Zeichen-Formatierungen in einer Zelle.

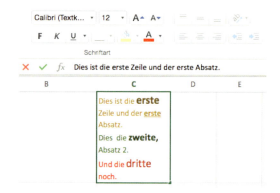

Eine weitere Möglichkeit zur Formatierung von Text besteht in der Nutzung des Dialogs *Zellen formatieren*, aufzurufen über *Format | Zellen* oder *cmd-1*. Hier bietet das Register *Schriftart* diverse Einstellmöglichkeiten.

4 | Mehr als nur Tabellen: Kalkulieren mit Excel

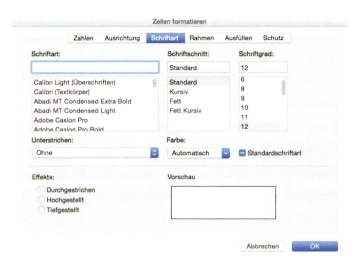

Das Register des Dialogs »Zellen formatieren«.

Sie können mit diesem Dialog auch eine einzelne Textpassage formatieren. Dazu müssen Sie diese vor dem Aufruf dieses Dialogs markieren.

Das Erscheinungsbild des Dialogs »Zellen formatieren« bei markiertem Text in einer Zelle.

Formatieren numerischer Daten

Numerische Inhalte von Zellen sind daran zu erkennen, dass *Excel* standardmäßig Zahlen im Gegensatz zu Text rechtsbündig anordnet. *Excel* überprüft also, ob eine Zeichensequenz ausschließlich aus numerischen Zeichen nebst Dezimalkomma besteht. Ist dies der Fall, interpretiert *Excel* eine Eingabe als Zahl.

Es gibt diverse Ausnahmen von dieser Regel. Zu den harmlosen Fällen zählen die Verwendung von Euro- und Prozent-Zeichen. Beide interpretiert *Excel* als Aufforderung, ein entsprechendes Darstellungsformat anzuwenden. Beim Euro-Zeichen können Sie im *Ansichts*-Modus den

Unterschied zwischen Wert und Anzeige erkennen. In der Zelle ist das Euro-Zeichen sichtbar, im Eingabebereich dagegen nicht.

Als eher lästig kann sich das Mitdenken von *Excel* beim Erkennen von Datum und Uhrzeit erweisen. Um in eine Zelle das Datum »28.2.2015« einzutragen genügt im Jahr 2015 die Eingabe von *28.2*, das aktuelle Jahr hängt *Excel* selbstständig an. Solche Aktionen führt es aber auch gnadenlos durch, wenn Sie beispielsweise eine Gebäudebezeichnung *10.4*, ein Bürozimmer *15/3* oder ein Kapitel *8-7* eintragen. Voraussetzung für diesen Effekt sind gültige Datumswerte, ein *30.2* oder *31.4* erkennt *Excel* gnädigerweise als Text an.

Ähnlich benimmt sich *Excel* bei der Eingabe ganzer Zahlen mit einem Doppelpunkt am Schluss. Auch für Zahlen über *24* ordnet *Excel* der Zelle ein Zeitformat zu. Weisen Sie in solchen Fällen einem Zellbereich **vor** den Eingaben das Format *Text* zu, so unterlässt *Excel* sämtliche Interpretationsversuche. Nutzen Sie dazu das Einblendmenü *Zahlenformat* in der Gruppe *Zahlen* von Register *Start*.

Die Zuweisung des Typs von Zellinhalten.

Sie können eine Texteingabe auch mit einem Hochkomma (*Umschalttaste-#*) als erstes Zeichen erzwingen. Dessen Anzeige erfolgt im Eingabebereich, nicht jedoch in der Zelle selbst.

Zur Darstellung von Zahlenwerten verwendet *Excel* voreingestellte Standard-Formate. Diese stellen eher selten die erwünschte Anzeigeform dar. Zahlenformate ermöglichen unterschiedliche Darstellungsweisen für numerische Daten, ohne deren Werte zu verändern. Den jeweils tat-

4 | Mehr als nur Tabellen: Kalkulieren mit Excel

sächlichen Wert einer Zelle erkennen Sie im Eingabebereich oder auch in der Zelle selbst, wenn diese sich im *Eingabe*-Modus befindet.

Man bezeichnet dies auch als das Zwei-Ebenen-Modell einer Tabellenkalkulation. Die *Darstellungs*- oder *Anzeige*-Ebene zeigt Werte entsprechend einer gewählten Formatierung an. Die darunter befindliche *Werte*-Ebene enthält die tatsächlichen numerischen Werte, auf deren Basis *Excel* Berechnungen durchführt. Die Darstellungsweise von Werten hat also nicht den geringsten Einfluss auf den tatsächlichen Zellinhalt.

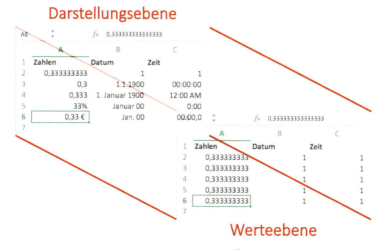

Das Zwei-Ebenen-Modell einer Tabellenkalkulation.

Excel bietet verschiedene Werkzeuge zur Änderung der Darstellungsart von Zahlenwerten. Das Register *Start* verfügt in der Gruppe *Zahlen* unterhalb des Einblendmenüs *Zahlenformat* über diverse Schaltflächen zum Feintuning des Anzeigeformats.

Symbol	Bezeichnung	Wirkung
000	1.000er-Trennzeichen	Ein- und Ausblenden eines Tausender-Trennzeichens.
,00→,0	Dezimalstelle löschen	Verringert die Anzahl der angezeigten Nachkomma-Stellen.
←,0,00	Dezimalstelle hinzufügen	Erhöht die Anzahl der angezeigten Nachkomma-Stellen.
💰	Buchhaltungszahlenformat	Darstellung einer Zahl als Geldbetrag unter Verwendung von Währungssymbolen.
%	Prozentformat	Darstellung einer Zahl als Prozentwert.

Excel benutzt das in den Systemeinstellungen von *OS X* festgelegte Trennzeichen. Möchten Sie ein anderes Zeichen verwenden, müssen Sie die Änderung in *Weitere Optionen* des Bereichs *Sprache und Region* in den *Systemeinstellungen* vornehmen oder ein entsprechendes benutzerdefiniertes Format anwenden.

Im Unterschied zum *Währungsformat* stellt *Buchhaltungszahlenformat* die Null als waagerechten Strich dar, ein vorhandenes Minuszeichen ist am linken Zellenrand platziert und zwischen Zahl und Währung ist ein Leerzeichen eingefügt.

Der Unterschied zwischen Buchhaltungs- (links) und Währungsformat für die Zahlendarstellung.

Das Register *Zahlen* des Dialogs *Zellen formatieren (cmd-1)* beinhaltet eine Vielzahl vordefinierter Zahlenformate. Der Weg darüber lohnt sich insbesondere, wenn Sie Einstellungen in verschiedenen Registern vornehmen wollen.

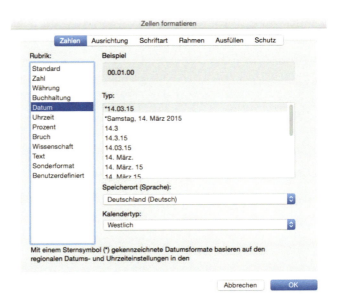

Die Zuweisung von Zahlenformaten mit dem Dialog »Zellen formatieren«.

4 | Mehr als nur Tabellen: Kalkulieren mit Excel

Benutzerdefinierte Zahlenformate

Sie haben gesehen, dass *Excel* bereits in seiner Standardausrüstung über eine reichhaltige Auswahl an Zahlenformaten verfügt. Der vorrangige Verwendungszweck von *Excel* ist das Rechnen, und das funktioniert halt nur mit Zahlen. Sie dürfen in einer Zelle – von den erwähnten Ausnahmen abgesehen – keinesfalls Text und Zahlen vermischen. Andernfalls verweigert *Excel* jegliche Berechnungen mit solchen nichtnumerischen Zellinhalten.

Wenn Sie einen Zahlenwert mit erklärendem Text oder Größeneinheiten in einer Zelle darstellen wollen, müssen Sie ein entsprechendes Format nutzen. Sollte sich kein geeignetes finden, können Sie sich selbst eigene Formate basteln. Dabei muss es sich keineswegs um Darstellungsformen für obskure, nur in speziellen und seltenen Ausnahmefällen benötigte Anwendungsfälle handeln. Sie finden beispielsweise keinerlei Formate für Einheitsangaben zur Kennzeichnung von Abmessungen, Gewichten, Temperaturen oder sonstigen physikalischen Größen.

Rufen Sie den Dialog *Zellen formatieren* auf und wechseln Sie in die Kategorie *Benutzerdefiniert*. Im Eingabefeld *Typ* können Sie sich nun richtig austoben. Sie können einen beliebigen Text eingeben, müssen ihn allerdings mit doppelten Anführungszeichen umschließen. Der Lattenzaun (#) und die Null legen fest, wie *Excel* eine einzelne Ziffer darstellt (dazu gleich mehr). Erklärender Text lässt sich sowohl vor als auch hinter der Spezifikation der Ziffern-Darstellung anordnen. Im Anzeigebereich unterhalb von *Beispiel* erkennen Sie sofort das Ergebnis Ihres Wirkens.

Das Erstellen eines benutzerdefinierten Anzeigeformats ...

… und dessen Anwendung zur Darstellung eines Wertes.

Die so definierten Formate sind nach ihrer Spezifikation nur in der jeweiligen Arbeitsmappe abgespeichert. Beim Kopieren und Einsetzen einer Zelle in eine andere Mappe wird auch das so definierte Format übertragen.

Ganz allgemein lassen sich einer Zelle drei verschiedene Formate und ein Text zuweisen. Die Struktur einer solchen Format-Anweisung wird durch

positiver Wert; negativer Wert; Null; Text

beschrieben. Die einzelnen Terme sind durch Semikolon zu trennen. Je nachdem, ob der Zellinhalt positiv, negativ oder gleich Null ist, findet automatisch die erste, zweite oder dritte Festlegung Anwendung. Haben sich nichtnumerische Zeichen in die Eingabe gemogelt, erfolgt die Anzeige des Textes. Fehlen in einer Definition jegliche Platzhalter (also bei Angabe von ;;;), wird die Anzeige von Werten komplett unterdrückt.

Die Darstellungsweise von Zahlen legen Sie mit Hilfe von Sonderzeichen und Platzhaltern (sogenannten *Formatcodes*) fest. Darüber können Sie eine Schriftfarbe angeben, wobei der Name der Farbe von eckigen Klammern umgeben sein muss und unmittelbar vor die Formatspezifikation zu setzen ist. Eine Übersicht über die Formatcodes nebst Beispielen finden Sie in den folgenden Tabellen.

Generelle Platzhalter in Format-Definitionen.

Platzhalter	Wirkung
\z	Das auf den umgekehrten Schrägstrich folgende Zeichen »z« wird als Text und nicht als Formatcode interpretiert. Der umgekehrte Schrägstrich selbst wird nicht angezeigt.
[Farbe n]	**Angabe der Schriftfarbe:** Mögliche Werte sind neben Schwarz und Weiß die Standard-Farben Rot, Grün, Blau, Gelb, Magenta, Cyan. Alternativ ist die Angabe einer Zahl »n« zwischen 1 und 55 in Verbindung mit dem Schlüsselwort »Farbe« möglich. Das Leerzeichen zwischen Farbe und »n« ist nicht unbedingt erforderlich, *Excel* entfernt es nach der Eingabe.
_z	Erzeugt eine Leerstelle mit der Breite des dem Unterstrich folgenden Zeichens »z«.
*z	Das dem »*« folgende Zeichen »z« wird so oft wiederholt, bis die Zelle ausgefüllt ist.

4 | Mehr als nur Tabellen: Kalkulieren mit Excel

Platzhalter	Wirkung
0	Ziffernplatzhalter für die Anzeige nichtsignifikanter Nullen links und rechts vom Dezimalkomma. Die Anzeige einer Null erfolgt, falls eine Zahl weniger Stellen umfasst als in der Formatdefinition angegeben sind.
#	Ziffernplatzhalter für die Anzeige signifikanter Ziffern. Nichtsignifikante Nullen vor und nach einem Komma werden nicht angezeigt.
?	Ziffernplatzhalter für die Anzeige signifikanter Ziffern. Enthält eine Zahl weniger Stellen als im Format angegeben, so erfolgt die Darstellung nichtsignifikanter Stellen durch Leerzeichen. Damit lassen sich Dezimalziffern am Komma ausrichten.
E- E+	Wissenschaftliches Zahlenformat: Darstellung von Zahlen in Exponentialform, falls die vorhandenen Ziffern die aktuelle Zellenbreite überschreiten.
	Die Festlegung der Stellen im Exponenten erfolgt mit Hilfe der Ziffernplatzhaltern »0« und »#«. Bei Verwendung des »+« erfolgt die Anzeige des Exponenten-Vorzeichens unabhängig von dessen Wert. Bei »-« erfolgt die Anzeige nur bei negativen Werten des Exponenten.
,	Dezimalzeichen: Festlegung in Kombination mit »0« und »#«, wie viele Stellen vor und nach dem Dezimalzeichen anzuzeigen sind.
.	Tausender-Trennzeichen: Enthält die Formatdefinition einen Punkt zwischen Platzhaltern, fügt *Excel* zur besseren Übersicht einen solchen zwischen Dreiergruppen ein. Ein Punkt hinter einem Platzhalter teilt Zahlen durch Tausend.
+ -	Darstellung des Vorzeichens.
%	Prozentzeichen: Multiplikation der eingegebenen Zahl mit dem Faktor 100 in Verbindung mit der Anzeige des Prozentzeichens.

Die Platzhalter zur Formatierung von Zahlen.

	A	B	C
1	**Formatdefinition**	Eingabe	Darstellung
2	[Grün]+ # ##0 "Tentikel"; ...	2000	+ 2 000 Tentikel
3	... [Rot]- # ##0 "Tentikel"; ...	-300	- 300 Tentikel
4	... [Blau]# ##0 "Tentikel" ...	0	0 Tentikel
5	... ;"Kein Zahlenwert!"	Text	Kein Zahlenwert!
6	0,0????	2,34567	2,34567
7		2,345	2,345
8		2,3	2,3
9		2	2,0
10	** # ##0 €;[Rot]** - # ##0 €	5479	************************ 5 479 €
11		-2193	************************ - 2 193 €
12	0,000E+000;- 0,000E+000	10400038000000	1,040E+013
13		-996540038000023	- 9,965E+014
14	[Farbe45]0,00_m_m "Tentikel"	45,67	45,67 Tentikel
15	[Farbe50]0,00_i_i "Tentikel"	45,67	45,67 Tentikel
16	(0####)	8532	(08532)
17	00 | 00 | 00 | 00 | 00 | 00 | 00 | 00	1100010011011100	11 | 00 | 01 | 00 | 11 | 01 | 11 | 00
18	00 ":" 00 ":" 00 ":" 00 ":" 00 ":" 00	503901004876	: : 50 : 39 : 01 : 00 : 48 : 76

Einige Beispiele für die Verwendung von benutzerdefinierten Zahlenformaten.

Sollten sich in Ihre Formatdefinitionen unzulässige Zeichen oder Zeichenfolgen eingeschlichen haben, seien Sie unbesorgt. *Excel* merkt es und protestiert mit dem folgenden Hinweis.

Der Hinweis bei einer fehlerhaften Formatdefinition.

Platzhalter für die Formatierung von Datumswerten.

Platzhalter	Wirkung
T	Ein- oder zweistellige Anzeige von Wochentagen (1–31)
TT	Zweistellige Anzeige von Wochentagen (01–31)
TTT	Anzeige der ersten zwei Buchstaben von Wochentagen (Mo–So)
TTTT	Anzeige des vollständigen Namens von Wochentagen (Montag–Sonntag)
M	Ein- oder zweistellige Anzeige von Monatsnamen (1–12)
MM	Zweistellige Anzeige von Monatsnamen (01–12)
MMM	Anzeige der ersten drei Buchstaben von Monatsnamen (Jan–Dez)
MMMM	Anzeige des vollständigen Monatsnamens (Januar–Dezember)
MMMMM	Anzeige des ersten Buchstabens von Monatsnamen (J–D)
JJ	Zweistellige Anzeige von Jahreszahlen (00–99)
JJJJ	Vierstellige Anzeige von Jahreszahlen (1900–9999)

Einige Beispiele für benutzerdefinierte Datumsformate.

	A	B	C
1	Formatdefinition	Eingabe	Darstellung
2	"München, den "TT.MM.JJ	24.7.15	München, den 24.07.15
3	"Heute ist "TTTT", der "TT.MM.JJJJ	3.6.15	Heute ist Mittwoch, der 03.06.2015
4	[Grün]"Erledigt am "T.MMMM.JJJJ	7.3.15	Erledigt am 7.März.2015
5	MMMM" ("MMM") "JJJJ	15.10.15	Oktober (Okt) 2015

Die Platzhalter zur Formatierung von Zeiten.

Platzhalter	Wirkung
h	Ein- oder zweistellige Anzeige von Stunden (1–23)
hh	Zweistellige Anzeige von Stunden (01–23)
m	Ein- oder zweistellige Anzeige von Minuten (1–23)
mm	Zweistellige Anzeige von Minuten (01–23)
s	Ein- oder zweistellige Anzeige von Sekunden (1–23)
ss	Zweistellige Anzeige von Sekunden (01–23)
Zeit AM/PM	Anzeige von Uhrzeiten in der angloamerikanischen 12-Stunden-Darstellungsweise. Uhrzeiten sind bis 12:00 mit *vorm.*, danach mit *nachm.* gekennzeichnet.
[$409]Zeit AM/PM	Anzeige von Uhrzeiten in der angloamerikanischen 12-Stunden-Darstellungsweise. Uhrzeiten sind bis 12:00 mit *AM*, danach mit *PM* gekennzeichnet.
[Zeitangabe]	Anzeige von Zeiten als Gesamtzeiten: (Stunden über 24, Minuten und Sekunden über 60)

Sie können die Formatcodes für Datumswerte und Zeiten zur Darstellung von Zeitstempel in einer Formatdefinition unterbringen.

4 | Mehr als nur Tabellen: Kalkulieren mit Excel

	A	B	C
1	Formatdefinition	Eingabe	Darstellung
2	"Abfahrt um "*- hh:mm AM/PM	9:46	Abfahrt um ---------------------------------- 09:46 vorm.
3		13:36	Abfahrt um ---------------------------------- 01:36 nachm.
4	"We will start at "[$-409]h:mm AM/PM	7:30	We will start at 7:30 AM
5		15:45	We will start at 3:45 PM
6	"Start um "_i_hh:mm" Uhr"	8:27	Start um 08:27 Uhr
7	"Start um "_m_mhh:mm" Uhr"	14:35	Start um 14:35 Uhr
8	h" Stunden, "mm" Minuten und "ss" Sekunden."	8:27:15	8 Stunden, 27 Minuten und 15 Sekunden.
9	[hh]:mm:ss" Stunden"	9:09	09:09:00 Stunden
10		36:09	36:09:00 Stunden
11	[Rot]hh:mm:ss" Stunden"	36:09	12:09:00 Stunden
12	"Start am "TTTT", den "TT.MM.JJ" um "hh:mm:ss" Uhr"	2.7.11 8:55	Start am Samstag, den 02.07.11 um 08:55:00 Uhr

Einige Beispiele für benutzerdefinierte Zeit- und Zeitstempelformate.

Bleibt als Letztes noch der *Klammeraffe* (@) als Textplatzhalter. Damit lässt sich ein eingetippter Text in eine konstante, in der Formatdefinition spezifizierte Zeichenkette einbetten. Der eingegebene Text ersetzt dann den Textplatzhalter.

	A	B	C
1	Formatdefinition	Eingabe	Darstellung
2	"Im Auftrag der "@" GmbH & Co KG"	Meier	Im Auftrag der Meier GmbH & Co KG
3		Müller	Im Auftrag der Müller GmbH & Co KG
4		Wagner	Im Auftrag der Wagner GmbH & Co KG

Die Verwendung des Textplatzhalters »@« in Formatdefinitionen.

In der allgemeinen Formatspezifikation sind die Bedingungen (> 0, < 0, = 0) fest vorgegeben. Es ist jedoch auch möglich, eigene Kriterien zu definieren. Die Anweisungs-Struktur hierfür lautet

Bedingung 1; Bedingung 2; Sonst

Bedingung 2 ist optional. Die Bedingungen müssen von eckigen Klammern umgeben sein. *Excel* prüft zunächst nach, ob *Bedingung 1* erfüllt ist. Ist dies nicht der Fall, nimmt es sich *Bedingung 2* vor. Ergibt auch sie nicht den Wert *WAHR*, erfolgt die Anwendung des in *Sonst* spezifizierten Formats.

	A	B	C
1	Formatdefinition	Eingabe	Darstellung
2	[=1]0" Karte";0" Karten"	1	1 Karte
3		4	4 Karten
4	[Rot][<20] 0"??!!";[Blau][>150] 0"!";[Zyan] 0"?!!	10	10??!!!
5		99	99?!!
6		200	200!

Einige Beispiele für Formatdefinitionen mit Randbedingungen.

Um ein benutzerdefiniertes Format zu löschen, rufen Sie den Dialog *Zellen formatieren* auf. Falls erforderlich, wechseln Sie zum Register *Zahlen*. Markieren Sie zuerst *Benutzerdefiniert* im Bereich *Kategorie* und dann das zu löschende Format. Betätigen Sie die Schaltfläche *Löschen*. Wiederholen Sie bei mehreren Löschungen den letzten Schritt für die weiteren Formate. Schließen Sie dann den Dialog mit *OK*.

Das Löschen benutzerdefinierte Formate im Dialog »Zellen formatieren«.

Excel **fragt beim Löschen nicht nach, sondern schreitet sofort zur Tat – also Vorsicht!**

Formatierung von Zellen

Die Formatierung von Text und Zahlen ist natürlich ebenfalls Bestandteil einer Zellen-Formatierung, wobei es sich um die Bearbeitung von Inhalten handelt. In diesem Abschnitt beschäftigen wir uns mit den Eigenschaften der Zelle selbst, also mit Hintergründen, Rahmen oder Ausrichtungen.

Sie müssen diesbezüglich beileibe nicht von vorne anfangen. Betrachten Sie die Einblendmenüs und Schaltflächen in den Gruppen *Schriftart* und *Ausrichtung* im Register *Start* des Menübands – diese dürften Ihnen bekannt vorkommen. Auch die Ausrichtung von Zellinhalten kennen Sie von der Tabellenfunktion von *Word*.

Die Schaltflächen zur Formatierung von Zellen im Menüband.

4 | Mehr als nur Tabellen: Kalkulieren mit Excel

Während die Schaltflächen und Einblendmenüs im Bereich *Schriftart* sowie die Einblendmenüs der Schaltflächen zur Auswahl von Hintergrundfarbe, Schriftfarbe und Zellrahmen nahezu identisch mit denen von *Word* sind, gibt es bei den Hintergrundfarben einen wesentlichen Unterschied. Bei *Excel* ist nämlich die Schaltfläche *Füllfarbe* im Register *Start* untergebracht. In *Word* dagegen befindet sich die analoge Schaltfläche mit der nicht ganz glücklich gewählten Bezeichnung *Schattierung* in der Gruppe *Tabellenformatvorlagen* des Registers *Tabellenentwurf*. Zumindest ähneln sich aber die Symbole.

Die Einblendmenüs für Hintergrundfarben von Zellen in »Word« (links) und »Excel« (rechts).

Verwechseln Sie in *Word* nicht die Schaltfläche für die Hintergrundfarbe von Zellen mit derjenigen für den Fließtext. Letztere befindet sich ebenfalls im Register *Start*.

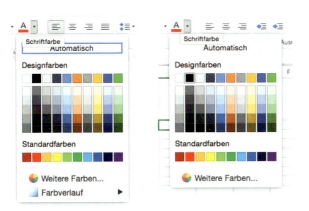

Die Einblendmenüs für Schriftfarben von Zellen in »Word« (links) und »Excel« (rechts).

Mehr Wahlmöglichkeiten bietet das Einblendmenü von *Excel* zum Gestalten der Eigenschaften von Zellrändern. Was auch nicht weiter verwundert, denn schließlich haben Zellen in *Excel* einen ganz anderen Stellenwert.

Die Einblendmenüs für Zellränder in »Word« (links) und »Excel« (rechts).

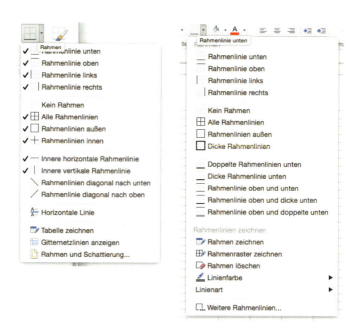

Als Alternativweg lässt sich in *Excel* der Dialog *Zellen formatieren* nutzen (*cmd-1*). Sein Register *Rahmen* bietet ebenfalls ausreichend Gestaltungsmöglichkeiten für die Ränder von Zellen oder Zellbereichen. Die Zuweisung einer Linie erfolgt per Mausklick auf den gewünschten Rahmen.

Das Erscheinungsbild des Vorschaubereichs im Bereich *Rahmen* hängt davon ab, ob vor dessen Aufruf lediglich eine Zelle oder ein gesamter Zellbereich markiert ist.

Das Formatieren von Zellrändern im Dialog »Zellen formatieren«.

4 | Mehr als nur Tabellen: Kalkulieren mit Excel

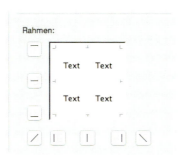

Der Vorschau-Bereich des Dialogs »Zellen formatieren« für einen markierten Bereich.

Legen Sie Stil und Farbe einer Randlinie immer **vor** einer Zuweisung in den Bereichen *Linienart* und *Linienfarbe* fest und klicken Sie erst danach auf die entsprechenden Stellen im Bereich *Rahmen*. Das Entfernung von Linien erfordert einen nochmaligen Mausklick auf den auserkorenen Rand. Alternativ lässt sich dafür *Rahmen löschen* im Einblendmenü der Schaltfläche *Rahmen* in der Rubrik *Schriftart* des Registers *Start* nutzen.

> **Die Einstellung von Stil und Farbe allein bewirkt noch keine Zuweisung der betreffenden Eigenschaften zu einem Rand. Das Verändern seiner Farbe/seines Stils erfordert die nochmalige Zuweisung nach Auswahl einer anderen Farbe/eines anderen Stils.**

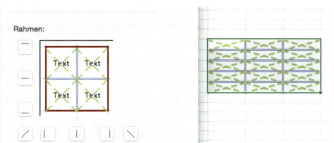

Der Vorschau-Bereich des Registers »Rahmen« für einen formatierten Bereich.

> **Sie können sämtliche Randlinien eines markierten Bereichs über *Bearbeiten | Löschen | Formate* wieder entfernen. Allerdings verlieren Sie damit ebenso alle Text- und Zahlenformatierungen.**

Während sich die vertikale Ausrichtung von Zellinhalten in *Word*-Tabellen in einem Rutsch vornehmen lässt, muss dies in *Excel* getrennt für horizontale und vertikale Ausrichtung erfolgen.

Die Festlegung von Zellausrichtungen in »Word« (links) und »Excel« (rechts).

335

Sie sehen, *Excel* bietet eine Fülle von Werkzeugen zum Gestalten von Tabellen. Machen Sie sich deshalb wie bei *Word* das Motto *Weniger ist mehr* zu eigen. Seien Sie sparsam mit der Anwendung von Farben, Mustern und Schraffuren. Eine Tabelle wirkt bei exzessiver Anwendung der vorhandenen Gestaltungseffekte schnell überladen.

Im Gegensatz zu *Word* führt *Excel* bei der Eingabe von Text in eine Zelle keinen automatischen Zeilenumbruch durch, sobald der rechte Rand einer Zelle erreicht ist, da die Darstellung von Text standardmäßig auf eine einzige Zeile beschränkt ist. Überschreitet die Textlänge die Breite einer Zelle, hängt seine Sichtbarkeit vom Inhalt der Nachbarzellen ab. Sind diese leer, erfolgt die Anzeige des gesamten Textes auch über die Nachbarzellen hinweg. Ansonsten ist er lediglich bis zum Rand der ersten, nichtleeren Zelle erkennbar, an dem er ganz brutal abgeschnitten wird.

Die Darstellung von Text in einer Zelle.

Wie in einer Textverarbeitung können Sie einen Text mit Hilfe eines harten Zeilenumbruchs (*ctrl-alt-Eingabetaste*) auf mehrere Zeilen aufteilen. Sollten Sie sich zu einem solchen Schritt entschließen, fügen Sie einen einzigen solchen Umbruch ein. Wenn Sie dann den *Eingabe*-Modus verlassen, werden Sie feststellen, dass der gesamte Text plötzlich in die Zelle passt. Was ist geschehen?

Excel lässt sich dazu bewegen, in Zellen ebenfalls weiche Umbrüche an Zellgrenzen durchzuführen. Es behandelt Text dann wie *Word* als Fließtext. Die Eingabe eines harten Zeilenumbruchs ist für *Excel* das Signal, den Text in einer Zelle als solchen Fließtext zu behandeln. Sie können *Excel* aber auf einfachere Art überreden, dies zu tun: Klicken Sie dazu einfach auf *Zeilenumbruch* in der Gruppe *Ausrichtung* des Registers *Start*.

Die Darstellung von Text in einer Zelle mit erfolgtem Zeilenumbruch.

Damit sparen Sie sich das Entfernen eventuell eingefügter harter Umbrüche. Alternativ lässt sich diese Verhaltensweise auch durch Aktivierung der Option *An Zellgröße anpassen* im Register *Ausrichtung* des Dialogs *Zellen formatieren* aktivieren. Dieses bietet den Vorteil, darin auch Ausrichtungen, Einzüge und Drehwinkel einstellen zu können.

Das Register »Ausrichtung« bietet diverse Einstellmöglichkeiten für Text in einer Zelle.

Darüber hinaus lässt sich darin die Option *Text an Zellgröße anpassen* aktivieren. Dies ist aber nur in den Fällen anzuraten, in denen die Länge eines Textes die Zellenbreite nur unwesentlich überschreitet.

Die Darstellung eines Textes bei aktivierter Option »Text an Zellgröße anpassen«.

Damit sind nun die wichtigsten Werkzeuge zur Formatierung von Zellen vorgestellt. Auch für reine Texte in Tabellenform braucht sich *Excel* keineswegs hinter *Word* verstecken.

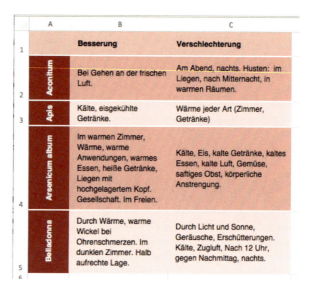

Formatierte Texte und Zellen.

Zellenformatvorlagen

Im Abschnitt über *Word* wurde der Unterschied zwischen harter und weicher Formatierung erläutert. Als Äquivalent zu den Formatvorlagen von *Word* bietet *Excel* mit seinen Zellenformatvorlagen ein Werkzeug zur weichen Formatierung von Zellen. Zur Erinnerung: Eine Vorlage fasst diverse Formatierungseigenschaften unter einem Namen zusammen.

In der Handhabung gibt es kaum Unterschiede. *Excel* ist wie *Word* mit diversen integrierten Vorlagen ausgestattet. Es steht Ihnen frei, diese unverändert anzuwenden oder zu modifizieren. Zum Erstellen eigener Vorlagen können Sie bestehende duplizieren und anschließend an Ihre speziellen Bedürfnisse anpassen.

Symbol-Repräsentationen der integrierten Vorlagen sind im Einblendmenü *Zellenformatvorlagen* in der Gruppe *Formatvorlagen* des Registers *Start* untergebracht. Je nach Breite des Dokumentenfensters entspringt dieses Einblendmenü aus einer Schaltfläche oder aus einem Vorlagen-Katalog.

4 | Mehr als nur Tabellen: Kalkulieren mit Excel

Der Vorlagen-Katalog »Zellenformatvorlagen« mit Einblendmenü bei breitem Dokumenten-Fenster.

Für die Zuweisung einer *Zellenformatvorlage* ist wie üblich zuerst eine Zelle oder ein Bereich zu markieren. Anschließend ist eine Vorlage auszuwählen. Gefällt Ihnen keine der angebotenen Vorlagen, wählen Sie *Neue Zellenformatvorlage*. Geben Sie ihr im erscheinenden, gleichnamigen Dialog zunächst einen Namen. Legen Sie dann fest, welche Formateigenschaften (Zahlen, Ausrichtung etc.) in der Vorlage aktiv Anwendung finden sollen. Die tatsächlichen Ausprägungen sehen Sie unter Spalte *Format*. Klicken Sie bei Änderungsbegehren auf *Format*, womit Sie den inzwischen hinlänglich bekannten Dialog *Zellen formatieren* aufrufen. Nehmen Sie die Änderungen vor und beenden Sie den Dialog mit *OK*. Eine Andeutung des Ergebnisses Ihres Schaffens können Sie im nach wie vor nicht anders als *sehr mickrig* zu bezeichnenden Vorschaubereich des Dialogs *Zellenformatvorlage ändern* erkennen.

Die Definition einer neuen »Zellenformatvorlage« in »Excel«.

Das Modifizieren einer Vorlage beginnt mit dem Aufruf des *Kontext*-Menüs eines Vorlagen-Symbols (*ctrl-Klick* oder rechte Maustaste). Im Dialog *Zellenformatvorlage ändern* verfahren Sie analog zur Erzeugung einer neuen Vorlage. Lassen Sie der Vorlage aber ihren bestehenden Namen.

Das »Kontext«-Menü des Symbols einer »Zellenformatvorlage«.

Die *Kontext*-Menüs der Vorlagen-Symbole ermöglichen Ihnen auch das Duplizieren, Löschen oder Zuweisen von Formatvorlagen. *Formatvorlagen zusammenführen* im Einblendmenü *Zellenformatvorlagen* gestattet den Import von Zellenformatvorlagen aus anderen, aktuell geöffneten Arbeitsmappen.

Der Dialog für den Import von »Zellenformatvorlagen« aus geöffneten Arbeitsmappen.

Zellenformatvorlagen basieren auf dem angewendeten Dokumentendesign. Bei einem Wechsel des Dokumentendesigns erfolgt eine Aktualisierung der *Zellenformatvorlagen* hinsichtlich des neuen Designs.

4 | Mehr als nur Tabellen: Kalkulieren mit Excel

Tabellenblätter und Arbeitsmappen

In den vergangenen Abschnitten hatten wir uns mit der Eingabe und optischen Aufbereitung von Informationen in Tabellen befasst. Dabei ging es letztendlich um die Gestaltung einzelner Zellen oder Zellbereiche einschließlich ihres Inhalts. Jetzt wenden wir uns den größeren Objekten zu: den Tabellenblättern und Arbeitsmappen.

Die Arbeitsmappe

Der Begriff »Arbeitsmappe« kennzeichnet in *Excel* ein Dokument, das (fast) beliebig viele Tabellenblätter aufnehmen kann. Standardmäßig ist ein neu erzeugtes *Excel*-Dokument mit einem einzigen Tabellenblatt namens *Tabelle1* ausgestattet. Dies ist im Blattregister am linken unteren Fensterrand ersichtlich und es enthält in diesem Zustand lediglich ein Blattregister mit diesem Namen.

Das Blattregister einer neuen Arbeitsmappe.

Sollte bei Ihrer Arbeit mit *Excel* die Nutzung lediglich eines einzigen Tabellenblatts die absolute Ausnahme darstellen, können Sie diese Vorgabe für die Zahl der Blätter bei Erstellung eines neuen Dokuments in den *Excel*-Einstellungen unter *Allgemein* im Bereich *Einstellungen* festlegen. Neben *Blätter in neuen Arbeitsmappen* lässt sich deren Anzahl festlegen.

Die Festlegung der Anzahl von Tabellenblättern für neue Arbeitsmappen.

Ansonsten steht es Ihnen frei, zu jedem beliebigen Zeitpunkt ein neues Blatt in einer Arbeitsmappe zu erzeugen. Wie üblich führen mehrere

Wege zum Ziel, der traditionelle Weg geht über *Einfügen | Blatt | Leeres Blatt*. *Excel* fügt damit ein neues leeres Tabellenblatt rechts neben dem gerade aktiven Blatt ein. Klassisch hin oder her – dieser Weg beansprucht die längste Zeit. Schneller kommen Sie über den Eintrag *Blatt einfügen* des *Kontext*-Menüs eines Blattregisters zum Ziel. *Excel* positioniert das neue Blatt rechts neben demjenigen, über dessen Registerkarte der Aufruf des Kontext-Menüs erfolgt ist. Am schnellsten funktioniert ein Mausklick auf das Zeichen »+« am Endes des Blattregisters. Dies fügt das Tabellenblatt rechts neben dem aktuell aktiven Blatt ein.

Eine Arbeitsmappe mit mehreren Tabellenblättern.

Wechsel zwischen den einzelnen Blättern erfolgen durch einen einfachen Mausklick auf die Registerkarte des auserkorenen Zielblattes. Ein weißer Hintergrund und ein grüner Blattname kennzeichnet dabei die Registerkarte des aktiven Blatts.

Im Laufe der Bearbeitung empfiehlt es sich, die von *Excel* automatisch vergebenen Namen durch aussagekräftigere Bezeichnungen zu ersetzen. Je größer die Anzahl der Tabellenblätter, desto mehr erleichtert dies die Suche nach Inhalten. Eine solche Umbenennung erfolgt über den Eintrag *Umbenennen* des *Kontext*-Registers einer Registerkarte. Der Name des Registers ist daraufhin markiert, die neue Blattbezeichnung lässt sich einfach eintippen. Das Betätigen der Eingabetaste oder ein Mausklick auf eine beliebige Stelle im Tabellenblatt beendet diesen Vorgang.

Das Umbenennen von Tabellenblättern.

Schneller erreichen Sie die Markierung eines Blattnamens mit einem Doppelklick auf das betreffende Blattregister. Ebenfalls zur Verbesserung der Übersichtlichkeit kann die Zuweisung unterschiedlicher Farben zu den vorhandenen Registerkarten bewirken. Wählen Sie dazu im *Kontext*-Menü eines Registers den Eintrag *Registerfarbe*. Dies öffnet die gleichnamige Palette als Untermenü, die Zuweisung erfolgt nach einem Mausklick auf die gewünschte Farbe.

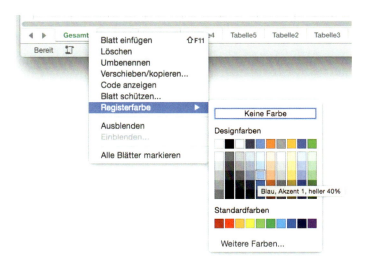

Die Zuweisung einer Farbe zu einer Registerkarte.

Sollten Ihnen keine der darin dargestellten Farben zusagen, so öffnet sin Klick auf *Weitere Farben* den System-Dialog *Farben*. Hier können Sie sich eine Ihnen genehme Kolorierung auswählen. Die Zuweisung erfolgt in diesem Fall durch Betätigung der Schaltfläche *OK*.

Ein Blattregister mit unterschiedlich gefärbten Registerkarten.

Bei steigender Registerzahl und langen Blattnamen steigt die Wahrscheinlichkeit, dass *Excel* aufgrund Platzmangels nicht mehr alle Register anzeigen kann. In solchen Situationen kommen die mit Pfeilen gekennzeichneten Schaltflächen links neben den Registernamen zum Einsatz. Diese Registerlaufpfeile gestatten das Verschieben des sichtbaren Bereichs des Blattregisters um jeweils ein Register nach links oder rechts. Ist beim Klicken auf einen dieser Pfeile die *cmd*-Taste gedrückt, erfolgt ein Wechsel zum ersten bzw. letzten Register in der Reihe. Insgesamt sind damit nach wie vor Wechsel zu jedem vorhandenen Arbeitsblatt möglich.

Die Registerlaufpfeile dienen zum Verschieben des sichtbaren Bereichs des Blattregisters.

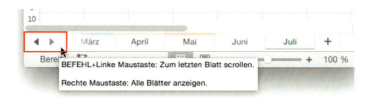

Ist dagegen die *ctrl*-Taste gedrückt oder wird die rechte Maustaste betätigt, blendet *Excel* den Dialog *Aktivieren* mit allen Registernamen ein. Der Wechsel erfolgt per Doppelklick auf einen Namen.

Der Dialog »Aktivieren« für den Wechsel zwischen Registern.

Haben Sie einmal zu viel auf das »+« zum Erzeugen eines neuen Tabellenblatts geklickt oder stellen Sie im Laufe Ihrer Arbeit fest, dass Sie ein oder mehrere Blätter nicht benötigen, können Sie Tabellenblätter auch wieder löschen. Wählen Sie dazu im *Kontext*-Menü des Blattregisters den Eintrag *Löschen*. *Excel* weist Sie darauf hin, dass das oder die Blätter endgültig gelöscht werden. Wichtig ist in diesem Zusammenhang das Wort *endgültig*.

Ein Hinweis auf die Konsequenzen beim Löschen eines Tabellenblatts.

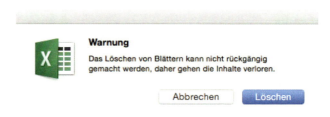

4 | Mehr als nur Tabellen: Kalkulieren mit Excel

Es ist nicht möglich, das Löschen eines Tabellenblatts rückgängig zu machen. Auch erscheint dieser Hinweis nur, wenn mindestens eine Zelle des zu löschenden Blatts mit Inhalt gefüllt ist.

Mehrere Blätter lassen sich in einem Rutsch löschen. Markieren Sie dazu die entsprechenden Blattregister. Klicken Sie zunächst auf das erste Register. Drücken Sie im Falle eines zusammenhängenden Bereichs die *Umschalttaste* und klicken Sie dann auf das letzte Register. Lassen Sie die *Umschalttaste* los und wählen Sie *Löschen* im *Kontext*-Menü eines beliebigen markierten Registers. Nicht zusammenhängende Register markieren Sie bei gedrückter *cmd*-Taste mit Mausklicks auf das jeweilige Register. Die Markierung heben Sie auf, indem Sie auf ein beliebiges, nicht markiertes Register klicken oder im *Kontext*-Menü eines der markierten Register den Eintrag *Gruppierung aufheben* wählen.

Die Reihenfolge der Tabellenblätter innerhalb einer Mappe können Sie jederzeit verändern. Positionieren Sie die Maus über der Registerkarte eines zu verschiebenden Blattes. Ziehen Sie das Register an die gewünschte Stelle. Während des Verschiebevorgangs erscheint ein kleines schwarzes Dreieck oberhalb der Blattregister. Es kennzeichnet die Zielposition des bewegten Blatts.

Das Verschieben von Registern.

Wenn Sie beim Verschieben eines Blattes die *alt*-Taste drücken, bewegen Sie eine Kopie dieses Blattes an eine Zielposition.

Excel bietet diverse Sicherheitsmechanismen, mit denen Sie den Inhalt Ihrer Arbeitsmappe vor Änderungen durch unautorisierte Benutzer schützen können. Die Gruppe *Änderungen* im Register *Überprüfen* des Menübands verfügt diesbezüglich über zwei Schaltflächen.

Ein Mausklick auf *Arbeitsmappe schützen* öffnet einen Dialog, in dem Sie ein Kennwort vergeben können. Ohne dessen Kenntnis ist es dann bei entsprechend aktivierten Optionen beispielsweise nicht mehr möglich, Blätter oder Fenster zu verschieben oder Blätter zu löschen.

345

Der Dialog zum Schützen von Arbeitsmappen.

Versucht ein Anwender, eine solche dann nicht mehr gestattete Tätigkeit zu verrichten, erhält er den folgenden Hinweis.

Der Hinweis beim Versuch einer nicht autorisierten Tätigkeit in einer geschützten Arbeitsmappe.

Das Aufheben dieser Beschränkung erfolgt mit einem weiteren Klick auf die Schaltfläche *Arbeitsmappe schützen*. Nach Eingabe des Kennworts bestehen keine Einschränkungen mehr.

Ein Klick auf *Blatt schützen* öffnet einen anderen Dialog, in dem Sie ebenfalls ein Kennwort vergeben können. Hier geht es um den Schutz der Objekte eines einzelnen Tabellenblattes. Durch das Setzen bzw. Deaktivieren der verschiedenen Optionen lässt sich detailliert festlegen, was Nutzer ohne Kenntnis des Passworts in einer Tabelle anrichten dürfen.

Der Dialog zum Festlegen der Tätigkeiten, die Anwender in einem Tabellenblatt durchführen dürfen.

Auch hier erhalten Anwender einen Hinweis, wenn sie eine nicht erlaubte Operation durchführen wollen.

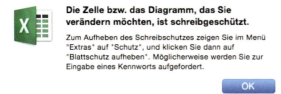

Der Hinweis beim Versuch einer nicht autorisierten Tätigkeit in einem geschützten Tabellenblatt.

Die Zellen eines Tabellenblatts sind grundsätzlich gesperrt. Diese Sperrung wird allerdings erst mit dem Einrichten von Blattschutz-Mechanismen wirksam. Es ist dann nicht mehr möglich, den Inhalt von Zellen zu verändern. Deshalb muss die Sperrung vorher im Register *Schutz* des Dialogs *Zellen formatieren* für einzelne Zellen oder Zellbereiche explizit aufgehoben werden.

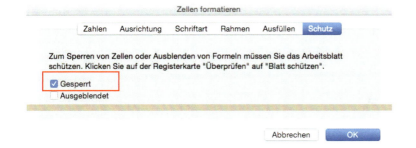

Das Register »Schutz« des Dialogs »Zellen formatieren«.

Die Aufhebung des Blattschutzes erfolgt analog zu dem einer Mappe.

Das Tabellenblatt

Wir haben uns bis jetzt – was Formatierungen betrifft – mit den Eigenschaften einer Zelle einschließlich ihres Inhalts beschäftigt. Dies kann man als Mikro-Formatierung bezeichnen. Es ist aber beispielsweise nicht möglich, die Breite einer einzigen Zelle zu verändern, sondern nur diejenige der zugehörigen Spalte. Auch das Zusammenfassen von Zellen erfordert mindestens zwei dieser Objekte. Von dieser Makro-Formatierung, die grundsätzlich an mehrere Zellen gebunden ist, handelt dieser Abschnitt.

Anpassen von Zellabmessungen

In einem neuen, leeren Tabellenblatt besitzen alle Zeilen die gleiche Höhe und alle Spalten die gleiche Breite. Diese Abmessungen haben wir bis jetzt hingenommen, als seien sie vom Schicksal (oder von *Microsoft*) fest zementiert für alle Ewigkeit vorgegeben. Selbstverständlich lassen sich in *Excel* Zeilenhöhen und Spaltenbreiten an die jeweiligen individuellen Bedürfnisse anpassen.

Ein längerer Text wird bekanntlich am Rand einer nichtleeren Zelle abgeschnitten. Etwas anders behandelt *Excel* Zahlen. Ist eine Zahl entsprechend dem zugewiesenen Format nicht in einer Zelle darstellbar, füllt eine Folge von »#« die gesamte Zelle aus.

Ein abgeschnittener Text und eine nicht im gewählten Format darstellbare Zahl.

Positionieren Sie zum Verändern einer Spaltenbreite den Mauszeiger direkt auf die Trennlinie zweier Spalten in den Spaltenköpfen. Sobald sich seine Form in den horizontalen Doppelpfeil verwandelt, verbreitern Sie die Spalte, indem Sie den Zeiger mit gedrückter Maustaste nach rechts ziehen. Eine Bewegung nach links verkleinert die Spalte. Auf die gleiche Art und Weise vergrößern oder verringern Sie die Höhe einer Zeile, indem Sie hier den vertikalen Doppelpfeil nach unten oder oben bewegen. *Excel* blendet beim Ziehen die aktuelle Spaltenbreite bzw. Zeilenhöhe als Info ein.

Das Anpassen von Spaltenbreiten und Zeilenhöhen mit der Maus.

Mit dieser Methode lassen sich auch die Abmessungen mehrerer zusammenhängender oder nichtzusammenhängender Zeilen oder Spalten verändern. Markieren Sie dazu einfach vor dem Ziehen die betreffenden Zeilen oder Spalten.

Sind genauere Abmessungen gewünscht, markieren Sie die einzelnen Zeilen oder Spalten. Wählen Sie *Spaltenbreite* im *Kontext*-Menü einer markierten Zeile oder Spalte. Geben Sie im Dialog den gewünschten Wert ein.

4 | Mehr als nur Tabellen: Kalkulieren mit Excel

Die genaue Einstellung einer Spaltenbreite mit »Kontext«-Menü und Dialog.

Völlig analog lässt sich mit dem Eintrag *Zeilenhöhe* des *Kontext*-Menüs die Höhe von Zeilen einstellen. Es ist auch möglich, die Abmessung einer Zeile oder Spalte so einzustellen, dass der Inhalt jener Zelle, die am meisten Platz beansprucht, gerade noch sichtbar ist. Dazu genügt ein einzelner Doppelklick auf die rechte Trennlinie einer Spalte im Spaltenkopf bzw. auf die untere Trennlinie einer Zeile im Zeilenkopf. Diese Methode kann auch Abmessungen verringern, da sie quasi ein einmaliges *AutoAnpassen* bewirkt. Das gleiche leistet *Format | Spalte | Markierung AutoAnpassen*. Ist dabei nicht die gesamte Spalte, sondern lediglich ein Zellbereich markiert, verwendet *Excel* die Breite derjenigen beteiligten Zelle mit dem längsten Inhalt. Analoges gilt für Zeilen.

Es ist auch möglich, Zeilen und Spalten vollkommen auszublenden, beispielsweise zum Verbergen von Zwischenergebnissen oder von für eine aktuelle Auswertung nicht benötigte Informationen. Markieren Sie die auszublendenden Zeilen oder Spalten. Wählen Sie dann *Ausblenden* im *Kontext*-Menü eines der markierten Zeilen- oder Spaltenkopfes oder betätigen Sie *ctrl-0*.

Das Ausblenden von Spalten.

Ausgeblendete Bereiche sind durch dicke grüne Linien im Kopfbereich gekennzeichnet. Möchten Sie Spalten wieder einblenden, markieren Sie die Spalten links und rechts von der Kennzeichnung und wählen Sie *Einblenden* im *Kontext*-Menüs der Markierung. Analoges gilt für das Wiedereinblenden von Zeilen.

Ein Tabellenblatt mit ausgeblendeten Spalten.

Vom Gebrauch der Tastenkombination *Umschalttaste-ctrl-0* zum Einblenden ist aktuell dringend abzuraten. Zwar tauchen die ausgeblendeten Bereiche wieder auf, die Inhalte der beteiligten Zellen bleiben jedoch verschwunden.

Alle geschilderten Aktionen lassen sich auch mit Hilfe des Einblendmenüs der Schaltfläche *Format* in der Gruppe *Zellen* des Registers *Start* vornehmen.

Das Einblendmenü »Format« in der Gruppe »Zellen« des Registers »Start«.

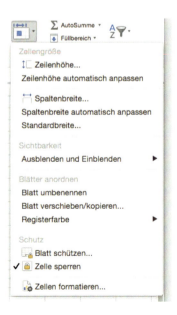

4 | Mehr als nur Tabellen: Kalkulieren mit Excel

Einfügen und Löschen von Zellen
Ist ein Tabellenblatt bereits mit einer Fülle von Informationen bestückt, kann es vorkommen, dass irgendwo mittendrin zusätzlicher Platz für weitere Daten benötigt wird. Natürlich lässt sich über Kopieren, Einsetzen oder Verschieben der erforderliche Raum freischaufeln. In vielen Fällen ist es jedoch einfacher, dies durch Einfügen von Zellen, Zeilen oder Spalten zu bewerkstelligen.

Der erste Schritt beim Einfügen von Zellen besteht im Markieren einer Zelle oder eines Zellbereichs. Der Umfang dieser Markierung bestimmt gleichzeitig die Zahl der einzufügenden Zellen.

Der erste Schritt: Das Markieren eines Zellbereichs.

Wählen Sie *Einfügen* im *Kontext*-Menü des markierten Bereichs woraufhin der gleichnamige Dialog erscheint.

Das Einfügen von Zellen per »Kontext«-Menü.

Alternativ bringen Sie diesen Dialog mit *Einfügen | Zellen* oder mit *Zellen einfügen* im Einblendmenü der Schaltfläche *Einfügen* in der Gruppe *Zellen* von Register *Start* zur Ansicht. Entscheiden Sie sich in diesem Dialog für eine geeignete Einfüge-Option.

Das Einfügen von Zellen mit der Verschiebung vorhandener Zellen nach rechts.

Die gleiche Operation mit Verschiebungen nach unten.

Das Löschen von Zellen funktioniert analog. Markieren Sie die zu entfernenden Zellen und wählen Sie *Zellen löschen*, wahlweise im *Kontext*-Menü oder in *Bearbeiten*. Der gleichnamige Dialog *Löschen* dient zum Festlegen der gewünschten Lösch-Option.

Das Löschen von Zellen mit der Verschiebung vorhandener Zellen nach links.

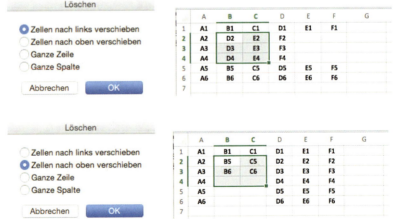

Die gleiche Operation mit Verschiebungen nach oben.

Das Einfügen und Löschen von Zeilen und Spalten lässt sich ebenfalls mit diesen beiden Dialogen erledigen. Die Auswahl von *Ganze Zeile* bzw. *Ganze Spalte* fügt an der Markierung komplette Zeilen oder Spalten ein bzw. löscht sie.

Logischer ist vom Ablauf her die Nutzung von *Einfügen | Zeilen* bzw. *Einfügen | Spalten*. Beim Einfügen entspricht auch hier die Zahl der markierten Zeilen oder Spalten der Anzahl der eingefügten Objekte. Das Einfügen von Zeilen erfolgt oberhalb, das von Spalten links von der gewählten Markierung. Wählen Sie *Bearbeiten | Löschen* zum Entfernen von Zeilen und Spalten. Der Löschvorgang erfolgt unverzüglich, Dialoge sind wie beim Einfügen nicht mit im Spiel.

Schneller kommt man in allen Fällen mit der Verwendung *Einfügen* und *Zellen löschen* in einem *Kontext*-Menü zum Ziel, wobei beide Befehle sowohl für Zeilen als auch für Spalten gelten. Als weitere Alternative verbleibt die Nutzung der Schaltflächen *Einfügen* und *Löschen* in der Gruppe *Zellen* des Registers *Start* oder von *Blattzeilen einfügen* bzw. *Blattspalten löschen* in deren Einblendmenüs.

Die Einblendmenüs »Einfügen« und »Löschen«.

Im Gegensatz zu Tabellenblättern können Sie das Löschen von Zellen, Zeilen und Spalten wiederrufen.

Zusammenfassen von Zellen
In *Word*-Tabellen ließen sich sowohl mehrere Zellen zu einer einzigen zusammenfassen als auch eine Zelle in mehrere aufteilen. *Excel* bietet lediglich ein Werkzeug zum Zusammenfassen von Zellen. Diese Funktionalität wird gerne genutzt, um einen Text zentriert über mehrere Spalten als Überschrift darstellen zu können.

Die Vorgehensweise ist denkbar einfach: Die Zellen markieren und auf die Schaltfläche *Verbinden und zentrieren* in der Gruppe *Ausrichtung* des Registers *Start* klicken.

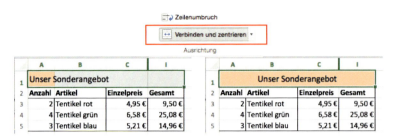

Das Verbinden von Zellen mit der Schaltfläche »Verbinden und zentrieren«.

Befindet sich Inhalt in einer der beteiligten Zellen, erscheint er zentriert in der vereinigten Zelle. Diese können Sie anschließend wie eine »normale« *Excel*-Zelle behandeln und so beispielsweise eine andere Ausrichtung des Inhalts wählen. Sind mehrere Zellen mit Inhalt gefüllt, erscheint die folgende Warnung:

Die Warnung, wenn beim Vereinigungs-Prozess mehrere Zellen über einen Inhalt verfügen.

Ist die linke oder die oberste Zelle leer, so bleiben – abweichend vom Text der Warnung – zumindest in der benutzten *Excel*-Version die Texte der Zellen erhalten, die sich am weitesten links bzw. oben befinden. Erstreckt sich eine Markierung über Zeilen und Spalten, gilt *Zeile vor Spalte*.

Die Schaltfläche *Verbinden und zentrieren* verfügt über ein Einblendmenü, das Alternativen zur sofortigen Ausrichtung einer Verbundzelle bietet.

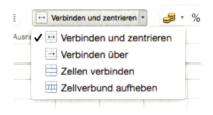

Das Einblendmenü »Verbinden und zentrieren« zum Erstellen von Zellverbunden.

Beim Einrichten eines Verbundes mit *Zellen verbinden* wählt *Excel* für die Verbundzelle die in der linken bzw. obersten Zelle einer Markierung aktuell eingestellte Ausrichtung. *Verbinden über* leistet dasselbe, wenn die Zellen einer Markierung auf eine Spalte oder Zeile beschränkt sind.

4 | Mehr als nur Tabellen: Kalkulieren mit Excel

Sind mehrere Zeilen und Spalten an der Markierung beteiligt, erstreckt sich die Verbundzelle über mehrere Zeilen und Spalten.

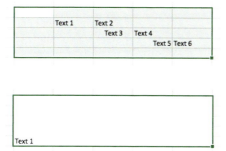

Ein markierter Zellbereich mit mehreren mit Inhalt gefüllten Zellen.

Eine Verbundzelle als Ergebnis der Vereinigung über »Zellen verbinden«.

Verbinden über erzeugt eine Verbundzelle pro markierter Zeile.

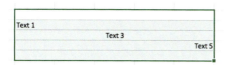

Das Ergebnis der Operation mit »Verbinden über«.

Zellverbund aufheben löst eine solche Vereinigung wieder auf, wobei *Excel* vorhandenen Inhalt in die linken bzw. oberen Ursprungszellen verschiebt.

Gleichzeitiges Bearbeiten mehrerer Tabellen

Wir hatten bis jetzt Informationen in jeweils eine einzige Zelle eingegeben, eine Zelle oder einen Zellbereich auf einem Blatt formatiert und die Abmessungen von Zeilen oder Spalten auf einem einzigen Tabellenblatt verändert. Die Anwendung solcher Operationen auf mehrere Tabellenblätter erfordert lediglich ein Markieren der betroffenen Blätter. Einen zusammenhängenden Bereich markieren Sie mit Hilfe der *Umschalttaste*, einen nicht zusammenhängenden mit der *cmd*-Taste und der Maus. Auf diese Weise müssen Sie bestimmte Eingaben oder Formatierungen nur ein einziges Mal vornehmen.

Nehmen wir an, Sie wollen die Umsätze einer Firma nach Produkten, Regionen und Monaten getrennt erfassen. Sie spendieren dabei jedem Monat und der Gesamtübersicht ein eigenes Tabellenblatt. Die Produkte bringen Sie in Zeilen, die Regionen in Spalten unter. Damit verfügt jedes Blatt über die gleiche Struktur und teilweise gleiche konstante Inhalte.

Erzeugen Sie eine Arbeitsmappe mit dreizehn Blättern. Die Blätter nennen Sie *Gesamt*, *Januar*, *Februar* usw. Den einzelnen Registerkarten können Sie, falls gewünscht, unterschiedliche Farben zuordnen. Markieren Sie dann sämtliche Register und gestalten Sie ein Blatt entsprechend Ihren Vorstellungen. Wenn Sie am Ende Ihrer Aktionen sämtliche Blätter durchklicken, werden Sie feststellen, dass alle gleich formatiert sind und die gleichen Inhalte besitzen. Dies betrifft auch mangels eingetragener Werte die in den Abbildungen nicht sichtbaren Zahlenformate.

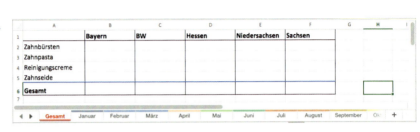

Das erste Blatt und …

… das letzte Blatt einer Arbeitsmappe nach gleichzeitig für alle Blätter durchgeführten Aktionen.

Sollten Sie im Nachhinein das Fehlen von Regionen oder Produkten feststellen, können Sie die einzelnen Tabellen auf die gleiche Art und Weise ergänzen.

Auf diese Weise können sie auch über Kopieren und Einsetzen oder Verschieben Änderungen auf mehreren Tabellenblättern in einer einzigen Aktion durchführen.

Excel-Tabellen – oder besser »Daten-Tabelle«

Wir haben bis jetzt einfachen Text oder Zahlen in eine Tabelle eingegeben und, falls erforderlich, Zellen und Inhalte geeignet formatiert. Ohne zusätzliche Maßnahmen ist es jedoch immer mit Aufwand verbunden, logisch zusammengehörende Daten zu bearbeiten und zu analysieren.

Die Bezeichnung *Excel-Tabelle* ist sicher nicht ganz glücklich gewählt, da sie Verwirrung stiften kann. *Excel-Tabelle* und *Tabellenblatt* (Tabelle, Blatt) bezeichnen zwei vollkommen unterschiedliche Objekte. *Excel-Tabelle* kennzeichnet einen zusammenhängenden Bereich von Informationen in einem Tabellenblatt. Die inzwischen auch in Support-Doku-

4 | Mehr als nur Tabellen: Kalkulieren mit Excel

menten von *Microsoft* zu findende Bezeichnung wie *Daten-Tabelle* gibt diese Funktionalität wesentlich besser wieder und stellt dadurch auch klar, dass es sich um verschiedene Dinge handelt. Im Folgenden wird sowohl die Bezeichnung *Excel-Tabelle* als auch *Daten-Tabelle* benutzt.

Mit Hilfe von *Daten-Tabellen* lassen sich Informationen in einem Bereich einer Tabelle unabhängig von den Daten in anderen Bereichen bearbeiten. Betrachten wir dies am Beispiel einer Urlaubs-Abrechnung. Sie kennen sicher die extrem zähen und langwierigen Diskussionen darüber, was jemand unbedingt und gefälligst in Rechnung zu stellen hat und was ihm zugestanden wird, der Urlaubsgemeinschaft zu spendieren. Bis also endlich Einigung darüber erzielt ist, wer was spendieren darf, tragen Sie sämtliche Auslagen in das Tabellenblatt ein und vermerken zu jeder Position, ob diesbezüglich noch Diskussionsbedarf besteht. Ist alles erfasst, markieren Sie den Bereich mit den eingegebenen Informationen. Klicken Sie dann auf *Tabelle* ganz rechts in der Gruppe *Tabellen* von Register *Start*. Wählen Sie alternativ *Einfügen | Tabelle* oder betätigen Sie ganz einfach *cmd-T*.

Ein umzuwandelnder Informationsbereich in einem Tabellenblatt.

Daraufhin erscheint der Dialog *Tabelle erstellen*, in dem Sie den Umfang des Datenbereichs nachjustieren können. Bleibt die Option *Tabelle hat Überschriften* aktiviert, übernimmt *Excel* die Inhalte der ersten Zeile der Markierung als Tabellenüberschriften und damit als Feldbezeichnungen. Andernfalls erzeugt *Excel* selbst Überschriften im Format *Spalte1*, *Spalte2* usw. oberhalb des markierten Bereichs.

Der Dialog »Tabelle erstellen«.

Das Aussehen des betroffenen Bereichs verändert sich ebenso schlagartig wie drastisch. *Excel* weist ihm eine Standard-Tabellenformatvorlage zu. Weiterhin erscheint das *Kontext*-Register *Tabelle*. Unter anderem können Sie darin ganz links im Bereich *Eigenschaften* die Tabelle umbenennen.

Dieses *Kontext*-Register taucht immer dann auf, wenn die Aktivzelle in einer solchen Tabelle platziert wird.

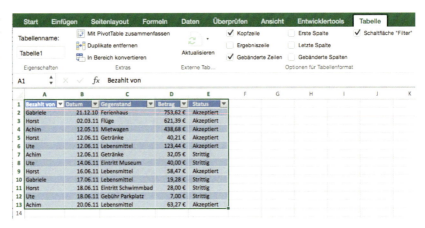

Die im Standard-Tabellenformatvorlage erzeugte »Excel-Tabelle«.

Sollten Sie mit der Farbgebung nicht zufrieden sein, so denken Sie an den Katalog mit den Tabellenformatvorlagen, der reich bestückt ist.

4 | Mehr als nur Tabellen: Kalkulieren mit Excel

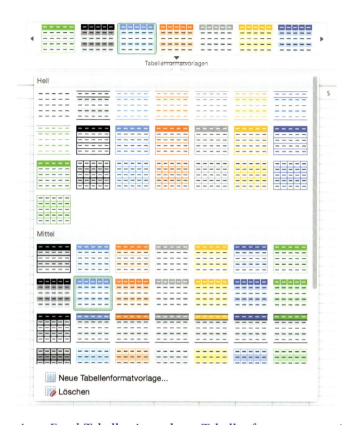

Die integrierten »Tabellenformatvorlagen« von »Excel«.

Um einer *Excel*-Tabelle ein anderes Tabellenformat zuzuweisen, müssen Sie nicht die gesamte Tabelle markieren. Es genügt, wenn sich die aktive Zelle innerhalb dieser Tabelle befindet.

In der Überschriftenzeile der *Daten*-Tabelle ist am rechten Rand jeder Spalte ein kleines schwarzes, nach unten weisendes Dreieck angeheftet.

Die Überschriftenzeile einer »Excel«-Tabelle.

Ein Mausklick auf dieses Dreieck öffnet den zugehörigen Spaltendialog. In ihm können Sie die Sortierfolge festlegen. Oder Sie definieren einen Filter. Damit lässt sich beispielsweise in unserer Ferientabelle die Anzeige auf einen oder mehrere ausgewählte Teilnehmer beschränken. Ein Trichter anstelle des Dreiecks in der Spaltenüberschrift kennzeichnet einen aktiven Filter.

Der Spaltendialog einer »Excel«-Tabelle mit einem aktiven Filter.

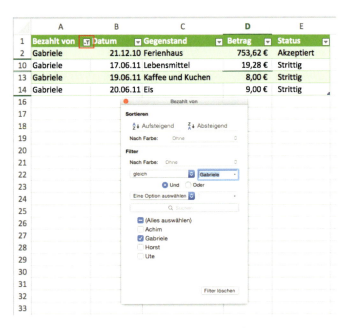

Der Dialog verschwindet nach einem Klick auf den roten Kreis in der linken oberen Ecke oder einfach auf eine beliebige Stelle im Tabellenblatt.

Filter sind auf mehrere Spalten gleichzeitig anwendbar. Um nur die unstrittigen Beträge von bestimmten Reiseteilnehmern zu erfahren, ist als Filter für die Spalte *Status* der Begriff *Akzeptiert* einzustellen.

Die Einrichtung eines zweiten Filters schränkt die Anzeige weiter ein.

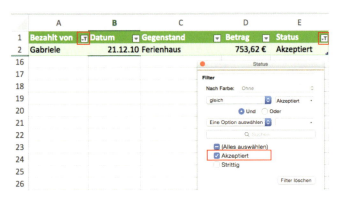

Die Definition von Filter-Kriterien ist nun beileibe nicht auf die Abfrage vorkommender Werte in einer Tabelle beschränkt. Zum Verkürzen der Diskussion um die strittigen Beträge können Sie vorschlagen, alle Beträge unter 20€ grundsätzlich als Spende zu genehmigen.

4 | Mehr als nur Tabellen: Kalkulieren mit Excel

Die Festlegung eines Filterkriteriums.

Excel gestattet auch die Suche nach Textmustern in einer Spalte. Dies ermöglicht beispielsweise das Auflisten aller Zeilen, deren Zellen in der Spalte *Gegenstand* das Muster *Eintr* enthalten.

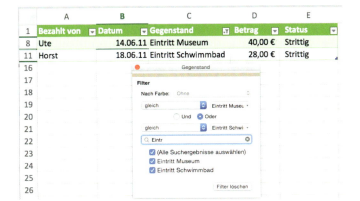

Die Anwendung eines Suchkriteriums.

Häufig trägt man Informationen in eine solche Tabelle ein, ohne auf eine bestimmte Reihenfolge zu achten. Bei einem geringen Datenbestand spielt es auch kaum eine Rolle, wenn sie sich unsortiert im Tabellenbereich tummeln. Wächst der Datenbestand an, lassen sich die Daten so anordnen, dass sich bestimmte Elemente leichter finden und analysieren lassen. Zu diesem Zweck ist es nun keineswegs erforderlich, eine neue Anordnung mittels *Ausschneiden und Einsetzen* herzustellen. Wesentlich einfacher gelingt dies durch die Anwendung der Sortierfunktion. Diese ist auf jede einzelne Spalte einer Tabelle anwendbar – die jeweilige Reihenfolge (auf- oder absteigend) lässt sich über den Spaltendialog festlegen.

Das Sortieren einer Tabelle mit dem Spaltendialog.

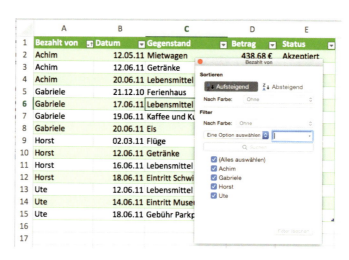

Jede Sortier-Operation benutzt die jeweils bestehende Anordnung als Ausgangskonfiguration. Die Urlaubsabrechnung lässt sich beispielsweise so darstellen, dass sie alphabetisch nach den Namen angeordnet ist und bei jedem Namen zunächst die akzeptierten und dann erst die strittigen Auslagen erscheinen. Dazu ist eine Sortierung als Erstes auf die Spalte *Status* und danach auf die Spalte *Bezahlt von* anzuwenden.

Die Gruppe *Optionen für Tabellenformat* im *Kontext*-Register *Tabellen* bietet noch weitere Elemente zum Steuern des Erscheinungsbildes von *Excel*-Tabellen. Das Aktivieren oder Deaktivieren der entsprechenden Schaltflächen bewirkt das Ein- oder Ausblenden bestimmter Bereiche oder Objekte.

Weitere Schaltflächen zum Steuern des Erscheinungsbilds von »Daten-Tabellen«.

Kopfzeile	Blendet die Spaltenüberschriften ein und aus.
Ergebniszeile	Zeigt eine Ergebniszeile am unteren Tabellenende an
Gebänderte Zeilen	Stellt gerade Zeilen/Spalten in einem anderen Format dar als ungerade.
Gebänderte Spalten	
Erste Spalte	Stellen den Inhalt der ersten und letzten Spalte in fetter Schrift dar.
Letzte Spalte	
Schaltfläche »Filter«	Blendet die Pfeile in den Spaltenüberschriften ein und aus.

4 | Mehr als nur Tabellen: Kalkulieren mit Excel

Bezahlt von	Datum	Gegenstand	Betrag	Status
Achim	12.05.11	Mietwagen	438,68 €	Akzeptiert
Achim	20.06.11	Lebensmittel	63,27 €	Akzeptiert
Achim	12.06.11	Getränke	32,05 €	Strittig
Gabriele	21.12.10	Ferienhaus	753,62 €	Akzeptiert
Gabriele	17.06.11	Lebensmittel	19,28 €	Strittig
Gabriele	19.06.11	Kaffee und Kuchen	8,00 €	Strittig
Gabriele	20.06.11	Eis	9,00 €	Strittig
Horst	02.03.11	Flüge	621,39 €	Akzeptiert
Horst	12.06.11	Getränke	40,21 €	Akzeptiert
Horst	16.06.11	Lebensmittel	58,47 €	Akzeptiert
Horst	18.06.11	Eintritt Schwimmbad	28,00 €	Strittig
Ute	12.06.11	Lebensmittel	123,44 €	Akzeptiert
Ute	14.06.11	Eintritt Museum	40,00 €	Strittig
Ute	18.06.11	Gebühr Parkplatz	7,00 €	Strittig
Ergebnis			2.242,41 €	

Die »Urlaubs-Tabelle« mit gebänderten Zeilen und Spalten, hervorgehobener erster und letzter Spalte, mit ausgeblendeten Pfeilen und mit einer Ergebniszeile.

Für die einzelnen Zellen der Ergebniszeile lässt sich festlegen, welche Funktion *Excel* anwenden soll.

Die Auswahl einer Funktion für eine Ergebniszelle einer »Daten-Tabelle«.

Sie können nachträglich beliebig viele Zeilen und Spalten einfügen – *Excel* passt die Tabellendimensionen automatisch an. Dasselbe gilt für das Löschen von Zeilen und Spalten. Wenn Sie Einträge in Zellen unmittelbar rechts neben oder unterhalb der Tabelle vornehmen, erweitert sie *Excel* automatisch.

> **Wenn Sie nachträglich Zeilen oder Spalten einfügen, löschen oder Einträge unmittelbar neben oder unter der Tabelle vornehmen, werden Sie feststellen, dass die alternierende Farbgebung der Tabelle erhalten bleibt.**

Ansonsten können Sie *Excel-Tabellen* beliebig manuell erweitern oder schrumpfen. Dazu dient die kleine dunkelblaue Markierung des Tabellenendes in der rechten unteren Ecke der rechten unteren Zelle. Positionieren Sie den Mauszeiger darüber, bis er seine Form verwandelt. Ziehen Sie mit gedrückter Maustaste nach rechts unten, um die Tabelle zu vergrößern. Eine Bewegung nach links oben verkleinert die Tabelle.

Möchten Sie die Tabelle in einen ganz *normalen* Bereich zurückverwandeln, platzieren Sie die Aktivmarke in einer beliebigen Zelle der Tabelle. Wählen Sie dann *In Bereich konvertieren* in der Gruppe Extras des *Kontext*-Registers *Tabelle*. Das gleiche erreichen Sie über *Tabelle | In Bereich konvertieren* im zugehörigen *Kontext*-Menü. Letzteres erfordert die vorherige Markierung der gesamten Tabelle. In beiden Fällen erhalten Sie vorher einen Warnhinweis.

Der Warnhinweis vor der Rückkonvertierung einer »Excel-Tabelle« in einen »normalen« Blattbereich.

Die Farbgebung und die sonstigen Formatierungen von Zellen und Inhalten der ehemaligen Tabelle bleiben Ihnen erhalten.

Zusammenfassend lässt sich feststellen, dass eine *Daten*-Tabelle – wie der Name vermuten lässt – das Ablegen von Informationen in Zeilen und Spalten einer Tabelle gestattet. Jede Zeile enthält Informationen zu einem Objekt, jede Spalte kennzeichnet eine bestimmte Eigenschaft dieses Objekts. Eine solche strukturierte Anordnung von Informationen bezeichnet man – bitte nicht erschrecken – als relationale Datenbank. Somit sind *Excel-Tabellen* nichts anderes als »Mini«-Datenbanken in Arbeitsblättern, die mit Datenbank-Funktionalitäten wie Sortieren, Suchen etc. ausgestattet sind.

Ansichtssachen

Die bis jetzt betrachteten Beispiele zeichneten sich allesamt durch eine geringe Datenmenge aus. Insofern war es egal, in welcher Ansicht von *Excel* die Durchführung der Arbeiten erfolgte. Anders verhält es sich bei größeren Informationsaufkommen. Da ist es interessant zu wissen, wie sich Informationen auf unterschiedliche Seiten verteilen, um so feststellen zu können, wie ein Tabellenblatt auf Papier aussieht.

Darüber hinaus ist es von Vorteil, verschiedene Hilfsmittel von *Excel* anzuwenden, damit der Überblick bei einer Informationsflut nicht oder zumindest nicht so leicht verloren geht.

4 | Mehr als nur Tabellen: Kalkulieren mit Excel

Arbeitsmappen-Ansichten

Excel bietet in Form von Arbeitsmappen-Ansichten verschiedene Varianten zur Darstellung. Im Vergleich zu *Word* wirkt die Ausstattung eher spärlich, für eine Tabellenkalkulation sind zwei Ansichtsarten aber durchaus ausreichend. Am linken unteren Fensterrand befinden sich zwei Schaltflächen zum Umschalten zwischen den zwei Mappen-Ansichten. Die Schaltfläche der aktuell eingestellten Ansicht ist dunkel hinterlegt. Ist der Mauszeiger über einer solchen Schaltfläche positioniert, blendet *Excel* den Namen in einer Info-Box ein.

Alternativ lassen sich der Ansichtswechsel über *Ansicht | Standard* bzw. *Ansicht | Seitenlayout* oder per Mausklick auf eine der beiden linken Schaltflächen in der Gruppe *Arbeitsmappenansichten* des Registers *Ansicht* vornehmen.

Bis jetzt hatten wir ausschließlich die Ansicht *Standard* verwendet, die der Entwurfsansicht von *Word* entspricht. Sie eignet sich gut zur Eingabe von Informationen. Seitenumbrüche sind darin als dünne, gestrichelte, vertikale und horizontale blaue Linien dargestellt, Kopf- und Fußzeilen werden nicht abgebildet.

Die Ansicht *Seitenlayout* entspricht der Ansicht *Drucklayout* von *Word*. Sie stellt (zumindest theoretisch) Tabellenblätter auf dem Bildschirm wie in einem Ausdruck dar. Hier sind auch die Kopf- und Fußzeilen sichtbar, darüber hinaus enthält diese Ansicht ein horizontales und ein vertikales Lineal.

Ein Tabellenblatt in der »Standard«- (links) sowie »Seitenlayout«-Ansicht.

365

Orientierungshilfen

In umfangreichen Arbeitsblättern kann es leicht passieren, dass ein Anwender beim Blättern irgendwann die Bedeutung einer Zeile oder Spalte nicht mehr erkennen kann, da die Überschriften, die Zeilenköpfe oder beides aus dem sichtbaren Bereichs eines Fensters verschwunden sind.

Ein solches Verschwinden von Zeilen oder Spalten lässt sich ganz einfach mit einem Einfrieren dieser Bereiche verhindern. Üblicherweise sind Spaltenüberschriften in der ersten Zeile angesiedelt. Nach einem Mausklick auf *Oberste Zeile einfrieren* im Bereich *Fenster* des Registers *Ansicht* verharrt die erste Zeile beim Blättern unbeirrt auf ihrer Position. Analog verhält sich die linke Spalte eines Blatts nach einem Klick auf *Erste Spalte einfrieren*.

Beides gleichzeitig erlaubt diese Methode nicht. Es ist somit nur entweder das Einfrieren der ersten Zeile oder das der ersten Spalte möglich.

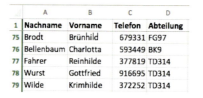

Eine Ansicht mit eingefrorener oberster Zeile (links) und eingefrorener erster Spalte (rechts).

Auf diese Weise bleiben die Zeilen- oder Spalten-Beschriftungen beim Navigieren durch umfangreichere Arbeitsblätter stets sichtbar. Die Aufhebung dieses Zustands erfordert einen Klick auf *Bereichsfixierung aufheben*, das jetzt an Stelle von *Bereiche einfrieren* angezeigt wird.

Nun ist die Beschränkung auf eine Zeile oder eine Spalte recht willkürlich. Bei der benutzten Liste mit Geräte- und Nutzerdaten erweist es sich als hilfreich, zu jedem Zeitpunkt sowohl die Überschriften als auch die Namen und Vornamen der Besitzer erkennen zu können. Generell lassen sich Überschriften über mehrere Zeilen erstrecken, und auch in diesem Fall ist eine Fixierung mehrerer Zeilen hilfreich.

Als Folge eines Mausklicks auf *Teilen* ganz rechts im Bereich *Fenster* des Registers *Ansicht* erscheint links und oberhalb der aktiven Zelle jeweils ein grauer Balken.

4 | Mehr als nur Tabellen: Kalkulieren mit Excel

Ein geteiltes Fenster als Folge eines Mausklicks auf die Schaltfläche »Teilen«.

Dieser Zustand ermöglicht es, jeden Bereich unabhängig von den anderen zu durchblättern. Der Umfang dieser Bereiche lässt sich nachträglich verändern. Ist der Mauszeiger auf einem der grauen Balken positionier, nimmt er die Form eines Doppelpfeiles an. Das Bewegen der Maus bei gedrückter Taste erweitert oder verringert die Bereichsumfänge in die gewünschte Richtung.

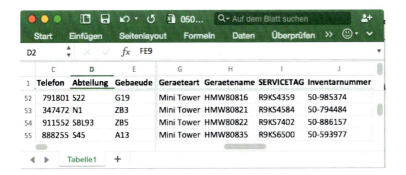

Ein geteiltes Fenster mit Bildlaufleisten für alle Teilbereiche.

Ein Klick auf *Bereiche einfrieren* fixiert diesen Zustand – dies verhindert zum einen unbeabsichtigte Veränderungen, zum anderen ist ein Durchblättern des linken und des oberen Bereichs dadurch nicht mehr möglich. Die Grenzen der Bereiche sind jetzt durch einen durchgehenden dunkelgrauen Strich gekennzeichnet.

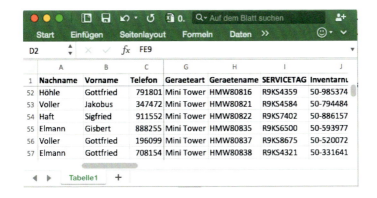

Ein geteiltes Fenster mit »eingefrorenen« Bereichen.

Ein Klick auf *Bereichsfixierung aufheben* und ein weiterer auf *Teilen* bewirkt die Rückkehr in den »Normalzustand«.

> **Jeder der beiden breiten grauen »Fensterteiler« lässt sich mit einem Doppelklick einzeln zum Verschwinden bringen.**

Fenster

Eine andere Möglichkeit, den Überblick in einer umfangreichen Arbeitsmappe nicht zu verlieren besteht darin, diese in mehreren Fenstern darzustellen. Der Befehl *Fenster | Neues Fenster* dupliziert das aktive Fenster. Im Falle mehrerer Fenster kann *Fenster | Anordnen* eine gewisse strukturierte Ordnung auf dem Bildschirm herstellen.

Die Anordnung von »Excel«-Fenstern bei gewählter Option »Unterteilt«.

Unten: Der Dialog »Fenster anordnen« bietet Optionen zum Platzieren von »Excel«-Fenstern auf dem Bildschirm.

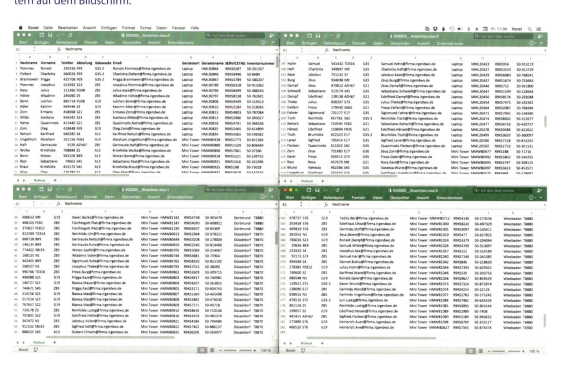

Benutzerdefinierte Ansichten

Bei der Erstellung einer benutzerdefinierten Ansicht friert *Excel* quasi die Bildschirm-Darstellung eines Tabellenblatts zum bestimmten Zeitpunkt der Erzeugung ein. Das Einrichten einer solchen Ansicht erfordert als Erstes die Zuordnung eines Namens, über den sich dieser optische Zustand jederzeit wiederherstellen lässt.

Das Einrichten solcher Ansichten kann diverse, sich wiederholende Aktionen erübrigen, beispielsweise das Teilen und Fixieren von Fensterbereichen oder das Ein- und Ausblenden von Zeilen oder Spalten. Ist eine häufiger benötigte Fensterkonfiguration eigestellt, bringt *Ansicht | Benutzerdefinierte Ansichten* den gleichnamigen Dialog zum Erscheinen. Gleiches leistet ein Mausklick auf *Benutzerdefinierte Ansichten* in der Gruppe *Arbeitsmappenansichten* des Registers *Ansicht*. Dieser Dialog ist ganz am Anfang ziemlich leer, ein weiterer Klick auf »+« lässt den Dialog *Neue Ansicht* erscheinen.

Die Dialoge »Benutzerdefinierten Ansichten« und »Neue Ansicht« zum Einrichten von Ansichten.

Darin ist in *Name* eine aussagekräftige Bezeichnung einzugeben. Ein Klick auf *OK* schließt diesen Vorgang ab. Die so definierten Ansichten tauchen als Liste im Dialog *Benutzerdefinierte Ansichten* auf.

Der mit Ansichtsnamen gefüllte Dialog »Benutzerdefinierte Ansichten«.

Der Wechsel zu einer dieser Ansichten erfordert deren Auswahl und einen anschließenden Klick auf *OK*. Schneller geht's mit einem Doppelklick auf die benötigte Ansicht.

> Es ist nicht möglich, eine benutzerdefinierte Ansicht zu modifizieren – nicht einmal ihr Name lässt sich ändern. Falls erforderlich, müssen Sie eine solche Ansicht im Dialog mit einem Klick auf »–« löschen und unter dem gleichen Namen neu einrichten.

Neben den im Dialog *Neue Ansicht* aufgeführten Eigenschaften speichert *Excel* auch Fensterabmessungen, den Blattnamen, die Vergrößerungsstufe und einiges mehr in diesen Ansichten.

Bis jetzt haben wir Informationen in Tabellenblätter eingetragen und sie entsprechend aufbereitet. Sie haben Werkzeuge kennengelernt, um auch bei hohem Informationsaufkommen den Überblick behalten zu können. Wir haben allerdings noch keine einzige Berechnung durchgeführt. Es wird also langsam Zeit, sich mit diesem Thema zu befassen.

Kalkulieren mit Excel – auf mehreren Ebenen

Möglicherweise sind bei Ihnen inzwischen Zweifel aufgetaucht, ob sich *Excel* denn wirklich auch zur Durchführung von Berechnungen einsetzen lässt. Bis jetzt haben wir uns ja mehr oder weniger ausschließlich mit der Bestückung von *Excel*-Zellen mit Text und Zahlen und deren optische Aufbereitung befasst. Damit lassen sich ansprechende Tabellen erstellen, allerdings rechtfertigt dies allein noch lange nicht die Beschäftigung mit einer Tabellenkalkulation im Allgemeinen und mit *Excel* im Besonderen.

In den Anfangstagen der Tabellenkalkulation konnte man vereinzelt Nutzer erleben, die Daten vom Bildschirm in ihren Taschenrechner eintippten und dessen Rechenergebnisse wieder in ein Tabellenblatt einfügten. Die Frage, ob Sie denn den Rechenkünsten des benutzten Programms so wenig Vertrauen schenken würden, verstanden sie zunächst nicht. Erst eine Aufklärung über den eigentlichen Nutzen solcher Programme konnte sie dazu bewegen, künftig vom Einsatz ihres Taschenrechners abzusehen.

4 | Mehr als nur Tabellen: Kalkulieren mit Excel

Was also den eigentlichen Charme einer Tabellenkalkulation wie *Excel* ausmacht, ist dessen Fähigkeit zur Durchführung von Berechnungen. Dies erfordert eine Ergänzung des im Abschnitt über Zahlenformatierung dargestellten Zwei–Ebenen-Modells um eine weitere Ebene. In diesem Drei-Ebenen-Modell befindet sich die sogenannte Formelebene unterhalb der Werteebene. In ihr sind all diejenigen Informationen untergebracht, die *Excel* zur Durchführung von Berechnungen benötigt.

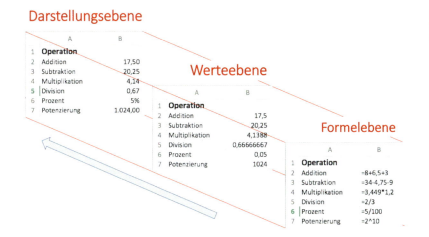

Das Drei-Ebenen Modell einer Tabellenkalkulation.

Formeln

Excel lässt sich ganz einfach über die Eingabe von Formeln zur Durchführung von Berechnungen überreden. Formeln sind Vorschriften, nach denen *Excel* den Wert einer Zelle ermittelt. Sie sind prinzipiell wie folgt aufgebaut:

Wert der Zelle = Ausdruck

Excel begnügt sich bei der Eingabe einer Formel mit dem Gleichheitszeichen ganz am Anfang. Dies erspart es einem Anwender, für jede Berechnung die Zeichenfolge »Wert der Zelle« oder »Zellwert« an den Anfang eines Ausdrucks setzen zu müssen.

Das Gleichheitszeichen hat demnach die Funktion eines Zuweisungs-Operators. Es signalisiert *Excel*, den nachfolgenden Text als Rechenanweisung zu interpretieren. Standardmäßig erfolgt die Anzeige der Formel in der Bearbeitungsleiste, während das Ergebnis – eine fehlerfreie Formel vorausgesetzt – nach Betätigung der *Eingabetaste* in der Zelle dargestellt ist.

Ein Ausdruck besteht aus Operatoren und Operanden. Operatoren sind mathematische Symbole. Sie legen fest, auf welche Art zwei benachbarte Operanden miteinander zu verknüpfen sind. In ihrer einfachsten Form besteht eine Formel aus Konstanten und Operatoren. Als Konstanten bezeichnet man Elemente, deren Werte stets gleichbleiben, also nicht aus anderen Elementen berechnet werden. Beispiele dafür sind die Zahl π (3,14159…), der Text *Gesamtsumme* oder das Datum 02.08.11. Hinsichtlich der Operatoren unterscheidet *Excel* zwischen

- mathematischen Operatoren,
- Vergleichsoperatoren,
- logischen Operatoren und
- Bezugsoperatoren

Da wir jetzt endlich rechnen wollen, beginnen wir mit den mathematischen Operatoren.

Mathematische Operatoren

Excel kennt natürlich die vier Grundrechenarten, darüber hinaus noch die Prozentrechnung und die Potenzierung. Es gelten die üblichen Rechenregeln.

- Punktrechnung geht vor Strichrechnung
- Potenzrechnung geht vor Punktrechnung
- Die Auswertung erfolgt von links nach rechts
- Geklammerter Ausdruck geht vor nicht geklammerten Ausdruck
- Innere Klammer geht vor äußerer Klammer

Die mathematischen Operatoren von »Excel«.

Operation	Symbol	Beispiel	Ergebnis
Addition	+	=3,5+4,9+20	28,4
Subtraktion	–	=10-8,1	1,9
Multiplikation	*	=4,3*2	8,6
Division	/	=20/4	5
Prozent	%	=8 %	0,08
Potenzierung	^	=2^10	1024

Die Verwendung von Leerzeichen zur Verbesserung der Lesbarkeit von Formeln ist in *Excel* leider nicht möglich.

4 | Mehr als nur Tabellen: Kalkulieren mit Excel

Excel akzeptiert auch keine fehlerhaften Formeln. Bei einfacheren Fehlern wie etwa falsch gesetzten Klammern oder fehlenden Operanden liefert es dabei Hinweise auf die mögliche Art des Fehlers und korrigiert diese auch automatisch.

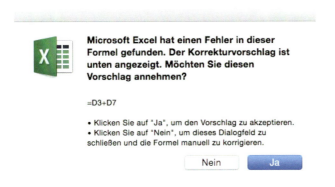

Der Warnhinweis bei der Eingabe einer nicht korrekten Formel.

Sind Fehler nicht auf den ersten Blick erkennbar, entfernen Sie einfach das Gleichheitszeichen am Anfang. Damit bleibt der gesamte Formeltext erhalten. Versuchen Sie anschließend über Kopieren und Einsetzen die Einzelteile der Formel häppchenweise zu testen.

Das Rechnen mit Konstanten ist sicherlich nicht sonderlich beeindruckend und rechtfertigt in keiner Weise die Anschaffung einer Tabellenkalkulation. Dafür reicht ein Taschenrechner vollkommen aus. Natürlich hat *Excel* mehr als die Behandlung konstanter Werte zu bieten. Als Operanden lassen sich nämlich auch Zelladressen und Funktionen angeben.

Wie anfangs erwähnt ist eine Zelle durch Angabe ihrer Spalten- und ihrer Zeilenbezeichnung eindeutig gekennzeichnet. Die Angabe solcher Zelladressen – im Zusammenhang mit Formeln auch *Bezüge* genannt – teilt *Excel* mit, an welcher Stelle sich die auszuwertenden Daten in einem Tabellenblatt befinden. Aus den Inhalten der angegebenen Bezüge berechnet *Excel* das Ergebnis.

Betrachten wir als Beispiel die Berechnung des Gesamtbedarfs an belegten Brötchen für mehrere Veranstaltungen. Nach Eingabe der geschätzten Verbrauchszahlen markieren Sie Zelle *B4* und tippen Sie die Formel =B4+B5+B6 ein.

Die Eingabe einer einfachen Formel in eine »Excel«-Zelle.

Excel stellt in einer Zelle jeden Zellbezug in einer unterschiedlichen Farbe dar. Rand und Hintergründe der zugehörigen Zelle färbt es mit der gleichen Farbe ein. Dies erleichtert den Blick auf die beteiligten Zellen und verringert die Wahrscheinlichkeit der Eingabe fehlerhafter Zellbezüge.

Das Betätigen der *Eingabetaste* führt zur Anzeige des Rechenergebnisses in Zelle *B7*, das korrekt zu sein scheint. Jede Modifikation eines Wertes im Bereich von *B4* bis *B6* führt zur schlagartigen Veränderung des Ergebnisses, was ebenfalls alles richtig zu sein scheint. Somit besteht keinerlei Notwendigkeit, die Formel nochmals einzugeben, da an ihr nichts verändert wurde.

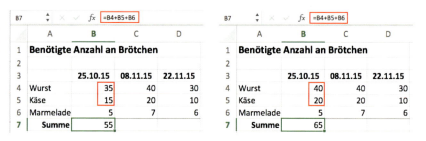

Unterschiedliche Zahlen, unterschiedliche Rechenergebnisse – aber gleichbleibende Formel.

Und damit sind wir bei einem der sogenannten *Killer-Features* einer Tabellenkalkulation angelangt. Zellinhalte lassen sich jederzeit ändern, *Excel* passt die Ergebnisse bei jeder Veränderung automatisch an.

Zur Berechnung des Ergebnisses von Spalte *C* geben wir in Zelle *C7* als Erstes wieder ein Gleichheitszeichen ein. Anschließend verwenden wir zur Abwechslung die Maus und klicken auf Zelle *C4*. *Excel* trägt daraufhin automatisch den Zellbezug in den Eingabebereich ein. Nach der Eingabe des »+«-Zeichens über die Tastatur erscheint nach einem Klick auf Zelle *C5* auch deren Bezug in der Formel. Analog fügen wir *C6* ein. Nach dem Betätigen der *Eingabetaste* stellen wir fest, dass auch bei dieser Eingabeform von Bezügen *Excel* richtig rechnet.

4 | Mehr als nur Tabellen: Kalkulieren mit Excel

Im Gegensatz zu früheren Versionen trägt *Excel* bei aufeinanderfolgenden Mausklicks kein »+«-Zeichen, gefolgt von einem weiteren Bezug ein, sondern überschreibt den vorherigen Bezug.

Nun benötigen wir noch das Ergebnis für die letzte Spalte. Bei mickrigen drei beteiligten Zellen ist Aufwandsminimierung eigentlich kein Thema. Da es aber auch mal mehr werden können, liegt es nahe zu prüfen, ob solche Operationen nicht schneller mit Kopieren, Einsetzen und Anpassen der Bezüge von der Hand gehen. Wir kopieren deshalb den Inhalt von Zelle *C7* in Zelle *D7*. Wir stellen anschließend – vielleicht teilweise erstaunt – fest, dass das Ergebnis bereits richtig ist. Ein Blick auf die Formel in *D7* ergibt, dass die Bezüge ebenfalls korrekt sind. Dies bedeutet, *Excel* nimmt uns Arbeit ab und passt prinzipiell Bezüge beim Kopieren und Einsetzen von Formeln automatisch an.

Das gleiche Ergebnis erzielt man mit *AutoAusfüllen* von Zelle *C7* auf *D7*.

Vergleichsoperatoren

Mit Hilfe von Vergleichsoperatoren lassen sich zwei Werte miteinander vergleichen. Als Ergebnis erhalten Sie einen Wahrheitswert mit den Ausprägungen *WAHR* und *FALSCH*. Solche Operatoren werden beispielsweise für die Erstellung von Mahnschreiben benötigt, bei denen man wissen möchten, ob ein bestimmtes Datum überschritten ist. Bei Texten ist häufig die Prüfung zweier Zellinhalte auf Gleichheit erforderlich. Schließlich ist für mathematische Berechnungen häufig von Interesse, ob ein Wert größer, gleich oder kleiner als Null ist. Für solche Anwendungsfälle verfügt Excel über die Vergleichsoperatoren.

Operator	Bedeutung
=	Gleich
>	Größer als
<	Kleiner als
>=	Größer als oder gleich
<=	Kleiner als oder gleich
<>	Ungleich

Die Vergleichsoperatoren von »Excel«.

Wie erwähnt liefert die Auswertung von Bedingungen in *Excel* die Werte *WAHR* und *FALSCH*. Intern stellt *Excel* diese Werte durch eine 1 (*WAHR*) und eine 0 (*FALSCH*) dar. Um *Excel* zur Darstellung dieser

Größen als Zahlenwerte zu bewegen, ist die Addition einer 0 erforderlich. Danach akzeptiert *Excel* die Zuweisung eines Zahlenformats.

Die Darstellung logischer Werte in »Excel«.

	A	B	C	D	E
1	Wert 1	Wert 2	Bedingung	Ergebnis	Zahlenwert
2	8	7	A2 > B2	WAHR	1
3	8	9	A3 > B3	FALSCH	0

Auch wenn es auf den ersten Blick wie Spielerei aussehen mag, können sich solche Operationen mitunter als nützlich erweisen. Nehmen Sie ein Abrechnungssystem, das – abhängig von der Dauer von Zahlungsverzügen – verschiedene Mahnstufen ermittelt. Anstatt komplexe Fallunterscheidungen formulieren zu müssen, lässt sich eine solche Mahnstufe einfach durch die Addition logischer Werte berechnen.

Das Rechnen mit logischen Werten.

C7 fx =((B1-A7)>14)+((B1-A7)>28)+((B1-A7)>42)+((B1-A7)>56)

	A	B	C
1	Stichtag	24.10.15	
2			
3	Rechn. Datum	Empfänger	Mahnstufe
4	08.10.15	Meier GmbH	1
5	20.09.15	Müller AG	2
6	02.09.15	Schultze KG	3
7	15.08.15	Schmidt OHG	4

Sollte Ihnen der hier gezeigte Umgang mit Datumswerten nicht ganz einsichtig sein, so verweisen wir auf den Abschnitt über Datumsfunktionen, der dieses Thema ausführlicher behandelt.

Textoperator

Zur Bearbeitung von Text verfügt *Excel* nur über einen einzigen Operator: das kaufmännische *Und* (&, engl. Ampersand). Er dient zum Verketten zweier Texte. Sind in einer Mitarbeiter-Tabelle der Nachname und der Vorname eines jeden Mitarbeiters getrennt in zwei verschiedenen Zellen untergebracht, gestattet dieser Operator die Konstruktion eines kompletten Namens, wobei der Nachname zuerst aufgeführt und der Vorname, durch ein Komma und ein Leerzeichen getrennt, angehängt wird. Wenn Sie dann noch die so erzeugten Namen – durch Semikolon getrennt – zu einer Gesamtliste zusammenfassen, verfügen Sie über eine Empfängerliste für *Outlook*, die Sie in dessen Adresszeile übertragen können.

4 | Mehr als nur Tabellen: Kalkulieren mit Excel

A9			fx	=D2&"; "&D3&"; "&D4&";"&D5&";" &D6	
	A	B	C	D	E
1	Vorname	Nachname	Telefon	Name	Formeln für *Name*
2	Tom	Ate	49875	Ate, Tom	(=B2&", \"&A2)
3	Theo	Dolith	36027	Dolith, Theo	(=B3&", \"&A3)
4	Anna	Konda	53804	Konda, Anna	(=B4&", \"&A4)
5	Reiner	Wahnsinn	72163	Wahnsinn, Reiner	(=B5&", \"&A5)
6	Reiner	Zufall	21198	Zufall, Reiner	(=B6&", \"&A6)
7					
8	Zu versenden an:				
9	Ate, Tom; Dolith, Theo; Konda, Anna;Wahnsinn, Reiner;Zufall, Reiner				

Die Verkettung von Texten.

Bereichsoperatoren

Bereichsoperatoren, auch Bezugsoperatoren genannt, ermöglichen die Angabe von Zellbereichen bei der Durchführung von Berechnungen.

Bereichsoperator	Bedeutung
:	**Bereichsoperator:** Stellt einen Bezug auf alle Zellen her, die zwischen der oberen linken und der unteren rechten Zelle eines Bereichs liegen.
;	**Vereinigungsoperator:** Fasst mehrere Bereiche zu einem Bezug zusammen.
Leerzeichen	**Schnittmengenoperator oder Durchschnittsoperator:** Bildet eine Schnittmenge von mehreren Bereichen.

Die Bereichsoperatoren von »Excel«.

Bereichsadressen benutzt man oft in Verbindung mit Funktionen, die den Inhalt eines oder mehrerer Bereiche auswerten. Dazu zählen beispielsweise die Funktionen zur Berechnung von Summe, Mittelwert, Minimum oder Maximum eines Zahlenbereichs.

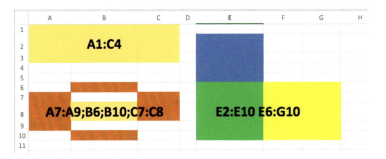

Das Adressieren unterschiedlicher Bereiche.

Relative und absolute Adressierung

Wie bereits erwähnt lassen sich in einer Formel auch Zellbezüge als Operanden angeben, die *Excel* darüber informieren, an welcher Stelle sich die auszuwertenden Daten befinden.

Excel passt solche Bezüge beim Kopieren und Einsetzen automatisch an. Man bezeichnet diese Bezugsart deshalb als relativen Bezug. Entscheidend ist dabei nicht die Bezeichnung der Zellen, sondern ihre Distanz zueinander. Ziehen wir dazu als Beispiel die Zusammenstellung einer Einkaufsliste heran. Wir ermitteln zu jeder Position den Gesamtpreis und die Mehrwertsteuer für einen Artikel aus dessen Anzahl und Einzelpreis. Wir geben zunächst die Formeln in die erste Zeile ein.

Die Formeln und Werte in der noch unvollständigen Einkaufsliste.

	A	B	C	D	E
1		Mehrwertsteuer	0,19		
2					
3	Anzahl	Artikel	Einzelpreis	MwSt	Gesamt
4	2	Fleur de Sel	6,49	=C1*C4	=A4*(C4+D4)
5	3	Feigensenf			

	A	B	C	D	E
1	Mehrwertsteuer		19%		
2					
3	Anzahl	Artikel	Einzelpreis	MwSt	Gesamt
4	2	Fleur de Sel	6,49 €	1,23 €	15,45 €
5	3	Feigensenf			

Die berechneten Werte scheinen zu stimmen, weshalb wir frohgemut die Formeln von Spalten *D4* und *E4* in die darunter liegenden Zellen kopieren. Die Ergebnisse erscheinen jedoch eher verwirrend.

Die vollständige Einkaufsliste mit fehlerhaften Ergebnissen.

	A	B	C	D	E
1	Mehrwertsteuer		19%		
2					
3	Anzahl	Artikel	Einzelpreis	MwSt	Gesamt
4	2	Fleur de Sel	6,49 €	1,23 €	15,45 €
5	3	Feigensenf	3,69 €	0,00 €	11,07 €
6	4	Trüffel, schwarz	8,99 €	#WERT!	#WERT!
7	2	Salami	7,49 €	48,61 €	112,20 €
8	2	Tischgrill	24,99 €	92,21 €	234,41 €
9	3	Scamozza	6,73 €	60,50 €	201,70 €
10					#WERT!

Was also ist passiert? Nehmen wir uns zur Ursachenforschung die in Zelle *D5* kopierte Formel zur Berechnung des Mehrwertsteuerbetrags vor.

Beim Kopieren und Einsetzen angepasste Formel.

	B	C	D
1	ertsteuer		19%
2			
3	Artikel	Einzelpreis	MwSt
4	Fleur de Sel	6,49 €	1,23 €
5	Feigensenf	3,69 €	=C2*C5
6	Trüffel, schwarz	8,99 €	#WERT!

4 | Mehr als nur Tabellen: Kalkulieren mit Excel

Die Angabe *C5* bezieht sich auf die richtige Zelle, nämlich auf den darin angegebenen Einzelpreis. Dagegen verweist *C2* nicht auf die Zelle mit der Mehrwertsteuer, sondern auf die genau darunterliegende. Existiert hier etwa ein fataler Fehler in *Excel*? Mitnichten, denn *Excel* hat genau das gemacht, was es beim Kopieren und Einsetzen von Formeln soll: Es hat einen Bezug angepasst. Womit *Excel* jedoch intern rechnet, ist nach einer Umstellung auf die sogenannte *Z1S1*-Verweisart zu erkennen. Dies geschieht in *Excel | Einstellungen | Allgemein* durch Aktivierung der Option *Z1S1-Verweisart verwenden*.

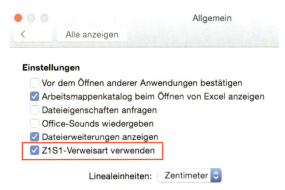

Das Umstellen der Verweisart in den Einstellungen.

Jetzt können Sie in Zelle *D4* die Formel wie in der folgenden Abbildung gezeigt eingeben.

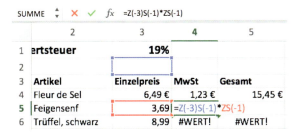

Die Darstellung der Formel zur Berechnung der Mehrwertsteuer in relativer »ZS«-Verweisart.

Frei übersetzt interpretiert *Excel* diese Formel in Zelle *D5* wie folgt.

(1) Nimm den Inhalt der Zelle, die eine Spalte links und drei Zeilen über der aktuellen liegt.

(2) Multipliziere ihn mit dem Inhalt der Zelle eine Spalte links von ihr.

(3) Trage das Ergebnis hier (in diesem Fall Zelle *D5)* ein.

379

Genau diese Anweisungen überträgt *Excel* bei jedem Kopieren und Einsetzen wortwörtlich in die Ziel-Zellen. Anweisungen (2) und (3) liefern für die Berechnung des Ergebnisses von Zelle *D5* einen korrekten Beitrag. Anweisung (1) verweist dagegen auf die richtige Spalte, jedoch nicht auf die richtige Zeile. *Z(-3)* bedeutet drei Zeilen oberhalb, und das ist für Zelle *D5* nun mal Zeile *2* und nicht Zeile *1*.

Aber keine Angst, in solchen Fällen ist es nicht erforderlich, alle kopierten Formeln nachzubearbeiten. *Excel* verfügt über einen Mechanismus, mit dessen Hilfe sich die automatische Anpassung von Zellbezügen außer Kraft setzen lässt. Das Zauberwort heißt *absoluter Zellbezug*. Er ist immer dann anzuwenden, wenn in den Formeln unterschiedlicher Zellen Verweise auf eine oder mehrere gleichbleibende Zellen enthalten sind.

Wir nehmen uns also Zelle *D4* vor und positionieren die Einfügemarke in der Eingabezeile oder der Zelle vor *C1*. Dann fügen wir ein »$«-Zeichen vor der Angabe der Zeilen- und der Spaltenbezeichnung ein. Mit dieser »absoluten« Notation können wir die Formel jetzt ohne Bedenken auf die darunterliegenden Zellen übertragen.

Die Formel zur Berechnung der Mehrwertsteuer mit relativer und absoluter Adressierung.

D		B	C	D	E
				=$C$1*C9	
	1	ertsteuer	19%		
	2				
MwSt	3	Artikel	Einzelpreis	MwSt	Gesamt
=$C$1*C4	4	Fleur de Sel	6,49 €	1,23 €	15,45 €
=$C$1*C5	5	Feigensenf	3,69	0,70 €	13,17 €
=$C$1*C6	6	Trüffel, schwarz	8,99	1,71 €	42,79 €
=$C$1*C7	7	Salami	7,49	1,42 €	17,83 €
=$C$1*C8	8	Tischgrill	24,99	4,75 €	59,48 €
=$C$1*C9	9	Scamozza	6,73	=$C$1*C9	24,03 €
	10				172,74 €

Das »$«-Zeichen muss nicht notwendigerweise vor der Zeilen- **und** der Spaltenangabe stehen. Betrachten wir dies wieder an einem Beispiel. Zur Bestimmung der Zinslast für verschiedene Variationen eines Kreditzinses ist lediglich ein Zinssatz mit einer Kreditsumme zu multiplizieren. Der Zinssatz befindet sich dabei immer in der obersten Zeile, die jeweilige Kreditsumme stets in der ersten Spalte. Wir müssen deshalb für die Formel in Zelle *B3* jeweils ein »$« vor die »1« und vor das »A« setzen. Diese Formel können wir dann beruhigt auf den Rest des Bereichs ausdehnen.

4 | Mehr als nur Tabellen: Kalkulieren mit Excel

	B	C	D
	0,05	0,055	0,06
	=B$1*$A3	=C$1*$A3	=D$1*$A3
	=B$1*$A4	=C$1*$A4	=D$1*$A4
	=B$1*$A5	=C$1*$A5	=D$1*$A5

C4	fx	=C$1*$A4		
	A	B	C	D
1	Zins	5%	5,5%	6%
2	Kreditsumme			
3	100.000 €	5.000 €	5.500 €	6.000 €
4	150.000 €	7.500 €	8.250 €	9.000 €
5	200.000 €	10.000 €	11.000 €	12.000 €

Formeln mit einer Mischung von relativer und absoluter Adressierung.

Verweise auf Zellen in anderen Tabellenblättern

Wir haben in Formeln bisher ausschließlich Inhalte von Zellen benutzt, die sich auf dem gleichen Tabellenblatt befanden wie die Zelle mit der Formel. *Excel* bietet aber auch Zugriffsmöglichkeiten auf Daten außerhalb eines bestimmten Tabellenblatts. Denken Sie an unser Beispiel mit den monatlichen Produktumsätzen. In diesem Fall wäre es wenig hilfreich, den Jahresumsatz durch manuelles Eintippen der regionalen monatlichen Einzelumsätze ermitteln zu müssen.

Beginnen wir mit den Zahnbürsten. Wir positionieren dazu im Tabellenblatt *Gesamt* die Aktivmarke auf Zelle *B2* und beginnen die Formeleingabe mit dem Gleichheitszeichen. Wie bereits erwähnt, lassen sich Bezüge per Mausklick in eine Formel einfügen. Klicken Sie deshalb auf das Register *Januar* und darin wieder auf Zelle *B2*. Excel fügt beim ersten Klick *Januar!* und beim zweiten *B2* in den Eingabebereich ein.

Nach dem Einfügen eines »+«-Zeichens wechseln wir per Mausklick zu Blattregister *Februar* und klicken dort wiederum auf Zelle *B2*. Auf diese Weise erledigen wir auch das Hinzufügen der restlichen Terme. Sind einige der angesprochenen Zellen bereits mit Zahlen befüllt, zeigt *Excel* nach Betätigung der *Eingabetaste* ein Ergebnis an.

B2	fx	=Januar!B2+Februar!C2+März!B2+April!B2+Mai!B2+Juni!B2+Juli!B2+August!B2+S				
	A	B	C	D	E	F	G
1	Umsätze 2015	Bayern	BW	Hessen	Niedersachs	Sachsen	
2	Zahnbürsten	4.466,00 €					
3	Zahnpasta						

Die Formel mit Verweisen auf Zellen in unterschiedlichen Tabellenblättern.

Das Ansprechen einer Zelle oder eines Bereichs, die auf einem anderen Tabellenblatt beheimatet sind, erfolgt allgemein in einer Formel durch die Angabe des durch ein »!« von der Zellbezeichnung getrennten Tabellenblattnamens:

Tabellenblattname!Zelle bzw. *Tabellenblattname!Bereich*

Das Anpassen von Bezügen beim Kopieren und Einsetzen und beim *AutoAusfüllen* erfolgt auch bei der Verwendung von Tabellenblattnamen.

Namen definieren – zur Erleichterung

Die Nutzung absoluter Adressen bietet eine enorme Erleichterung für den Umgang mit konstanten Werten. Allerdings: Bezeichnungen wie etwa *$D$35* sind alles andere als einprägsam. Beim Arbeiten mit vielen Tabellen wäre es deshalb angebracht, gleiche Größen wie etwa die Mehrwertsteuer auch immer im gleichen Tabellenblatt in der gleichen Zelle unterzubringen, was allerdings schwerlich durchzuhalten ist.

Das Vergeben von Namen für einzelne Zellen oder ganze Zellbereiche erleichtert dies ganz erheblich. Und dazu ist die Definition von Namen denkbar einfach. Ziehen wir als Beispiel die Berechnung der Mehrwertsteuer heran. Klicken Sie auf die Zelle, die den aktuellen Mehrwertsteuer-Prozentsatz enthält.

Das »Namenfeld« ermöglicht die Zuordnung von Namen zu Zellbezügen.

Tragen Sie im Namensfeld der Bearbeitungszeile einfach einen Titel ein, beispielsweise *MwSt*, und betätigen Sie die *Eingabetaste*. Ab diesem Zeitpunkt erscheint beim Markieren dieser Zelle im Namensfeld stets *MwSt* und nicht mehr die Zellbezeichnung *C2*.

Die Anzeige im »Namenfeld« für eine benannte Zelle.

Von nun an lässt sich dieser Name in jeder Formel dieser Arbeitsmappe als Bezug auf diese Zelle verwenden. Darüber hinaus blendet *Excel* bei der Eingabe von Formeln eine Liste mit Namen ein, falls eine eingegebene Zeichenkette mit den Anfängen von Namen übereinstimmt.

Eine Formel mit der Angabe eines Namens als Bezug.

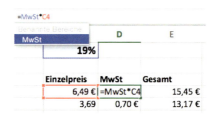

4 | Mehr als nur Tabellen: Kalkulieren mit Excel

Alternativ lässt sich die Definition von Namen im Dialog *Namen definieren* durchführen. Dessen Aufruf erfolgt über *Einfügen | Name | Definieren* oder über die Schaltfläche *Namen definieren* in der Gruppe *Festgelegte Namen* des Registers *Formeln*.

Die Schaltfläche »Namen definieren« mit dessen Einblendmenü in Register »Formeln«.

Wurde vor dem Aufruf ein Bereich markiert, überträgt *Excel* dessen Spezifikation in das Eingabefeld *Wählen Sie einen Zellbereich aus*. Falls erforderlich, lässt sich diese Bereichsangabe manuell anpassen. Ansonsten ist auch hier lediglich noch der Name einzugeben und auf das »+«-Symbol zu klicken.

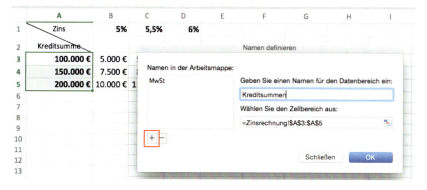

Eine Formel mit der Angabe eines Namens als Bezug.

Jetzt lassen sich manuell weiteren Zellen oder Bereichen Namen zuordnen. Ist die Einfügemarke im Eingabefeld *Wählen Sie einen Zellbereich aus* positioniert, können Sie mit der Maus auf dem Tabellenblatt einen Bereich aufziehen, ohne den Dialog verlassen zu müssen. *Excel* überträgt die jeweils aktuellen Bereichsangaben automatisch in das Eingabefeld.

Die Übertragung von Bereichsangaben in dessen Eingabefeld im Dialog.

Bei dieser Methode benötigen Sie die Tastatur nur zu Eingabe von Namen. Ein Klick auf *OK* beendet diesen Dialog.

383

Der Dialog »Namen definieren« mit übernommenen Bereichsangaben.

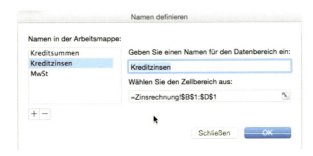

Sind bereits Namen zusammen mit den zugehörigen Werten unmittelbar neben- oder untereinander in einem Tabellenblatt untergebracht, lassen sich in einem Aufwasch mehrere Namen gleichzeitig erzeugen. Die dazu erforderliche Markierung muss sowohl die Namen als auch die zugehörigen Werte umfassen. Die eigentliche Zuordnung erfolgt im Dialog *Namen erstellen*, aufzurufen über *Einfügen | Name | Erstellen* oder mit einem Klick auf die Schaltfläche *Aus Auswahl erstellen* in der Gruppe *Festgelegte Namen* des Registers *Formeln*.

Der Dialog »Namen erstellen« zur Übernahme von Namen aus einem Tabellenblatt.

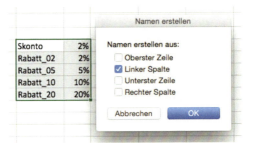

Bei einer Vielzahl definierter Namen vergisst man leicht die eine oder andere Bezeichnung. Der Dialog *Namen einfügen* enthält eine Liste mit sämtlichen in einer Arbeitsmappe erstellten Namen. Sein Aufruf erfolgt über *Einfügen | Name | Einfügen*. Die Auswahl erfolgt mit einem Doppelklick auf den gewünschten Namen.

Der Dialog »Namen einfügen« mit einer Namensliste.

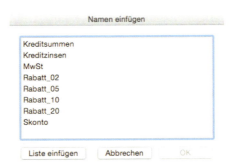

4 | Mehr als nur Tabellen: Kalkulieren mit Excel

Ein Klick auf *Liste einfügen* in diesem Dialog setzt ab der aktiven Zelle eine Liste mit allen in einer Mappe definierten Namen und deren Bezüge ein.

Kreditsummen	=Zinsrechnung!$A$3:$A$5
Kreditzinsen	=Zinsrechnung!$B$1:$D$1
MwSt	=Adressierung!$C$1
Rabatt_02	=Zinsrechnung!$H$8
Rabatt_05	=Zinsrechnung!$H$9
Rabatt_10	=Zinsrechnung!$H$10
Rabatt_20	=Zinsrechnung!$H$11
Skonto	=Zinsrechnung!$H$7

Die von »Listen einfügen« generierte Namensliste mit Bezügen.

Nach einem Klick auf *OK* im Dialog *Namen übernehmen* ersetzt *Excel* in einem Tabellenblatt die benutzten Zellbezüge durch definierte Namen, wobei *Excel* auch einige nicht wirklich konkrete Warnhinweise produziert.

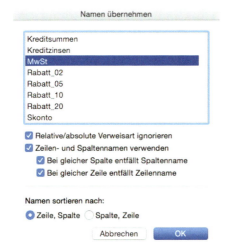

Der Dialog »Namen übernehmen« im Einblendmenü von »Namen definieren« dient zum Ersetzen von Zellbezügen durch definierte Namen.

Das Löschen nicht mehr benötigter Namen erfolgt im Dialog *Namen definieren*. Dies ist zwar nicht unbedingt logisch, für *Microsoft* aber eine nicht allzu seltene Herangehensweise. Markieren Sie im bereits bekannten Dialog einfach den oder die überflüssig gewordenen Namen und klicken Sie auf »-«. Ein Kick auf *OK* schließt den Dialog.

Die Verwendung von Namen bietet mehrere Vorteile: Sie kann die Eingabe vereinfachen und Formeln verständlicher erscheinen lassen – knappe, aber aussagekräftige Namensgebung vorausgesetzt. Weiterhin gestatten sie das einfache Navigieren zu den benannten Bereichen. Im Einblendmenü des Namensbereiches ist eine Liste mit sämtlichen Namen einer Arbeitsmappe untergebracht. Sie müssen lediglich den betreffenden Eintrag auswählen, und schon sind Sie am Ziel.

Das Einblendmenü des Namensfeldes.

Funktionen – auch aus der Bibliothek

Wir haben bis jetzt Formeln erstellt, die aus den Inhalten beteiligter Zellen, Konstanten und Operatoren neue Werte ermittelten. Allerdings beschränkten sich die Berechnungen auf die Anwendung mathematischer Grundoperationen. Damit lassen sich zwar umfangreiche, aber letzten Endes nur einfache Aufgabenstellungen behandeln.

Glücklicherweise verfügt *Excel* über ein weiteres mächtiges Instrument zur Manipulation von Zahlen und Texten. Seine Funktionsbibliothek beinhaltet eine Vielzahl an Funktionen für die unterschiedlichsten Anwendungsgebiete und bildet quasi das Herz seiner kalkulatorischen Fähigkeiten. Eine Funktion ist im Prinzip eine mehr oder weniger komplexe, fertige Formel, deren Inhalt dem Nutzer verborgen bleibt. Der Aufruf einer Funktion in einer Formel erfolgt über ihren Namen.

Die Syntax einer Funktion bezeichnet die Angabe des Funktionsnamens sowie die Angabe von Anzahl und Reihenfolge der benötigten Argumente. Ihre allgemeine Form lautet

Funktionsname([Argument 1; Argument 2; …; Argument n])

Bei der Verwendung einer Funktion **muss** immer ihr Name sowie eine öffnende und eine schließende Klammer angegeben sein. Die Anzahl der Argumente unterscheidet sich von Funktion zu Funktion, einige wenige Funktionen wie etwa *PI()* oder *HEUTE()* zur Ermittlung der Zahl π bzw. des aktuellen Datums benötigen keinen einzigen Parameter.

4 | Mehr als nur Tabellen: Kalkulieren mit Excel

Beim Umfang der Funktionsbibliothek ist es – Gedächtnisakrobaten bilden die Ausnahme – kaum möglich, sämtliche Funktionen im Kopf zu behalten, von der jeweiligen Syntax ganz zu schweigen. *Excel* bietet deshalb verschiedene Werkzeuge, die den Umgang mit Funktionen erleichtern.

Betrachten wir dazu wieder unsere Urlaubsabrechnung. Bis jetzt hatten wir darin lediglich die Beträge gesammelt, die jeder Teilnehmer ausgelegt oder spendiert hatte. Als Erstes wollen wir jetzt die Gesamtsumme der Ausgaben ermitteln. Bei der geringen Anzahl an Positionen ließe sich dies ganz einfach auf konventionelle Art lösen.

Die Bildung einer Summe durch explizite Angabe sämtlicher beteiligter Zellen.

Bei dieser Methode sind lediglich das Gleichheitszeichen und die »+«-Operatoren in Zelle *D14* einzutippen, der Eintrag der Bezüge kann per Mausklick erfolgen. Wenn Sie danach mitten in der Aufstellung eine Zeile einfügen, müssen Sie den entsprechenden Term nachträglich manuell in die Formel einfügen. Und dies kann leicht in Vergessenheit geraten.

Das nachträgliche Einfügen einer Zeile verändert nicht die Formel.

Wenn Sie sich nicht mehr sicher sind, ob denn alle Beiträge berücksichtigt sind, können Sie im Eingabemodus überprüfen, ob alle benötigten Zellen eingefärbt sind. Bei der hier vorhandenen geringen Informationsmenge und ihrer einfachen Struktur sollte dies kein Problem darstellen. Bei größeren und komplexeren Bereichen kann es durchaus einige Zeit in Anspruch nehmen, Formeln entsprechend zu verifizieren.

Aus diesem Grund ist es wesentlich vorteilhafter, eine *Excel*-Funktion zu verwenden. Eine Liste der am häufigsten benutzten Funktionen befindet sich im Einblendmenü der Schaltfläche *AutoSumme* in der Gruppe *Funktionsbibliothek* des Registers *Formeln*. Darin befinden sich noch weitere Funktionen, die allerdings nichts mit Summenberechnungen am Hut haben. Die Logik von Namensgebungen bei *Microsoft* wurde schon an anderer Stelle erwähnt.

387

Das Einblendmenü »AutoSumme« mit einer Liste häufig benötigter Funktionen.

Excel erstellt nach einem Klick auf *AutoSumme* oder nach Auswahl von *Summe* im Einblendmenü eine Formel, welche die Funktion *Summe* beinhaltet. Darüber hinaus überprüft es die Nachbarschaft der Zelle auf die Existenz von Zahlenwerten. Wird es fündig, trägt es den ermittelten Zahlenbereich ebenfalls in die Formel ein. Findet es keinen Bereich, müssen Sie ihn selbst eintragen. Dies lässt sich einerseits manuell erledigen oder Sie fahren einfach mit der Maus bei gedrückter Taste über das gewünschte Gebiet.

Die Erstellung einer Formel mit der Funktion »Summe«.

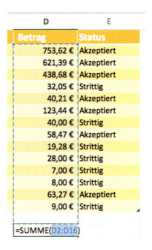

Bei Verwendung von Funktionen mit Bereichsangaben passt *Excel* Bereichsangaben automatisch an, wenn innerhalb des Bereichs neue Zeilen oder Spalten hinzugefügt werden.

Sind Sie lediglich kurzfristig am Ergebnis einer Standardfunktion interessiert, markieren Sie den interessierenden Bereich. *Excel* blendet seine Auswertungen in der Statusleiste am unteren Fensterrand ein. Die Auswahl der anzuzeigenden Funktionen lässt sich im *Kontext*-Menü der Statusleiste einstellen.

4 | Mehr als nur Tabellen: Kalkulieren mit Excel

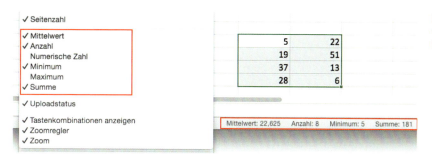

Die Anzeige der Auswertungen für einen markierten Bereich.

Die im folgenden aufgeführten Funktionen lassen sich für diesen Zweck verwenden:

Funktionsname	Zweck
Anzahl	Ermittelt die Anzahl nichtleerer Zellen.
Maximum	Ermittelt den größten Wert.
Minimum	Ermittelt den kleinsten Wert.
Mittelwert	Berechnet den Mittelwert.
Numerische Zahl	Ermittelt die Anzahl der Zellen mit numerischem Inhalt.
Summe	Berechnet die Summe.

Funktionen für die Anzeige von Auswertungen in der Statusleiste.

Funktionen und Formeln

Die umfangreiche Funktionsbibliothek von *Excel* ist in diverse Kategorien unterteilt, deren Symbole in der Gruppe *Funktionsbibliothek* im Register *Formeln* untergebracht sind.

Die Gruppe »Funktionsbibliothek« im Register »Formeln«.

In den Einblendmenüs dieser Schaltflächen sind sämtliche Funktionen namentlich aufgeführt.

Das Einblendmenü von »Logisch«.

Ist Ihnen ein Funktionsname bekannt oder Sie wissen zumindest, in welcher Kategorie er angesiedelt ist, ersparen Sie sich mit diesem Weg Tipparbeit – insbesondere bei längeren Funktionsnamen. Bei einer neuen Formel fügt *Excel* sogar das Gleichheitszeichen mit ein, womit lediglich noch das Argument bzw. die Argumente zu spezifizieren sind.

Das Einfügen von Funktionsnamen über das Einblendmenü einer Funktions-Kategorie.

Eine Liste bereits verwendeter Funktionen ist im Einblendmenü *Zuletzt verwendet* untergebracht.

Das Einblendmenü »Zuletzt verwendet« enthält eine Liste bereits benutzter Funktionen.

4 | Mehr als nur Tabellen: Kalkulieren mit Excel

Ist eine Formel nicht korrekt, protestiert *Excel* mit einem Warnhinweis.

Ein Warnhinweis bei einer nicht korrekt eingegebenen Formel.

Excel versucht in solchen Fällen, den Fehler zu analysieren. In einfacheren Fällen wie etwa einer überflüssigen oder einer fehlenden Klammer am Schluss korrigiert *Excel* dies automatisch, und zwar still und heimlich ohne Benachrichtigung des Nutzers. Bleibt dies unbemerkt, können in der Folge fehlerhafte Ergebnisse auftreten. Bei leichteren Fehlern unterbreitet *Excel* Korrekturvorschläge.

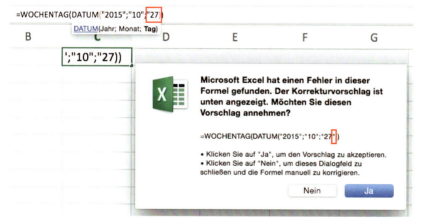

Ein Korrekturvorschlag von »Excel« zu fehlenden Anführungszeichen.

Befindet sich die Einfügemarke beim Bearbeiten einer Formel innerhalb eines Funktionsaufrufs, erscheint unterhalb des Eingabebereichs ein Info-Tipp mit der Syntax der verwendeten Funktion.

Eine eingeblendete Funktionssyntax mit Verweis zur entsprechenden Stelle der Bildschirm-Hilfe.

Ein Klick auf den im Info-Tipp angegebenen Verweis führt unmittelbar zur Seite mit der Funktionsbeschreibung in der Bildschirmhilfe.

Eine Funktionsbeschreibung in der Bildschirm-Hilfe.

Beim Eintippen eines Namens zu Beginn einer Formel blendet *Excel* unterhalb der aktiven Zelle Funktionsnamen in einem *Kontext*-Menü ein. Darin sind alle Funktionen aufgelistet, die mit den eingetippten Zeichen beginnen.

Das »Kontext«-Menü einer Zelle beim Eintippen eines Namens zu Beginn einer Formel.

Nach Eingabe des ersten Terms taucht ein solches Einblendmenü dann unterhalb der Bearbeitungsleiste auf.

Das »Kontext«-Menü einer umfangreicheren Formel unterhalb der Bearbeitungsleiste.

Es kann sein, dass *Excel* Sie zur Auswahl der Argumente einer Funktion mit einem Dialog beglückt.

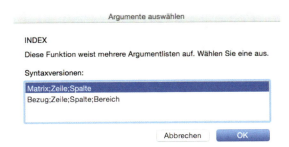

Der Dialog »Argumente auswählen« zur Auswahl der benötigten Variante einer Argumentenliste.

Ist weder der Name noch der Zweck einer Funktion nicht mehr so genau im Gedächtnis oder besteht Unsicherheit hinsichtlich Anzahl und Bedeutung ihrer Argumente, ist der Einsatz des *Formel-Generators* angesagt. Er ist im Aufgabenbereich angesiedelt und bietet Informationen zu sämtlichen Funktionen nebst ihren Argumenten. Das Einblenden des *Formel-Generators* erfolgt mit einem Mausklick auf *Funktion einfügen* ganz links im Register *Formeln*, durch die Auswahl von *Weitere Funktionen* im Einblendmenü *AutoSumme* oder über *Einfügen | Funktion*.

Der »Formel-Generator« mit der Funktionsliste und bei eingegebenem Suchmuster (rechts).

Im oberen Teil der Funktionsliste sind die zuletzt verwendeten Funktionen aufgeführt. Es folgt die Rubrik *Alle* mit sämtlichen Funktionen in alphabetischer Reihenfolge. Darunter sind sie nochmals aufgeführt, jetzt aber nach Kategorien untergliedert. Unter der Funktionsliste finden Sie eine Kurzbeschreibung der aktuell markierten Funktion inklusive deren Syntax. Der Verweis direkt unterhalb der Syntax öffnet die entsprechende Seite der Bildschirmhilfe mit der Beschreibung der markierten Funktion. Die Eingabe eines Textmusters in das Suchfeld oberhalb der Funktionsliste beschränkt die Anzeige auf diejenigen Funktionen, deren Namen das Textmuster enthalten.

Die Übernahme einer Funktion in eine Formel erfolgt am schnellsten per Doppelklick auf einen Funktionsnamen. Das Argument oder die Argumente können Sie manuell oder mit der Maus eingeben, wahlweise in die Eingabefelder des *Formel-Generators* oder direkt in die Bearbeitungsleiste. Der Inhalt eines Bezugs befindet sich unmittelbar oberhalb des Eingabefelds, das Funktionsergebnis ist vor der Funktionsbeschreibung dargestellt.

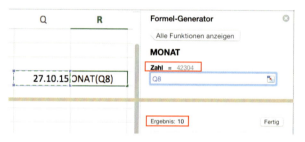

Das Erscheinungsbild des »Formel-Generators« bei einer ausgewählten Funktion.

Lassen Sie bei Datums- und Zeitfunktionen Vorsicht bei der Wahl des Typs von Argumenten walten. Im hier gezeigten Beispiel gibt Microsoft für die ausgewählte Funktion als Syntax *MONAT(ZAHL)* an. Tatsächlich benötigt diese Funktion als Argument einen Datumswert. Ist eine Zahl eingegeben, führt dies zu einem fehlerhaften Ergebnis. Wenn Sie Glück haben: einem offensichtlichen. Den Grund dafür behandeln wir im Abschnitt über Datumsfunktionen.

Die Funktionsbibliothek

Zum Zwecke einer besseren Übersicht hat *Microsoft* jeder Funktion der *Excel*-Bibliothek eine Kategorie zugeordnet. Die Diskussion über die Sinnhaftigkeit verschiedene Zuordnungen wollen wir hier nicht führen. Es sei hier lediglich angemerkt, dass verschiedene Nutzer eine anders strukturierte Kategorienliste bevorzugen würden. Wir halten uns hier an die Einteilung von Microsoft, und diese umfasst die im folgenden aufgeführten Kategorien.

4 | Mehr als nur Tabellen: Kalkulieren mit Excel

- Cube
- Datum und Uhrzeit
- Finanzmathematik
- Informationen
- Kompatibilität
- Konstruktion
- Logisch
- Mathematik und Trigonometrie
- Nachschlagen und Verweisen
- Statistik
- Text
- Web

Die Behandlung sämtlicher Funktionen würde den Umfang dieses Buches bei weitem sprengen. Zudem dienen diverse Funktionen zur Behandlung sehr spezieller Anwendungsfälle. Dazu zählen unter anderem verschiedene Formen von *Bessel-* und *Neumannfunktionen* oder die *Cube*-Funktionen zur Auswertung von umfangreichen mehrdimensionalen Datenstrukturen.

Die folgenden Abschnitte beschränken sich deshalb auf einige häufig benötigte Funktionen. Die Kategorie *Web* können wir auslassen, das Einblendmenü der zugehörigen Schaltfläche enthält keinerlei Einträge, und in der Funktionsliste des *Formel-Generators* taucht diese Kategorie überhaupt nicht auf. *Datenbank* ist wiederum mit einigen Mitgliedern vertreten, ein zugehöriges Symbol fehlt allerdings in der Gruppe *Funktionsbibliothek* des Registers *Formeln*.

Mathematische und trigonometrische Funktionen

Bei den mathematischen Funktionen haben wir die Summenfunktion bereits kennengelernt. Sie addiert sämtliche Zahlen in einem vorgegebenen Zellbereich. Dieser Zellbereich lässt sich in unterschiedlicher Form angeben. Sie können jeden Zellbezug, mit Semikolon von den anderen getrennt, einzeln aufführen. Alternativ ist die Angabe des aufzusummierenden Gebiets mit Hilfe von Bereichsoperatoren möglich, und auch die Verwendung von Mischformen ist zulässig. Die folgende Abbildung zeigt die Verwendung der Summenfunktion mit unterschiedlichen Bereichsangaben.

Das Erscheinungsbild des »Formel-Generators« bei einer ausgewählten Funktion.

Natürlich sind in Argumenten auch Verweise auf andere Tabellenblätter und auf andere Arbeitsmappen möglich. Im Fall der Summenfunktion lautet die Bereichsangabe zur Berechnung des Gesamtumsatzes aus den Einzelumsätzen in verschiedenen Tabellenblättern der gleichen Arbeitsmappe:

=Summe(Januar:Dezember!B2)

Befinden sich die Einzelumsätze auf verschiedenen Blättern einer anderen Arbeitsmappe namens *Umsaetze.xlsx*, so ist der Bezug wie folgt zu formulieren:

=SUMME([Umsaetze.xlsx]Januar:Dezember!$B$2)

Bei den trigonometrischen Funktionen ist darauf zu achten, dass Winkelangaben grundsätzlich im Bogenmaß erfolgen. Um beispielsweise den Sinus von 45° zu berechnen, brauchen Sie aber keine zusätzliche Zelle für die Umsetzung dieses Winkels ins Bogenmaß verschwenden, da sich Funktionsaufrufe ineinander verschachteln lassen.

Trigonometrische Funktionen mit verschachtelten Funktionsaufrufen.

4 | Mehr als nur Tabellen: Kalkulieren mit Excel

In der folgenden Tabelle finden Sie eine Auswahl häufig benutzter mathematischer und trigonometrischer Funktionen.

Funktionsname	Rückgabewert
ABS(Zahl)	Absolutwert einer Zahl
BOGENMASS(Winkel)	Winkel im Bogenmaß
COS(Winkel)	Kosinus eines angegebenen Winkels. Winkel im Bogenmaß
EXP(Zahl)	Potenz von Zahl zur Basis »e«
GERADE(Zahl)	Auf die nächste gerade ganze Zahl aufgerundeter Zahlenwert
GRAD(Winkel)	Winkel in Grad
KÜRZEN(Zahl;Stellen)	Auf angegebene Anzahl der Nachkommastellen gekürzte Zahl
LN(Zahl)	Natürlicher Logarithmus einer Zahl
LOG(Zahl;Basis)	Logarithmus einer Zahl zur angegebenen Basis
PI( )	3,14159265358979
RUNDEN(Zahl;Stellen)	Rundet eine Zahl auf eine bestimmte Anzahl an Stellen
SIN(Winkel)	Sinus eines angegebenen Winkels. Winkel im Bogenmaß
SUMME(Bereich)	Summe aller Zahlen im angegebenen Bereich
TAN(Winkel)	Tangens eines Winkels. Winkel im Bogenmaß
VORZEICHEN(Zahl)	Vorzeichen einer Zahl zurück
WURZEL(Zahl)	Positive Quadratwurzel einer Zahl
ZUFALLSZAHL( )	Zufallszahl im Bereich zwischen 0 und 1

Ausgewählte mathematische und trigonometrische Funktionen.

Datums- und Uhrzeitfunktionen

Die Behandlung von Datumswerten und Uhrzeiten in *Excel* ist zwar nicht problematisch, die Kenntnis der internen Behandlung dieser Funktionen kann sich jedoch mitunter als recht hilfreich erweisen.

Excel speichert sowohl Datumswerte als auch Zeiten intern als Zahlen ab. Datumswerte werden durch natürliche Zahlen repräsentiert, Zeiten durch Dezimalzahlen zwischen 0 und < 1. Die Zeitrechnung von *Excel* beginnt mit dem 01.01.1900 und endet am 31.12.9999. Dies lässt Benutzern ausreichend Spielraum für langfristige Planungsrechnungen. Der 01.01.1900 ist demnach intern durch eine 1 dargestellt, der 31.12.9999 durch die Zahl 2 958 465. Analog repräsentiert die 0 Mitternacht, 0,5 entspricht 12 Uhr Mittag und 0,9999884 bezieht sich auf 23^{59}. Somit können Sie Datumswerte wie Zahlen behandeln.

Aus diesem Grund brauchen Sie beim Erstellen von Kalendern keinerlei Anstrengungen zur Ermittlung der Monatsletzten zu unternehmen. Subtrahieren Sie einfach eine 1 vom jeweils darauffolgenden Monatsersten.

Die interne Darstellung von Datumswerten und Zeiten.

	A	B	C
1	Zahl		Zahl im Datumsformat
2	1		01.01.1900
3	42305		28.10.15
4	2958465		31.12.99
5			
6	Zahl		Zahl im Zeitformat
7	0		00:00:00
8	0,5		12:00:00
9	0,999988		23:59:59

Um Ihnen ansonsten das Umrechnen zwischen Datumswerten und Zeiten auf der einen und Zahlenwerten auf der anderen Seite zu ersparen, bietet *Excel* diverse Funktionen zur Manipulation dieser beiden Datentypen. Darüber hinaus können Sie mit *Jetzt*() jederzeit den aktuellen Zeitpunkt (oder zumindest was ihr Rechner für aktuell hält) einschließlich der aktuellen Sekunde in ein Tabellenblatt übernehmen.

Betrachten wir als Beispiel eine Liste mit Geburtstagen von Freundinnen, Freunden oder Bekannten. Dafür möchten wir den Wochentag dieses Ereignisses im aktuellen Jahr herausfinden. Tag und Monat bestimmen wir aus dem Geburtsdatum mit den Funktionen *TAG* und *MONAT*. *TAG* extrahiert den Tag eines Monats aus einem Datum, *MONAT* analog die Monatszahl. Das aktuelle Datum liefert *Jetzt*(), daraus können wir mit *JAHR* das aktuelle Jahr bestimmen. Mit der Funktion *DATUM* setzen wir aus den Einzelteilen von *Geburtstag*, *Geburtsmonat* und *aktuelles Jahr* das Geburtstags-Datum im aktuellen Jahr zusammen.

Die Berechnung eines Geburtstags im aktuellen Jahr (C15 enthält das tatsächliche Geburtsdatum).

Formel-Generator

Alle Funktionen anzeigen

DATUM

Jahr = Temporär
JAHR(HEUTE())

Monat = 5
MONAT(C15)

Tag = 12
TAG(C15)

WOCHENTAG liefert aus diesem Ergebnis eine Zahl für den Geburtstag. Die 1 kennzeichnet den Sonntag, die 7 den Samstag.

Die Berechnung von Wochentagen.

In der folgenden Tabelle finden Sie eine Auswahl häufig benutzter Datums- und Zeitfunktionen.

Häufig benötigte Datums- und Zeitfunktionen

Funktionsname	Rückgabewert
DATUM(Jahr;Monat;Tag)	Fortlaufende Zahl, die ein durch Jahr, Monat und Tag bestimmtes Datum repräsentiert
JAHR(Datum)	Jahr eines Datums als Zahl zwischen 1900 und 9999
JETZT( )	Aktuelles Datum inklusive der aktuellen Uhrzeit
MINUTE(Zeit)	Minute einer Zeit als Zahl zwischen 0 und 59
MONAT(Datum)	Monat eines Datums als Zahl zwischen 1 und 12
SEKUNDE(Zeit)	Sekunde einer Zeit als Zahl zwischen 0 und 59
STUNDE(Zeit)	Stunde einer Zeit als Zahl zwischen 0 und 23
TAG(Datum)	Tag eines Datums als Zahl zwischen 1 und 31
WOCHENTAG(Datum;Typ)	Tag eines Datums als Zahl zwischen 1 und 7
ZEIT(Stunde;Minute;Sekunde)	Fortlaufende Dezimalzahl, die eine durch Stunde, Minute und Sekunde bestimmte Zeit repräsentiert

Logische Funktionen

Bei unseren bisherigen Betrachtungen haben wir einfach Werte bestimmt und uns nicht darum gekümmert, ob das Ergebnis einer Berechnung von bestimmten Bedingungen abhängig war. Für reale Anwendungen sind Überprüfungen auf Zutreffen oder Nichtzutreffen von Bedingungen notwendig. Sie möchten Mahnungen erst dann versenden, wenn eine bestimmte Frist nach Verschicken der Rechnungen verstrichen ist. Oder Sie müssen normalerweise einen Mehrwertsteuersatz von 19 %, bei Literatur aber nur von 7 %, anwenden.

Die wichtigste und am meisten benutzte logische Funktion ist die *WENN*-Anweisung. Ihre Syntax lautet:

   WENN(Bedingung;Dann;Sonst)

Ist die Bedingung erfüllt, führt *Excel* die Anweisungen hinter dem ersten Semikolon aus. Ist sie nicht erfüllt, kommen die Anweisungen hinter dem zweiten Semikolon zum Zuge.

Betrachten wir als Beispiel wieder unsere Ferienabrechnung. Wir haben die Summe bestimmt, was alle zusammen ausgegeben haben. Jetzt gilt es zu berechnen, wer noch Geld nachschießen muss oder einen Betrag zurückerhält. Wir tragen dazu die Namen der Reiseteilnehmer in die oberste Zeile ein, darunter jene Beträge, die sie ausgegeben haben. Einen manuellen Neueintrag wollen wir uns ersparen. Eine Übernahme soll also nur stattfinden, wenn der Name in der ersten Zeile mit dem in der ersten Spalte übereinstimmt. Als *Sonst*-Bedingung tragen wir zwei aufeinander folgende Hochkommata ein. Sie signalisieren, dass in die Zelle bei nicht erfüllter Bedingung auch nichts eingetragen wird.

Formeln mit Bedingungen.

	A	D	E	F	G	H	I	J
					fx =WENN($A2=H$1;$D2;"")			
1	Bezahlt von	Betrag	Status		Achim	Gabriele	Horst	Ute
2	Gabriele	753,62 €	Akzeptiert			=WENN($A2=H$1;$D2;"")		
3	Horst	621,39 €	Akzeptiert			WENN(Prüfung; [Dann_Wert]; [Sonst_Wert])		
4	Achim	438,68 €	Akzeptiert		438,68 €			
5	Achim	32,05 €	Strittig		32,05 €			
6	Horst	40,21 €	Akzeptiert				40,21 €	
7	Ute	123,44 €	Akzeptiert					123,44 €
8	Ute	40,00 €	Strittig					40,00 €
9	Horst	58,47 €	Akzeptiert				58,47 €	
10	Gabriele	19,28 €	Strittig			19,28 €		
11	Horst	28,00 €	Strittig				28,00 €	
12	Ute	7,00 €	Strittig					7,00 €
13	Gabriele	8,00 €	Strittig			8,00 €		
14	Achim	63,27 €	Akzeptiert		63,27 €			
15	Gabriele	9,00 €	Strittig			9,00 €		
16								
17		2.242,41 €			534,00 €	789,90 €	748,07 €	170,44 €

Damit ist nun bekannt, was jeder Teilnehmer bezahlt hat. Der Betrag, der von jedem Teilnehmer tatsächlich zu entrichten ist, ergibt sich aus der jeweiligen Differenz seiner tatsächlichen Ausgaben zum Mittelwert. Damit ist klar, was jeder in die virtuelle Kasse nachzuschießen hat bzw. aus ihr zurückbekommt. Um dies im Tabellenblatt deutlich zu dokumentieren, soll hinter einem negativen Betrag das Wort *Nachzahlung*, hinter einem positiven *Rückerstattung* stehen.

Die komplette Ferienabrechnung.

Auswertung			
Belastung pro Nase	560,60 €	Differenz	
Achim	534,00 €	-26,60 €	Nachzahlung
Gabriele	789,90 €	229,30 €	Rückerstattung
Horst	748,07 €	187,47 €	Rückerstattung
Ute	170,44 €	-390,16 €	Nachzahlung

Die folgende Tabelle beinhaltet eine Auswahl häufig benutzter Logikfunktionen.

Funktionsname	Rückgabewert
FALSCH()	Wahrheitswert FALSCH
NICHT(Wahrheitswert)	Umkehr des Wertes des Arguments
ODER(Wert1;Wert2;...)	WAHR, wenn eines der Argumente WAHR ist. Ansonsten FALSCH
UND(Wert1;Wert2;...)	WAHR, wenn alle Argumente WAHR sind. Ansonsten FALSCH
WAHR( )	Wahrheitswert WAHR
WENNFEHLER(Formel; Fehlerwert)	Formelergebnis, falls Formel korrekt. Andernfalls Fehlerwert (#NV, #WERT!, #BEZUG!, #DIV/0!, #ZAHL!, #NAME? oder #NULL)
WENN(Bedingung;Dann;Sonst)	Dann Wenn Bedingung = WAHR. Andernfalls Sonst

Ausgewählte Logik-Funktionen.

Textfunktionen

Neben seinen numerischen Fähigkeiten ist *Excel* auch in der Lage, Zeichenketten zu verarbeiten. Seine Textfunktionen erweisen sich als nützlich beim Auswerten und Aufbereiten von Texten, die in einzelnen Zellen abgelegt sind. So kann es beispielsweise bei der Analyse von importierten Textdokumenten vorkommen, dass Informationen auf mehrere Zellen verteilt sind, die für den aktuellen Anwendungsfall besser in einer einzigen Zelle untergebracht wären. Das umgekehrte gilt ebenfalls: Es kann sinnvoller sein, den Inhalt einer Zelle auf mehrere aufzuteilen. Und es kann aus optischen Gründen angebracht sein, Leerzeichen aus Texten zu entfernen, oder Zahlen in Text umzuwandeln.

Betrachten wir eine Tabelle, in der Informationen zu Standorten von Geräten einer Firma abgelegt sind. Die Standortinformation setzt sich aus Niederlassungsort, Gebäudebezeichnung und Raumnummer zusammen, die Einzelteile sind durch Schrägstriche voneinander getrennt. Für Analysezwecke wäre es vorteilhaft, die Details in unterschiedlichen Zellen abzulegen. Die Extraktion des Standortes ist relativ einfach. Wir benötigen dazu die Funktion *LINKS*. Sie liefert als Ergebnis den linken Teil einer Zeichenkette, deren Länge als Argument zu übergeben ist. Diese Länge wiederum ermitteln wir mit Hilfe der Funktion *FINDEN*, mit der wir die Position des ersten Schrägstriches im Text bestimmen. Diese so gewonnene Zahl müssen wir um 1 verringern, da der Schrägstrich nicht Bestandteil des Gesamtergebnisses sein soll. Schließlich entfernen wir mit *GLÄTTEN* eventuell vorhandene Leerzeichen am Anfang und/

oder Ende der Zeichenkette. Insgesamt benötigen wir also die noch recht überschaubare Formel

=GLÄTTEN(LINKS(»Zellbezug«;FINDEN(„/";»Zellbezug«;1)-1))

Das letzte Argument »1« besagt, dass die Suche beim ersten Zeichen beginnen soll. Deutlich komplexer fällt die Formel zur Extraktion des Gebäudes aus. Dazu benötigen wir insbesondere die Funktion *TEIL*. Sie liefert die Teilfolge eines Textes, die durch die Argumente *Erstes_Zeichen* und *Anzahl_Zeichen* bestimmt ist. Die Position des ersten Schrägstriches ermitteln wir wie gehabt mit *FINDEN*, wobei wir dieses Ergebnis jetzt um 1 erhöhen müssen. Diese Funktion benötigen wir auch zur Bestimmung der Position des zweiten Schrägstriches, und zwar gleich zwei Mal. Die Suche muss nämlich in diesem Fall **nach** dem ersten Schrägstrich beginnen. Die Anzahl der Zeichen im Ergebnis ergibt sich demnach zu

»Anzahl Zeichen« = FINDEN(„/";»Bezug«;(FINDEN(„/";»Bezug«;1)+1))-FINDEN(„/";»Bezug«;1) − 1

Insgesamt ergibt sich für den mittleren Teil, wobei wir Leerzeichen wieder mit *GLÄTTEN* entfernen:

»Ergebnis« = GLÄTTEN(TEIL(»Bezug«;FINDEN(„/";;»Bezug«;1)+1;»Anzahl Zeichen«)

Die Position des zweiten Schrägstriches benötigen wir auch für die Ermittlung des Raumes. Die Subtraktion dieses Wertes und einer »1« von der mit *LÄNGE* ermittelten Gesamtzahl an Zeichen liefert die Anzahl der Zeichen des rechten Terms. Mit *RECHTS* und *GLÄTTEN* erhalten wir dann das benötigte Endergebnis.

Die Extraktion von Zeichenketten aus Texten.

	A	B	C	D	E	F	G
1	Standort	Stadt	Gebäude	Raum			
2	Ffm / 8.7 / 325	Ffm	8.7	325			
3	Ffm / 9.3 / 206	Ffm	9.3	206			
4	HH / BG 12 / 841	HH	BG 12	841			
5	FR / 5.1 / 647	=GLÄTTEN(LINKS(A5;FINDEN("/";A5;1)-1))					
6							
7			=GLÄTTEN(TEIL(A5;FINDEN("/";A5;1)+1;				
8			FINDEN("/";A5;(FINDEN("/";A5;1)+1))-				
9			FINDEN("/";A5;1)-1))				
10					=GLÄTTEN(RECHTS(A5;LÄNGE(A5)-FINDEN("/";		
11					A5;(FINDEN("/";A5;1)+1))-1))		

4 | Mehr als nur Tabellen: Kalkulieren mit Excel

Die Funktion *TEXT* ermöglicht die Umwandlung numerischer Werte in einen Text entsprechend dem als Parameter übergebenen Format. Zur Spezifizierung eines Formats lassen sich dabei die gleichen Platzhalter verwenden wie bei der Konstruktion benutzerdefinierter Formate (Zahlen, Datumswerte etc.) für Zellen.

	G	H	I	J	K	L	M	N
1	Projektbeginn	26.10.15	10:00					
2	Projektende	04.12.15	12:00					
3								
4	Das Projekt beginnt am Montag, 26.10.15 um 10:00							
5	und endet am Freitag, 04.12.15 um 12:00							
6								
7	="Das Projekt beginnt am "&TEXT(H1;"TTTT")&", "&TEXT(H1;"TT.MM.JJ")&" um "&TEXT(I1;"hh:mm")							
8	="und endet am "&TEXT(H2;"TTTT")&", "&TEXT(H2;"TT.MM.JJ")&" um "&TEXT(I2;"hh:mm")							
9								
10								
11	Gesamtpreis	12359						
12	MwSt	2348,21						
13								
14	Unser Angebot beläuft sich auf 12 359,00 € zzgl. 2 348,21 € MwSt.							
15	="Unser Angebot beläuft sich auf "&TEXT(H11;"# ##0,00 €")&" zzgl. "&TEXT(H12;"# ##0,00 €")&" MwSt."							

Das Umwandeln numerischer Werte in Texte.

Die folgende Tabelle beinhaltet eine Auswahl häufig benutzter Textfunktionen.

Funktionsname	Rückgabewert
ERSETZEN(Alt;Beginn;Anzahl;Neu)	Text, indem *Anzahl* Zeichen von *Alt* durch *Neu* ersetzt sind, beginnend ab Stelle *Beginn*
IDENTISCH(Text1;Text2)	WAHR, falls *Text1* und *Text2* identisch sind. Ansonsten FALSCH
FINDEN(Suchtext;Text;Beginn)	Position von *Suchtext* in *Text*.
	#WERT!, falls *Suchtext* nicht in *Text* enthalten.
	Beginn: Position, ab der die Suche beginnt
GLÄTTEN(Text)	Text ohne äußere Leerzeichen
LÄNGE(Text)	Anzahl der Zeichen von *Text*
LINKS(Text;Anzahl)	Die ersten *Anzahl* Zeichen von *Text*
RECHTS(Text;Anzahl)	Die letzten *Anzahl* Zeichen von *Text*
SUCHEN (Suchtext;Text;Beginn)	Wie SUCHEN, aber ohne Berücksichtigung von Groß- und Kleinschreibung
TEIL(Text;Beginn;Anzahl)	Teil von *Text* ab *Beginn* mit Länge *Anzahl*
WECHSELN(Text;Alt;Neu;Auftreten)	Text, indem *Alt* durch *Neu* ersetzt ist. Bei Angabe von *Auftreten* wird nur diese Instanz ersetzt
WIEDERHOLEN(Text;Anzahl)	*Text*, *Anzahl* mal wiederholt

Ausgewählte Textfunktionen.

Statistikfunktionen

Unter den statistischen Funktionen befinden sich einfache Prozeduren zur Bestimmung von Maximum, Minimum oder Mittelwert eines Bereichs. In dieser Kategorie sind aber auch spezielle Funktionen für komplexere statistische Auswertungen enthalten, etwa die *Chi-Quadrat*-Verteilung oder die *Poisson*-Verteilung.

Ausgewählte Statistikfunktionen.

Funktionsname	Rückgabewert
ANZAHL(Bereich)	Anzahl der Zellen eines Bereichs mit Zahlen
MAX(Bereich)	Größte Zahl aus *Bereich*
MIN(Bereich)	Kleinste Zahl aus *Bereich*
MITTELWERT(Bereich)	Arithmetisches Mittel aus *Bereich*
STABW(Bereich)	Standardabweichung eines Zahlenbereichs
VARIANZ(Bereich)	Varianz eines Zahlenbereichs

Finanzmathematische Funktionen

Die Nutzung von finanzmathematischen Funktionen erfolgt vorwiegend im kaufmännischen Bereich. Darunter finden sich gebräuchliche Funktionen etwa zur Berechnung von Krediten, von Abschreibungen, oder zur Ermittlung von Sparbeträgen. Aber auch Prozeduren für spezielle Anwendungen im Bereich Aktien oder Wertpapieren sind in dieser Kategorie enthalten.

Ausgewählte finanzmathematische Funktionen.

Funktionsname	Rückgabewert
BW(Zins;Zzr)	Barwert einer Investition, abhängig vom Zins und der Zahl der Zahlungsperioden
EFFEKTIV(Nominalzins;Perioden)	Jährliche Effektivverzinsung, abhängig vom Nominalzins und den jährlichen Zinszahlungen
NBW(Zins;Wert1;Wert2;...)	Nettobarwert (Kapitalwert) einer Investition, abhängig von Zins und Zahlungsvorgängen
NOMINAL(Effektivzins;Perioden)	Jährliche Nominalverzinsung, abhängig vom Effektivzins und den jährlichen Zinszahlungen

Konstruktionsfunktionen

Bei dieser Kategorie haben mal wieder die Namensgeber von *Microsoft* zugeschlagen. In diesem Sammelsurium tummeln sich alle Funktionen, die sie anscheinend in keine andere Kategorie pressen wollten oder konnten. Das Anwendungsgebiet ist auf jeden Fall breit gestreut, es umfasst im wesentlichen die Bereiche

4 | Mehr als nur Tabellen: Kalkulieren mit Excel

- Naturwissenschaften/Technik (Bessel- und Neumannfunktionen)
- Statistik (Gaußsches Fehlerintegral)
- Komplexe Zahlenrechnung
- Zahlensysteme

	A	B	C	D
1	Zahl	Darstellung	Formel	Zahlensystem
2	247	11110111	=DEZINBIN(A2)	Dual
3	247	367	=DEZINOKT(A2)	Oktal
4	247	F7	=DEZINHEX(A2)	Hexadezimal

Das Umwandeln von Zahlen in andere Systeme.

Das Rechnen mit komplexen Zahlen erfordert zunächst das Zusammenfassen zweier reeller Zahlen in eine komplexe Zahl. Dies leistet die Funktion *KOMPLEXE*. Die Übergabe des Realteils erfolgt im ersten, die des Imaginärteils im zweiten Parameter. Der optionale dritte Parameter enthält das Suffix zur Kennzeichnung des Imaginärteils. Standardmäßig ist dies ein kleines »i«, alternativ ist im Technikbereich (vor allem in der Elektrotechnik) das sehr verbreitete kleine »j« möglich. Alle anderen Zeichen führen zu der Fehleranzeige *#Wert!*.

	A	B	C	D	E
1	Realteil	Imaginärteil	Komplexe Zahl	Formel	Bezeichnung
2	25	9	25+9i	=KOMPLEXE(A2;B2)	Compl_1
3	18	11	18+11i	=KOMPLEXE(A3;B3)	Compl_2
4	7	16	7+16j	=KOMPLEXE(A4;B4)	Compl_3

Das Erzeugen komplexer Zahlen.

Bei Operationen mit mehreren komplexen Zahlen muss deren Suffix übereinstimmen, sonst erscheint als Ergebnis der Fehlercode *#Wert!*.

	G	H	I	J
1	**Funktionen**		**Ergebnis**	**Formel**
2	Summe	Compl_1 + Compl_2	43+20i	=IMSUMME(C2;C3)
3	Differenz	Compl_1 - Compl_2	7-2i	=IMSUB(C2;C3)
4	Summe	Compl_1 + Compl_3	#WERT!	=IMSUMME(C2;C4)

Das Rechnen mit komplexen Zahlen.

Excel verfügt über diverse Funktionen für Operationen mit komplexen Zahlen, aber über kein einziges Werkzeug zu deren Formatierung. Zur Erzeugung einer übersichtlichen Darstellung bleibt Ihnen in bestimmten Fällen nichts anderes übrig, als die Umwandlung komplexer Zahlen in Texte vorzunehmen.

Das »Formatieren« komplexer Zahlen.

	M	N	O	P	Q
1	Komplexe Wurzel	Ergebnis		Formel	
2					
3	Wurzel(Comp_1)	5,0779257827962+0,886188611744939i		=IMWURZEL(C2)	
4		5,0779 + 0,8862i		=TEXT(IMREALTEIL(H4);"0,0000")&" + "&	
5				"TEXT(IMAGINÄRTEIL(H4);"0,0000")&"i"	

Ausgewählte Konstruktionsfunktionen.

Funktionsname	Rückgabewert
BININDEZ(Dualzahl)	Dezimalzahl
BININHEX(Dualzahl;Stellen)	**Hexadezimalzahl:** Dualzahl darf aus maximal zehn Zeichen bestehen
KOMPLEXE (Realteil;Imaginärteil;Suffix)	**Komplexe Zahl:** Suffix ist Zeichen zur Kennzeichnung des Imaginärteils
DEZINBIN(Dezimalzahl;Stellen)	Dualzahl
IMABS(Komplexe_Zahl)	Absolutbetrag der komplexen Zahl
IMWURZEL(Komplexe_Zahl)	Quadratwurzel der komplexen Zahl

Such- und Verweisfunktionen

Such- und Verweisfunktionen ermöglichen das Durchsuchen von Datenbereichen anhand vorgegebener Suchkriterien. *SVERWEIS* durchsucht die linke Spalte einer Matrix und gibt im Trefferfall den Inhalt einer in der gleichen Zeile gelegenen Nachbarzelle zurück. *INDEX* ermöglicht den Zugriff auf den Inhalt einer Zelle in einem definierten Bereich durch die Angabe eines Zeilen- und eines Spaltenindex.

Die Anwendung verschiedener Such- und Verweisfunktionen.

	A	B	C	D	E	F
1	Artikelnum	Bezeichnung	Einzelpreis		Formel	Ergebnis
2	Z20100	Zahnbürste	3,95 €		=INDEX(A2:A6;3)	Z20300
3	Z20200	Zahnpasta	2,46 €		=SPALTE(A2)	1
4	Z20300	Zahnseide	3,78 €		=ZEILE(A6)	6
5	Z20400	Reinigungscreme	4,29 €		=ADRESSE(4;2)	$B$4
6	Z20500	Haftcreme	7,13 €		=SVERWEIS("Z20500";A2:C6;3)	7,13

Ausgewählte Such- und Verweisfunktionen.

Funktionsname	Rückgabewert
INDEX(Verweis)	Inhalt der durch Verweis gekennzeichneten Zelle
SPALTE(Verweis)	Spaltennummer des Verweises
SPALTEN(Bereich)	Anzahl der Spalten des Bereichs
SVERWEIS (Kriterium;Bereich;Spalte;Option)	Inhalt der durch *Spalte* spezifizierten Zelle in *Bereich*, die das *Kriterium* erfüllt
WVERWEIS (Kriterium;Bereich;Spalte;Option)	Inhalt der durch *Zeile* spezifizierten Zelle in *Bereich*, die das *Kriterium* erfüllt
ZEILE(Verweis)	Zeilennummer des Verweises

Datenbankfunktionen

Als Erstes sollten Sie sich von dem Begriff *Datenbank* nicht abschrecken lassen. Er steht für eine strukturierte Sammlung von Informationen. Wenn Sie also Informationen in einem Tabellenblatt sammeln und die inhaltlich zusammengehörigen Daten jeweils unter einer Überschrift eingeben, erzeugen Sie eine Datenbank – ob Sie wollen oder nicht. Die Datenbankfunktionen von *Excel* ermöglichen Ihnen die Analyse auch umfangreicher Datensammlungen.

Jede Datenbankfunktion beginnt mit den Zeichen *DB* und verfügt über drei Argumente: dem *Datenbanknamen*, dem *Datenbankfeld* und den *Suchkriterien*. Als *Datenbankname* müssen Sie lediglich einen Bereich in einem Tabellenblatt angeben. Bei häufigem Gebrauch empfiehlt sich die Definition eines Namens, wobei sich *Excel* aber auch mit Angaben unter Zuhilfenahme von Bereichsoperatoren zufrieden gibt. Das *Datenbankfeld* enthält den Namen des auszuwertenden Feldes, die *Suchkriterien* spezifizieren den Bereich mit den Suchkriterien.

Die Suchkriterien und die Daten müssen nicht notwendigerweise im selben Tabellenblatt untergebracht sein. Befinden sich aber beide auf dem gleichen Blatt, sollte der Kriterienbereich nicht unterhalb der Daten angebracht sein. Dies erschwert das Einfügen zusätzlicher Informationen.

Der Kriterien- und der Suchbereich dürfen sich nicht überlappen. Weiterhin müssen die Überschriften des Kriterienbereichs mit den Spaltenüberschriften der auszuwertenden Spalten übereinstimmen. Und schließlich darf der Kriterienbereich keine Leerzeilen enthalten.

Die im folgenden Bild gezeigten Beispiele enthalten lediglich ein Suchkriterium, wobei die Angabe mehrerer Kriterien ebenfalls möglich ist. In diesem Fall müssen die UND-Bedingungen in einer Zeile, die ODER-Bedingungen in einer Spalte stehen.

Die Auswertung einer Datenbank mit den »Datenbank«-Funktionen von »Excel«.

	A	B	C	D	E	F	G
1	**Formel**		**Einzelpreis**	**Lager**			**Abfrage des Lagerbestands**
2	=DBANZAHL($A$1:$E$6;$D$8; >0			<200	2		
3							
4	**Formel**			**Bestellt**			**Abfrage der Bestellmenge**
5	=DBSUMME($A$1:$E$6;$D$11;C11:D12)			>0	350		
6							
7	**Artikelnum**	**Bezeichnung**	**Einzelpreis**	**Lager**	**Bestellt**		**Datenbank**
8	Z20100	Zahnbürste	3,95 €	100	200		
9	Z20200	Zahnpasta	2,46 €	500			
10	Z20300	Zahnseide	3,78 €	400			
11	Z20400	Reinigungscreme	4,29 €	200	50		
12	Z20500	Haftcreme	7,11 €	150	100		

Ausgewählte Datenbankfunktionen.

Funktionsname	Rückgabewert
DBANZAHL(Bereich;Feld;Kriterien)	Anzahl der Zellen von *Feld* in *Bereich*, die Zahlen enthalten
DBMAX(Bereich;Feld;Kriterien)	Maximum von *Feld* in *Bereich*, der die Kriterien erfüllt
DBMITTELWERT(Bereich;Feld;Kriterien)	Mittelwert von *Feld* in *Bereich*, der die Kriterien erfüllt
DBSUMME (Bereich;Feld;Kriterien)	Summe von *Feld* in *Bereich*, der die Kriterien erfüllt

Informationsfunktionen

Wenn *Excel* eine eingegebene Formel akzeptiert, bedeutet das, dass sie syntaktisch korrekt ist. Dies bedeutet aber noch lange nicht, dass sie auch richtige Ergebnisse liefert. Wenn beispielsweise ein Nenner einer Formel einen Bezug auf eine Zelle ohne Inhalt enthält, führt dies zur Anzeige *#DIV0!*. Mit Hilfe der Informationsfunktionen lassen sich solche Anzeigen unsichtbar machen.

Weiterhin lässt sich der Datentyp von Zellinhalten abfragen. Auf diese Weise vermeiden Sie Fehler bei der Auswertung von Formeln, wenn sich nichtnumerische Werte in eine oder mehrere beteiligte Zellen eingeschlichen haben. Und Sie können prüfen, ob Zellen überhaupt besetzt sind. So lässt sich die Anzeige von Nullen vermeiden.

Die Anwendung von Informationsfunktionen.

	A	B	C	D	E
1			**Wert**		**Formel**
2	15	a	#WERT!		=A2/B2
3	15	a			=WENN(ISTZAHL(B3);;A4/B4)
4	20		#DIV/0!		=A4/B4
5	20				=WENN(ISTLEER(B5);"";A5/B5)
6	20	4	5		=WENN(ISTLEER(B6);"";A5/B5)
7	3,5			1	=TYP(A6) -- entspricht Zahl
8		Rosen		2	=TYP(B7) -- entspricht Text
9				2	=FEHLER.TYP(C4) -- entspricht DIV/0!

4 | Mehr als nur Tabellen: Kalkulieren mit Excel

Funktionsname	Rückgabewert
ISTFEHL(Wert)	WAHR, wenn Wert leer ist, ansonsten FALSCH
ISTGERADE(Zahl)	WAHR, wenn Zahl gerade ist, ansonsten FALSCH
ISTLEER(Wert)	WAHR, wenn Wert auf einen Fehlerwert außer #NV verweist, ansonsten FALSCH
ISTNV(Wert)	WAHR, wenn Wert auf den Fehlerwert #NV verweist, ansonsten FALSCH
ISTTEXT(Wert)	WAHR, wenn Wert ein Text ist, ansonsten FALSCH
ISTZAHL(Wert)	WAHR, wenn Wert eine Zahl ist, ansonsten FALSCH
TYP(Wert)	Datentyp von Wert

Ausgewählte Informationsfunktionen.

Eigene Funktionen

Trotz der umfangreichen Bibliothek für Berechnungen unterschiedlichster Art gibt es häufig spezielle Anwendungsfälle mit der Erfordernis, dafür »selbst gestrickte« Funktionen zu verwenden.

Betrachten wir dies am Beispiel des Planck'schen Strahlungsgesetzes. Es beschreibt die Verteilung der elektromagnetischen Energie des thermischen Strahlungsfeldes eines schwarzen Körpers in Abhängigkeit von der Wellenlänge oder der Frequenz einer Strahlung. Ein »schwarzer Körper« ist ein hypothetisches Gebilde, das sämtliche auf ihn treffende Strahlung vollständig absorbiert. Seine spektrale spezifische Ausstrahlung ergibt sich nach Planck aus nebenstehender Formel.

$$M(\lambda, T) = \frac{2\pi}{\lambda^5} \frac{h c^2}{e^{\frac{h c}{\lambda k T}} - 1}$$

Die daraus resultierende *Excel*-Formel ist zwar nicht sonderlich komplex, aber doch etwas länglich.

	A	B	C	D	E	F
1	c	3,00E+08	m / sec			
2	h	6,63E-34	J sec			
3	k	1,38E-23	J / K			
5	nm_m	1,00E-09				
7	Wellenlänge [nm]		300 K	1000 K	1273 K	
8		100	1,634E-198	1,162E-52	2,954E-39	
9		200	7,730E-96	6,519E-23	3,287E-16	
10		300	5,425E-62	2,248E-13	6,609E-09	
11		400	2,972E-45	8,631E-09	1,938E-05	
12		500	2,550E-35	3,775E-06	1,811E-03	
13		600	9,035E-29	1,839E-04	3,153E-02	
14		700	3,821E-24	2,619E-03	2,154E-01	
15		800	1,030E-20	1,756E-02	8,318E-01	
16		900	4,477E-18	7,191E-02	2,220E+00	
17		1000	=0,000000001*2*PI()*Planck_h*Licht_c*Licht_c/(($A17*nm_m)^5)/			
18			(EXP(Planck_h*Licht_c/(nm_m*$A17*Boltzm_k*B$7))-1)			

Das Planck'sche Strahlungsgesetz als »Excel«-Formel.

Wir wollen versuchen, die Formel unter Zuhilfenahme eines Funktionsmakros übersichtlicher zu gestalten. Ein Klick auf *Makros* im Register *Entwicklertools* öffnet den Dialog *Makro*. Darin geben wir *Planck* als Makronamen ein und klicken dann auf die Taste »+«.

Die Erzeugung des Makros.

Daraufhin öffnet sich der *Visual Basic Editor*, in dessen Code-Fenster wir den unten dargestellten Code eingeben.

Das Funktions-Makro zur Berechnung der Strahlungsdichte.

```
Visual Basic-Editor
Public Function Planck(WLaenge As Double, _
                       Temp As Double) As Double

Const Boltzm_k As Double = 1.381E-23
Const Licht_c As Double = 299800000
Const Planck_h As Double = 6.63E-34
Const UFak_nm_m As Double = 1E-09

Pi = 4 * Atn(1)
WLaenge_M = UFak_nm_m * WLaenge
Term_1 = 2 * Pi * Planck_h * Licht_c * Licht_c / (WLaenge_M ^ 5)
Term_2 = Exp(Planck_h * Licht_c / (WLaenge_M * Boltzm_k * Temp))

Planck = UFak_nm_m * Term_1 / (Term_2 - 1)

End Function
```

In diesem Funktionsmakro ist die Formel in überschaubare, verdauliche Häppchen aufgeteilt. Insgesamt führt die Verwendung des Makros zu einer deutlich übersichtlicheren Formel.

Die Verwendung eines Funktions-Makros zur Berechnung der Strahlungsdichte in den Formeln.

	A	B	C	D	E
1	Wellenlänge	300 K	1000 K	1273 K	
2	100 nm	1,634E-198	1,162E-52	2,954E-39	
3	200 nm	7,730E-96	6,519E-23	3,287E-16	
4	300 nm	5,425E-62	2,248E-13	6,609E-09	
5	400 nm	2,972E-45	8,631E-09	1,938E-05	
6	500 nm	2,550E-35	3,775E-06	1,811E-03	
7	600 nm	9,035E-29	1,839E-04	3,153E-02	
8	700 nm	3,821E-24	2,619E-03	2,154E-01	
9	800 nm	1,030E-20	1,756E-02	8,318E-01	
10	900 nm	4,477E-18	7,191E-02	2,220E+00	
11	1000 nm	5,462E-16	2,102E-01	=Planck($A11;D$1)	

Rechnen mit Tabellen

Formeln lassen sich auch in *Daten-Tabellen* verwenden, wobei einige Besonderheiten zu beachten sind. Betrachten wir dazu das Angebot eines Händlers zur Lieferung diverser IT-Gerätschaften. Eine Daten-Tabelle mit dem Namen *Angebot_15009* ist bereits erstellt, die einzelnen Positionen, deren Anzahl und Einzelpreise sind eingetragen. Als Erstes ist darin der Nettopreis aus der Anzahl und dem Einzelpreis zu bestimmen.

Wir gehen wie in einem »normalen« Bereich des Tabellenblatts vor: Wir positionieren die Aktivmarke auf Zelle *D2*, geben ein Gleichheitszeichen ein und klicken auf Zelle *A2*. Anstelle eines Zellbezugs trägt Excel den Spaltennamen mit vorangestelltem »Klammeraffen« in die Bearbeitungszeile ein, das ganze von eckigen Klammern umrahmt. Dies wiederholt sich nach dem Eintippen eines »*« und einem Klick auf *C2*.

Die Eingabe einer Formel in einer »Daten-Tabelle«.

Mit dem Betätigen der Zeilenschaltung werden nicht nur die Zelle *D2*, sondern sämtliche Zellen der Tabellen-Spalte mit dieser Formel bestückt. »@« steht darin für »aktuelle Zeile. Ins Wörtliche übersetzt bedeutet die Formel: nimm in der gleichen Zeile den Inhalt von Spalte *Anzahl* und multipliziere ihn mit dem Inhalt von Spalte *Einzelpreis*.

In den Formeln lassen sich auch Bezüge zu Zellen verwenden, die nicht Bestandteil einer *Daten-Tabelle* sind. So ist im Beispiel *MwSt* für eine Zelle außerhalb der Tabelle definiert.

Die Verwendung von Bezügen außerhalb einer »Daten-Tabelle«.

Für die Bildung von Summen oder anderer Funktionen lässt sich – wie bereits dargestellt – eine Ergebniszeile unterhalb einer Tabelle einblenden. Die sogenannten strukturierten Verweise ermöglichen somit den

Zugriff von »außerhalb« auf Inhalte einer *Daten-Tabelle*. Die allgemeine Struktur eines solchen strukturierten Verweises lautet:

»Name der Daten-Tabelle« [»Besonderes Element«]; [»Spaltenbezeichnung«]

Der Term »Besonderes Element« ist optional. Die Angebotssumme lässt sich so in einer Formel außerhalb der *Daten-Tabelle* ermitteln.

Die Verwendung von »strukturierten Verweisen« für den Zugriff auf Informationen in einer »Daten-Tabelle«.

	A	B	C	D	E	F	G
1	Anzahl	Produkt	Einzelpreis	Nettopreis	Skonto	MwSt	Gesamtpreis
2	2	Ethernet Switch 24 Port	130,00 €	260,00 €	5,20 €	48,41 €	303,21 €
3	15	Ethernet Kabel 2 m RJ 45	8,00 €	120,00 €	2,40 €	22,34 €	139,94 €
4	20	Ethernet Kabel 3 m RJ 45	9,00 €	180,00 €	3,60 €	33,52 €	209,92 €
5	20	Ethernet Kabel 5 m RJ 45	11,00 €	220,00 €	4,40 €	40,96 €	256,56 €
6	10	Ethernet Kabel 7,50 m RJ 45	13,00 €	130,00 €	2,60 €	24,21 €	151,61 €
7	10	Ethernet Kabel 10 m RJ 45	20,00 €	200,00 €	4,00 €	37,24 €	233,24 €
8	5	Ethernet Kabel 20 m RJ 45	25,00 €	125,00 €	2,50 €	23,28 €	145,78 €
9	5	USB Hub 10 Port	23,00 €	115,00 €	2,30 €	21,41 €	134,11 €
10	10	USB Kabel 0,5 m	3,50 €	35,00 €	0,70 €	6,52 €	40,82 €
11	20	USB Kabel 1,5 m	10,00 €	200,00 €	4,00 €	37,24 €	233,24 €
12	20	USB Kabel 2 m	6,00 €	120,00 €	2,40 €	22,34 €	139,94 €
13	20	USB Kabel 3 m	8,50 €	170,00 €	3,40 €	31,65 €	198,25 €
14	10	USB Kabel 5 m	14,00 €	140,00 €	2,80 €	26,07 €	163,27 €
15							
16							
17	Wir bieten Ihnen die Artikel Ihres Interesses zum sensationellen						
18	Gesamtpreis		2.349,89 €	=SUMME(Angebot_15009[Gesamtpreis])			
19	Enthaltene Mehrwertsteuer		375,19 €	=SUMME(Angebot_15009[MwSt])			

»Besonderes Element« verweist auf bestimmte Bestandteile einer *Daten-Tabelle*, indem beispielsweise *#Ergebnisse* die Ergebniszeile kennzeichnet. Ist die Summenfunktion für den Gesamtpreis eingerichtet, lässt sich die Gesamtsumme auch wie in der folgenden Abbildung gezeigt ermitteln.

Ermittlung der Gesamtsumme über »#Ergebnisse«.

Diese Methode setzt voraus, dass die Ergebniszeile eingeblendet ist. Falls nicht, führt dies zur Anzeige des Fehlercodes *#BEZUG!*.

Fehlersuche

Im Abschnitt zu den Informationsfunktionen wurde erwähnt, dass *Excel* durch die Anzeige von Fehlerwerten Hinweise auf unzulässige Zellinhalte bei der Auswertung von Formeln liefert. Jeder Fehlerwert entspricht einer Zahl, die sich mit Hilfe der Funktion *FEHLER.TYP(Bezug)* ermitteln lässt.

Fehlerwert	Darstellung	Mögliche Ursache
#NULL!	1	Verweis auf leeren Bereich (zwei Bereiche ohne Schnittmenge)
#DIV/0!	2	Division durch 0 : Bezug im Nenner einer Formel auf leere Zelle
#WERT!	3	Anwendung eines nicht zulässigen Datentyps
#BEZUG!	4	Bezug auf eine nicht (mehr) existierende Zelle
#NAME?	5	Verwendung eines unbekannten Namens
#ZAHL!	6	Verwendung eines nicht zulässigen Datentyps oder Verwendung einer Zahl, die außerhalb des zulässigen Zahlenbereichs von *Excel* liegt
#NV	7	Ein Wert ist in einer Formel oder Funktion nicht verfügbar
Sonstiges	#NV	Nicht näher definierbarer Fehler

Fehlerwerte als Formel-Ergebnis, Darstellung und mögliche Ursache.

Trotz manchen Ärgers über Fehlermeldungen stellen diese ein überaus nützliches Hilfsmittel dar – liefern sie doch einen Hinweis, dass irgendwo in einer Formel mindestens ein Wurm steckt. In vielen Fällen schleichen sich aber Fehler ein, die nicht auf den ersten Blick erkennbar sind.

Denken Sie an das Beispiel mit der Mehrwertsteuer. Hier lieferte eine Formel Werte, die auf den ersten Blick als unsinnig zu erkennen waren. Wie bereits erwähnt, weist *Excel* Bezugsoperanden in einer Formel Farben zu und stellt die zugehörigen Bereiche im Tabellenblatt in den gleichen Farben dar. Zusätzliche grafische Hilfsmittel bieten diverse Schaltflächen der Gruppe *Formelüberwachung* in Register *Formeln*.

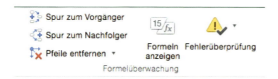

Die Schaltflächen für die Nutzung grafischer Hilfsmittel bei der Fehlersuche.

Ein Mausklick auf *Spur zum Vorgänger* oder *Spur zum Nachfolger* blendet Pfeile zwischen den beteiligten Bereichen ein. Damit wird in unserem Fall offenkundig, dass hier der Verweis auf die Zelle mit dem Mehrwertsteuer-Betrag nicht stimmt.

Die grafische Darstellung von Abhängigkeiten zwischen Zellen.

Ein Klick auf *Pfeile entfernen* blendet die Pfeildarstellung wieder aus, wobei dies für *Vorgänger* und *Nachfolger* separat erfolgen kann. Eine Fehlersuche ist auch mit dem Dialog *Fehlerüberprüfung* möglich – aufzurufen über die Schaltfläche *Auf Fehler prüfen*. Damit erfolgt eine Prüfung auf Fehler im gesamten Tabellenblatt, *Zurück* und *Weiter* gestatten dabei die Navigation von Zelle zu Zelle mit Fehlerwerten. Dieser Dialog zeigt auch eine kurze Beschreibung der Art eines Fehlers in der aktuell aktiven Zelle an.

Die Fehlersuche mit dem Dialog »Fehlerüberprüfung«.

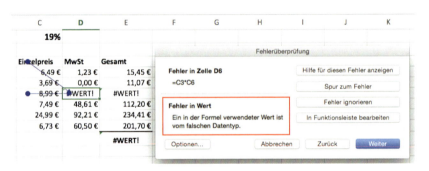

Ist die Fehlerursache in einer Formel entdeckt, transferiert ein Klick auf *In Funktionsleiste bearbeiten* die Einfügemarke in die Bearbeitungsleiste und der Dialog wird beendet.

Damit soll es genug sein mit Berechnungen in *Excel*. Sie wissen jetzt, wie Sie darin Formeln erstellen und dabei auf eine Vielzahl integrierter Funktionen zurückgreifen können. Zahlenmengen sind jedoch nicht unbedingt die anschaulichste Form der Darstellung von Sachverhalten. Weitaus anschaulicher sind grafische Visualisierungen, wovon der nächste Abschnitt handelt.

Grafische Darstellungen

Die Produktion von Zentimeter dicken Papierstapeln war in den guten alten Zeiten der Großrechenanlagen im technisch/naturwissenschaftlichen Bereich fast an der Tagesordnung. Die Umsetzung der erzeugten, endlos langen Zahlenkolonnen – auch Zahlenfriedhöfe genannt – erforderte Handarbeit. Die Übertragung mit Buntstift und Radiergummi auf Millimeterpapier erwies sich in der Regel als sehr fehleranfällig. Unglücklich gewählte Skalierungen von Diagramm-Achsen oder Blicke in eine falsche Kolonne genügten, und schon begann der Erstellungsprozess von vorne.

Achtung genoss, wer über vertiefte Programmier-Kenntnisse verfügte und grobe Kurvenverläufe auf dem Ausgabepapier erzeugen konnte. Darstellungen in Diagrammform, und mögen sie auch grob sein, lassen sich vom menschlichen Gehirn nun mal besser verarbeiten als Zahlenreihen. So wurde denn auch die Anschaffung eines Ausgabegeräts nebst Funktionsbibliothek zur Erzeugung von Kurvenverläufen auf Mikrofilm allseits begrüßt. Ein weiteres Gerät ermöglichte die Ablichtung der Mikrofilm-Kurven auf Papier. Diese Diagramme wiederum konnte man ausschneiden und in die Wahl-, Diplom- oder sonstige Arbeit einkleben.

Zahlenfriedhöfe können Sie, wie aus den vergangenen Kapiteln ersichtlich wurde, mit *Excel* noch weit einfacher und schneller erzeugen als zu damaliger Zeit. Gedanken um grafische Darstellmöglichkeiten brauchen Sie sich hingegen nicht zu machen, denn dies ist mit *Excel* in kurzer Zeit erledigt. Bei der reichen Auswahl an Diagrammformen dauert der Entscheidungsprozess für die Wahl des Typs vereinzelt länger als die Diagramm-Erstellung selbst.

Sparklines

Sparklines waren eine neue grafische Darstellungsform in *Excel 2011*. Diese kleinen Diagramme, auch *Microcharts* genannt, sind in einer einzigen Zelle untergebracht. Sie sollen zur schnellen Visualisierung von Datenreihen dienen und Trends in Wertereihen darstellen. Sie eignen sich beispielsweise zur Darstellung von Temperaturverläufen, Regenmengen oder Schwankungen von Aktienkursen. Idealerweise sollten *Sparklines* unmittelbar neben den dargestellten Daten positioniert sein.

Ihre Erstellung geht schnell und einfach: den entsprechenden Bereich markieren und anschließend den gewünschten Diagrammtyp im Einblendmenü der Schaltfläche *Sparklines* in der gleichnamigen Gruppe des Registers *Einfügen* auswählen – fertig.

Das Einblendmenü für die Auswahl eines »Sparkline«-Typs.

Im Dialog *Sparklines einfügen* ist dann lediglich noch die Zelle anzugeben, die das Diagramm aufnehmen soll. Dies lässt sich auch per Mausklick auf die auserkorene Zelle erledigen. Falls erforderlich, kann jetzt noch eine Anpassung des Datenbereichs erfolgen.

Der Dialog »Sparklines einfügen«.

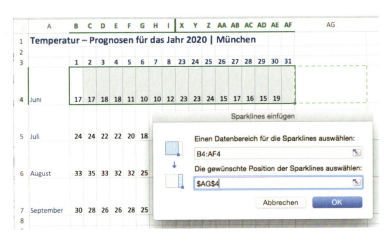

Mehrere *Sparklines* lassen sich auch in einem Rutsch erzeugen. Erstreckt sich der Datenbereich über mehrere Zeilen, ist für deren Positionen ein Bereich mit gleichen Abmessungen anzugeben.

Nach Betätigung von *OK* erscheint das *Sparkline* in der im Dialog spezifizierten Zelle.

Sparkline – die erste.

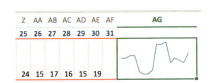

Jetzt kommt nur noch Feinarbeit. Neben der gewohnten Zellformatierung besteht die freie Wahl hinsichtlich der Kurvenfarbe. Eine Auswahl davon befindet sich in der Gruppe *Format* des *Kontext*-Registers *Sparkline-Design*. Die Zelle selbst lässt sich weiterhin wie jede andere »normale« Zelle formatieren. Es wäre also möglich, ihr beispielsweise einen farbigen Hintergrund zuzuweisen. Weiterhin wird durch die Eingabe von Text oder von Formeln die *Sparkline* in einer Zelle nicht überschrieben. Somit kann der angezeigte Text als Kommentar zur Grafik dienen.

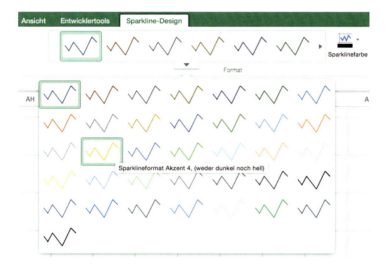

Sparkline-Formate zum Gestalten der Kurven.

Inzwischen kommt uns der Kurvenverlauf doch etwas seltsam vor. Beim Betrachten der zugrunde gelegten Werte keimt der Verdacht auf, dass da doch ein Teil fehlt. Tatsächlich sind einige Spalten zwecks besserer Übersicht ausgeblendet. Deshalb ist im Einblendmenü der Schaltfläche *Daten bearbeiten* im *Kontext*-Register *Sparkline-Design* der Eintrag *Ausgeblendete und leere Zellen | Daten in ausgeblendeten und Zeilen und Spalten anzeigen* auszuwählen.

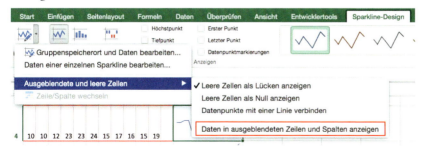

Die Anzeigesteuerung für »Sparklines«.

Danach zeigt sich die Kurve endlich in ihrer ganzen Schönheit.

Sparkline – die zweite.

Die *Sparkline* verfügt über weitere Gestaltungsmöglichkeiten, indem Sie die Linienbreite, spezielle Werte bzw. Wertebereiche wie Maximum, Minimum oder alle negativen Zahlen mit Punkten kennzeichnen können.

Die Anzeige spezieller Werte und deren Aktivierung.

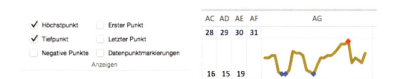

Die Linienfarbe, die Linienstärke sowie die Farben der speziellen Punkte lassen sich individuell einstellen.

Die Einblendmenüs zum Einstellen von Linienfarbe, Linienstärke und Datenpunktfarbe.

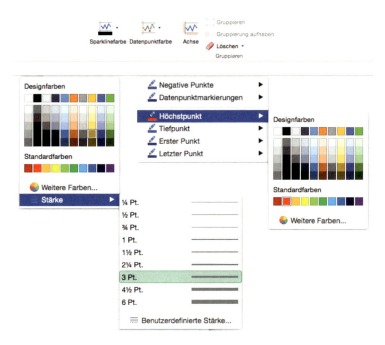

Mit den vorgenommenen Modifikationen hat die *Sparkline*-Darstellung nun ihre finale Version erreicht.

4 | Mehr als nur Tabellen: Kalkulieren mit Excel

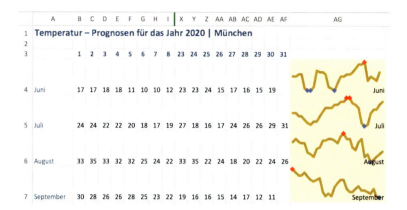

Sparklines – die finale Version.

Die Darstellung einer horizontalen Achse ist ebenfalls möglich. Diese erscheint aber nur, falls sich die Werte der zugrunde gelegten Datenreihe im positiven **und** im negativen Bereich bewegen. Weiterhin bietet *Excel* die Auswahl zwischen den Achsentypen *Standard* und *Datum*. Letzterer stellt bei ungleichen Zeiträumen die Abstände zwischen den Datenpunkten unterschiedlich dar.

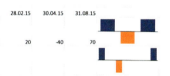

»Sparklines« mit horizontaler Achse und den Achsentypen »Standard« (oben) und »Datum« (unten).

Die Darstellungsform einer *Sparkline* lässt sich jederzeit mit einem Mausklick auf die entsprechende Schaltfläche in der Gruppe *Typ* des *Kontext*-Registers *Sparkline-Design* ändern.

Die »Temperatur«-Sparkline für September als »Säulen«-Diagramm.

Zum Entfernen eines oder mehrerer *Sparklines* reicht es nicht aus, die betreffenden Zellen zu markieren und die *Rückschritt-* oder *Entfernen*-Taste zu betätigen. Vielmehr ist ein Mausklick auf die Schaltfläche *Löschen* ganz rechts im *Kontext*-Register *Sparkline-Design* oder die Auswahl eines der beiden Einträge in deren Einblendmenü erforderlich.

Die Schaltfläche »Löschen« und ihr Einblendmenü zum Beseitigen von Sparklines.

Diagramme

Nicht nur die Erzeugung von *Sparklines*, sondern auch die von »richtigen« Diagrammen geht mit *Excel* schnell von der Hand. Die zu verrichtenden Tätigkeiten bestehen im Prinzip aus jeweils drei Schritten:

- Markierung der umzusetzenden Daten,
- Auswahl des Diagrammtyps sowie
- Anpassen und Verändern von Formatierungen.

Diesen Prozess betrachten wir im Folgenden anhand verschiedener Beispiele.

Kreisdiagramme

Kreisdiagramme (*Kuchen-* oder *Tortendiagramme*) dienen zur Darstellung von Teilen einer Gesamtheit als Kreissegmente. Jeder Kreissektor repräsentiert dabei einen Teilwert, der Kreis als Summe dieser Teilwerte stellt somit die Gesamtmenge dar. Diese Diagramme dienen häufig zur Veranschaulichung von Anteilen. Einer allgemeinen Auffassung zufolge sollte die Zahl der Segmente die »7« nicht überschreiten, andernfalls könnte das Diagramm unübersichtlich werden.

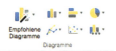

Wir ziehen dazu das Beispiel mit den Umsätzen heran. Da ist es interessant zu sehen, wie sich diese auf die einzelnen Bundesländer verteilen. Die Auswahl des Diagrammtyps erfolgt über die Einblendmenüs der Schaltflächen in der Gruppe *Diagramme* des Registers *Einfügen*.

Wir markieren nun die entsprechenden Zellen mit den Gesamtumsätzen zusammen mit denjenigen, in denen die Namen der Bundesländer abgelegt sind. Das Einblendmenü Kreisdiagramm bietet neben dem Standardtyp eine Auswahl an verschiedenen Varianten wie *Ringdiagramm* oder *3D-Kreis*.

4 | Mehr als nur Tabellen: Kalkulieren mit Excel

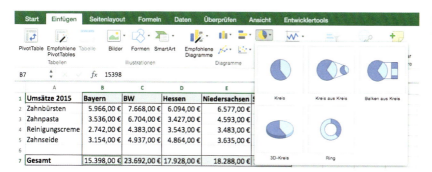

Die Auswahl des Diagrammtyps.

Wir entscheiden uns für die »normale« Kreis-Variante. Unmittelbar danach erscheint ein auf dem Tabellenblatt freischwebendes, skalierbares Kreisdiagramm.

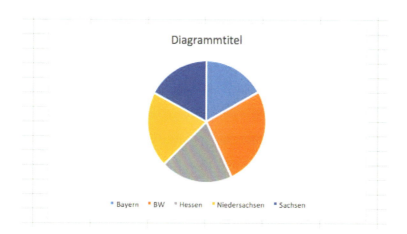

Das von »Excel« erzeugte Kreisdiagramm.

Zugegeben, so richtig viel her macht dieses Ergebnis noch nicht. Das wollen wir aber jetzt ändern. Zunächst einmal macht die Legende am unteren Rand noch keinen guten Eindruck. Viel schöner ist die Darstellung des jeweiligen Bundeslands im zugehörigen Abschnitt, idealerweise zusammen mit der Anzeige des prozentualen Umsatzbeitrags. Dies lässt sich über *Datenbeschriftungen | Weitere Datenbeschriftungsoptionen* im Einblendmenü von *Diagrammelement hinzufügen* ganz links in der Gruppe *Diagrammlayouts* des *Kontext*-Registers *Diagrammentwurf* einrichten.

Die Aktivierung von Datenbeschriftungen.

Excel bietet in diesem Menü vorgefertigte Beschriftungs-Varianten, wobei wir darüber *Weitere Datenbeschriftungsoptionen* wählen. Dies blendet den Formatierungsbereich ein. Darin aktivieren wir die Optionen *Kategorienname* und *Prozentsatz*. Für die so erzeugten Beschriftungen stellen wir noch eine größere Schriftart ein (ganz »normal« im Register *Start*). Im Diagramm lassen sich per Mausklick unterschiedliche Elemente aktivieren. Abhängig davon bietet der Formatierungsbereich unterschiedliche Einstellungs-Optionen. Ist die Legende aktiviert, erscheinen darin die verschiedenen Konfigurations-Varianten für Legenden. Wir aktivieren darin *Rechts* und wählen ebenfalls eine größere Schrift.

Die Konfiguration der Datenbeschriftungen und der Legende.

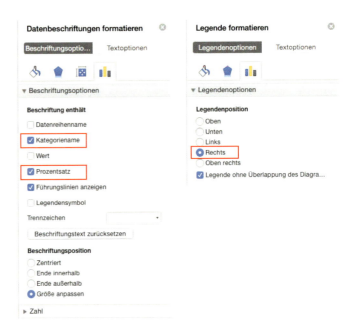

4 | Mehr als nur Tabellen: Kalkulieren mit Excel

Ein Doppelklick auf *Diagrammtitel* aktiviert den Platzhaltertext, sodass wir ihn jetzt überschreiben können. Mit diesen Maßnahmen haben wir unsere Grafik schon etwas aufgepeppt.

Das formatierte Kreisdiagramm.

Als krönenden Abschluss ziehen wir noch das Segment mit dem höchsten Umsatz aus dem Kreis heraus und heben es durch eine besondere Kennzeichnung weiter von den übrigen ab. Ein Doppelklick auf das Tortenstück *BW* bringt im Formatierungsbereich *Datenpunkt formatieren* zur Ansicht. Verantwortlich für den Abstand des Segments zum Kreismittelpunkt ist der Parameter *Punktexplosion*. Ihn stellen wir auf einen Wert größer als 0% ein. Um das Segment noch weiter vom Rest des Diagramms abzuheben, konfigurieren wir dafür die Option *Leuchten* mit der Auswahl von *Farbe*, *Größe* und *Transparenz*.

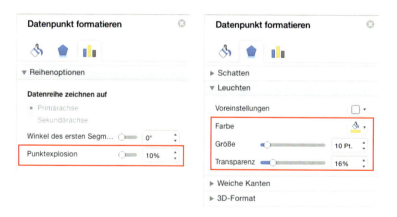

Formatierungs-Optionen für Kreissegmente.

Sie haben inzwischen bemerkt, dass der dritte Schritt, also die optische Anpassung eines Diagramms an spezielle Notwendigkeiten oder eigene Vorlieben, die meiste Zeit in Anspruch nimmt.

423

Das Kreisdiagramm mit herausgezogenem Tortenstück.

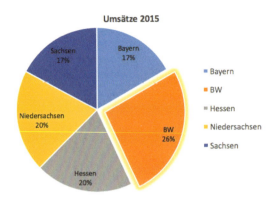

Excel bietet für Diagramme noch unzählige Einstellungsmöglichkeiten. Mit der Auswahl von *Diagrammformatvorlagen* und/oder *Farben ändern* im *Kontext*-Register *Diagrammentwurf* verändern Sie das Erscheinungsbild eines Diagramms mit einer oder zwei Maus-Operationen.

Die Einblendmenüs »Diagrammformatvorlagen« (links) und »Farben ändern« (rechts).

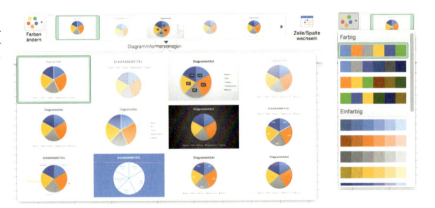

Der Formatbereich lässt sich übrigens auch mit der gleichnamigen Schaltfläche im *Kontext*-Register *Format* ein- und ausblenden. Das Einblendmenü *Diagrammelemente* ganz links gestattet die gezielte Auswahl des zu formatierenden Elements.

Das Einblendmenü »Diagrammelemente« zur Auswahl des zu formatierenden Diagrammelements.

4 | Mehr als nur Tabellen: Kalkulieren mit Excel

Die übrigen Werkzeuge in diesem Register wurden weitgehend im allgemeinen Teil behandelt. Sie ermöglichen beispielsweise das Einfügen von Formen auf eine Diagrammfläche sowie deren Formatierung. Auch die Diagrammteile selbst lassen sich damit umgestalten.

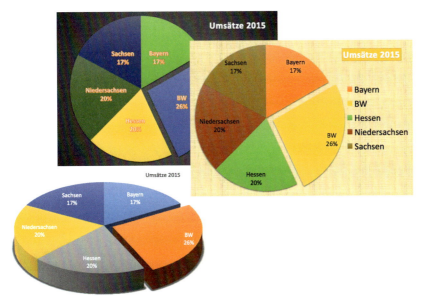

Variationen vom »Kreisdiagramm«.

Grundsätzlich lassen sich Diagramme wie andere Objekte kopieren, einsetzen oder duplizieren. Für experimentelle Zwecke sollten Sie deshalb immer Kopien heranziehen, um sich im Katastrophenfall Restaurierungsaufwand zu ersparen.

Säulendiagramme

Als Nächstes nehmen wir uns den Typ *Säulendiagramm* vor. Bei dieser Darstellungsform sind Merkmale auf der waagerechten, deren absolute oder relative Häufigkeiten auf der senkrechten Koordinatenachse eingetragen. Die Höhe der Säulen ist dabei proportional zur Häufigkeit der Merkmale, die Breiten haben keine Bedeutung.

Damit es nicht langweilig wird, stellen wir die Umsätze der Einzelprodukte in einem eigenen Blatt dar. Merkmale sind in diesem Fall die Produkte, die Häufigkeiten sind die zugehörigen Umsätze. Bei der Erzeugung gehen wir wie beim Kreisdiagramm vor: Datenbereich markieren und Diagrammtyp wählen.

Der Datenbereich und die Diagrammtypen für ein »Säulendiagramm«.

Excel erzeugt ein Diagramm vom gewünschten Typ. In seinem *Kontext-Menü* wählen wir *Diagramm verschieben*.

Das zugehörige Kontext-Menü des »Säulendiagramms«.

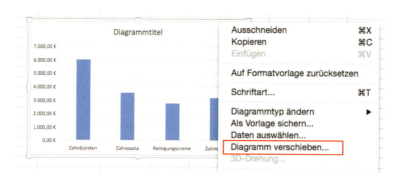

Es erscheint der gleichnamige Dialog. Wir wählen darin *Neues Blatt*, geben dafür einen Namen ein und klicken auf *OK*.

Der Dialog »Diagramm verschieben«.

Excel verschiebt daraufhin das Diagramm in ein eigenes Blatt.

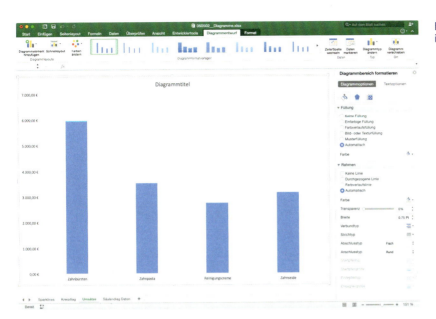

Ein »Säulendiagramm« in einem eigenen Blatt.

Wie schon beim Kreisdiagramm macht diese erste, unbearbeitete Roh-Version noch nicht viel her. Wir ergänzen daher als Erstes den Diagrammtitel. Außerdem ist ja noch viel Platz auf der Diagrammfläche vorhanden, sodass sich leicht auch die anderen Bundesländer unterbringen lassen. Wir klicken deshalb auf *Daten markieren*, was den gleichnamigen Dialog zum Erscheinen bringt.

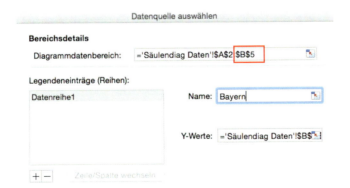

Der Dialog »Datenquelle auswählen« zur Spezifikation der in Grafiken umzusetzenden Informationen.

In diesem Dialog passen wir den Diagrammdatenbereich manuell im Eingabefeld an und klicken auf *OK*.

Das Hinzufügen von Datenreihen in ein Diagramm und die Benennung von Datenbereichen.

Wie gewünscht enthält das Diagramm jetzt die zusätzlichen Datenbereiche.

Das Säulendiagramm mit den zusätzlichen Datenbereichen.

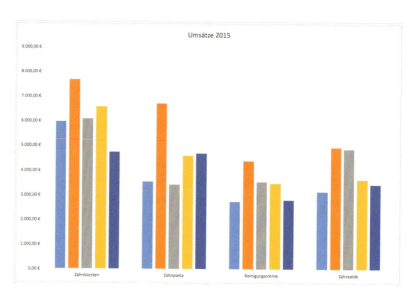

Jetzt benennen wir die Datenbereiche, indem wir auf die Zellen mit dem zugehörigen Bundesland verweisen. Der Dialog *Datenquelle auswählen* gestattet für Namen statische Texte oder die Angabe von Zellbezügen. Wir entscheiden uns für Letzteres. Markieren Sie als Erstes *Datenreihe1*, klicken Sie in das Feld *Name* und wechseln Sie dann in das Blatt mit den Umsatzdaten. Klicken Sie darin einfach auf die jeweilige Zelle mit dem

Namen des Bundeslands und *Excel* trägt diesen Bezug in das Eingabefeld *Name* ein. Wiederholen Sie diesen Vorgang für die übrigen Datenreihen. Ein wenig Arbeit sparen Sie sich, indem Sie einen Bezug kopieren, eine andere Datenreihe markieren, den Inhalt der Zwischenablage in das Eingabefeld einfügen und den Zellbezug entsprechend anpassen.

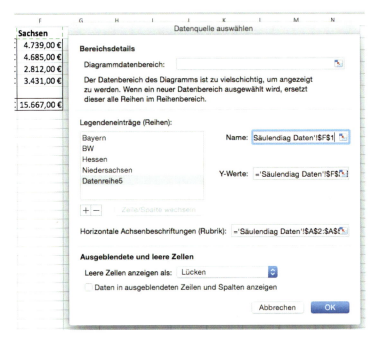

Die Vergabe von Namen an Datenbereiche.

Jetzt blenden wir noch den tatsächlichen Umsatz im jeweiligen Balken ein.

Achten Sie darauf, dass keine einzelne Säule markiert ist, da die nachfolgenden Schritte ansonsten lediglich Auswirkungen auf die zugehörige Datenreihe hätten. Klicken Sie deshalb auf den Rand des Diagramms, dessen Markierung sich dann in einer grauen Doppellinie manifestiert.

Wir wählen *Datenbeschriftungen | Zentriert* im Einblendmenü *Diagrammelement hinzufügen* von Register *Diagrammentwurf*. Das Unschöne bei dieser Darstellung ist, dass die Zahlen teilweise die Breite der Säulen überschreiten. Auch stört die Anzeige der Cent-Beträge.

Ein Ausschnitt aus dem Säulendiagramm mit eingeblendeten Umsätzen.

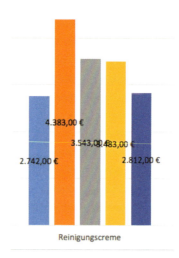

Die Behebung dieses Zustandes ist etwas zeitaufwendig. Leider ist es erforderlich, sich jede Datenreihe einzeln vorzunehmen, eine Übertragung von Objekteigenschaften ist nicht möglich. Markieren Sie eine Säule und wählen Sie *Datenbeschriftungen formatieren* in deren *Kontext*-Menü. Wählen Sie für *Textrichtung* im Bereich *Ausrichtung* des Registers *Textoptionen* des Formatierungsbereichs *Gesamten Text um 270° drehen*.

Einstellen einer 270°-Drehung für eine Datenbeschriftung.

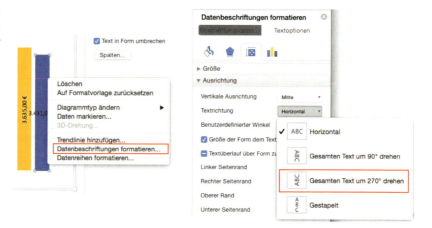

Analog gehen wir die Formatierung der Umsatzzahlen an. Auch dabei müssen wir jedes Mal mit dem *Kontext*-Menü einer Säule die entsprechenden Werkzeuge von *Datenbeschriftungen formatieren* im Formatierungsbereich zur Ansicht bringen. Unter *Zahl* geben Sie für jede Datenreihe »0« als Wert für *Dezimalstellen* ein.

4 | Mehr als nur Tabellen: Kalkulieren mit Excel

Die Einstellung eines Zahlenformats für die angezeigten Umsätze.

Damit sind wir der finalen Version schon recht nahegekommen, aber noch nicht ganz fertig.

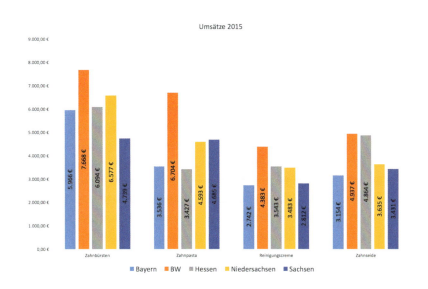

Das Diagramm mit formatierten und gedrehten Umsatzzahlen.

Das Einfärben des Hintergrunds von *Zeichnungsfläche* und *Diagrammbereich* erledigen wir mit Hilfe der *Formenarten* im Register *Format*. Wir müssen dazu lediglich nacheinander die *Zeichnungsfläche* und den *Diagrammbereich* markieren und eine passende Variante aus *Formenarten* auswählen.

Die finale Version des Säulendiagramms.

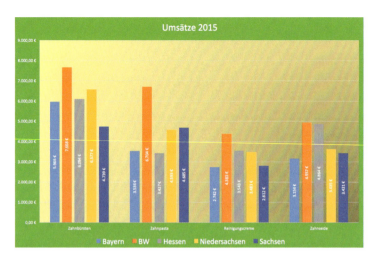

Auch bei Säulendiagrammen verfügt *Excel* über verschiedene Varianten, wovon einige im Folgenden abgebildet sind. Zur Erinnerung: Für die Umstellung auf einen anderen Diagrammtyp genügt ein Mausklick.

Variationen vom Säulendiagramm.

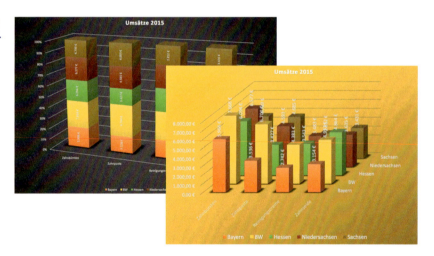

Punktdiagramme

Als Letztes betrachten wir die Punktdiagramme, auch Streudiagramme genannt. Darin sind Wertepaare durch Punkte in einem rechtwinkligen Koordinatensystem dargestellt. Bleibt jeweils eine Datenreihe gleich, ist die Anzeige mehrere Datenreihen möglich.

Wir ziehen als Beispiel das Planck'sche Strahlungsgesetz heran. Ein Funktionsmakro zur Berechnung der spektralen Strahlungsleistung haben wir ja bereits erstellt. Als Erstes müssen wir wieder den gewünschten Bereich markieren. Die Erstellung des »Rohlings« verläuft wie gehabt: Datenbereich markieren und Diagrammtyp auswählen.

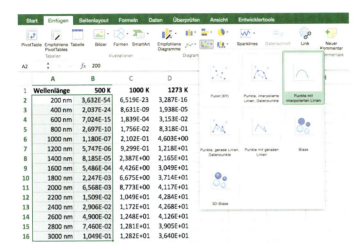

Der Datenbereich und die Diagrammtypen für ein »Punktdiagramm«.

Wie bisher erhalten wir eine nicht zufriedenstellende Erstlingsversion des Diagramms. Dieses versehen wir zuerst wieder mit einem Namen.

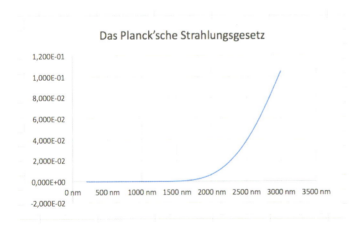

Die noch weitgehend unbearbeitete Version eines Punktdiagramms.

Auch wenn in diesem Fall keine Punkte, sondern nur ihre Verbindungslinien dargestellt sind, handelt es sich hierbei **nicht um ein Liniendiagramm**. Punktdiagramme haben zwei Werteachsen, Liniendiagramme dagegen nur eine.

433

Der nächste Schritt besteht traditionsgemäß in der Benennung der Datenreihen. Dies erledigen wir analog zum Säulendiagramm. Außerdem benötigen wir für die Temperatur-Kurven einen ausgedehnteren Wertebereich, was wir im Dialog *Datenquelle auswählen* gleich mit einstellen können.

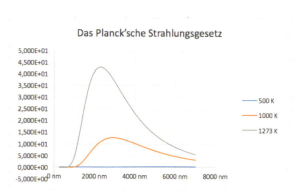

Die Vergabe von Namen und die Ausdehnung des Wertebereichs.

Analog zum Säulendiagramm aktivieren wir auch die Darstellung der Legende. Nach den vorgenommenen Modifikationen weist unser Diagramm jetzt das folgende Erscheinungsbild auf:

Das Punktdiagramm mit einem erweiterten Wertebereich, mehreren Kurven und einer Legende.

Eine Strahlungsleistung kann keine negativen Werte annehmen, weshalb der Beginn der vertikalen Achse bei »-5« stört. Weiterhin sind bei dem von *Excel* gewählten Maximalwert für die Ordinate alle Kurven vollständig dargestellt, wobei die Kurve für die niedrigste Temperatur über ihre gesamte Länge sehr nahe bei Null verläuft und damit wenig aussagekräftig ist. Auch missfällt uns die Zahlendarstellung dieser Achse.

Ein Doppelklick auf die Beschriftung der vertikalen Diagrammachse bringt *Achse formatieren* des Formatierungsbereichs zum Erscheinen. In *Achsenoptionen* passen wir die Grenzen und Einheiten entsprechend an. Für die Zahlendarstellung geben wir in das Eingabefeld *Formatcode* in der Rubrik *Zahl* ein anderes Format ein und klicken auf *Hinzufügen*. Und wir deaktivieren die Option *Mit Quelldaten verknüpfen*.

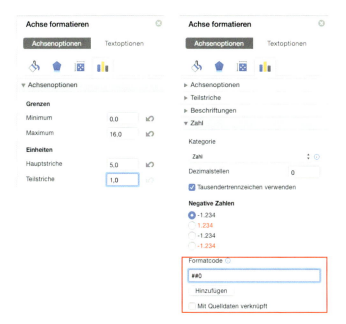

Die Formatierung der vertikalen Diagrammachse.

Analog wählen wir für die Abszisse ein anderes Zahlenformat. Was jetzt noch fehlt sind Achsenbeschriftungen, deren Aktivierung mittels *Achsentitel | Weitere Optionen für Achsentitel* im Einblendmenü der Schaltfläche *Diagrammelement hinzufügen* im *Kontext*-Register *Diagrammentwurf* erfolgt. Schließlich ist die vom *Excel*-Automatismus voreingestellte Farbwahl für die Kurven in diesem Anwendungsfall nicht ganz glücklich. Die Kurve mit der höchsten Temperatur sollte rot erscheinen, die darunterliegende besser im Bereich orange bis gelb. Dazu genügt ein Doppelklick auf eine Kurve und die Auswahl der gewünschten Farbe über das gleichnamige Einblendmenü im Bereich *Linie* von *Datenreihen formatieren* im Formatierungsbereich.

Die Werkzeuge zum Gestalten einer Kurve.

Zum guten Schluss weisen wir der *Zeichnungsfläche* und dem *Diagrammbereich* noch unterschiedliche Farben zu, fügen zwei Pfeile hinzu und verschieben das Diagramm auf ein eigenes Blatt.

Die finale Version des Punktdiagramms.

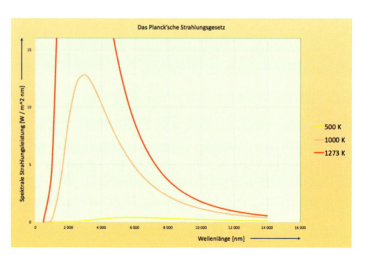

Damit kennen Sie nun die wesentlichen Hilfsmittel und Werkzeuge, die *Excel* für die Eingabe, Darstellung und Aufbereitung von Informationen bietet. Sie können Zahlen und Texte formatieren, mit Hilfe von For-

4 | Mehr als nur Tabellen: Kalkulieren mit Excel

meln und Funktionen Werte berechnen, und Sie können Zahlenreihen in Grafiken umsetzen. Irgendwann möchten Sie Ihre Werke auch zu Papier bringen, und davon handelt der nächste Abschnitt.

Drucken

Vom Prinzip her unterscheidet sich ein Druckvorgang in *Excel* nicht von dem in *Word*. Über *Datei | Drucken* oder *cmd-P* erscheint der Druckdialog, in dem Sie einige Einstellungen wie etwa Skalierung oder Umfang des Ausdrucks vornehmen können.

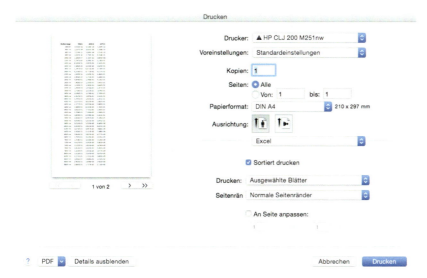

Das Erscheinungsbild des Dialogs »Drucken« in »Excel«.

Nun ist *Excel* eine Tabellenkalkulation, und die kennt keinen automatischen Zellenumbruch. Das ist auch gut so, denn ansonsten wäre ein Durcheinandergeraten der Zellen von Tabellenblättern an der Tagesordnung. Weiterhin ist der Ausdruck ganzer Tabellenblätter in vielen Fällen auch gar nicht erwünscht. Sei es, weil sich darin nicht für jedermann bestimmte Daten befinden oder es sich um Zwischenergebnisse handelt, die im Ausdruck nicht erscheinen sollen. Und schließlich sollen die ausgegebenen Seiten mit Zusatzinformationen versehen sein, was denn da eigentlich ausgedruckt ist. Dazu zählen Hilfsinformationen wie etwa Seitenzahlen oder Datum des Ausdrucks, was Konfusionen hinsichtlich Sortierfolge oder Aktualität von Ausdrucken vermeiden hilft.

Insofern geht es in diesem Abschnitt weniger um das Drucken selbst als mehr um die Aufbereitung von Tabellen- oder Diagrammblättern für den Ausdruck.

Kopf- und Fußzeilen

Sinn und Zweck von Kopf- und Fußzeilen ist im Abschnitt über *Word* behandelt, wobei das Gesagte auch für *Excel* gilt. Die Einrichtung dieser Objekte weist jedoch in *Excel* deutliche Unterschiede auf.

Wechseln Sie zur Einrichtung von Kopf- und Fußzeilen in das Register *Seitenlayout* und klicken Sie dort auf *Seite einrichten* in der gleichnamigen Gruppe.

Die Schaltflächen der Gruppe »Seite einrichten« in Register »Seitenlayout«.

Es erscheint der Dialog *Seite einrichten*. Falls es nicht bereits angezeigt ist, wählen Sie darin das Register *Kopfzeile/Fußzeile*. Mit seinen Einblendmenüs *Kopfzeile* und *Fußzeile* und den Schaltflächen *Benutzerdefinierte Kopfzeile* und *Benutzerdefinierte Fußzeile* lassen sich diese Elemente individuell gestalten.

Nach einem Mausklick auf *Benutzerdefinierte Fußzeile* erscheint der Dialog *Fußzeile*. Er enthält drei Felder zur Eingabe von Informationen für den linken, mittleren und rechten Abschnitt einer Fußzeile. Sie können darin statischen Text oder Platzhalter für Dateinamen, Datum, Seitenzahl etc. eingeben. Dazu dienen die Schaltflächen oberhalb der Eingabefelder.

Der Dialog »Fußzeile« mit seinen Eingabefeldern für den linken, mittleren und rechten Abschnitt.

Die linke Schaltfläche ermöglicht den Aufruf des Dialogs *Schriftart*, der die Formatierung der Texte oder Platzhalter in den Eingabefeldern gestattet.

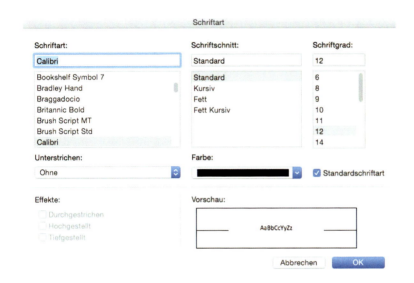

Der Dialog »Schriftart« für die Gestaltung von Texten in Kopf- oder Fußzeilen.

Die Gestaltung einer Kopfzeile vollzieht sich analog. Ist nur eine Titelüberschrift gewünscht, kann deren Auswahl über das Einblendmenü *Kopfzeile* erfolgen. Ist alles eingerichtet, erscheint im Dialog *Seite einrichten* eine Vorschau von Kopf- und Fußzeile.

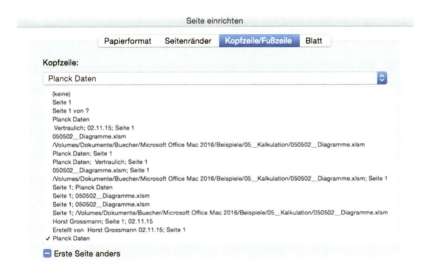

Das Einblendmenü »Kopfzeile« zur Auswahl eines Titels.

Der Dialog »Seite einrichten« mit der Vorschau von Kopf- und Fußzeile.

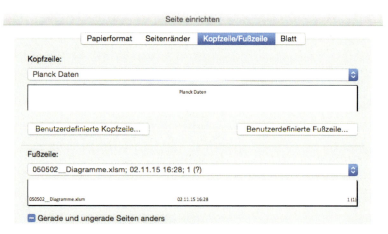

Wenn Sie nur statischen Text eingeben möchten oder die benötigten Platzhalternamen auswendig kennen, können Sie die Gestaltung von Kopf- und Fußzeile auch in der Ansicht *Seitenlayout* vornehmen.

Die Gestaltung einer Kopfzeile in der Ansicht »Seitenlayout«.

Seitenformatierung

Betrachten wir dazu als Beispiel wieder unsere Umsatzzahlen. In dieser Mappe hatten wir bis jetzt nur Daten eingegeben, Gesamtsummen berechnet, Daten und Zellbereiche formatiert und schließlich ein Diagramm erzeugt. Wir hatten uns überhaupt nicht darum gekümmert, welches Erscheinungsbild das Blatt im Ausdruck aufweisen wird. Dies holen wir jetzt nach, indem wir im Druckdialog *PDF in Vorschau öffnen* auswählen.

Das Erscheinungsbild von Umsatzzahlen und Diagramm im Ausdruck.

4 | Mehr als nur Tabellen: Kalkulieren mit Excel

Dieses Ergebnis befriedigt natürlich nicht, denn die Umsatzzahlen und das Diagramm sind auf insgesamt vier Seiten verteilt. Als erste Maßnahme macht es Sinn, die Ausrichtung der Seite in *Querformat* zu verändern. Dies lässt sich im Druckdialog oder über die Schaltfläche *Ausrichtung* im Register *Seitenlayout* erledigen. Wählen Sie *Querformat* im zugehörigen Einblendmenü.

Damit erscheint die Tabelle vollständig im Ausdruck, wobei die Umsatz-Grafik immer noch unten abgeschnitten ist. Nach einer Größenanpassung der Grafik und einem Verschieben in Richtung Umsatzdaten findet diese dann ebenfalls Platz auf der ersten Seite.

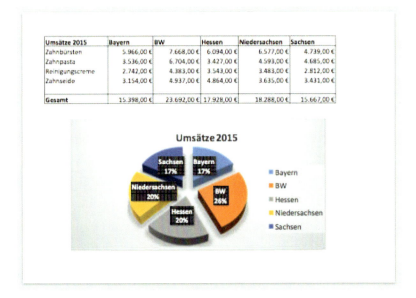

Umsatzzahlen und Diagramm – aufbereitet für den Ausdruck.

Damit sind alle benötigten Informationen auf einer Seite platziert. Allerdings sind Tabelle und Grafik nicht mittig auf der Seite angeordnet. Um dies zu beheben, markieren wir sämtliche Zellen der Umsatz-Tabelle und rufen dann den Dialog *Seite einrichten* auf. Im Register *Seitenränder* aktivieren wir die Optionen *Horizontal* und *Vertikal* im Bereich *Auf der Seite zentrieren*. Damit erreichen wir eine auf der Seite zentrierte Platzierung der Tabelle. Bei Bedarf lassen sich darin zusätzlich noch die Werte für die Seitenränder und auch die Abstände der Kopf- und Fußzeilen verändern.

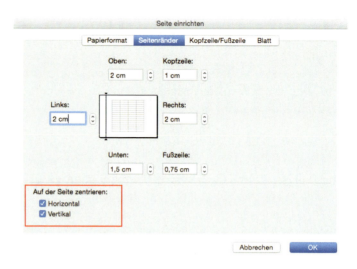

Register »Seitenränder« des Dialogs »Seite einrichten«.

Nach der Konfiguration von Kopf- und Fußzeile liefert unsere Tabelle im Ausdruck das folgende Erscheinungsbild:

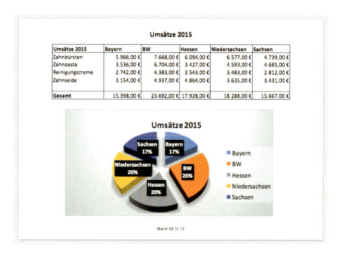

Die finale Version mit zentrierter Tabellendarstellung.

Weitere Einstellungen zur besseren Ausgabe

Eine Tabelle kann Zellbereiche oder Objekte enthalten, die auf einem Ausdruck nicht erscheinen sollen. Markieren Sie dazu als Erstes sämtliche Zellen, die im Ausdruck erscheinen sollen, und wählen Sie *Datei | Druckbereich | Druckbereich festlegen*. Um eventuell vorhandene Grafiken brauchen Sie sich dabei nicht zu kümmern.

4 | Mehr als nur Tabellen: Kalkulieren mit Excel

Markierte Zellen eines Tabellenblatts zur Festlegung des Druckbereichs.

Der Druckbereich ist anschließend durch eine gestrichelte blaue Linie gekennzeichnet.

Abteilung	Nachname	Inventarnummer	Standort	Typ
S2	Aber	50-987857	Dortmund	TB880
S2	Adler	50-901717	Dortmund	GTD901
FR35	Ahner	50-740504	München	GTD901
SBL93	Alter	50-517092	Düsseldorf	TB880
S76	Auer	50-507672	Wiesbaden	TB870
Z5	Diener	50-229795	Hamburg	GTD901
FR35	Diener	50-999361	Hamburg	TB880
S2	Diener	50-164164	Wiesbaden	GTD901
AZH67	Dohr	50-883128	München	TB880
FR35	Dohr	50-291234	München	TX900
S75	Dohr	50-197708	Wiesbaden	TB880
FE9	Elefant	50-432262	Dortmund	GTX800

Die Kennzeichnung eines Druckbereichs.

Excel gibt so nur noch Zellen und Objekte innerhalb dieses Bereichs aus.

Die Ausgabe eines Tabellenblatts nach Einrichtung eines Druckbereichs.

Die Entfernung eines Druckbereichs erfolgt über *Datei | Druckbereich | Druckbereich aufheben*. Alternativ lässt sich dies mit der Einrichtung eines anderen Bereichs vornehmen. Sollten beim Ausdruck umfangreicher Dokumente einige wenige Zeilen oder Spalten nicht mehr auf eine Seite passen, lässt sich dies durch die Änderung des Skalierungsfaktors beheben.

Das Erscheinungsbild eines Tabellenblatts mit einer Skalierung von 100%.

Dazu muss lediglich der voreingestellte Wert für *Verkleinern/Vergrößern* im Bereich *Skalierung* des Registers *Papierformat* im Dialog *Seite einrichten* verringert werden.

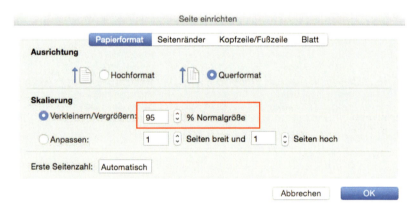

Die Anpassung einer Skalierung im Register »Papierformat« des Dialogs »Seite einrichten«.

Nach dieser Änderung fügt sich die Tabelle in eine Seite ein.

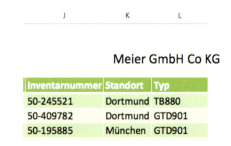

Das Erscheinungsbild des gleichen Tabellenblatts bei einer Skalierung von 95%.

4 | Mehr als nur Tabellen: Kalkulieren mit Excel

Bei großen Tabellen verbessert es die Übersicht, wenn auf jeder Seite Zeilenüberschriften und/oder Spaltenbezeichnungen dargestellt sind.

Ein Ausdruck ohne Spaltenüberschriften.

Im Register *Blatt* von Dialog *Seite einrichten* lässt sich getrennt festlegen, welche Zeilen und Spalten auf jeder Seite eines Ausdrucks erscheinen sollen.

Das Register »Blatt« des Dialogs »Seite einrichten« gestattet die Festlegung von Zeilen und Spalten, die auf jeder Seite angezeigt werden sollen.

Die Auswahl dieser Bereiche kann auch mit der Maus erfolgen.

Damit erscheinen auf jeder Seite wie gewünscht die Spaltenüberschriften. Im Dialog lässt sich weiterhin festlegen, ob Gitternetzlinien mit auszudrucken sind.

Der Ausdruck der gleichen Seite mit Spaltenüberschriften.

445

Auch gezielte »harte« Seitenumbrüche lassen sich erzwingen. Dazu ist eine Zelle zu markieren, neben der ein Umbruch stattfinden soll. Wählen Sie *Seitenumbruch einfügen* im Einblendmenü von *Umbrüche*.

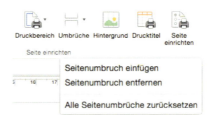

Das Einblendmenü der Schaltfläche »Umbrüche« erlaubt die Erzeugung »harter« Seitenumbrüche.

Das Löschen solcher Umbrüche erfolgt über *Seitenumbruch entfernen* oder *Alle Seitenumbrüche zurücksetzen* im gleichen Einblendmenü.

Damit haben wir nun alle Themengebiete von der ersten Eingabe einer Information in eine Zelle bis hin zur Ausgabe des aufbereiteten Tabellenblatts abgehandelt. Damit ist der Funktionsumfang von *Excel* aber noch lange nicht erschöpft. Weitere Werkzeuge behandeln wir nun im nächsten Abschnitt.

Fortgeschrittene Anwendungen

Auch hier lautet die Devise, sich nicht vom Begriff »fortgeschritten« erschrecken zu lassen. Gemeint sind damit Anwendungen, die erst dann zum Zuge kommen, wenn bereits Informationen in das Tabellenblatt eingebracht und entsprechend aufbereitet sind.

Bedingte Formatierung bringt die Details ans Licht

Der Begriff »bedingte Formatierung« kennzeichnet in *Excel* eine Abhängigkeit verschiedener Zell-Eigenschaften von vorgegebenen Kriterien. Damit kann je nach Zellinhalt eine unterschiedliche Formatierung Anwendung finden. Beeinflussen lassen sich Schriftgröße, Schriftfarbe, Hintergrundfarbe und Rahmen. Eine dadurch hervorgerufene Kennzeichnung von Werten erleichtert so das Erkennen von Extrema, Verläufen oder Mustern.

Betrachten wir als Beispiel unser Tabellenblatt mit den Temperaturprognosen.

4 | Mehr als nur Tabellen: Kalkulieren mit Excel

Das Tabellenblatt mit Temperaturwerten – die Ausgangssituation.

Wir wollen die einzelnen Werte nun kennzeichnen, ob sie oberhalb oder unterhalb des prognostizierten Mittelwerts liegen. Als Erstes markieren wir dazu sämtliche Zellen mit Temperatur-Daten und wählen dann im Einblendmenü der Schaltfläche *Bedingte Formatierung* im Register Start den Eintrag *Regeln zum Hervorheben von Zellen | Größer als*.

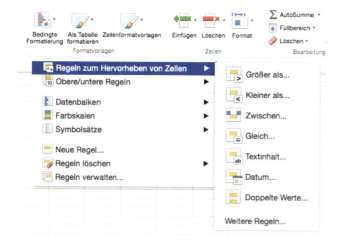

Das Einblendmenü für »Regeln zum Hervorheben von Zellen«.

Der Dialog *Neue Formatierungsregel* dient zur Festlegung einer Bedingung und des Darstellungsformats, wenn diese erfüllt ist.

Der Dialog »Neue Formatierungsregel« zum Festlegen von Bedingung und Darstellungsformat.

447

Das Einblendmenü *Formatieren mit* enthält die Namen einiger vordefinierter Formate.

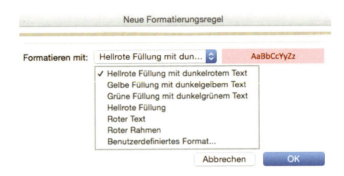

Das Einblendmenü »Formatieren mit« mit vordefinierten Formaten.

Detailliertere Gestaltungsmöglichkeiten bietet der Dialog *Zellen formatieren*, aufzurufen über *Benutzerdefiniertes Format* im Einblendmenü *Formatieren mit*.

Der Dialog »Zellen formatieren« bietet detaillierte Gestaltungsmöglichkeiten für die Zellenformatierung.

Nach Beendigung der Dialoge sind die Zellen, bei denen die angegebene Bedingung erfüllt ist, entsprechend der getroffenen Einstellung eingefärbt.

Das Erscheinungsbild des Tabellenbereichs nach der Anwendung einer bedingten Formatierung.

Es ist möglich, mehrere Regeln für den gleichen Bereich zu definieren. Also markieren wir den gesamten Bereich und rufen den Dialog nochmals auf. Diesmal benutzen wir aber den Menüeintrag *Kleiner als*. Im Dialog *Benutzerdefiniertes Format* wählen wir eine andere Schrift- und Hintergrundfarbe.

Die Festlegung einer zweiten Bedingung für den gleichen Bereich.

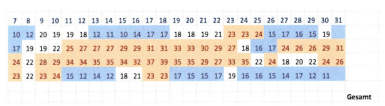

Der Tabellenbereich mit zwei bedingten Formatierungen für einen Bereich.

Regeln und Formatierungen lassen sich jederzeit im Dialog *Regeln verwalten* verändern. Sein Aufruf erfolgt über den gleichnamigen Eintrag im Einblendmenü *Bedingte Formatierung*. Einfach die entsprechende Regel markieren und auf *Regel bearbeiten* klicken. Die erforderlichen Änderungen lassen sich im Dialog *Formatierungsregel bearbeiten* vornehmen. Bis auf den Titel ist dieser identisch mit *Neue Formatierungsregel*.

Der Dialog »Regeln verwalten« zum Modifizieren von Regeln und Formatierungen.

Eine weitere Möglichkeit zur Kennzeichnung von Werten ist die Nutzung von Symbolsätzen, Farbbalken und Farbskalen. Sämtliche Formatierungsarten lassen sich beliebig miteinander verbinden. Für den gleichen Zellbereich lassen sich mehrere Regeln festlegen, die Symbolsätze, Farbbalken, Farbskalen und die klassischen Formatierungen wie Schriftgröße oder Zellfarbe nebeneinander nutzen. Die Symbolsätze lassen sich leider nicht modifizieren, einen roten Aufwärtspfeil beispielsweise sucht man vergebens.

Das Einblendmenü »Farbskalen«.

Das resultierende Erscheinungsbild.

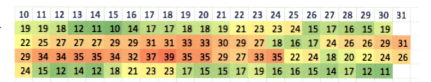

Die Einblendmenüs »Datenbalken« und »Symbolsätze«.

Die gleichzeitige Anwendung von »Datenbalken« und »Symbolsätzen«.

4 | Mehr als nur Tabellen: Kalkulieren mit Excel

Filter – zum Fokussieren auf das Wesentliche

Filter dienen zum temporären Ausblenden von Daten, die vorgegebene Bedingungen nicht erfüllen. Dies erleichtert insbesondere bei umfangreichen Datenmengen die Konzentration auf die aktuell interessierenden Informationen. Als Beispiel dient uns wieder unsere Rolloutliste.

SERVICETAG	Inventarnummer	Standort	Typ
R9KS8283	50-879011	Dortmund	TB880
R9KS153	50-337918	Dortmund	GTD901
R9KS370	50-421472	München	GTD901
R9KS7235	50-805181	Düsseldorf	TB880
R9KS1812	50-785352	Wiesbaden	TB870
R9KS6532	50-957991	Wiesbaden	TB880
R9KS4268	50-203881	Wiesbaden	TB880
R9KS9567	50-166994	Wiesbaden	TX900

Ein Ausschnitt aus einer Geräte-Tabelle.

Wir möchten wissen, welche Geräte am Standort *Dortmund* auszutauschen sind. Dazu wählen wir *Sortieren und filtern* im Einblendmenü der Schaltfläche *Filter* in der Gruppe *Bearbeitung* von Register *Start*.

Das Einblendmenü der Schaltfläche »Sortieren und filtern«.

Daraufhin erscheint der Dialog »Standort«, gleichzeitig erscheinen in der ersten Zeile Pfeilsymbole am rechten Rand der Zellen. Ein Mausklick auf ein solches Symbol öffnet einen Dialog mit dem Namen der Spaltenüberschrift.

Der Dialog »Standort« für die gleichnamige Spalte.

Sowohl der Dialog als auch die Symbole sollten Ihnen bekannt vorkommen, da wir beide Werkzeuge auch bei den *Daten-Tabellen* benutzt haben. Die Anwendung der Sortier- und Filterfunktion erzeugt quasi eine temporäre *Daten-Tabelle* für die Dauer einer Sortierung oder eines eingerichteten Filters.

Wie von den *Daten-Tabellen* her bekannt, lassen sich auch hierbei Filter kombinieren. So lässt sich beispielsweise die Anzeige auf bestimmte Gerätetypen an vorgegebenen Standorten beschränken.

Der Umfang der Tabelle bei der Anwendung zweier Filter.

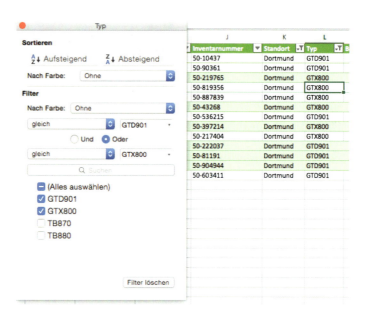

Als Filterkriterien lassen sich auch Schriftfarbe, Zellhintergrund oder mit der bedingten Formatierung zugewiesene Symbolen heranziehen. Filter aus Kombinationen dieser Elemente sind allerdings nicht möglich.

> Das Entfernen von Filtern erfolgt durch nochmalige Auswahl von Filtern im Einblendmenü *Sortieren und filtern*.

Pivot-Tabellen – Daten analysieren per Generator

Pivot-Tabellen dienen zur Anzeige, zur Kombination, zum Vergleich, zum Gruppieren, zum Verdichten und zum Analysieren von Informationen aus anderen Tabellen. Sie gestatten die übersichtliche Darstellung der Essenz umfangreicher Datenmengen. Die Zeilen und Spalten einer *Pivot-Tabelle* lassen sich drehen und beliebig positionieren oder umstellen. Dies ermöglicht unterschiedliche Darstellungen und Ansichten für die Analyse von Daten, ohne die Ausgangsdaten verändern zu müssen.

Eine *Pivot-Tabelle* umfasst mehrere Bereiche, wobei jeder Bereich beliebige Felder der Originaldaten aufnehmen kann. Dazu muss die erste Zeile einer Arbeitsmappe, die als Basis für eine *Pivot-Tabelle* dienen soll, einen Spaltennamen enthalten. Diese Namen benutzt *Excel* als Feldnamen in der *Pivot-Tabelle*.

Wir bleiben beim Beispiel der Geräteliste. Jede Zeile enthält diverse Informationen zu einem einzigen Gerät. Für einen Geräte-Tausch ist es nun wichtig zu erfahren, wie viele Geräte von welchem Typ an welchen Standort geliefert werden müssen.

Der Erstellungs-Prozess einer *Pivot-Tabelle* beginnt mit der Markierung der zu analysierenden Informationen. Es folgt ein einfacher Klick auf die Schaltfläche *PivotTable* in der Gruppe *Tabellen* des Registers *Einfügen*.

Daraufhin erscheint der Dialog *PivotTable erstellen*. Darin müssen Sie zum einen angeben, welcher Bereich für die Auswertung herangezogen werden soll. Da wir die Analyse-Daten markiert haben, hat sie *Excel* bereits in das Eingabefeld *Tabelle/Bereich* übernommen. Andernfalls kann deren Eingabe in diesem Dialog über die Tastatur oder mit Hilfe der Maus erfolgen. Weiterhin ist festzulegen, an welcher Stelle die *Pivot-Tabelle* platziert werden soll. Dafür ist bereits ein eigenes Blatt angelegt.

Der Dialog »PivotTable erstellen« zur Angabe der Analyse-Daten und der Position der »Pivot-Tabelle«.

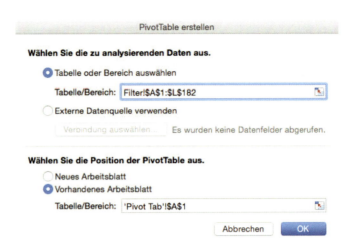

Nach einem Klick auf *OK* wechselt *Excel* zum Ort der *Pivot-Tabelle*. Dort hat es den Bereich der *Pivot-Tabelle* markiert und den Dialog *PivotTable-Generator* eingeblendet. Dieses interaktive Werkzeug dient zur Konfiguration der Tabelle.

Die noch nicht konfigurierte »Pivot-Tabelle« mit dem Dialog »PivotTable-Generator«.

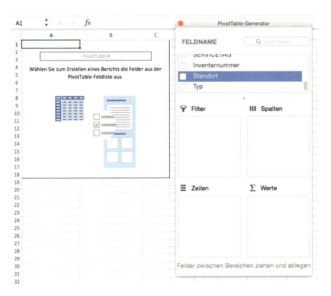

Die Konfiguration der Tabelle erfolgt per *Drag & Drop*. Da die Standorte in Zeilen erscheinen sollen, ziehen wir den zugeordneten Feldnamen in den Bereich *Zeilen*. Analog kommt *Typ* in den Bereich *Spalten*. Dieses Feld ziehen wir auch in den Bereich *Werte*. *Excel* setzt dabei gleich die benötigte Funktion *Anzahl* ein.

4 | Mehr als nur Tabellen: Kalkulieren mit Excel

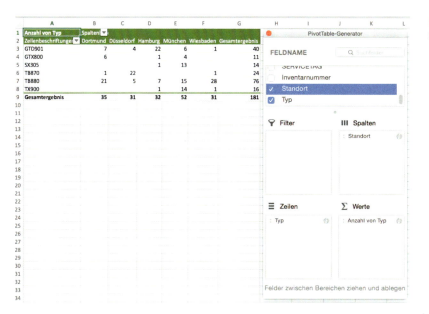

Die fertig konfigurierte »Pivot-Tabelle«.

Sollte der *PivotTable-Generator* einmal verschwunden sein, so lässt er sich nach einem Mausklick auf die Schaltfläche *Feldliste* ganz rechts im Bereich *Anzeigen* des *Kontext*-Registers *PivotTable-Analyse* wieder einblenden.

Weitere Einstellungen lassen sich im *Kontext*-Register *PivotTable-Analyse* vornehmen. Werkzeuge zum Formatieren von *Pivot-Tabellen* sind im *Kontext*-Register *Format* untergebracht.

Zielwertsuche – zum Probleme-Lösen

Bei unseren bisher durchgeführten Berechnungen haben wir eine Anzahl von Werten eingegeben und daraus mit verschiedenen Formeln Zwischenergebnisse und Endergebnisse ermittelt. Dabei kann es vorkommen, dass ein Ergebnis nicht den Erwartungen entspricht. Die Variation eines Ausgangswertes kann aber zum gewünschten Ergebnis führen.

Betrachten wir als Beispiel die Entwicklung eines neuen Produkts. Entwicklungs- und monatliche Fixkosten sind ebenso bekannt wie die monatlichen Produktionskosten. Schätzungen für den erzielbaren Verkaufspreis liegen ebenso vor wie die vermutete Absatzmenge. Jetzt stellt sich die Frage, in wie vielen Monaten die Gewinnschwelle (Neudeutsch der *Break-Even Point*) erreicht ist. Aus diesen Angaben lässt sich der erwar-

455

tete monatliche Gewinn errechnen. Der Gesamtgewinn an der Gewinnschwelle beträgt *Null*, er ergibt sich aus der gesuchten Anzahl von Monaten, multipliziert mit dem monatlichen Gewinn und vermindert um die Entwicklungskosten.

Das Kalkulations-Modell für eine Gewinnschwellen-Bestimmung.

	A	B	C	D
1	Entwicklungskosten	100.000,00 €		
2	Monatliche Fixkosten	2.000,00 €		
3	Stückkosten	75,00 €		
4	Absatz pro Monat	40		
5	Stückpreis	250,00 €		
6				
7	Monatlicher Deckungsbeitrag	5.000,00 €		=B4*(B5-B3)-B2
8	Gewinnschwelle erreicht nach		Monaten	
9				
10	Ertrag bei Gewinnschwelle	-100.000,00 €		=B8*B7-B1

Die Anzahl der Monate ließe sich durch manuelle Eingabe unterschiedlicher Werte in Zelle *B8* nach der *Try-and-Error*-Methode ermitteln. Eleganter und vor allem schneller kommen wir mit der *Zielwertsuche* von *Excel* zum Ziel. Dazu nutzen wir den gleichnamigen Dialog, aufzurufen mit *Zielwertsuche* im Einblendmenü *Was-wäre-wenn-Analyse* im Bereich *Datentools* des Registers *Daten*.

Das Einblendmenü der »Was-wäre-wenn-Analyse«.

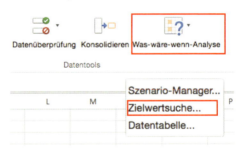

Der Dialog *Zielwertsuche* erwartet die Festlegung der Zielzelle, in unserem Fall also den Ertrag. Der Zielwert an der Gewinnschwelle ist »0«, die veränderbare Zelle ist die Anzahl der Monate bis zu Gewinnschwelle.

Der Dialog »Zielwertsuche« zur Ermittlung eines Ausgangswertes.

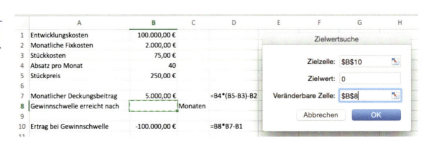

4 | Mehr als nur Tabellen: Kalkulieren mit Excel

Gibt es für das formulierte Problem eine Lösung, zeigt *Excel* diese Tatsache im Dialog *Status der Zielwertsuche* an.

Der Dialog »Status der Zielwertsuche« informiert über die Lösbarkeit eines Problems.

Nach Beendigung des Dialogs trägt *Excel* den gesuchten Wert in die spezifizierte Zelle ein.

	A	B	C
1	Entwicklungskosten	100.000,00 €	
2	Monatliche Fixkosten	2.000,00 €	
3	Stückkosten	75,00 €	
4	Absatz pro Monat	40	
5	Stückpreis	250,00 €	
6			
7	Monatlicher Deckungsbeitrag	5.000,00 €	
8	Gewinnschwelle erreicht nach	20	Monaten
9			
10	Ertrag bei Gewinnschwelle	0,00 €	

Das Modell mit dem von der Zielwertsuche ermittelten Ergebnis.

Vielfältiges Anpassen von Excel

Wie *Word* ist auch *Excel* mit einer umfangreichen Werkzeug-Sammlung ausgestattet und bietet ebenso eine Vielzahl an Einstellungsmöglichkeiten. Im Folgenden sind einige wesentliche Einstellungen aufgeführt.

Den Dialog *Excel-Einstellungen* rufen Sie über *Excel | Einstellungen* oder über *cmd*-»,« auf. Unter *Allgemein* können Sie die Anzahl von Tabellenblättern in einer neuen Arbeitsmappe festlegen, Sie können das *Office-Design* einstellen, die Standard-Schriftart bestimmen und einiges mehr. Vor allem aber können Sie hier angeben, ob Sie die *Z1S1*-Variante für die Angabe von Bezügen verwenden möchten.

Der Dialog »Allgemein« der »Excel«-Einstellungen.

In *Ansicht* legen Sie fest, was alles auf dem Bildschirm erscheinen soll. Dazu gehören die Bearbeitungsleiste, Gitternetzlinien, die Gruppentitel und die Registerkarte *Entwickler* im Menüband und einiges andere mehr.

Der Dialog »Ansicht« der »Excel«-Einstellungen.

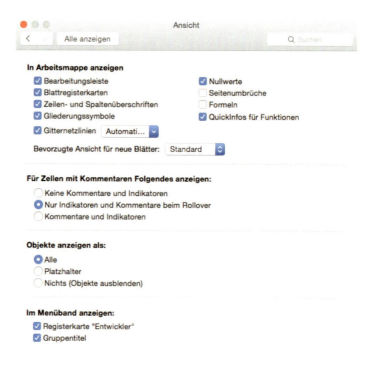

4 | Mehr als nur Tabellen: Kalkulieren mit Excel

Normalerweise aktualisiert *Excel* bei Veränderungen von Zellwerten die davon abhängigen Formelergebnisse in anderen Zellen. Bei sehr umfangreichen und rechenintensiven Tabellenblättern kann diese Aktualisierung einige Zeit in Anspruch nehmen. Im Dialog *Berechnung* haben Sie die Möglichkeit, solche Aktualisierungen nur nach manueller Anweisung durchzuführen. Die Option *1904-Datumswerte verwenden* sollten Sie einschalten, wenn Sie Dokumente von älteren *Macintosh*-Systemen erhalten und unsinnige Werte im Tabellenblatt erkennen. Bei diesen älteren Systemen war eben der 01.01.1904 der Beginn der Zeitrechnung.

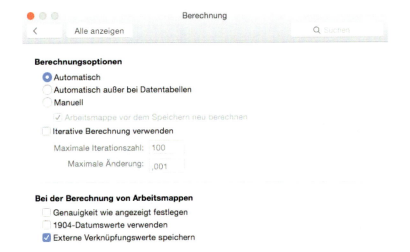

Der Dialog »Berechnung« der »Excel«-Einstellungen.

Im Dialog *Sicherheit und Datenschutz* lässt sich angeben, ob beim Öffnen eines mit Makros ausgestatteten Dokuments ein Hinweis angezeigt werden soll. Weiterhin gestattet er die Festlegung, ob persönliche Daten beim Sichern eines Dokuments zu entfernen sind.

Der Dialog »Sicherheit und Datenschutz« der »Excel«-Einstellungen.

Excel verfügt noch über viele weitere interessante Funktionen, die jedoch den Umfang dieses Buches sprengen würden. Wir lassen es damit jetzt gut sein und wenden uns dem nächsten *Office*-Programm zu.

Ideen visualisieren: Präsentieren mit PowerPoint

Der Begriff *Präsentation* bezeichnet laut Wikipedia die Darstellung von Waren, Gegenständen oder Informationen im Rahmen von Vorträgen oder Referaten. Ihre Aufgabe ist die visuelle Unterstützung bei der Vermittlung von Inhalten. Als Nebeneffekt dienen die dem Publikum dargestellten Informationen als Gedächtnisstütze für den Vortragenden.

Bekanntlich unterscheiden sich Menschen unter anderem in der Fähigkeit zur Aufnahme und zum Speichern von Informationen. Abhängig vom jeweils bevorzugten Kanal der beteiligten Sinnesorgane ist eine Einteilung in die folgenden Lerntypen üblich.

- Auditiv – Hören
- Visuell – Sehen
- Kommunikativ – Sprechen
- Motorisch – Tun und Machen

Allerdings sind diese Typen in reiner Form nur selten anzutreffen – es überwiegen die Mischtypen. Darüber hinaus zeichnen sich Vorträge in der Regel durch die Anwesenheit mehrerer Zuhörer aus, was allein schon eine gemischte Zusammenstellung unterschiedlicher Lerntypen ergibt. Aus diesem Grund macht es Sinn, bei Präsentationen möglichst viele Wahrnehmungskanäle anzusprechen.

Untersuchungen haben gezeigt, dass von einer Präsentation umso mehr im Gedächtnis haften bleibt, je größer die Zahl der angesprochenen Wahrnehmungskanäle des Menschen ist. Gute Präsentationen zeichnen sich also durch eine ausgewogene Kombination aus Wort und Bild aus. Allerdings sollte der Umfang der eingesetzten Visualisierung nicht vom Inhalt ablenken, sondern dessen Aussage(n) unterstützen. Dies bedeutet, Wort, Schrift und Bild sollten inhaltlich aufeinander abgestimmt sein.

Über die Wirkung von Schrift haben wir uns im Zusammenhang mit dem Thema *Formatierung* im Abschnitt über *Word* bereits befasst. Darüber hinaus spielt das Thema *Visualisierung* eine große Rolle. Es umfasst das Gestalten von Informationen durch Bilder, Symbole, Schrift und anderes mehr. Die alte Weisheit, ein Bild sagt mehr als tausend Worte, bedeutet letztendlich nichts anders, als dass visuelle Informationen vom Gehirn schneller aufgenommen werden und länger darin gespeichert bleiben.

Präsentationsprogramme wie *PowerPoint* unterstützen sowohl die Erstellung als auch die Präsentation von Vorträgen. Sie ermöglichen das Anfertigen, Bearbeiten und Speichern jeder einzelnen im späteren Vortrag dargestellten Präsentationseinheit. Darüber hinaus sind sie in der Regel mit einer Vielzahl vorgefertigter Präsentations-Vorlagen ausgestattet. Auf diese Weise ist in relativ kurzer Zeit das Vortragsmaterial erschaffen.

PowerPoint ist seit vielen Jahren das Programm der Wahl zur Darstellung von Inhalten. Kaum eine Konferenz, Tagung, Seminar oder Workshop, der ohne *PowerPoint* unterstützte Darbietungen abläuft. Dies ruft natürlich Kritiker auf den Plan. Da ist von typografisch sehr mangelhaften Ergebnissen die Rede. Der typografisch meist unbedarfte Nutzer verfüge über viel zu viele Einstellungsmöglichkeiten hinsichtlich der Auswahl von Schrifteigenschaften. Die benutzten Kombinationen von Textauszeichnungen seien aus typografischer Sicht häufig höchst fragwürdig. Darüber hinaus verleite *PowerPoint* zur Verwendung aufwendiger Effekte, wodurch Präsentationen höchst unprofessionell wirkten.

Ein amerikanischer Vortragsexperte fordert deshalb die Befreiung vom Zwang der *PowerPoint*-Präsentation. Der Großteil dieser Präsentationen sei »*fast schon verboten langweilig, so dass sowohl der Präsentierende als auch das Publikum in eine Art Dämmerzustand verfallen*«. Gründe dafür seien »*die Verwendung eintöniger Vorlagen mit den immer gleichen PowerPoint-Bullets und die Textlastigkeit dieser Geißel namens Folie*«. Ein anderer Experte meint, »*nach der vierten Präsentation mit PowerPoint keinen Unterschied mehr zwischen den einzelnen Vorträgen wahrnehmen*« zu können.

Da lassen natürlich Gegenargumente nicht auf sich warten. So sei mit der Kritik an *PowerPoint* ... *der Schuldige für alle schlechten Vorträge dieser Welt ausgemacht. Ohne PowerPoint gäbe es keine langweiligen Vorträge, keine nichtssagenden Vorträge, keine Unwahrheiten in den Vorträgen*. Mit anderen Worten, eine Schreibmaschine oder eine Textverarbeitung allein macht ebenso wenig einen guten Journalisten wie *PowerPoint* einen guten Vortragenden.

5 | Ideenreich präsentieren mit PowerPoint

> »Es hat schon immer wesentlich mehr schlechte Vorträge gegeben als gute. Das war zurzeit von Tafelanschrieb und Overhead genauso wie heute in der Zeit von Laptop und Beamer. Die Vorträge sind schlecht, die Vortragenden können es nicht – welches Werkzeug dabei Verwendung findet, ist ziemlich gleich.«

In eine andere Richtung zielt die Kritik an Vorträgen mit durchaus gut gestalteten *PowerPoint*-Folien. Es sei leicht, mit *PowerPoint* zumindest temporär einen schönen Schein zu erwecken. Dies betreffe insbesondere Folien für Vorträge von Angehörigen höherer und höchster Management-Ebenen. Dabei ist von *PowerPoint*-Engineering die Rede.

Auch solche Kritik ist sicher nicht ganz unberechtigt. Dies jedoch wiederum *PowerPoint* anzulasten ist ebenso verfehlt. Ende der achtziger Jahre des letzten Jahrhunderts wurden Präsentationen noch mit Hilfe von Overhead-Projektoren und »richtigen« Folien, also solchen aus durchsichtigem Kunststoff, gehalten. Die Anfertigung der Folien erfolgte in den Zeichenbüros unter Benutzung von farbigen Tintenstiften, Linealen und Schriftzeichen-Schablonen. Es war zu dieser Zeit, da schrieb der Betriebsrat eines süddeutschen Unternehmens seinem scheidenden Vorstandsvorsitzenden unter anderem in den Abschiedsbrief:

> »Je bunter die Folien, desto falscher durfte ihr Inhalt sein.«

Sie sehen, es hat sich im Laufe der Jahre diesbezüglich nicht so sehr viel verändert.

Präsentieren – mit der richtigen Idee

In einer Untersuchung verliehen Teilnehmer von Präsentationen über 80 % der Veranstaltungen, an denen sie teilgenommen hatten, die Prädikate langweilig bis einschläfernd. Bevor wir uns den technischen Einzelheiten bezüglich der Gestaltung von Folien zuwenden, sollen deshalb noch einige grundsätzliche Gesichtspunkte Erwähnung finden.

Bei der Gestaltung von Folien sollten Sie insbesondere das *KISS-Prinzip* (keep it simple and stupid) beherzigen. Man kann dies auch als Prägnanz bezeichnen. Es bedeutet, Inhalte knapp zu fassen und auf Folien nur das Wesentliche aufzuführen. Diese Einfachheit erfordert das Formulieren kurzer und einfacher Sätze. Inhalte sind konkret und anschaulich darzustellen. Und es sollten geläufige Wörter benutzt werden.

Nachstehend finden Sie eine kurze Zusammenstellung weiterer Anregungen und Hinweise hinsichtlich der Gestaltung von Folien und Vorträgen.

- Achten Sie auf einen einheitlichen Aufbau Ihrer Folien.

- Verwenden Sie eine ausreichende Schriftgröße.

- Achten Sie auf ausreichende Zeilenabstände.

- Überladen Sie Ihre Folien nicht (30 % bis 40 % einer Folie frei, nicht mehr als 7 Punkte auf einer Folie, 5 % der Gesamtbreite für den Rand nutzen).

- Beschränken Sie sich auf wenige Formatierungen.

- Verwenden Sie auf allen Folien eines Vortrags so weit wie möglich den gleichen Hintergrund.

- Vermeiden Sie unangenehme oder zu laute Audioinhalte.

- Vermeiden Sie zu komplexe Diagramme und Grafiken.

- Achten Sie auf ausreichenden Kontrast zwischen Schrift und Hintergrund.

- Setzen Sie Farben sparsam ein.

- Lesen Sie nicht stur Ihre Folien-Texte herunter.

- Wenden Sie beim Vortrag Ihrem Publikum nicht den Rücken zu.

- Wechseln Sie die Folien nicht zu schnell.

- Denken Sie an Pausen.

Von Guy Kawasaki stammt die 10-20-30 Regel. Demnach sollte ein Vortrag nicht mehr als 10 Folien umfassen, seine Dauer 20 Minuten nicht überschreiten und die benutzte Schriftgröße nicht unter 30 Punkt liegen.

Peter Ustinov wird eine Aussage zu guten Reden zugeschrieben, deren Anwendung auf Präsentationen ebenfalls nicht schaden kann.

> »Der Schlüssel zu einer guten Rede lautet: Man braucht einen genialen Anfang, einen genialen Schluss und möglichst wenig dazwischen.«

Erste Schritte mit PowerPoint

Wie Sie inzwischen wissen, erfolgt der Start von Programmen per Mausklick auf das entsprechende Symbol im Dock. Daraufhin erscheint der auch in *PowerPoint* reich gefüllte Vorlagen-Katalog.

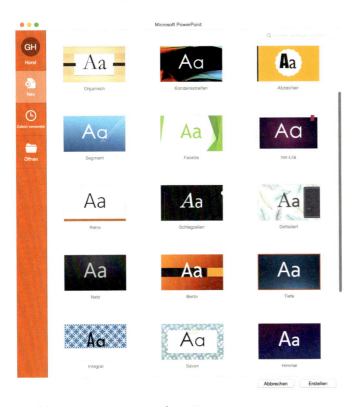

Der Vorlagen-Katalog von »PowerPoint«.

Daraus wählen wir eine uns genehme Variante aus.

Das neue Dokument basierend auf einer Vorlage aus dem Katalog von »PowerPoint«.

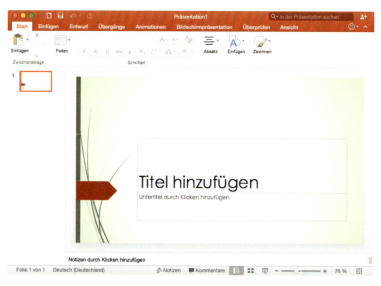

Klicken Sie in das Textfeld mit dem Platzhalter-Text *Titel hinzufügen* und geben Sie einen Text ein. Wiederholen Sie diesen Vorgang für das zweite Feld mit der Anzeige *Untertitel durch Klicken hinzufügen*. In beiden Fällen ist der Text so lang, dass *PowerPoint* weiche Zeilenumbrüche einfügt.

Die mit Inhalt gefüllten Textfelder.

Nach einem Klick in den Text des oberen Feldes wird dessen Umrandung durch eine dunkle Linie mit Anfassern an den Ecken und in der Mitte dargestellt. Bewegen Sie den Mauszeiger über den Anfasser rechts in der Mitte, betätigen Sie die Maustaste und ziehen Sie die Feldbegrenzung bis zum rechten Rand. Falls erforderlich, wiederholen Sie dies für die linke Feldbegrenzung, bis der Text in eine Zeile passt. Die Schrift für das untere Feld ist sehr klein, klicken Sie deshalb auch auf dieses Feld und stellen Sie über das Einblendmenü *Schriftgrad* in der Gruppe *Schriftart* im Register *Start* des Menübands eine größere Schrift ein. Die Schaltflächen und Einblendmenüs dieser Gruppe unterscheiden sich nicht wesentlich von denen in *Word* und *Excel*.

Bei diesen Operationen darf sich die Einfügemarke nicht im Textfeld befinden. Falls dies der Fall sein sollte, positionieren Sie den Mauszeiger über dem Rand des Textfeldes, an der er seine Form wechselt. Klicken Sie dann auf den Rand und die Einfügemarke sollte verschwunden sein.

Fügen Sie an geeigneter Stelle einen harten Zeilenumbruch in das untere Textfeld ein und gleichen Sie dessen linke Kante mit der des darüber liegenden Feldes an.

Die angepassten Textfelder mit ihren Anfassern.

Sie haben damit in kurzer Zeit aus einer Vorlage ein Titelblatt mit farbigem Hintergrund erstellt. Hinsichtlich *Speichern* oder Drucken gibt es keine Unterschiede zu *Word* und *Excel*, weshalb wir uns damit nicht nochmals damit beschäftigen.

Mit der Bereitstellung solcher Vorlagen kann Ihnen *PowerPoint* eine ganze Menge an Gestaltungsarbeit abnehmen. Im nächsten Abschnitt fangen wir aber wieder ganz von vorne an – und zwar mit einer leeren Präsentation.

Erstellen einer Präsentation

Wie eingangs erwähnt, fanden Präsentationen in der *Prä-PowerPoint-Ära* mit Hilfe durchsichtiger Kunststoff-Folien und Overhead-Projektoren statt. Die Produktion der Folien erfolgte in Zeichenbüros. Inzwischen haben *PowerPoint* und andere Präsentationsprogramme das Zeichenbüro längst verdrängt. Zwar produzieren auch sie immer noch Folien, jetzt allerdings in elektronischer Form. Dies gestattet die Einbeziehung von Audio- und Videosequenzen in die bekannten klassischen Mischungen aus Texten, Tabellen, Bildern oder Grafiken.

Üblich ist heutzutage der direkte Präsentationsweg mit Hilfe von Tageslichtprojektoren und damit verbundenen Laptops oder Tablets. Richtige Folien, also solche aus Kunststoff, fristen inzwischen nur noch ein Schattendasein. Sie kommen in den seltenen (?) Fällen zum Einsatz, in denen das Zusammenspiel Gerät – Präsentationsprogramm – Projektor hakt.

Gehen wir also frisch ans Werk mit der Gestaltung von Folien.

Die Nutzer-Oberfläche vom PowerPoint

Sollten Sie *PowerPoint* bereits gestartet haben, wählen Sie *Datei | Neue Präsentation* oder betätigen Sie *cmd-N*. Wenn Sie es erst noch starten müssen, wählen Sie *Leere Präsentation* als Vorlage aus. Es erscheint ein neues leeres Dokument auf Ihrem Bildschirm.

Die Benutzeroberfläche sollte Ihnen – trotz Unterschieden im Detail – vertraut vorkommen. Ihr Erscheinungsbild hängt auch davon ab, welche Einstellungen Sie hinsichtlich verschiedener Anzeigeoptionen vorgenommen haben. Den oberen Abschluss bildet links die *Symbolleiste für den Schnellzugriff*, auf der rechten Seite das *Suchfeld*. Es folgen das Menüband und das horizontale Lineal. Der Arbeitsbereich direkt unterhalb des Lineals beansprucht wie üblich den größten Teil des Fensters. Das darunter befindliche Notizenfeld dient dem Vortragenden zur Eingabe von Notizen. Während einer Präsentation ist nur er in der Lage, diese Notizen zu betrachten. Den unteren Abschluss bildet die Statusleiste. An ihrem linken Rand ist die Nummer der aktiven Folie und die Gesamtzahl an Folien im Dokument eingeblendet. Ihr mittlerer Anschnitt enthält Schaltflächen zum Wechsel zwischen den einzelnen Ansichten und eine zum Starten einer Präsentation. Ganz rechts befinden sich der Schieberegler und die Symbole zum Einstellen von Darstellungs-Maßstäben.

Links neben dem Arbeits- oder Folienbereich ist der Navigationsbereich beheimatet, standardmäßig in Form des Bereichs *Miniatur-Ansicht*. Die darin befindlichen Miniatur-Ansichten enthalten verkleinerte Abbilder der Folien und sollen ihr schnelles Auffinden ermöglichen. Ein Mausklick auf eine solche Miniaturansicht blendet die zugehörige Folie im Arbeitsbereich ein und gestattet damit eine zügige Navigation zwischen den Folien.

Wahlweise lassen sich in diesem Bereich die Gliederung der Folientexte oder die sogenannten *Folienmaster* anzeigen. Die Größe des Arbeitsbe-

5 | Ideenreich präsentieren mit PowerPoint

reichs, des Navigationsbereichs sowie des Notizenbereichs ist veränderbar. Positionieren Sie dazu den Mauszeiger auf den Rand des jeweiligen Teilfensters. Ziehen Sie den Zeiger mit gedrückter Maustaste in die gewünschte Richtung.

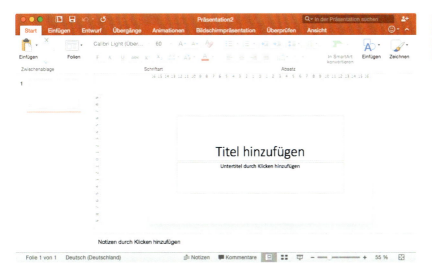

Die Benutzeroberfläche von »PowerPoint« bei einem leeren Dokument.

Da unser Präsentationsdokument gerade erst angelegt wurde, enthält es standardmäßig nur eine einzige Folie, welche jedoch nicht ganz so leer zu sein scheint. Ihre Darstellung ähnelt der eines neuen, leeren *Word*-Dokuments im Querformat. Wenn Sie wie in *Word* einfach mit dem Schreiben loslegen wollen, stellen Sie fest, es passiert zunächst einmal gar nichts.

Im Gegensatz zu *Word* benötigt *PowerPoint* auf seinen einzelnen Folien Behältnisse zur Aufnahme von Inhalten. Die korrekte *PowerPoint*-Bezeichnung für diese Gebilde oder Behältnisse ist *Platzhalter*. Die erste und einzige Folie einer neuen Präsentation ist die Titelfolie – vergleichbar mit einem Deckblatt. In der Annahme, dies sei und bleibe sie für alle Ewigkeiten, stehen auf ihr lediglich zwei Platzhalter zu Verfügung. Der obere ist für das Präsentationsthema, der untere für einen Untertitel oder für Informationen zum Referenten, zur Firma oder dem Veranstaltungsdatum vorgesehen.

Die darin angezeigten Informationstexte fungieren lediglich als Eingabehilfe. Klicken Sie zur Eingabe von Text mitten hinein in den Platzhalter. Daraufhin verschwindet der Informationstext und es erscheint die blinkende Einfügemarke. Geben Sie jetzt den vorgesehenen Text ein.

Mit Folien arbeiten

PowerPoint-Dokumente bestehen aus einzelnen, hintereinander angeordneten Folien. Diese wirken wie Seiten in *Word*-Dokumenten. Dieses äußere Erscheinungsbild gaukelt jedoch eine Ähnlichkeit vor, die nicht vorhanden ist. Im Folgenden beschäftigen wir uns mit diesen Folien und den darauf positionierten elementaren Objekten.

Einfügen von Folien

PowerPoint stattet ein neues Dokument standardmäßig bei seiner Erzeugung mit einer Folie aus. Weitere Folien müssen Sie selbst manuell einfügen – beispielsweise über *Einfügen* | *Neue Folie*. Alternativ können Sie auch *Umschalttaste-cmd-N* betätigen, den entsprechenden Eintrag im *Kontext*-Menü des Miniaturansicht-Bereichs wählen oder auf die Schaltfläche *Neue Folie* in der Gruppe *Folien* des Registers *Einfügen* klicken.

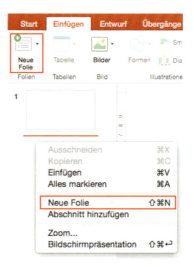

Die Erzeugung neuer Folien in »PowerPoint« per Schaltfläche oder »Kontext«-Menü.

PowerPoint fügt daraufhin eine leere Folie hinter der aktiven Folie – in diesem Fall die Titelfolie – ein. Sie wird zur aktiven Folie, die über eine rote Umrahmung im Bereich *Miniaturansicht* gekennzeichnet ist.

5 | Ideenreich präsentieren mit PowerPoint

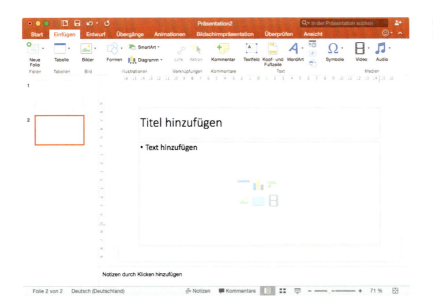

Das »PowerPoint«-Dokument mit zwei Folien.

So richtig leer erscheint die neue Folie auch diesmal nur im Bereich *Miniatur-Ansicht*. Auch hier sind im Folienbereich zwei Platzhalter dargestellt, die mit informativen Texten ausgestattet sind. Das Ziel dieser Platzhalter liegt in der Einhaltung einer einheitlichen Folienstruktur. Diese soll vermeiden helfen, Zuschauer mit einer von Folie zu Folie unterschiedliche Anordnung von Texten und Grafiken zu bombardieren.

Der untere Platzhalter ist in der Mitte mit sechs kleinen Symbolen ausgestattet. Standardmäßig ist hier Text als Inhaltstyp eingestellt, ein Mausklick auf das entsprechende Symbol verändert diesen Typ. Detailliertere Informationen zu diesem Thema befinden sich im Abschnitt über *Platzhalter* und *Felder*.

»Platzhalter« auf einer neuen Folie mit noch auszuwählendem Typ des Inhalts.

Nach einem Klick in den oberen Platzhalter verschwindet der Informationstext. Die Einfügemarke erscheint und es lässt sich Text für eine Überschrift eingeben. Beim unteren Objekt belassen wir es bei *Text* als Inhaltstyp. Nach der ersten Betätigung der Zeilenschaltung wird offensichtlich, dass für das Textfeld ein Aufzählungsformat voreingestellt ist.

Die zweite Folie mit Inhalt.

IT Vision 2025

- Verbesserung der Service-Qualität durch Reduktion der Anzahl an Mitarbeitern
- Installation von *Windows 7* auf allen Geräten
- Ersatz sämtlicher Röhren-Monitore durch 15″ LCD-Displays
- Austausch der Drucker durch Multifunktionsgeräte (maximal 1 Gerät pro Gebäude)
- Durchführung einer Studie zum kosten-effizienten Einsatz von Smartphones im oberen Führungskreis
- Durchführung einer Untersuchung zur Nutzung von *Clouds*

Was die Bearbeitung von Text in den *PowerPoint*-Feldern betrifft, so unterscheidet sie sich nicht von der in *Word*. Alles, was Sie über das Navigieren in bzw. das Markieren, Formatieren etc. von Texten erfahren haben, lässt sich auch auf Texte in *PowerPoint* anwenden.

Eine Variante zum Einfügen von Folien ist noch nicht erwähnt. Die bereits erwähnte Schaltfläche *Neue Folie* im Register *Einfügen* verfügt auf ihrer rechten Seite über ein nach unten weisendes Dreieck. Dies kennzeichnet die Existenz eines Einblendmenüs. Dieses bietet verschiedene Folien-Layouts zur Auswahl, die sich durch Art und Anzahl der darauf vorhandenen Platzhalter unterscheiden. Jede Folienvorlage ist im Einblendmenü mit einem Namen gekennzeichnet, wobei die von uns eingefügte zweite Folie den Namen *Titel und Inhalt* trägt.

Das Einblendmenü »Neue Folie« verfügt über diverse Folien-Layouts.

5 | Ideenreich präsentieren mit PowerPoint

Die Verwendung dieses Einblendmenüs bietet den Vorteil, dass Sie ein benötigtes Folien-Layout direkt auswählen können.

Sämtliche Folien einer Präsentation basieren auf einem Layout, in dem der Typ und die Anordnung der Platzhalter festgelegt sind.

Sie können ein gewähltes Layout jederzeit durch ein anderes ersetzen, ohne dass dabei Informationen verloren gehen. Das Einblendmenü der Schaltfläche *Layout* in der Gruppe *Folien* des Registers *Start* ist weitestgehend identisch mit dem von *Neue Folie*. Die Auswahl eines Layouts über dieses Menü erzeugt jedoch keine neue Folie, sondern wandelt das bestehende Layout der aktiven Folie in das ausgewählte um. Die neuen Platzhalter übernehmen beim Wechsel bereits existierende Inhalte. Fehlen passende Platzhalter, so erfolgt eine Umsetzung der betroffenen Inhalte in frei platzierbare Objekte.

Folienhintergründe gestalten

Nachdem nun mehrere Folien vorliegen, stellt sich die Frage, ob denn ein rein weißer Hintergrund so richtig etwas hermacht. Schauen wir uns dazu die möglichen Alternativen an. Die Gruppe *Anpassen* im Register *Entwurf* enthält die Schaltfläche *Hintergrund formatieren*. Ein Mausklick darauf bringt das gleichnamige Thema im Formatbereich zum Erscheinen. Die darin enthaltenen Werkzeuge ermöglichen die Gestaltung von Hintergründen ganz nach dem eigenen Geschmack. Die Palette reicht von der einfachen einfarbigen Variante über Farbverläufe, Muster und Texturen bis hin zu Hintergrundgrafiken.

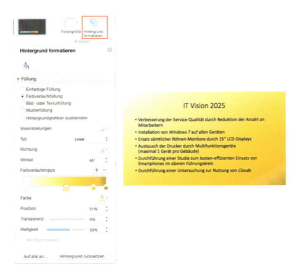

Die Gestaltung von Hintergründen mit Hilfe von Farbverläufen.

473

Die Gestaltung von Hintergründen mit Hilfe von Mustern.

Die Änderung eines Hintergrunds erfolgt nur für aktivierte Folien, jedoch lassen sich mittels *cmd*-Mausklick auch mehrere, nicht aufeinander folgende Folien markieren. Ein Mausklick auf *Auf alle an…* bewirkt die Zuweisung auf sämtliche Folien eines Dokuments.

Alternativ ist die Änderung von Hintergründen auch durch die Zuweisung alternativer *Designs* möglich, wobei jedes *Design* über einen ihm zugeordneten Hintergrund verfügt. Standardmäßig nutzt *PowerPoint* das normale *Office*-Design für eine neue Präsentation. Im Gegensatz zur Änderung eines Hintergrunds weist *PowerPoint* ein gewähltes *Design* sämtlichen Folien eines Dokuments zu.

Zur Erinnerung: *Designs* sind Vorlagen mit aufeinander abgestimmten Farbschemen, Hintergründen und Schriftschnitten. *PowerPoint* beinhaltet eine Vielzahl solcher Designs, deren Miniaturansichten im Register *Entwurf* untergebracht sind. Varianten dieser Designs befinden sich ebenfalls in diesem Register. Dies wurde in den programmübergreifenden *Office*-Funktionen bereits erläutert.

Folienmaster

Eine gute Präsentation ist unter anderem durch eine einheitliche Gestaltung sämtlicher Folien eines Vortrags gekennzeichnet. Als Ersteller der Folien haben Sie nun die freie Wahl, entsprechende Gestaltungsmaßnahmen jeder einzelnen Seite angedeihen zu lassen oder einfach mit dem sogenannten *Folienmaster* zu arbeiten.

Ein *Folienmaster* ist eine Art *Formatvorlage* für Folien. Er enthält alle Informationen (Hintergründe, Schriftarten, Objektpositionen, Farben etc.) hinsichtlich Design und Folienlayout. Wie bei den Formatvorlagen unter *Word* lassen sich hier nachträgliche Änderungen vornehmen, die sich automatisch auf jede Folie auswirken. Auch dadurch entfällt die Notwendigkeit, alle Folien einzeln überarbeiten zu müssen. Dies erweist sich insbesondere bei umfangreichen Präsentationen mit einer Vielzahl von Folien als hilfreich.

Jede Präsentation ist mit mindestens einem *Folienmaster* ausgestattet. Da er das Erscheinungsbild der gesamten Präsentation beeinflusst, ist zum Erstellen oder Ändern eines *Folienmasters* der Wechsel in eine spezielle Ansicht – die *Folienmasteransicht* – erforderlich. Dieser Wechsel erfolgt über *Ansicht | Master | Folienmaster* oder kurz mit *cmd-alt-1*. Alternativ führt ein Klick auf *Folienmaster* in der Gruppe *Masteransichten* des Registers *Ansicht* zum Ziel.

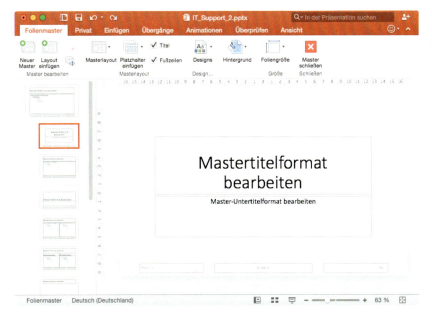

Das Kontext-Register »Folienmaster« in der gleichnamigen Ansicht.

Das oberste, größer dargestellte Objekt im Miniaturansichtsbereich ist der eigentliche *Folienmaster*. Die übrigen Elemente – *Folienlayouts* genannt – sind mit ihm verknüpft und verfügen über dasselbe Design. Soll eine Präsentation unterschiedliche Designs enthalten, ist für jedes *Design* ein eigener *Folienmaster* einzurichten. Die Erzeugung eines neuen *Folienmasters* erfolgt per Mausklick auf die Schaltfläche *Neuer Master* in der Gruppe *Master bearbeiten* des *Kontext*-Registers *Folienmaster*.

Die Schaltflächen in der Gruppe »Master bearbeiten« zum Erzeugen, Löschen und Umbenennen von »Mastern« und »Layouts«.

Eine Präsentation mit mehreren »Folienmaster«.

Bei der Generierung eines neuen Folienmasters erzeugt *PowerPoint* gleichzeitig eine Anzahl zugeordneter *Folienlayouts*.

Die Erzeugung von *Folienlayouts* erfolgt ebenfalls per Mausklick, wofür die Schaltfläche *Layout einfügen* zuständig ist. Das Einfügen erfolgt hinter dem aktiven *Master* bzw. *Folienlayout*. Jedem *Master* und jedem *Folienlayout* ist ein Name zugeordnet, der sich im Dialog *Master umbenennen* bzw. *Layout umbenennen* ändern lässt. Sein Aufruf erfolgt per Mausklick auf die Schaltfläche *Umbenennen*. Ein Klick auf *Löschen* entfernt die markierte(n) Folie(n), gleiches leistet die Betätigung der *Rückschritt*- oder *Entfernen*-Taste.

Das Umbenennen von »Mastern« oder »Folienlayouts«.

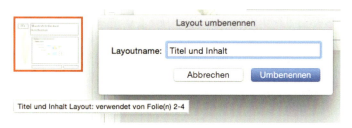

5 | Ideenreich präsentieren mit PowerPoint

Benutzte *Folienlayouts* lassen sich nicht löschen. Wenn Sie den Mauszeiger über dem Symbol eines *Folienlayouts* positionieren, blendet *PowerPoint* neben dessen Namen auch die Nummer(n) der Folie(n) als Info-Text ein, die dieses *Folienlayout* verwenden.

Die Schaltflächen der Gruppen *Design* und *Hintergrund* erlauben die Zuordnung von Designs, Farben, Schriftarten und Hintergrundformaten zu einem *Folienmaster*.

Die Schaltflächen für die Zuweisung von »Designs« und deren »Varianten«.

Bei der Zuweisung eines anderen *Designs* an einen *Folienmaster* weist *PowerPoint* diesem auch sämtliche zugehörigen *Folienlayouts* zu.

Das Einblendmenü *Foliengröße* ermöglicht die Einstellungen *Standard* und *Breitbild*.

Das Einblendmenü zur Einstellung der Foliengröße.

Ein Klick auf *Master schließen* führt zur Rückkehr zur zuvor eingestellten Ansicht.

Niemand kann Sie zwingen, für Ihre Folien die integrierten Layouts von *PowerPoint* zu benutzen. Sie können sich eigene Entwürfe ganz nach Ihrem Geschmack gestalten und als zusätzliche Layouts einbringen. Dazu ist es aber hilfreich, sich zunächst mit den einzelnen Elementen zu befassen, die sich auf Folien und Layouts tummeln können.

Platzhalter und Felder

Inzwischen ist Ihnen bekannt, dass die Unterbringung von Informationen auf Folien bestimmte Behältnisse erfordert. Dazu dienen in *PowerPoint* die sogenannten Platzhalter und Felder. Eigentlich sind Felder ebenfalls Platzhalter, denn sie üben die gleiche Funktion aus – nämlich

477

das Aufnehmen von Informationen. Wir bezeichnen im Folgenden als Platzhalter diejenigen Objekte, die ausschließlich zur Platzierung auf dem *Folienmaster* bestimmt sind. Felder dagegen lassen sich auch direkt auf einzelnen Folien positionieren.

Beide Objekte sind vergleichbar mit den Textfeldern in *Word*, wobei ihre Existenz die Bestückung von Folien mit Inhalten in *PowerPoint* erst ermöglicht. Sie können auf jeder Folie beliebig viele Platzhalter und Felder an beliebigen Stellen aufnehmen. Neben Text lassen sich darin Grafiken oder andere Inhalte unterbringen, in Platzhaltern zusätzlich benutzerdefinierte Informationstexte.

Wir erzeugen nun die genannten Objekte auf einem neuen Layout. Dazu klicken wir in der *Folienmasteransicht* auf *Layout einfügen* in Gruppe *Master bearbeiten* des Registers *Folienmaster*. *PowerPoint* fügt eine neue Folie hinter der aktiven ein. Ihr aktuelles Erscheinungsbild hängt davon ab, welche Optionen in der Gruppe *Masterlayout* aktiviert sind. Um Platzhalter für einen Titel, vertikalen Titel oder eine Fußzeile auf einem Layout zu positionieren, ist lediglich die entsprechende Option zu aktivieren. Alternativ kann die auch über das Einblendmenü *Masterlayout* erfolgen.

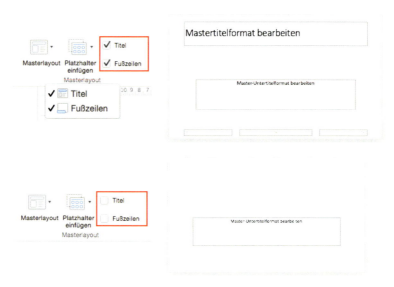

Das neu erzeugte Layout mit und ohne Titel und Fußzeile.

Zum Einfügen weiterer Platzhalter greifen wir auf die Einträge des Einblendmenüs *Platzhalter einfügen* zurück, aus dem wir den gewünschten Typ auswählen.

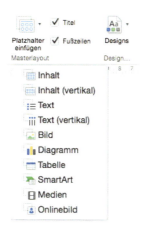

Das Einblendmenü »Platzhalter einfügen«.

Nach der Auswahl eines Eintrags – in diesem Fall *Text* – verändert der Mauszeiger seine Form in ein Kreuz. Damit ziehen wir einen Rahmen auf, wobei *PowerPoint* wie üblich dessen Abmessungen am unteren rechten Rand einblendet. Nach Freigabe der Maustaste zeigt *PowerPoint* die Feldgrenzen des Platzhalters sowie einen Vorgabetext an. Dadurch wird ersichtlich, dass der reservierte Platz deutlich zu gering ausgefallen ist.

Der erzeugte Platzhalter mit zu geringen Abmessungen.

Wir platzieren den Mauszeiger über dem mittleren rechten Anfasser (Ziehpunkt) und ziehen ihn mit gedrückter Maustaste nach rechts. Analog vergrößern wir die Ausdehnung des Platzhalters nach unten. Den Vorgabetext verändern wir einfach durch Überschreiben des bestehenden. Die Aufzählungszeichen schalten wir mit der Auswahl von *Ohne* im gleichnamigen Einblendmenü links oben in der Gruppe *Absatz* des *Kontext*-Registers *Privat* ab. Letzteres ist im Prinzip identisch mit dem Register *Start*. Über das Einblendmenü *Schriftfarbe* weisen wir danach dem gesamten Platzhalter eine andere Schriftfarbe zu.

Wenn wir nun schon dabei sind, fügen wir auch gleich ein Textfeld oberhalb des Platzhalters ein. Das dazu notwendige Vorgehen unterscheidet sich im Vergleich zu einem Platzhalter nur durch die Wahl einer anderen Schaltfläche. Zuständig ist *Textfeld* in Gruppe *Einfügen* im Register *Privat*. Auch verändert der Mauszeiger zu Beginn des Prozesses seine Form. Abschließend fügen wir noch einen Text ein und formatieren ihn.

Ein Textfeld (oben) und ein »Platzhalter« (unten) auf einem »Folienlayout« in der Ansicht »Folienmaster«.

Um das gerade erstellte Layout leichter wiederzufinden, versehen wir es mit dem etwas aussagekräftigeren Namen *Adresseneingabe*. Der Dialog *Layout umbenennen* lässt sich übrigens auch über das *Kontext*-Menü des Layout-Symbols aufrufen.

Mit einem Klick auf *Master schließen* im Register *Folienmaster* oder auf *Standard* in der Statusleiste kehren wir zur Normalansicht zurück. Wir fügen nun einer Präsentation eine Folie basierend auf dem gerade erzeugten Layout *Adresseneingabe* zu. Ein Symbol des gerade erzeugten *Folienmasters* ist jetzt Bestandteil des Einblendmenüs *Neue Folie*.

Das Einblendmenü »Neue Folie« mit dem Symbol des gerade erzeugten »Folienmasters«.

In der Ansicht *Normal* ist für das Textfeld und den Platzhalter rein optisch kein Unterschied feststellbar. Die Unterschiede liegen in den Verhaltensweisen. Versuchen Sie, den blauen Text zu verändern oder an einen anderen Platz zu schieben – Sie werden scheitern, denn die Position und der Inhalt des Textfelds sind auf der Folie fest zementiert. Änderungen lassen sich nur in der Ansicht *Folienmaster* vornehmen.

Wenn Sie dagegen in den Platzhalter mit dem roten Vorgabetext klicken, verschwindet dieser sofort und Sie können Ihren eigenen Text eingeben. Darüber hinaus lässt sich der Platzhalter auf der Folie verschieben und Sie können seine Abmessungen verändern.

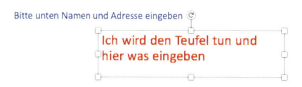

Der »Platzhalter« mit eingegebenem Text, veränderten Abmessungen und anderer Position.

Folienobjekttypen

Im letzten Abschnitt haben wir Folienobjekte in Form von Platzhaltern und Feldern in ein Layout eingefügt. Dieser Prozess unterscheidet sich nicht von demjenigen zur Erzeugung von Feldern auf Folien. Der einzige Unterschied: Textfelder auf Folien lassen sich jederzeit bearbeiten.

Auch *PowerPoint* kennt den Begriff *Kopf- und Fußzeilen*. Insbesondere der Begriff *Kopfzeile* ist hier eher irreführend. Gemeint ist damit wohl der Platzhalter *Titel*, der sich in der Ansicht *Folienmaster* ein- bzw. ausblenden lässt.

Auf einem Folienlayout ist nur ein einziger Titelplatzhalter zulässig. Sie können ihn zwar duplizieren, das Duplikat auf einer Folie jedoch nicht mit Text befüllen.

Auf die gleiche Weise lassen sich auch Fußzeilen anzeigen und verbergen. Im Gegensatz zu *Excel* oder *Word* bestehen sie aus drei einzelnen, frei verschiebbaren Platzhaltern. Im linken befinden sich Datum und Uhrzeit, im rechten die Foliennummer. Der mittlere lässt sich mit beliebigem Text füllen.

Es ist nicht ausreichend, die Anzeige der Fußzeilenelemente auf dem Folienmaster durch Setzen eines Häkchens einzublenden. Damit sie auf den Folien erscheinen, müssen sie im Dialog *Kopf- und Fußzeile* explizit und für jedes Einzelteil getrennt aktiviert werden.

Der Aufruf dieses Dialogs erfolgt per Mausklick auf die Schaltfläche *Kopf- und Fußzeile* im Register *Einfügen*.

Das Gestalten der Fußzeilen-Elemente ist jedoch auch in der Ansicht *Normal* möglich.

Dieser Dialog lässt sich auch außerhalb der Ansicht *Folienmaster* aufrufen.

Die Aktivierung der Elemente einer Fußzeile im Dialog »Kopf- und Fußzeile«.

Die im Folgenden aufgeführten Typen von Platzhaltern müssen Sie über den entsprechenden Eintrag des Einblendmenüs *Platzhalter einfügen* auf die Folie bringen.

Das Einblendmenü »Platzhalter einfügen« mit den verschiedenen »Platzhalter«-Typen.

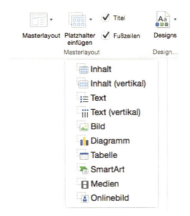

Inhalt und *Text* sind auch in vertikaler Form verfügbar. *Inhalt* bietet die Flexibilität, die Entscheidung hinsichtlich des Inhalts eines Platzhalters erst bei der Gestaltung einer Folie treffen zu müssen.

Eine Folie mit sechs Platzhalten vom Typ »Inhalt«.

Die eigentliche Wahl erfolgt durch einen Mausklick auf das Icon des gewünschten Inhalts. Alternativ lassen sich Inhalte per Drag und Drop in den Platzhalter ziehen. Bei Text genügt es, einfach in den Platzhalter zu klicken und loszuschreiben. Ein Klick auf das Tabellensymbol bringt den Dialog *Tabelle einfügen* zum Vorschein, in dem sich die Anzahl an Reihen und Spalten der gewünschten Tabelle festlegen lässt.

Der Dialog »Tabelle einfügen« zum Festlegen der Zeilen- und Spaltenzahl.

Ein Mausklick auf das Diagrammsymbol öffnet dessen *Kontext*-Menü, in dem die Auswahl des Diagrammtyps erfolgt.

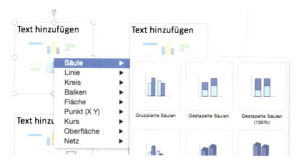

Das Kontext-Menü des Diagramm-Symbols.

Ist die Wahl getroffen, öffnet *PowerPoint* ein *Excel*-Dokument mit eingetragenen Beispiel-Daten, die sich einfach überschreiben lassen.

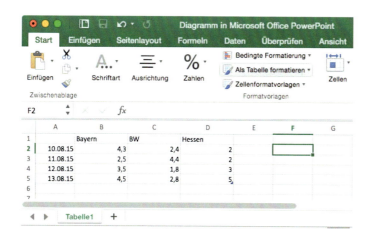

Das mit einem »PowerPoint«-Diagramm verknüpfte »Excel«-Dokument.

Analog zum Diagramm-Symbol gestattet das *Kontext*-Menü des *SmartArt*-Symbols die Auswahl des gewünschten Grafik-Typs.

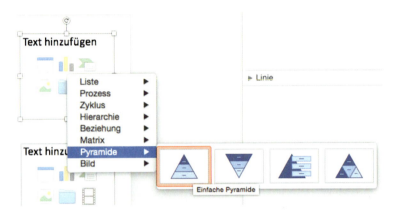

Das Kontext-Menü des »SmartArt«-Symbols.

Ein Klick auf ein Symbol in der unteren Reihe bringt den *Öffnen*-Dialog zum Vorschein, der die Auswahl eines Bildes oder einer Medien-Datei ermöglicht. Das linke Symbol in der unteren Reihe repräsentiert den Platzhalter *Bild*, das mittlere *Onlinebild*. Ein prinzipieller Unterschied bei der Platzierung ist nicht feststellbar.

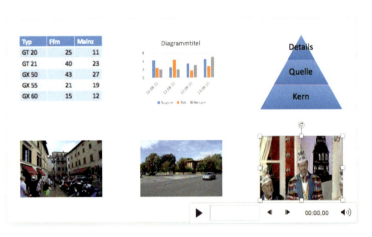

Eine Folie mit Platzhaltern und ausgewähltem Inhaltstyp.

Das Einfügen von Objekten auf Folien oder *Folienlayouts* lässt sich auch mit Hilfe diverser Schaltflächen und deren Einblendmenüs im Register *Einfügen* erledigen.

Das Register »Einfügen« und seine Schaltflächen.

Auf einem *Folienmaster* oder *Folienlayout* platzierte Objekte lassen sich auf damit verknüpften Folien nicht verändern.

Alle in diesem Abschnitt behandelten Elemente lassen sich kopieren, ausschneiden, duplizieren sowie an anderer Stelle einfügen. Dabei kann sich die Zielposition auf einer anderen Folie oder Layout befinden.

Beim Ausschneiden/Kopieren und Einsetzen eines Objekts auf einer anderen Folie bzw. einem anderen Layout erfolgt das Einsetzen an der gleichen Position wie das Ursprungsobjekt.

Ist bei einem Verschiebevorgang die *alt*-Taste gedrückt, wird das bewegte Objekt dupliziert. Das Löschen (markierter) Objekte erfolgt mit Hilfe der *Entfernen*- oder der *Rückschritt*-Taste. Das Löschen von Text-Platzhaltern oder -Feldern erfordert einen Klick auf deren Rand, andernfalls wird lediglich der darin befindliche Text entfernt.

Hilfsmittel für die Foliengestaltung

PowerPoint bietet also eine ganze Menge von Objekten, die sich auf einer Folie oder einem Layout unterbringen lassen. Da kann es durchaus vorkommen, dass sich eine Vielzahl von Elementen auf engem Raum tummelt. In solchen Fällen helfen Werkzeuge zum Anordnen, Ausrichten und Positionieren.

Beginnen wir beim einzelnen Objekt. *PowerPoint* zeigt im Rahmen des Erstellungs-Prozesses beim Ziehen der Maus die jeweils aktuellen Abmessungen eines Objekts ein. Möchten Sie diese im Nachhinein verändern, klicken Sie in das Objekt. Dies blendet den Objektrahmen mit den Aktivpunkten ein. Damit lässt sich das Objekt verkleinern oder vergrößern. Sie müssen lediglich mit gedrückter Maustaste die Aktivpunkte in die gewünschte Richtung ziehen.

Der Drehknopf oberhalb der Begrenzungsrahmen ermöglicht das Drehen von Objekten. Bewegen Sie dazu den Mauszeiger in seine Kontur, womit er die Form eines Kreisbogensegments mit einem Pfeil am Ende annimmt. Beim Drücken der Maustaste ändert er nochmals seine Form in einen Kreis mit vier Pfeilen. Wird der Zeiger nun bei gedrückter Taste um den Drehknopf herum bewegt, erscheint er wieder als Pfeil. Gleichzeitig blendet *PowerPoint* den aktuellen Drehwinkel ein.

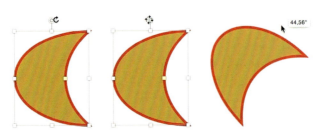

Das Drehen von Objekten mit der Maus.

Wird während des Drehvorgangs die *Umschalttaste* gedrückt, beschränkt sich die Drehung auf 15°-Schritte.

Das Positionieren von Objekten sowie das Einstellen von Abmessungen mit der Maus ist eine relativ grobe Angelegenheit. Deutlich genauer lassen sich diese Einstellungen im Formatierungsbereich vornehmen, der sich über einen Doppelklick auf das zu bearbeitende Objekt einblenden lässt. Er bietet eine Vielzahl weiterer Einstell-Optionen, wovon ein großer Teil im Abschnitt über die allgemeinen *Office*-Funktionen bereits behandelt wurde.

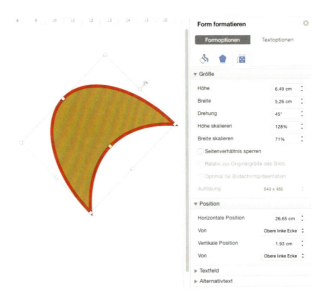

Das Themengebiet »Form formatieren« im Aufgabenbereich.

Die bisherigen Betrachtungen in diesem Abschnitt beziehen sich auf ein einziges Objekt. Statische Führungslinien ermöglichen das manuelle Ausrichten von Objekten exakt an einer vorgegebenen Linie oder Bereich auf einer Folie oder einem Layout. Über *Ansicht | Führungslinien | Führungslinien* oder über *ctrl-alt-cmd-G* blendet *PowerPoint* eine horizontale und eine vertikale magnetische Führungslinie ein. Die Erzeugung weiterer solcher Führungslinien erfolgt über das *Kontext*-Menü einer solchen Linie.

Das Erzeugen und Bewegen statischer Führungslinien.

Die Führungslinien lassen sich verschieben, indem Sie den Mauszeiger über einer solchen Linie positionieren. Ziehen Sie dann die Linie mit gedrückter Maustaste an die gewünschte Stelle. Das Entfernen erfolgt per *Kontext*-Menü, alternativ leistet dies ihr Bewegen in einen Bereich außerhalb einer Folie oder eines Layouts.

Führungslinien lassen sich duplizieren. Dazu bewegen Sie einfach eine solche Linie bei gedrückter *alt*-Taste an die gewünschte Stelle.

Führungslinien erleichtern das Platzieren von Objekten an vorgegebenen Positionen.

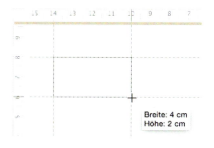

Das Platzieren eines Objekts mit Hilfe statischer Führungslinien.

Dynamische Führungslinien dienen zum Ausrichten von einem Objekt relativ zu einem anderen Objekt. Beim Ziehen eines Objekts blendet *PowerPoint* Linien ein, die durch die Mittelpunkte anderer Objekte oder durch den Mittelpunkt von Folien oder Layouts verlaufen. Das Einblenden dieser Führungslinien erfolgt, sobald Sie beim Bewegen eines Objekts in die Nähe eines anderen Objekts geraten.

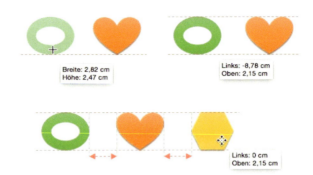

Das Ausrichten von Objekten mit Hilfe dynamischer Führungslinien.

Analog zur statischen Variante lassen sich dynamische Führungslinien über *Ansicht | Führungslinien | Dynamische Führungslinien* ein- und ausschalten. Diese Anzeige können Sie durch Drücken der *Befehlstaste* (zumindest teilweise) vorübergehend ausschalten.

Der häufigste Anwendungsfall dürfte im Ausrichten mehrerer Objekte an einer Kante liegen. Die Vorgehensweise für einen solchen Prozess wurde bereits im Abschnitt über die gemeinsamen *Office*-Funktionen erläutert. Zur Erinnerung: Das Einblendmenü *Ausrichten* in der Gruppe *Anordnen* des *Kontext*-Registers *Formformat* verfügt über die entsprechenden Funktionalitäten. Auch die Änderung einer ursprünglichen Reihenfolge von sich überlappenden Elementen wurde schon behandelt. *PowerPoint* verfügt mit *Objekte neu anordnen* im gleichnamigen Einblendmenü in der Gruppe *Anordnen* des *Kontext*-Registers *Formformat* zudem über ein weiteres Hilfsmittel.

Die Ausgangssituation: mehrere sich überlappende Objekte auf einer Folie.

Nach Auswahl von *Objekte neu anordnen* erscheint eine bildschirmfüllende Darstellung der einzelnen Ebenen mit den darauf befindlichen Elementen.

5 | Ideenreich präsentieren mit PowerPoint

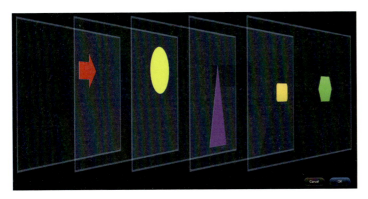

Das Werkzeug »Objekte neu anordnen« für die Ausgangssituation.

Die einzelnen Ebenen lassen sich mit der Maus auf andere Positionen verschieben.

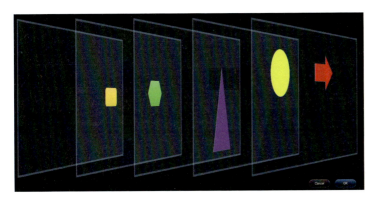

Das Werkzeug »Objekte neu anordnen« nach dem Verschieben von Ebenen.

Die Übernahme der veränderten Reihenfolge erfolgt erst nach Betätigen der Taste *OK* rechts unten auf dem Bildschirm.

Die finale Stapelfolge.

Dieses Werkzeug steht auch in *Excel* zu Verfügung – seltsamerweise fehlt es aber in *Word*.

489

Umgang mit Folien

Es heißt immer so schön, dass *eine Präsentation lebt* oder *eine Präsentation nie fertig ist*. Gemeint ist damit, es werden bis kurz vor dem mehr oder weniger erzwungenen Ende der Gestaltungsarbeiten immer wieder größere oder kleinere Modifikationen vorgenommen. Dies reicht von der Umstellung der Reihenfolge bis hin zum Löschen von inzwischen als überflüssig erachteter Folien.

Egal, was Sie mir einer Folie anstellen – Sie müssen sie als Erstes markieren. Das Verschieben von Folien können Sie im Miniaturansichtsbereich der Normalansicht vornehmen. Positionieren Sie den Mauszeiger über der Folie und ziehen Sie ihn mit gedrückter Maustaste in Richtung des gewünschten Ziels. Immer dann, wenn Sie beim Ziehen in den Grenzbereich zweier Folien geraten, blendet *PowerPoint* einen dicken roten, auf seiner linken Seite von einem Kreis abgeschlossenen Strich in den Zwischenraum ein. In diesem Zustand können Sie die Folie an der so gekennzeichneten Stelle durch Loslassen der Maustaste ablegen.

Das Verschieben von Folien mit der Maus in der Ansicht »Normal«.

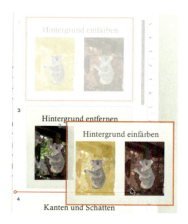

Ist bei diesem Vorgang die *alt*-Taste gedrückt, entsteht an der Zielposition ein Duplikat der Folie. Ansonsten funktioniert auch hier der konventionelle Weg über die Zwischenablage mittels *Ausschneiden/Kopieren* und *Einsetzen*. Dies klappt auch mit unterschiedlichen Dokumenten.

Auch mehrere Folien lassen sich so in einem Rutsch behandeln. Hintereinanderliegende Folien aktivieren Sie durch Markieren der ersten Folie per Mausklick und anschließend bei gedrückter *Umschalttaste* per Klick auf die letzte Folie. Im Falle eines nicht zusammenhängenden Bereichs benötigen Sie nach der ersten Folie die *Befehlstaste (cmd)* zum Markieren weiterer Folien. Möchten Sie Folien von der Markierung wieder ausschließen, klicken Sie mit gedrückter *Befehlstaste* auf die bereits markierte Folie.

Bei einer größeren Zahl von Folien wechseln Sie zwecks besserer Übersicht in die Ansicht *Foliensortierung*. Den Ansichtswechsel vollziehen Sie über *Ansicht | Foliensortierung* oder per Tastenkombination *cmd-2*. Auch darin befinden sich verkleinerte Abbilder sämtlicher vorhandener Folien, wobei die Größe des Arbeitsbereichs die Darstellung einer weitaus größeren Anzahl von Folien-Symbolen als der Miniatur-Ansichtsbereich der Normalansicht erlaubt. Dies bietet Vorteile insbesondere beim Verschieben über längere Distanzen. Das Prozedere erfolgt analog zu dem in der Normalansicht, wobei die Zielposition hierbei durch einen auf Foliensymbolgröße vergrößerten Zwischenraum gekennzeichnet ist.

Das Verschieben von Folien mit der Maus in der Ansicht »Foliensortierung«.

Die Verwendung von Abschnitten bietet eine weitere Möglichkeit, bei einer größeren Zahl von Folien den Überblick zu behalten. Damit lassen sich thematisch zusammengehörige Folien zusammenfassen, was insbesondere auch die Erstellung von Präsentationen im Team erleichtert.

Als Erstes ist in der Ansicht *Normal* die Folie zu markieren, ab der ein Abschnitt beginnen soll. Wählen Sie *Abschnitt hinzufügen* im Einblendmenü der Schaltfläche *Abschnitt* in Gruppe *Folien* des Registers *Start*.

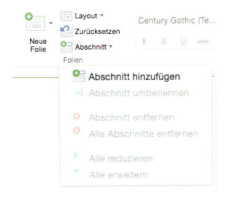

Die Strukturierung einer Präsentation durch Einfügen von »Abschnitten«.

PowerPoint fügt sämtliche Folien ab der markierten in einen Abschnitt mit dem Namen *Abschnitt ohne Titel* ein. Danach erscheint der Dialog *Abschnitt umbenennen*, in dem Sie einen aussagekräftigen Namen eingeben sollten.

Das Umbenennen von »Abschnitten«.

Mit der Bestätigung über *Umbenennen* erhält der neue Abschnitt einen Namen. Wiederholen Sie diesen Vorgang, bis alle gewünschten Folien in Abschnitten untergebracht sind.

Eine in »Abschnitte« unterteilte Präsentation.

Im Miniaturansichts-Bereich der Normalansicht und in der Foliensortierungsansicht lassen sich Abschnitte auf- und zusammenklappen. Auch ist es möglich, die Foliengruppen wie einzelne Folien umzuordnen. Dies gelingt mit Hilfe der *Kontext*-Menüs der Abschnitte, die auch das Umbenennen und Löschen von Abschnitten (wahlweise inklusive Folien), das Reduzieren sowie das Erweitern von Ansichten gestatten.

Das »Kontext«-Menü eines »Abschnitts«.

Schneller funktioniert das Umstellen per Drag und Drop. Dabei lassen sich zum einen Abschnitte umstellen und zum anderen auch Folien zwischen Abschnitten austauschen.

Die Darstellung von »Abschnitten« in der Ansicht »Foliensortierung«.

Mit Kopieren und Einsetzen erzeugen Sie keine Kopien von Abschnitten. Sie fügen lediglich sämtliche Folien eines Abschnitts in einen anderen ein.

Sie löschen Folien, indem Sie die betreffende(n) Folie(n) markieren und anschließend die *Rückschritt*- oder die *Entfernen*-Taste betätigen.

Ansichten

PowerPoint kann Präsentationen auf unterschiedliche Art und Weise darstellen. Es bietet sechs verschiedene Ansichtsmodi:

- Bildschirmpräsentation
- Foliensortierung
- Gliederungsansicht
- Normal
- Notizblatt
- Referentenansicht

Hinzu kommen die drei Masteransichten zum Bearbeiten der Master-Folien und Elemente:

- Folienmaster
- Handzettelmaster
- Notizenmaster

Normalerweise stellt *PowerPoint* nach seinem Start die Normalansicht ein, die bereits ausführlich behandelt ist. Auch der Zweck der Ansichten *Foliensortierung* und *Folienmaster* ist bereits bekannt. Zum Wechsel zwischen den Ansichten stehen wie üblich verschiedene Wege offen. Klassisch ist die Nutzung der verschiedenen Einträge über das Menü *Ansicht*.

Der Ansichtswechsel per Menü.

Schneller vollzieht sich ein Wechsel per Mausklick auf die entsprechende Schaltfläche links unten in der Statusleiste.

Der Ansichtswechsel mit den Schaltflächen der Statusleiste.

Dies sind allerdings nur drei von insgesamt neun Ansichten. Wesentlich mehr hat das Register *Ansicht* zu bieten.

Die Schaltflächen für einen Ansichtswechsel im Register »Ansicht«.

Für den Wechsel zu Bildschirmpräsentationen dienen die Schaltflächen in der Gruppe *Bildschirmpräsentation starten* im Register *Bildschirmpräsentation*.

Die Schaltflächen zum Wechsel in »Präsentations-Ansichten« im Register »Bildschirmpräsentation«.

Der schnellste Weg beim Wechsel von Ansichten ist, wie sollte es anders sein, die Nutzung von Tastenkombinationen, welche in der nachfolgenden Tabelle aufgeführt sind.

Ansichten	Tastenkombination
Normal	cmd-1
Foliensortierung	cmd-2
Notizblatt	cmd-3
Gliederungsansicht	cmd-4
Bildschirmpräsentation (Vollbildansicht)	⇧-cmd-↵
Referenten	alt-↵
Folienmaster	cmd-alt-1
Handzettelmaster	cmd-alt-2
Notizenmaster	cmd-alt-3

Die Tastenkombinationen für einen Ansichtswechsel.

Normal- und Gliederungsansicht
Die Normalansicht ist in die folgenden drei Bereiche unterteilt:

- Folien- oder Arbeitsbereich
- Navigationsbereich
- Notizenbereich

Mit dem *Arbeitsbereich* haben wir uns ja schon zur Genüge befasst, ebenso mit dem *Navigationsbereich* in Form des Miniatur-Ansichtsbereichs. In der Gliederungsdarstellung bietet dieser Bereich eine Übersicht über sämtlichen eingegeben Text der ersten Hierarchiestufe.

Die Texte lassen sich auch gleich in diesen Bereich eingeben, Sie arbeiten hier wie in der Gliederungsansicht von *Word*. Alle Texte der ersten Gliederungsebene erscheinen automatisch im Überschriften-Platzhalter der zugehörigen Folie. Das Einfügen einer Absatzmarke auf Ebene 1 führt zur Erzeugung einer neuen Folie. Die Schaltflächen *Einzug verkleinern* und *Einzug vergrößern* in der Gruppe *Absatz* des Registers *Start* dienen zum Einstellen der jeweiligen Hierarchieebene der Gliederungselemente.

Schneller lässt sich die Einstellung der Hierarchieebenen mit Hilfe der *Tabulator*-Taste vornehmen, das Verkleinern erfordert das zusätzliche Drücken der *Umschalttaste*. Die Inhalte der Gliederungselemente auf höheren Ebenen – also ab Ebene 2 – tauchen im Platzhalter *Mastertext* auf. Diese Elemente einer Aufzählung werden auch als Spiegelpunkte bezeichnet.

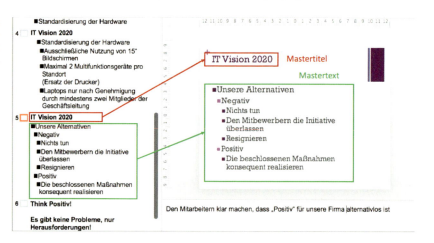

Die Ansicht »Normal« mit eingeblendeter Gliederung und mit eingefügten Notizen.

Die einzelnen Formatierungen wie Aufzählungszeichen können Sie jederzeit auf den einzelnen Folien oder in der Ansicht *Folienmaster* im entsprechenden Layout anpassen.

Das Notizenfeld rechts unten dient zur Aufnahme von Anmerkungen für den Vortragenden. Sie erscheinen nicht auf der Folie, können aber als Gedankenstütze oder als Zusatzinformationen für mögliche Nachfragen dienen.

Notizblatt

Die Ansicht *Notizblatt* stellt eine Folie zusammen mit den in das Notizenfeld eingegebenen Anmerkungen auf einer Seite im Hochformat dar. Die Foliendarstellung befindet sich im oberen, die Anmerkungen im unteren Teil der Seite. Anstelle von Hinweisen für den Referenten lassen sich auch zusätzliche Informationen für die Teilnehmer einer Präsentation im Notizenfeld unterbringen. Es ist möglich, ein Dokument in dieser Ansicht auszudrucken und an die Anwesenden zu verteilen.

Die Ansicht »Notizblatt« mit Darstellung von Anmerkungen und Folie.

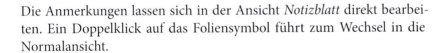

Die Foliennavigation in dieser Ansicht kann auch mit Hilfe der Pfeiltasten erfolgen.

Die Anmerkungen lassen sich in der Ansicht *Notizblatt* direkt bearbeiten. Ein Doppelklick auf das Foliensymbol führt zum Wechsel in die Normalansicht.

Referentenansicht

Die Ansicht *Bildschirmpräsentation* ist der Modus, in dem eine Präsentation auf einem Rechner abläuft. Über einen angeschlossenen Tageslichtprojektor lässt sich der Bildschirminhalt auf eine helle Fläche projizieren. Die einzelnen Folien füllen in diesem Modus den gesamten Bildschirm aus.

Mausklicks sorgen für die Wechsel zu den nächsten Folien, das Vor- und Zurückblättern erfolgt mit Hilfe von Rechts- und Linkspfeil. Diese und weitere Navigationsmöglichkeiten bietet auch das *Kontext*-Menü.

Speziell zur Unterstützung des Vortragenden dient die *Referentenansicht*. Sie ermöglicht zum einen das Einüben einer Präsentation. Stehen bei einer Präsentation zwei Ausgabegeräte zu Verfügung, so sehen die Teilnehmer über einen Projektor die »normale« Bildschirmpräsentation, während das Display eines Laptops die *Referentenansicht* darstellt.

Diese Ansicht erleichtert das Steuern von Präsentationen. Den größten Teil des Bildschirms beansprucht die Darstellung der aktuell angezeigten Folie. Darüber ist links oben die seit Präsentationsbeginn verstrichene Zeit eingeblendet, rechts darüber die aktuelle Uhrzeit (hoffentlich identisch mit der Systemzeit Ihres Rechners). Rechts neben der aktuellen Folie ist die nächste Folie oder die nächste Animationsfolge dargestellt. Darunter befindet sich der Notizenbereich, der sich auch in dieser Ansicht um weitere Anmerkungen ergänzen lässt.

Mit einem Mausklick auf einen der beiden Pfeile unterhalb der aktuellen Folie wechseln Sie zur nächsten oder vorhergehenden Folie. Möchten Sie zu einer ganz bestimmten Folie springen, klicken Sie auf deren Miniatur im Foliennavigationsbereich am unteren Bildschirmrand.

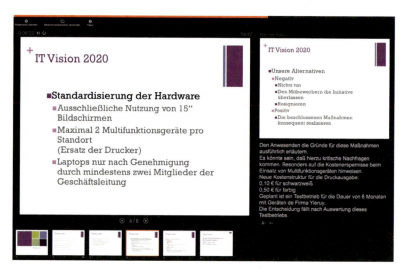

Die Darstellung einer Präsentation in der »Referentenansicht«.

Die Wechsel zur nächsten oder vorhergehenden Folie sind auch mit den Pfeiltasten möglich.

Der Start des *Timers* erfolgt automatisch mit dem Start der *Referentenansicht*. Er zeigt die beim Präsentieren verstrichene Gesamtzeit an. Bei einer Unterbrechung der Präsentation lässt er sich jederzeit anhalten, zurücksetzen und erneut starten. Dazu dienen die Schaltflächen rechts neben der Zeitanzeige.

Die Schaltflächen zur Steuerung des »Timers«.

Die Rückkehr zur vorherigen Ansicht erfolgt mit einem Mausklick auf *Präsentation beenden* ganz links oben oder durch Betätigen der *esc*-Taste.

Masteransichten
Die Ansicht *Folienmaster* haben Sie bereits kennengelernt. Sie dient zum Festlegen der Formatierung und Positionierung gemeinsamer Elemente – beispielsweise die Eigenschaften von Titel- und Inhaltsplatzhaltern oder Fußzeilen. Die hier vorgenommenen Änderungen fließen in sämtliche zugeordnete Folienlayouts ein.

Folien lassen sich zusammen mit den zugehörigen Notizen auch als Handzettel ausgeben. Das Register *Notizenmaster* bietet diverse Schaltflächen und Einblendmenüs zum Einstellen, was alles auf einem solchen Ausdruck erscheinen soll.

Die Schaltflächen im Register »Notizenmaster« zur Steuerung der »Notizen«-Ausgabe.

In dieser Ansicht lassen sich zusätzliche Elemente einfügen oder die Positionen von Platzhaltern verändern.

Die Ansicht »Notizenmaster«.

Die Ansicht *Handzettelmaster* bietet wie *Notizenmaster* diverse Gestaltungsmöglichkeiten für die Ausgabe von Handzetteln. Insbesondere lässt sich festlegen, wie viele Folien auf einer Druckseite auszugeben sind.

Die Schaltflächen im Register »Handzettelmaster« zur Steuerung der »Handzettel«-Ausgabe.

Die Ansicht »Handzettelmaster«.

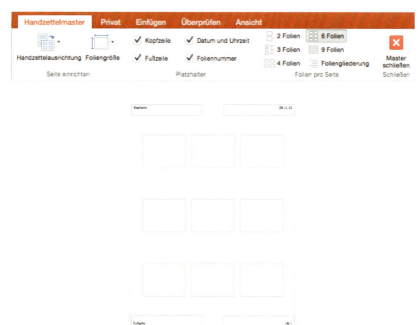

Alternativ ist die Ausgabe der Foliengliederung anstelle der Folien möglich.

Damit haben wir alle Tätigkeiten von der Erstellung einzelner Elemente auf Folien bis hin zur Anzeige und Ausgabe von Präsentationen behandelt. *PowerPoint* bietet aber noch weitere Werkzeuge, um Präsentationen interessanter zu gestalten.

Präsentieren mit Bewegung

Wahrscheinlich ist es auch Ihnen nicht erspart geblieben, diverse hochgradig langweilige Präsentationen über sich ergehen lassen zu müssen. Diese zeichnen sich dadurch aus, dass der Vortragende – Gesicht zur Leinwand gerichtet – Folie für Folie durchklickt und die einzelnen darauf befindlichen Sätze mit monotoner Stimme wortwörtlich vorträgt.

Üblicherweise kann der Mensch schneller lesen als sprechen. In Vorträgen wie oben geschildert haben Sie die Informationen auf einer Folie bereits verinnerlicht, während sich der Vortragende noch mitten in der Folie aufhält. *PowerPoint* bietet Werkzeuge, die dem Publikum zum jeweiligen Zeitpunkt nur die Informationen anzeigen, die zu diesem besagten Zeitpunkt auch von Belang sind.

Darüber hinaus ist es zur Erhaltung der Aufmerksamkeit der Zuhörer immer dienlich, Bewegung ins Spiel zu bringen. Die Einbindung von Videosequenzen ist nicht für jedes Thema möglich und sinnvoll, was sich aber anbietet sind Folienübergänge und Animationen.

Interaktive Schaltflächen

Interaktive Schaltflächen sind *PowerPoint*-Objekte zum Auslösen von Aktionen. Solche Aktionen reichen vom einfachen Folienwechsel bis hin zum Öffnen anderer *PowerPoint*-Dokumente oder Webseiten mit einem *Internet*-Browser. Für einen Vortragenden bedeutet dies eine deutliche Erleichterung der Navigation innerhalb der Präsentation. Gewünschte Ziele innerhalb und außerhalb der eigentlichen Präsentation sind damit per Mausklick erreichbar.

Das Einfügen dieser Schaltflächen erfolgt über die Rubrik *Interaktive Schaltflächen* im Einblendmenü *Formen* im Register *Einfügen* oder über *Einfügen | Interaktive Schaltflächen*.

Die Rubrik »Interaktive Schaltflächen« des Einblendmenüs »Formen«.

Das Menü »Interaktive Schaltflächen«.

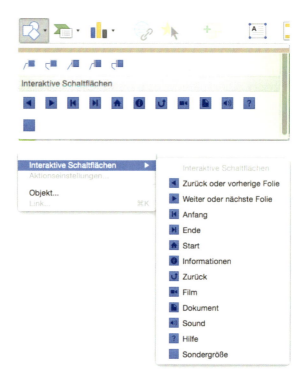

Der Prozess des Einfügens vollzieht sich wie bei Formen oder Platzhaltern. Zusätzlich erscheint nach der Fertigstellung des grafischen Objekts der Dialog *Aktionseinstellungen*, in dem die mit ihm verknüpfte Aktion anzugeben ist. Dabei lassen sich unterschiedliche Aktionen für *Mausklick* und *Mausover* angeben.

Der Dialog »Aktionseinstellungen« und das Einblendmenü »Link zu«.

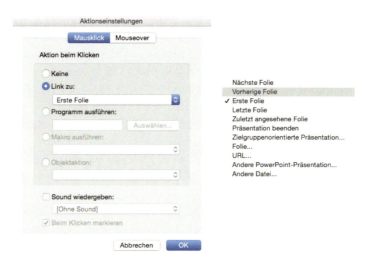

5 | Ideenreich präsentieren mit PowerPoint

Den Dialog *Aktionseinstellungen* können Sie über das *Kontext-Menü* der Schaltfläche aufrufen, um eine Aktion nachträglich zu verändern.

Folienwechsel sind zur nächsten, zur vorherigen, zur ersten, zur letzten, zur zuletzt angezeigten oder einer bestimmten Folie möglich. Diese Schaltflächen eignen sich somit gut zur Platzierung auf Folienlayouts.

Eine Folie mit »Interaktive Schaltflächen«.

Die Angabe eines Links zum Öffnen einer Webseite in einem »Internet-Browser«.

Das Ausführen von Aktionen erfolgt nur in einer *Präsentations-Ansicht*.

Folienübergänge

Folienübergänge sollen in *PowerPoint* für visuell ansprechende Wechsel zwischen den Folien während einer Bildschirmpräsentation sorgen. Dazu bietet *PowerPoint* eine ganze Reihe von Effekten mit unterschiedlichen Varianten.

Ein Übergang ist immer mit der Zielfolie (die Folie, zu der ein Wechsel erfolgen soll) verknüpft. Deshalb ist diese als Erstes im *Miniatur*-Ansichtsbereich der Normalansicht zu markieren. Die Gruppe *Übergänge zu dieser Folie* im Register *Übergänge* ist mit Symbolen diverser Effekte ausgestattet.

Das Einblendmenü »Übergänge« enthält eine Vielzahl von Effekten für den Folienwechsel.

Ein Mausklick auf die gewünschte Übergangs-Variante legt die Art und Weise fest, woraufhin *PowerPoint* den gewählten Effekt automatisch abspielt. Durch Betätigen der Schaltfläche *Vorschau Übergänge* in der Gruppe *Vorschau* des Registers *Übergänge* lässt sich dieser Vorgang beliebig oft wiederholen. Neben der Auswahl des Übergangs-Effekts bietet das Register *Übergänge* weitere Schaltflächen und Eingabefelder zum Gestalten von Übergängen.

Das Einblendmenü »Übergänge« enthält eine Vielzahl von Effekten für den Folienwechsel.

Die Dauer eines Übergangs lässt sich dabei über das Feld *Dauer* zwischen 0,01 und 59 Sekunden variieren, ebenso die Zeit zwischen Mausklick und Beginn des Effekts.

Die Zuweisung eines Übergangs zu mehreren Folien erfolgt analog. Wählen Sie alle gewünschten Folien mit einem Mausklick bei gedrückter *Umschalttaste* (zusammenhängender Bereich) oder *Befehlstaste* (nicht zusammenhängender Bereich) aus und nehmen Sie dann die entsprechenden Einstellungen vor.

5 | Ideenreich präsentieren mit PowerPoint

Einige Stadien des Übergangs »Verblassen«.

Die Zuweisung eines gewählten Übergangseffekts auf sämtliche Folien einer Präsentation erfolgt mit einem Klick auf die Schaltfläche *Für alle übernehmen* im Register *Übergänge*. Auf die gleiche Art und Weise lassen sich Übergänge mit Begleitgeräuschen verbinden. Markieren Sie die auserkorene(n) Folie(n) und wählen Sie ein Geräusch im gleichnamigen Einblendmenü *Sound*.

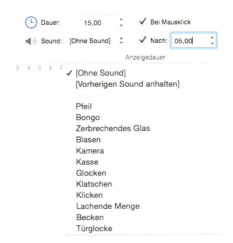

Das Einblendmenü »Sound« zur Verknüpfung von Geräuschen mit Folienwechsel.

Die Wiedergabe eigener oder anderer Kreationen ist ebenfalls möglich. Die Auswahl von *Anderer Sound* in der Liste des Einblendmenüs ermöglicht die Suche nach beliebigen *Audio*-Dateien.

505

> Denken Sie an das sparsame Einsetzen von Geräuschen – nicht dass Sie Ihre Zuschauer nerven.

Jeder Übergangseffekt ist mit einer unterschiedlichen Zahl an Varianten ausgestattet. Im Falle von *Verblassen* besteht die Alternative, den Übergang mit einer vollkommen schwarzen Fläche einzuleiten.

Das Einblendmenü »Effektoptionen« für die Auswahl von Varianten eines Übergangs-Effekts.

Animationen

PowerPoint gestattet nicht nur die Auswahl der Art des Effekts beim Wechsel von einer Folie zu einer anderen. Es gestattet auch die Zuweisung individueller optischer Effekte zu einzelnen Objekten auf einer Folie. Auch Kombinationen solcher Effekte lassen sich zuordnen.

Wegen der langsameren Sprechgeschwindigkeit des Menschen sollten Sie es vermeiden, Folien von Anfang an mit sämtlichen aufgeführten Stichpunkten zu präsentieren. Eine mögliche Lösung würde darin liegen, Folien entsprechend der Anzahl der darauf aufgeführten Punkte zu vervielfältigen. Die erste Folie einer Sequenz enthielte dann den ersten Punkt, die zweite die ersten zwei, und erst die letzte Folie würde alle Punkte umfassen.

Dieses Vorgehen ist eher unprofessionell, und vor allem erzeugt es Arbeit. Wesentlich eleganter ist beispielsweise die Methode, eine Textzeile auf eine Folie einfliegen zu lassen, wobei sich deren Ausdehnungen im Flug vergrößern.

PowerPoint kennt insgesamt die folgenden vier unterschiedlichen Typen von Animationseffekten.

- Ausgangseffekte
- Eingangseffekte
- Bewegung
- Hervorhebungseffekte

Für die Auswahl und Konfiguration dieser Effekte stehen diverse Schaltflächen, Einblendmenüs und Eingabefelder im Register *Animationen* zu Verfügung.

Die Werkzeuge zur Auswahl und Konfiguration von Effekten im Register »Animationen«.

Eingangseffekte

Bleiben wir beim Beispiel mit einem einschwebenden Text. Markieren Sie den ersten Spiegelpunkt (=Absatz) auf einer Folie und wählen Sie dann *Hineinfliegen* aus dem Einblendmenü von *Eingangseffekte*.

Das Einblendmenü »Eingangseffekte« im Register »Animationen«.

PowerPoint spielt wie bei den Folienübergängen diesen Effekt sofort ab, der Text bewegt sich also von unten herauf auf die Folie. Ist nun eine Bewegung von oben links her gewünscht, lässt sich dies im Einblendmenü der Schaltfläche *Effektoptionen* in der Gruppe *Erweiterte Animation* einstellen. Die Dauer des Effekts können Sie wieder im Eingabefeld *Dauer* in der Gruppe *Anzeigedauer* verändern.

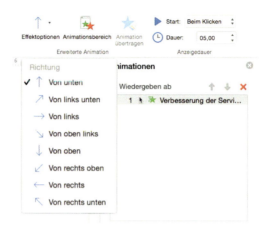

Das Angebot an »Effektoptionen« für »Hineinfliegen«.

Alternativ lassen sich diese und andere Einstellungen auch im Animationsbereich vornehmen, der nach einem Klick auf die gleichnamige Schaltfläche erscheint. Er enthält sämtliche Information zu den einzelnen Typen der Effekte, ihrer Reihenfolge, den Namen der betroffenen Objekte sowie die Dauer eines Effekts. Darüber hinaus ist er mit Werkzeugen zum detaillierten Gestalten dieser Effekte ausgestattet.

Die Konfiguration von Effekten im Bereich »Animationen«.

Wir wiederholen diesen Vorgang für die weiteren Spiegelpunkte. Diese sind anschließend auf der Folie mit Nummern gekennzeichnet, anhand derer die zeitliche Reihenfolge ersichtlich ist. Gleichzeitig sind die zugewiesenen Effekte in einer Liste oben im Animationsbereich aufgeführt.

5 | Ideenreich präsentieren mit PowerPoint

Die Kennzeichnung von Effekten auf Folien (links) und die zugehörige Liste im Bereich »Animationen«.

Die Übertragung von Animationseffekten innerhalb eines Textplatzhalters von einem Spiegelpunkt auf andere mit der Schaltfläche *Animation übertragen* ist leider nicht möglich.

Die Effekt-Eigenschaften für die einzelnen Spiegelpunkte lassen sich jederzeit ändern oder ergänzen. Dazu ist die entsprechende Zahl vor dem jeweiligen Stichpunkt oder die zugehörige Zeile in der Aktionsliste zu markieren. Danach können Sie die Modifikationen vornehmen, wobei sich auch die Reihenfolge der Aktionen mit Hilfe der beiden Pfeile neben *Alle wiedergeben* umstellen lässt.

Mehrere nicht aufeinander folgende Aktionen markieren Sie mit Mausklicks bei gedrückter *cmd*-Taste.

Nun ist noch festzulegen, wann der Flug der einzelnen Spiegelpunkte beginnen soll. Als *Start* ist *Beim Klicken* voreingestellt.

Die Betätigung von Rechts- oder Abwärtspfeil auf der Tastatur leistet das Gleiche. Das Drücken des Aufwärts- oder des Linkspfeils bewirkt das Entschweben des zuletzt eingeflogenen Absatzes.

Ist *Mit vorheriger* für *Start* ausgewählt, beginnen die Animationseffekte zur gleichen Zeit wie der vorhergehende Effekt. Analog bewirkt *Nach vorheriger* die Ausführung nach dem Ende des Vorgängers.

Animationseffekte werden mit einem Klick auf die Schaltfläche mit dem roten Kreuz gelöscht, nachdem die zugehörigen Einträge in der Liste markiert sind. Alternativ lässt sich dies mit *Löschen* im *Kontext*-Menü eines Listeneintrags oder mit der *Rückschritt*- bzw. *Entfernen*-Taste erledigen.

Verschiedene Stadien des Effekts »Hineinfliegen«.

Neben dem »Einfliegen« lassen sich Objekte langsam einblenden oder sie können ins Blickfeld springen.

Ausgangseffekte

Im letzten Abschnitt haben wir Spiegelpunkte nacheinander auf die Folien einfliegen lassen. Auf ähnliche Art und Weise können wir sie auch wieder verschwinden lassen. Nehmen wir an, eine Folie enthalte stichpunktartig verschiedene Handlungsalternativen. Sämtliche Alternativen bis auf eine erscheinen Ihnen so grausig, dass Sie deren Verweildauer auf der Folie möglichst kurzhalten wollen.

Wir weisen deshalb den einzelnen Spiegelpunkten einen Ausgangseffekt zu – beispielsweise *Verblassend drehen*. Die Vorgehensweise ist identisch mit derjenigen für *Eingangseffekte*, wobei der einzige Unterschied an der Nutzung das Nachbarmenüs *Ausgangseffekte* liegt. Weitere Effekte sind *Ausblenden* oder ein Entfernen mit Bewegungen wie *Rotation* oder *Zusammenziehen*.

Das Einblendmenü »Ausgangseffekte« im Register »Animationen«.

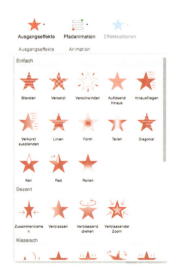

Nach Beendigung dieser Tätigkeit stellen wir fest, dass die Effekte zwar alle zugewiesen sind und funktionieren, jedoch nicht in der erwünschten Reihenfolge. Der erste Absatz verschwindet erst dann, nachdem der letzte eingeflogen ist. Was also tun? Alle Ein- und Ausgangseffekte löschen und nochmal in der richtigen Reihenfolge von vorne beginnen?

Glücklicherweise stellt *PowerPoint* auch für solche Situationen Werkzeuge zu Verfügung. Die beiden Pfeile oberhalb der Aktionsliste ermöglichen das Umstellen der Reihenfolge, in der die einzelnen Animationen stattfinden sollen. Wir markieren also *Zeile 7* und verschieben sie mit Hilfe des Aufwärtspfeils unter *Zeile 1*. Dies wiederholen wir analog für die *Zeilen* 8 bis 12.

Das Verändern einer Aktionsfolge im Bereich »Animationen«.

Eine solche Umstellung lässt sich auch mit Hilfe der Maus durchführen. Einfach auf eine Aktion klicken und an die vorgesehene Stelle ziehen. Die jeweils aktuelle Zielposition ist dabei mit einem blauen Strich gekennzeichnet.

Die veränderte Reihenfolge manifestiert sich auch auf der Folie.

Die Anzeige der Reihenfolgen auf der Folie: links, rechts nach der Umstellung.

Jetzt stimmt die Reihenfolge und wir können uns in Ruhe den Effekt betrachten.

Verschiedene Stadien des Effekts »Verblassend drehen«.

Ein Effekt lässt sich durch Auswahl eines anderen austauschen, wenn vorher die zugehörige Aktion in der Liste oder ihr Symbol auf der Folie markiert ist.

Hervorhebungseffekte

Hervorhebungseffekte dienen zur Verknüpfung individueller Eigenschaften mit Objekten auf einer Folie. Veränderlich sind dabei beispielsweise die Größe und die Farbe von Objekten, und auch Rotationen um die eigene Achse sind möglich.

Wir wollen jetzt einen Spiegelpunkt besonders kennzeichnen, wenn er gerade Gegenstand eines Vortrags ist. Die Zuweisung von Hervorhebungseffekten verläuft nach dem gleichen Ablauf wie die von Eingangs- und Ausgangseffekten. Die Auswahl eines Effekts erfolgt dabei im Einblendmenü *Hervorhebungseffekte*.

Um den Text eines Spiegelpunkts nach dessen Einflug fett darzustellen, weisen wir ihm den Hervorhebungseffekt *Fett anzeigen* in der Rubrik *Spektakulär* zu. Diese Aktion verschieben wir anschließend an die zweite Stelle, damit sie unmittelbar nach dem Einflug ausgelöst wird. Deshalb stellen wir als Beginn *Nach vorheriger* ein. Weiterhin soll dieser Effekt beim Einflug des nächsten Spiegelpunkts verschwinden, weshalb wir *Bis zum nächsten Klick* für Geschwindigkeit festlegen.

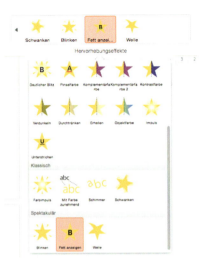

Das Einblendmenü »Hervorhebungs- effekte« im Register »Animationen«.

Die Einstellungen für den Hervorhebungs- effekt »Fett anzeigen«.

Mit dem Einblendmenü *Nach Animation* können wir einem Text auch eine Farbe zuweisen. Das Wort *Hervorhebung* soll uns nicht hindern, ein dezentes Grau für dessen Erscheinungsbild nach Einflug des nachfolgenden Spiegelpunkts auszuwählen.

Das Einblendmenü »Nach Animation« für die Zuweisung von Eigenschaften nach der Beendigung von Aktionen.

Diesen Effekt mit den vorgenommenen Einstellungen weisen wir auch den übrigen Spiegelpunkten zu. Im Bereich der Aktionsliste herrscht inzwischen ein ziemliches Gedränge – und leider ist eine Verbreiterung nicht möglich. Detailliertere Informationen erscheinen jedoch, wenn Sie den Mauszeiger über einer Aktion positionieren, was zum Einblenden einer Info-Box führt.

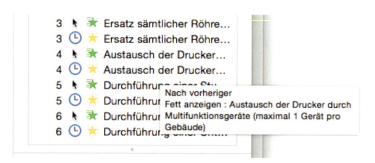

Das Einblenden von Detail-Informationen zu einer Aktion in der Liste.

Auf der Folie sind nun links nur noch die Nummern der Animationen sichtbar, die durch Mausklick oder durch Tastaturbetätigung ausgelöst werden müssen. Die übrigen sind hinter die auslösende Aktion gewandert.

Die Darstellung einer Aktionsreihenfolge mit mehreren Effekten pro Spiegelpunkt auf einer Folie.

Bewegung

Wir haben uns bisher bei der Anwendung von Effekten ausschließlich auf Texte beschränkt. In *PowerPoint* lassen sich aber auch beliebige Objekte auf einer Folie in Bewegung setzen, was über die Erstellung von Animationspfaden gelingt. Diese dienen zur Festlegung eines Weges zwischen zwei Punkten, entlang derer sich ein Objekt in beliebiger Richtung auf einer Folie bewegen soll. Dabei besteht die freie Auswahl, vordefinierte Kurven oder individuell gestaltete Wege zu verwenden.

Als Erstes ist wie üblich das in Bewegung zu setzende Objekt per Mausklick zu aktivieren. Für die Form seines Animationspfads bietet das Einblendmenü der Schaltfläche *Pfadanimation* in der Gruppe *Animation* im Register *Animationen* diverse Varianten zur Auswahl.

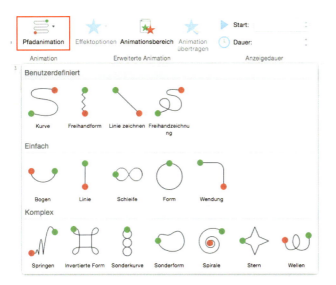

Animationen mit Verknüpfungen von »Eingangs«- und »Hervorhebungseffekten«.

Bei einigen Verläufen zeigt *PowerPoint* die Kurve unmittelbar nach der Auswahl auf der Folie an, über den Bereich *Benutzerdefiniert* können Sie den Kurvenverlauf selbst erstellen – beispielsweise bei der Wahl von *Kurve*. Hier verwandelt sich der Mauszeiger in ein kleines Kreuz. Klicken Sie auf den Startpunkt und verschieben Sie den Mauszeiger in die Richtung, in der die Kurve verlaufen soll. *PowerPoint* stellt den Kurvenverlauf bis zur aktuellen Position des Mauszeigers als blaue Linie dar. Mit jedem Mausklick erstellen Sie einen weiteren Scheitelpunkt. Ein Doppelklick auf einen beliebigen Punkt auf der Folie schließt die Konstruktion eines Pfads ab.

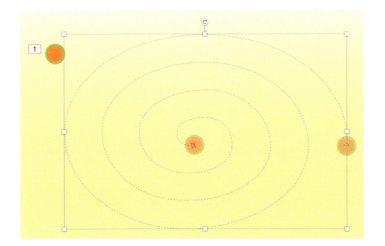

Ein Objekt mit zugeordnetem Animationspfad vom Typ »Kurve«.

Ist eine geschlossene Kurve gewünscht, bewegen Sie den Mauszeiger in die Nähe des Anfangspunkts, bis *PowerPoint* eine geschlossene Fläche mit blauer Füllung anzeigt. Ein einfacher Klick beendet in diesem Zustand die Erstellung einer Kurve. Dies lässt sich auch nachträglich mit *Kurve schließen* im *Kontext*-Menü der Kurve erreichen.

Nach Fertigstellung der Animationskurve blendet *PowerPoint* ein kleines, rot umrandetes Rechteck mit einer Zahl links neben dem Objekt ein. Es zeigt an, dass auf der Folie eine Animation eingerichtet ist. Das Objekt-Symbol mit dem grünen Dreieck kennzeichnet den Beginn, das mit dem roten das Ende der Animationskurve. *PowerPoint* spielt die Animation nach Beendigung der Kurvenkonstruktion automatisch ab. Die Dauer der Bewegung und andere Optionen lassen sich wie bei Texten mit den Werkzeugen im Aufgabenbereich *Animationen* oder in den Gruppen *Erweiterte Animation* und *Anzeigedauer* des Registers *Animationen* einstellen.

Das Einblendmenü »Effektoptionen« bietet Werkzeuge zum Bearbeiten von Animationskurven.

Die Markierung einer Kurve erfolgt per Mausklick auf eine beliebige Stelle im Verlauf. Befindet sich der Mauszeiger über der Kurve, nimmt er eine andere Form an. Durch Ziehen des Mauszeigers mit gedrückter Maustaste lässt sich die Kurve beliebig auf der Folie verschieben.

Das mit der Kurve verknüpfte Objekt bleibt dabei mit seiner Position verhaftet. Es springt beim Abspielen von dieser Position auf den Startpunkt.

5 | Ideenreich präsentieren mit PowerPoint

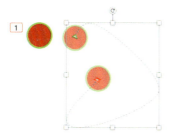

Ein Objekt mit entfernt liegendem Startpunkt des Animationspfads.

Die Markierung einer Animationskurve manifestiert sich in Form von sechs Anfassern, wie Sie es von anderen Layout-Objekten her kennen. Damit lassen sich die Kurven-Objekte wie Formen mit Hilfe der Anfasser stauchen oder dehnen.

Unabhängig von Typ und Form lässt sich jeder Animationspfad manuell nachbearbeiten. Wählen Sie dazu *Punkte bearbeiten* im *Kontext*-Menü des Animationspfads. Daraufhin blendet *PowerPoint* die Scheitelpunkte eines Pfades als kleine schwarze Vierecke im Kurvenverlauf ein.

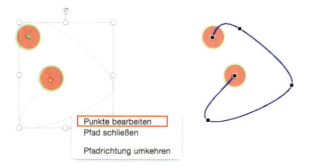

Ein Animationspfad im Bearbeitungs-Modus.

Ist der Mauszeiger über einem solchen Scheitelpunkt positioniert, nimmt er ebenfalls die Form eines Vierecks mit Pfeilen an jeder Kante an. Beim Ziehen mit gedrückter Maustaste bleibt die bisherige Kurve eingeblendet, der neue Verlauf ist gestrichelt dargestellt.

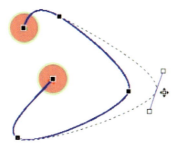

Das manuelle Verändern eines Kurvenverlaufs.

517

Entlang der übrigen Kurvenpunkte präsentiert sich der Mauszeiger als Fadenkreuz. Dies zeigt an, es lassen sich zusätzliche Scheitelpunkte in der Kurve erzeugen.

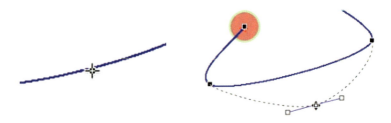

Das Erzeugen eines zusätzlichen Scheitelpunkts.

Nicht (mehr) benötigte Scheitelpunkte lassen sich über deren *Kontext-Menü* entfernen.

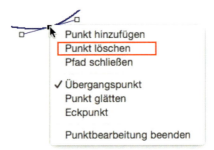

Das Entfernen eines Scheitelpunkts.

Über den Eintrag *Punkt glätten* oder mit einem Klick direkt auf ein Viereck-Symbol lässt sich die Kurvenkrümmung in der Umgebung des Scheitelpunkts beeinflussen. *PowerPoint* blendet daraufhin eine Tangente ein. Über deren Anfasser an beiden Enden lassen sich Länge und Winkel der Tangente und damit die Krümmung der Kurve am Scheitelpunkt einstellen.

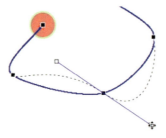

Das Verändern der Krümmung eines Scheitelpunkts.

Eine Animationskurve wird entfernt, indem sie zunächst mit einem Klick auf einen beliebigen Kurvenpunkt markiert und dann mit der Betätigung der *Rückschritt-* oder *Entfernen-*Taste gelöscht wird.

5 | Ideenreich präsentieren mit PowerPoint

Natürlich ist es auch möglich, mehreren Objekten auf einer Folie einen Animationspfad zuweisen. Dabei lässt sich für jede einzelne Animation ihre Dauer und die Verzögerungszeit festlegen, mit der sie im Abstand zur ersten starten soll. Diese Einstellungen erfolgen im Aufgabenbereich *Animationen*.

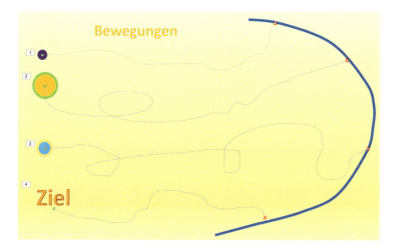

Eine Folie mit mehreren animierten Objekten.

Die Werkzeuge im Animationsbereich.

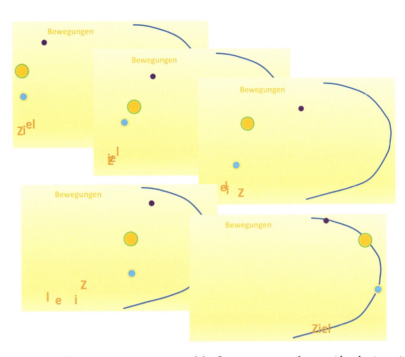

Der Ablauf der Animationen zu verschiedenen Zeitpunkten.

Die Behandlung von *PowerPoint* schließen wir im nächsten Abschnitt mit den Einstellungen ab. Dieses Kapitel ist deutlich kürzer ausgefallen als die über die bisher behandelten Programme. Dies liegt insbesondere auch daran, dass bei vielen Bedienungsabläufen auf Bekanntes von anderen Programmen zurückgegriffen werden konnte. Texte werden in *PowerPoint* nicht anders behandelt als in *Word*, was insbesondere auch auf Nummerierungen und Aufzählungen zutrifft. Die Behandlung von Tabellen und Diagrammen unterscheidet sich kaum von *Excel*. Und die Werkzeuge zur Bildbearbeitung stehen sowieso allen Programmen zu Verfügung.

Anpassen von PowerPoint

Die Zahl der Werkzeuge von PowerPoint steht jenen von *Word* und *Excel* in nichts nach. Deshalb beschränken wir uns wie auch bei den bisher behandelten Programmen auf einige wesentliche Einstellungen.

Der Aufruf des Dialogs *PowerPoint-Einstellungen* erfolgt über *PowerPoint | Einstellungen*. Ein Mausklick auf eine der darin enthaltenen Schaltflächen führt zum gewünschten Thema. Auch hier können Sie nach bestimmten Einstellungen suchen.

Unter *Allgemein* lässt sich einstellen, ob die Anzeige des Präsentationskatalogs nach dem Start erfolgen soll. Weiterhin gestattet es die Wahl des Erscheinungsbilds von *Office*.

Die »PowerPoint«-Einstellungen »Allgemein«.

Im Dialog *Ansicht* lassen sich die Anzeige des vertikalen Lineals sowie die Gruppentitel ein- und ausblenden. Des Weiteren gestattet es die Festlegung der Ansicht, in der neue Dokumente geöffnet werden.

Die »PowerPoint«-Einstellungen »Ansicht«.

Bildschirmpräsentation bietet Einstellungsmöglichkeiten für den Start der Referentenansicht sowie für das Ende einer Präsentation. Darüber hinaus gestattet es die Aktivierung einer Warnung, falls Makros in Dokumenten enthalten sind.

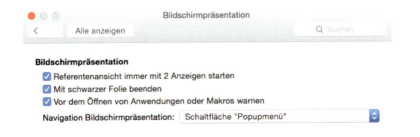

Die »PowerPoint«-Einstellungen »Bildschirmpräsentation«.

Die eigentliche Aktivierung eines Makrovirenschutzes erfolgt in *Sicherheit und Datenschutz*. Auch die Festlegung, ob persönliche Informationen an *Microsoft* gesendet werden sollen, lässt sich hier aktivieren oder deaktivieren. Dasselbe gilt für die Nutzung des Online-Dienstes von *Microsoft*.

Die »PowerPoint«-Einstellungen »Sicherheit und Datenschutz«.

Alles in einem: Kommunizieren mit Outlook

Seit *Office 2011* ist wieder *Outlook* als Nachfolger von *Entourage* Bestandteil der *Office*-Suite. Nach wie vor wird es mit Bezeichnungen wie *E-Mail-Programm* oder *E-Mail-Client* belegt, wobei es viel mehr kann als bloß E-Mails empfangen und versenden. Von seiner Funktionalität her betrachtet ist es ein persönlicher Informationsverwalter (*PIM – Personal Information Manager*). Dies ist eine Software, die persönliche Daten organisiert und verwaltet. Sie stellt eine elektronische Entsprechung zum *Organizer* (Zeitplaner-Ringbuch wie *Filofax*) dar und lässt sich zum Erledigen der folgenden Aufgaben heranziehen:

- Empfangen und Versenden von E-Mails
- Führen von Kalendern
- Planen und Überwachen von Terminen und Aufgaben
- Pflegen von Kontakten
- Anlegen von Notizen

Outlook bildet sozusagen das Kommunikationszentrum von *Office*, denn mit seiner Hilfe treten Sie mit Ihrer Umgebung in Verbindung. Aufgrund dieses speziellen Einsatzgebiets unterscheidet es sich deutlich von den übrigen *Office*-Programmen.

Outlook wurde vor allem als Client zum *Exchange Server* entwickelt, eine Software von *Microsoft* für die zentrale Speicherung und Verwaltung von E-Mails, Aufgaben, Kontakten, Terminen und anderen Elementen für Anwender-Gruppen. Seine Verwendung mit anderen Mail-Servern ist ebenfalls möglich, wobei dann allerdings nicht unbedingt der volle Funktionsumfang zu Verfügung steht.

Erste Schritte

Trotz aller funktionalen Unterschiede: der Start von *Outlook* erfolgt genauso wie bei den übrigen *Office*-Programmen über das Dock. Danach zeigt sich aber gleich die erste Besonderheit, denn es erscheint kein Katalog. Dessen Anzeige ist auch nicht deaktiviert, es gibt einfach keinen.

Stattdessen erscheint der Dialog *Outlook 2016 für Mac*. Ein Mausklick auf *Konto hinzufügen* oder *Importieren* führt direkt zu Dialogen, welche die Eingabe von Kontoinformationen ermöglichen und so die Konfiguration der individuellen E-Mail-Umgebung ermöglichen.

Der Dialog »Outlook 2016 für Mac« zum Einrichten von E-Mail-Konten.

Wir wollen uns aber erst mit der Programmoberfläche vertraut machen, weshalb wir auf *Jetzt nicht* klicken. Damit landen wir in der Programmoberfläche von *Outlook*.

Die Programmoberfläche von »Outlook«.

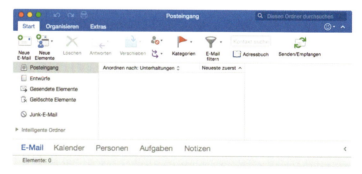

Die Oberfläche von *Outlook* wirkt im Vergleich zu den übrigen *Office*-Programmen zwar etwas karg, aber dennoch vertraut. Den oberen Abschluss bildet links die *Symbolleiste für den Schnellzugriff*, auf der rechten Seite das *Suchfeld*. wDarunter folgt das Menüband. Den linken Teil des Fensters nimmt der *Navigationsbereich* oder *Ordnerbereich* ein. Rechts daneben befindet sich der Arbeitsbereich, der den größten Teil des Fensters beansprucht. Sein Erscheinungsbild hängt vom aktuell ausgewählten Modul ab. Im Falle von *E-Mail* sehen Sie links die Elementeliste, rechts daneben den Lesebereich. Die meisten Bereiche lassen sich ein- und ausblenden, der Lesebereich kann alternativ unterhalb der Elementeliste positioniert werden.

Der Bereich *Ansicht wechseln* unterhalb des Navigationsbereichs verfügt über diverse Schaltflächen für den Wechsel zwischen den einzelnen *Outlook*-Modulen, inzwischen als *Apps* bezeichnet. Am schnellsten vollziehen Sie diese Wechsel mit Hilfe von Tastaturkürzeln. Die dazu notwendigen Tastenkombinationen *Befehlstaste*-»*Zahl*« lassen sich sehr leicht einprägen. *Zahl* entspricht, von links gezählt, der Position der jeweiligen Schaltfläche in *Ansicht wechseln*.

cmd-1 E–Mail
cmd-2 Kalender
cmd-3 Personen
cmd-4 Aufgaben
cmd-5 Notizen

Die Tastaturkürzel für den Modulwechsel in »Outlook«.

Den unteren Abschluss des *Outlook*-Fensters bildet die *Statusleiste*. An ihrem linken Rand ist die Anzahl der im jeweiligen Modul enthaltenen Elemente eingeblendet, am rechten Informationen zum Synchronisierungsstatus der Ordner und zum Verbindungsstatus des Servers.

Der Bereich »Ansicht wechseln« und die »Statusleiste« von »Outlook«.

Das Modul »E-Mail«

E-Mail – kurz *Mail* – ist die Abkürzung für *Electronic Mail*, zu Deutsch *Elektronische Post* oder *Elektronischer Brief*. Es bezeichnet auf einem Rechner erstellte Nachrichten, die auf elektronischem Weg über das Internet oder anderen Netzen vom Absender zu einem oder mehreren Empfängern gelangen.

Im Gegensatz zu Briefen oder Memoranden erstellen und lesen Sie E-Mails mit Hilfe eines E-Mail-Programms, auch *E-Mail-Client* oder kurz *Mail-Client* genannt. Dies bezeichnet ein Programm, das Sie in die Lage versetzt, E-Mails zu empfangen, zu lesen, zu schreiben und zu versenden. *Outlook* ist quasi eine Textverarbeitung für einen ganz speziellen Anwendungszweck. Diese Textverarbeitung verfügt bei weitem nicht über die Funktionalität von *Word* – dafür ist das Programm aber in der Lage, Texte und andere Objekte an verschiedene Empfänger zu übermitteln.

E-Mails lassen sich relativ schnell erstellen. Sie benötigen dazu keinen Ausdruck auf Papier, Sie müssen diesen nicht falten und in ein Kuvert stecken, Sie benötigen keine Briefmarken, und Sie müssen auch nicht zu einem Briefkasten laufen und den Brief einwerfen. Auch die Übermittlung geht schnell vonstatten, im Normalfall ist der Transfer einer Mail nach wenigen Sekunden abgeschlossen. Auch der Empfänger hat Vorteile davon, auf diese Weise übermittelte Nachrichten kann er umgehend weiterverarbeiten.

Die einfache und schnelle Handhabung solcher Nachrichten hat dazu geführt, dass E-Mail als der wichtigste und meistgenutzte Dienst des Internet gilt. Entsprechend hoch ist bei den Teilnehmern dieses Dienstes die Zahl der unerwünschten Mails. Die bestehen zwar zum größten Teil aus *SPAM* (ein Begriff für besonders unerwünschten Mails), aber eben nicht nur.

Egal, ob Sie *Outlook* im beruflichen Umfeld oder für private Zwecke nutzen – vor jeglichen Kommunikationsversuchen steht die Einrichtung eines E-Mail-Kontos. Dieses ist vergleichbar mit dem Postfach der traditionellen Briefpost. Es dient zur Aufbewahrung eingehender Nachrichten, bis diese abgeholt werden. In einem Unternehmen stellt normalerweise der *Exchange-* oder *Mail-*Administrator die notwendigen Informationen zu Verfügung, privat liefert (meistens) der Dienstanbieter die zum Einrichten notwendigen Auskünfte. Erst danach ist es – richtige Einstellungen vorausgesetzt – möglich, mit dem Rest der (E-Mail-)Welt in Verbindung zu treten.

Outlook erlaubt die Einrichtung mehrerer E-Mail-Konten unterschiedlichen Typs. Für jedes *Exchange-* und jedes *IMAP-*Konto legt *Outlook* ein eigenes Verzeichnis an, wobei die Namen auf der obersten Hierarchieebene im Navigationsbereich auftauchen. Dagegen landen die Elemente sämtlicher *POP-*Konten im Sammel-Verzeichnis *Auf meinem Computer*.

Die Funktionen des E-Mail-Moduls von *Outlook* beschränken sich jedoch nicht nur auf die reine Abwicklung von Kommunikationsprozessen. Ein- und ausgehende Mails lassen sich auch entsprechend ihrer Wichtigkeit kennzeichnen. Sollte das Eintreffen einer E-Mail Arbeit und/oder Reaktionen erfordern, bietet die Funktion *zur Nachverfolgung* Möglichkeiten zum besonderen Kennzeichnen solcher E-Mails. Dies wiederum hat Einträge in einem Kalender oder einer Aufgabenliste zur Folge, denen eine Erinnerungs-Funktion zugeordnet werden kann.

Einrichten von E-Mail-Konten

Eine der vorrangigen Tätigkeiten nach dem ersten Aufruf einer E-Mail Anwendung ist das Einrichten eines oder mehrerer Konten. Deren Einrichtung macht das neue *Outlook* üblicherweise recht leicht. Wählen Sie *Extras | Konten* oder *Outlook | Einstellungen* und darin *Konten* im Bereich *Persönliche Einstellungen*.

Der Dialog »Konten« zur Eingabe von Konten-Informationen.

Klicken Sie auf das Symbol des gewünschten Kontentyps in der Mitte des Dialogs oder wählen Sie ihn im Einblendmenü des »+«-Symbols links unten aus.

Outlook unterstützt die folgenden Kontenarten:

- POP
- IMAP
- Exchange
- Auf *LDAP* basierende Verzeichnisdienstkonten

POP (*Post Office Protocol*) ist ein Übertragungsprotokoll, mit dessen Hilfe ein E-Mail-Programm Nachrichten von einem Mail-Server abrufen kann. Vergleicht man den Mail-Server mit einem Postamt, dann entspricht das Mail-Programm gleichzeitig dem Briefträger und dem Briefkasten. Standardmäßig werden E-Mails nach der Übertragung auf den lokalen Rechner auf dem Server gelöscht.

Dagegen verbleiben E-Mails bei *IMAP* (*Internet Message Access Protocol*) standardmäßig auf dem Server. Häufig legt eine E-Mail-Anwendung Kopien von Mailboxen, Ordnern und Nachrichten lokal auf dem eigenen Rechner an. In mehr oder weniger regelmäßigen Abständen erfolgt dann eine Synchronisierung mit den Server-Elementen.

Exchange-Server, das Nachrichtensystem von *Microsoft*, ist vor allem in größeren Firmennetzen verbreitet. Für kleinere Unternehmen lohnt sich eher das Anmieten von *Exchange*-Konten oder Servern über einen Provider (*Exchange Hosting*).

Schließlich ermöglicht der auf dem *LDAP* (*Lightweight Directory Access Protocol*) basierende Verzeichnisdienst den Zugriff auf Adressbücher oder Gemeinschaftsordner eines *Exchange-Servers*.

Einrichten von POP- und IMAP-Konten

Wie die meisten heutigen E-Mail-Clients ermöglicht auch *Outlook* die einfache Einrichtung von E-Mail-Konten. In den meisten Fällen reicht die Kenntnis der folgenden Informationen für die Konfiguration aus:

- Kontotyp
- Mailadresse oder Mailkonto (kann unterschiedlich sein)
- Passwort

Das Einrichten von *POP*- oder *IMAP*-Konten erfordert die Auswahl von *Andere E-Mail* im Einblendmenü des »+«-Symbols im Dialog *Konten*. Beim allerersten Konto genügt auch ein Klick auf die gleichnamige Schaltfläche in diesem Dialog. *Outlook* erwartet daraufhin die Eingabe einer E-Mail-Adresse zusammen mit dem zugehörigen Passwort.

Die Eingabe von Konteninformationen bei der Einrichtung eines E-Mail-Kontos.

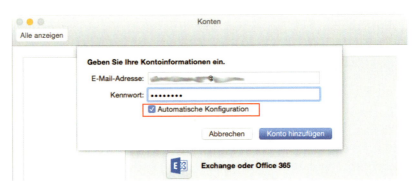

Dabei ist insbesondere darauf zu achten, dass die Option *Automatische Konfiguration* aktiviert ist. Die Richtigkeit der Angaben und das Mitspielen des jeweiligen ISPs vorausgesetzt, ist das Konto nach Betätigung der Taste *Konto hinzufügen* im Nu eingerichtet. *ISP* ist ein Akronym für *Internet Service Provider*, also einem Anbieter von Internetdiensten wie dem Zugriff auf das *World Wide Web*, *E-Mail* oder *Chat*. Im Deutschen hat sich der Begriff »Dienstanbieter« eingebürgert.

Der Installations-Assistent verfügt über die relevanten Informationen zu vielen bekannten Dienstanbietern von E-Mail (*Freenet, Gmail, Gmx, Yahoo!, Outlook/Hotmail* und einige andere mehr – erwähnenswert ist vielleicht noch der Berliner Dienst `posteo.de,` der keine Werbedaten weiterleitet, dafür aber € 1,– als monatlichen Obolus berechnet). Auf Basis der eingegebenen Daten ermittelt er weitere benötigte Informationen wie beispielsweise die Namen von Eingangs- und Ausgangsserver und fügt sie automatisch ein.

Ist die Einrichtung des Kontos abgeschlossen, erscheint sein Name im linken Bereich des Dialogs *Konten*. *Outlook* versucht sofort, Verbindung zum Mailserver aufzunehmen und – falls bereits vorhanden – dort eingegangene Nachrichten auf den eigenen Rechner herunterzuladen.

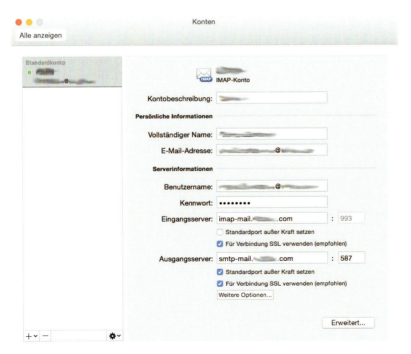

Der Dialog »Konten« nach der Einrichtung des ersten Kontos.

Einige Dienstanbieter verlangen die explizite Aktivierung eines *POP*- oder *IMAP*-Zugangs auf ihrer Website. Erst danach lässt sich das Konto in *Outlook* benutzen.

Ein grüner Kreis neben dem Namen kennzeichnet bei *IMAP*- und *Exchange*-Konten eine aktive Verbindung zum Server. Kommt diese nicht zustande, kann dies unterschiedliche Ursachen haben. Als Erstes sollten Sie überprüfen, ob überhaupt eine funktionierende Verbindung zum Internet besteht. Benutzen Sie dazu einen Webbrowser wie *Firefox* oder *Safari* und rufen Sie einige Webadressen auf. Kommen solche Zugriffe zustande, so ist offensichtlich, dass es nicht an der Verbindung liegt. Prüfen Sie dann nach, ob der Schieberegler *Online/Offline* im Register *Extras* auf *Online* steht oder ob *Outlook | Offline arbeiten* deaktiviert ist.

Die Voraussetzung für die Verbindung zum Mail-Konto: der Schieberegler muss auf »Online« stehen.

Ist beides der Fall, überprüfen Sie nochmals den Benutzernamen Ihres Kontos und das Kennwort. Scheinen alle Einstellungen zu stimmen, überprüfen Sie die Namen von Ein- und Ausgangsserver nebst deren Portnummern. Sind Ihre Bemühungen dann immer noch nicht von Erfolg gekrönt, bleibt Ihnen nichts anderes übrig, als sich direkt mit Ihrem Dienstanbieter in Verbindung zu setzen. Viel Spaß!

 Geben Sie bei *Google* das Stichwort *Einstellungen* und den Namen Ihres E-Mail-Dienstanbieters ein. Sie werden genügend Webseiten finden, anhand derer Sie die Angaben überprüfen können.

Um das Mitlesen von E-Mails durch Dritte zu erschweren, haben 2014 die meisten deutschen Dienstanbieter die *SSL-Verschlüsselung* (ein Protokoll zur sicheren Datenübertragung im Internet) eingeführt. Damit verbunden war eine Änderung von Servernamen und/oder Portnummern. Diese Änderungen sind aktuell bei der automatischen Konfiguration teilweise (noch?) nicht berücksichtigt. Auch kann der Eintrag von *Benutzername* unvollständig sein.

Ein automatischer Konfigurationsversuch (links) und die erforderlichen Nachbesserungen (rechts).

Bei der automatischen Konfiguration besteht darüber hinaus keinerlei Einfluss auf die Wahl des Übertragungsprotokolls. Aus diesem Grund und wegen der Vielzahl der erforderlichen Anpassungsmaßnahmen kann die manuelle Konfiguration eines Mail-Kontos einen geringeren Aufwand zur Folge haben.

Die Eingabe-Maske des Dialogs »Konten« bei der manuellen Konfiguration eines E-Mail-Kontos.

Zusätzliche Konfigurations-Optionen erscheinen nach einem Klick auf *Erweitert*. Die Aktivierung von *Nur Kopfzeilen herunterladen* ist in Fällen sinnvoll, wenn Sie beispielsweise auf Dienstreisen mit langsamen Netzanbindungen Vorlieb nehmen müssen und Mails mit umfangreichen Anhängen erwarten. Weiterhin lässt sich das Zeitintervall festlegen, in dem *Outlook* E-Mails senden und vom Server abholen soll. Für *POP*-Konten können Sie einstellen, ob Kopien Ihrer erhaltenen Nachrichten auf dem Server verbleiben sollen.

Register »Server« der erweiterten Einstellungen für ein E-Mail-Konto vom Typ »POP«.

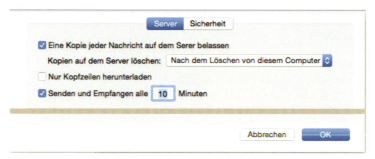

IMAP IDLE bewirkt im Falle des Eintreffens neuer Mails eine unmittelbare Benachrichtigung an Mail-Clients, was unnötigen Datentransfer vermeidet.

Register »Server« der erweiterten Einstellungen für ein E-Mail-Konto vom Typ »IMAP«.

Das Register *Sicherheit* gestattet die Festlegung, ob ausgehende Mails mit einem Zertifikat signiert und/oder verschlüsselt werden sollen.

Register »Sicherheit« der erweiterten Einstellungen für »POP« und »IMAP«.

Das Register *Ordner* gestattet die Festlegung der Speicherorte für einzelne Verzeichnisse von *IMAP*-Konten.

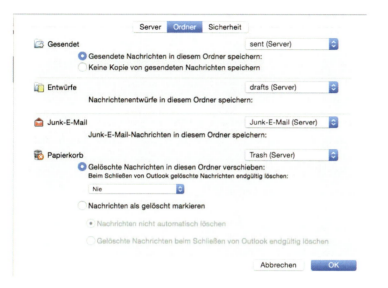

Register »Ordner« der erweiterten Einstellungen für »IMAP«-Konten.

Normalerweise nutzen Eingangs- und Ausgangs-Server den gleichen Kontonamen und das gleiche Passwort. Ist dies nicht der Fall, bietet ein Klick auf *Weitere Optionen* entsprechende Eingabefelder für solche Konfigurationen.

Die Einstellungen »Weitere Optionen« für die Authentifizierung am Ausgangs-Server.

Die Nutzung eines *IMAP*-Kontos macht es erforderlich, jeden seiner Ordner zu abonnieren, damit er im Navigationsbereich auftaucht. Für die wichtigsten Ordner erledigt das *Outlook* automatisch beim Einrichten eines Kontos. Fehlt ein benötigter Ordner in der Ansicht, öffnet *Extras | IMAP Ordner* den Dialog *Ordnerbrowser*. Ist das gewünschte Konto markiert, lässt es sich mit einem Klick auf *Abonnieren* einbinden bzw. mit einem Klick auf *Abonnement kündigen* aus der Synchronisation entfernen.

Der Dialog »Ordnerbrowser« zum Abonnieren und Kündigen von »IMAP«-Ordnern.

Outlook erlaubt die Einrichtung mehrerer E-Mail-Konten unterschiedlichen Typs. Für jedes *Exchange-* und jedes *IMAP*-Konto legt es ein eigenes Verzeichnis im Navigationsbereich an. Dagegen landen die Elemente sämtlicher eingerichteter *POP*-Konten im Sammel-Verzeichnis *Auf meinem Computer*.

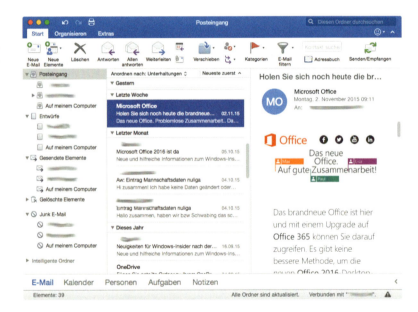

Das Erscheinungsbild von »Outlook«-E-Mail bei mehreren eingerichteten Konten.

Wird ein Konto nicht mehr benötigt, lässt es sich nach seiner Markierung mit einem Klick auf die Schaltfläche *Löschen* (-) aus *Outlook* entfernen.

Einrichten von Exchange-Konten

Zu den besonderen Eigenschaften von *Microsoft Exchange Server* zählen Funktionen für die Zusammenarbeit in Teams (Gruppen-Ordner, Werkzeuge für die Terminplanung etc.). Die Einrichtung und Verwaltung eines *Exchange*-Kontos erfordert serverseitig den Einsatz von

6 | Alles in einem: Kommunizieren mit Outlook

Microsoft Exchange Server 2010 Service Pack 2 oder höher sowie von *Office 365* verwaltete Konten.

Im Gegensatz zu *POP*- und *IMAP*-Konten liegen neben Mails auch Kontakte, Aufgaben und Notizen zentral auf dem *Exchange*-Server. Die Synchronisierung dieser Elemente mit den lokal auf einem Rechner zwischengespeicherten Informationen erfolgt in regelmäßigen, einstellbaren Abständen. Dadurch stehen bei einem Zugriff auf solche Postfächer auch von verschiedenen Geräten aus immer die aktuellen Informationen zu Verfügung.

Das Anlegen eines *Exchange*-Kontos auf einem Rechner erfolgt analog zu *POP*- oder *IMAP*-Konten. Nach der Eingabe von E-Mail-Adresse, Kontenname und Passwort versucht *Outlook*, über die angegebene E-Mail-Adresse den zuständigen *Exchange*-Server automatisch zu erkennen. Auch hierbei muss das Kontrollkästchen *Automatische Konfiguration* aktiviert sein.

Die erforderlichen Informationen zur Einrichtung von »Exchange«-Konten.

Ein grüner Indikator zeigt links neben dem Kontonamen wieder den erfolgreichen Abschluss der Einrichtung an. Er kennzeichnet nicht nur eine aktive Verbindung mit dem Server, sondern auch mit dem darauf eingerichteten Konto. In diesem Fall beginnt *Outlook* bereits vorhandene Nachrichten und weitere Elemente auf den lokalen Rechner herunterzuladen.

Grüne Indikatoren kennzeichnen aktive Verbindungen zum zugehörigen Server.

Besteht keine Serververbindung oder ist *Outlook* auf *Offline* gesetzt, leuchten die Indikatoren orange.

Kommt keine Verbindung zustande, sollten Sie als Erstes die Adresse des *Exchange*-Servers überprüfen. Das entsprechende Eingabefeld befindet sich im Register *Server* der Einstellungen *Erweitert*.

Register »Server« der erweiterten Einstellungen für ein E-Mail-Kontos vom Typ »Exchange«.

Ansonsten empfiehlt es sich, bei einer Fehlersuche die gleichen Schritte wie für *POP*- oder *IMAP*-Konten durchzuführen. Sind alle Bemühungen erfolglos, wenden Sie sich an Ihren *Exchange*-Administrator.

Ein *Exchange*-Konto löschen Sie genau wie ein *POP*- oder *IMAP*-Konto mit Hilfe der Schaltfläche *Löschen* (»-«) links unten. Die auf dem E-Mail-Server befindlichen Elemente bleiben dabei erhalten und stehen bei einer Neuanbindung des Kontos nach wie vor zu Verfügung.

Import von Konten-Informationen und -Inhalten

Üblicherweise dürften Sie ja schon vor der Anschaffung von *Office 2016* eine Kommunikation mit dem Rest der Welt per E-Mail gepflegt haben. Wahrscheinlich ist es auch nicht Ihr Bestreben, nach der Inbetriebnahme von *Outlook 2016* ganz von vorne zu beginnen. Vor allem möchten Sie sicherlich die Neu-Eingabe sämtlicher bereits vorhandener Daten und Adressen vermeiden. Dazu verfügt *Outlook* über eine Importfunktion, mit deren Hilfe sich viele Informationen aus anderen *Outlook*-Anwendungen übernehmen lassen. Ein Klick auf *Importieren* im Register *Extras* startet einen solchen Import-Prozess.

6 | Alles in einem: Kommunizieren mit Outlook

Outlook-Informationen lassen sich sowohl unter *OS X* (*.olm*) als auch unter *Windows* (*.pst*) als Archivdateien ablegen. Nach einem Klick auf *Exportieren* gestattet der Dialog *In Archivdatei (.olm) exportieren* die Auswahl der zu exportierenden Elemente.

Der Dialog »In Archivdatei (.olm) exportieren« zur Auswahl der Export-Elemente.

Ist die Auswahl getroffen, bringt ein Klick auf *Weiter* den *Öffnen*-Dialog zum Erscheinen. Geben Sie darin einen Namen für die Exportdatei an und klicken Sie auf *Sichern*. Danach erscheint der Hinweis, ob der Export erfolgreich war. Ein Klick auf *Fertig stellen* beendet den Prozess.

Die erstellte *olm*-Datei lässt sich nun auf einem anderen Rechner oder einer anderen System-Installation importieren.

Der Dialog »Importieren« mit den einzelnen Auswahloptionen.

Nach einem Klick auf *Weiter* erscheint wieder der *Öffnen*-Dialog, worin Sie die Archivdatei auswählen können. Am Ende des Vorgangs ist dann (hoffentlich) wieder eine Erfolgsmeldung sichtbar.

Für die importierten Informationen legt *Outlook* in der Navigationsleiste unter *Auf meinem Computer* einen Ordner mit dem Namen der Archivdatei an. Darin tummeln sich sämtliche im Archiv enthaltenen Informationen.

Die Archivierung von Informationen in *Outlook* für *Windows* erfolgt in *.pst*-Dateien. Sie können sich beliebig viele solcher Archive anlegen. Wählen Sie dazu *Konteneinstellungen* im Einblendmenü der gleichnamigen Schaltfläche im Bereich *Informationen* des Registers *Datei*.

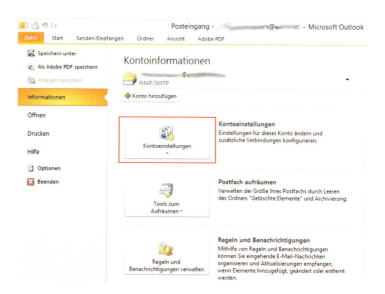

Der Bereich »Konteninformation« in »Outlook« für »Windows«.

Daraufhin erscheint der Dialog *Konteneinstellungen*. Darin wählen Sie das Register *Datendateien* und klicken auf *Hinzufügen*.

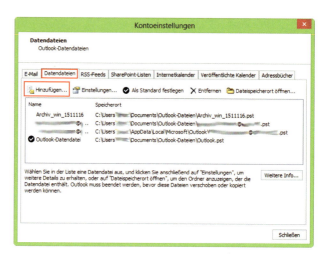

Der Dialog »Konteneinstellungen« in »Outlook« für »Windows«.

Geben Sie im Dialog *Outlook-Datendatei erstellen oder öffnen* einen Namen ein und klicken Sie auf *OK*. Das so erzeugte Archiv lässt sich auf einen Macintosh transferieren und analog einer *olm*-Datei importieren. Auch hierbei legt *Outlook* in der Navigationsleiste unter *Auf meinem Computer* einen Ordner mit dem Namen der Archivdatei an.

Die Navigationsleiste mit importierten »Outlook«-Archiven.

Nachrichten organisieren

Outlook fasst sehr unterschiedliche Module unter einer einheitlichen Oberfläche zusammen. Jedes Modul von *Outlook* stellt einen oder mehrere Ordner zu Verfügung, in denen die eigentlichen Informationen abgelegt sind. Im Navigationsbereich befinden sich Verknüpfungen zu diesen Ordnern. Das Markieren einer solchen Verknüpfung zeigt den Inhalt des zugehörigen Ordners in der Elementeliste an.

Das E-Mail-Modul von *Outlook* dürften Sie wohl am häufigsten benutzen. Es stellt quasi Ihre Nachrichtenzentrale dar, in der Sie Mails erstellen, versenden, empfangen, speichern und löschen. Wie dies im Einzelnen funktioniert, damit befassen wir uns in den nächsten Abschnitten.

Postfächer

Die Verzeichnisse, in denen *Outlook* Ihre Mails verwaltet, finden Sie im oberen Teil des Navigationsbereichs. Im E-Mail-Modul heißen diese Ordner auch *Postfächer*. Für jedes in der Navigationsleiste angezeigte Konto sind standardmäßig die folgenden Postfächer von Anfang an eingerichtet:

- Ausgang
- Entwürfe
- Gelöschte Elemente
- Gesendete Elemente
- Junk-E-Mail
- Posteingang

Die Namensgebung ist dabei nicht ganz einheitlich, da Sie beispielsweise bei einigen Dienste-Anbietern oder *Exchange*-Konfigurationen die Bezeichnung *Drafts* anstelle von *Entwürfe* finden. Mit Hilfe der grauen Dreiecke links neben den Verzeichnisnamen blenden Sie die einzelnen Ordner und Unterordner ein und aus.

Konten und Postfächer im Navigationsbereich (rechts mit aufgeklappten Unterverzeichnissen).

Beim Öffnen des Moduls *E-Mail* zeigt *Outlook* standardmäßig den Inhalt des Verzeichnisses *Posteingang* an. Darin treffen alle an Sie gesendeten E-Mail-Nachrichten ein. *Outlook* versucht, in voreingestellten Intervallen Nachrichten von Ihrem Konto bzw. Ihren Konten auf Ihren Rechner zu übertragen und fügt sie dort automatisch in Ihrem Eingangs-Postfach ein. Die Anzahl der eingetroffenen und ungelesenen E-Mails ist übrigens auch dem *Dock*-Symbol von *Outlook* zu entnehmen.

Mit Hilfe der Schaltfläche *Senden/Empfangen* lassen sich jederzeit E-Mails von Servern abrufen.

6 | Alles in einem: Kommunizieren mit Outlook

E-Mails müssen Sie nicht in einem Rutsch erstellen und versenden, Sie können sie auch temporär abspeichern (*cmd-S*). In diesem Fall legt *Outlook* sie in *Entwürfe* ab. Mails lassen sich auch ohne bestehende Netz- oder Internet-Verbindung versenden. Sie landen dann temporär im Verzeichnis *Ausgang*. Das Versenden erfolgt dann automatisch, sobald *Outlook* das nächste Mal geöffnet ist und eine Netz-Verbindung besteht. Nach erfolgreichem Versand erfolgt ein Transfer zu den übrigen versendeten Nachrichten in *Gesendete Elemente*. *Junk-E-Mail* nimmt alle Nachrichten auf, die der interne Filter als *SPAM* erachtet. *Gelöschte Elemente* dient als Zwischenlager für gelöschte E-Mails bis zu ihrer endgültigen Entsorgung. Dieses Verzeichnis entspricht dem Papierkorb von *OS X*.

Im Ansichtsbereich des E-Mail-Moduls werden der Inhalt des markierten Verzeichnisses und der markierten Nachricht dargestellt. Betrachten wir dies am Beispiel des Posteingangs, das stellvertretend auf die übrigen Ordner zutrifft. Die Elementeliste, hier Nachrichtenliste genannt, bietet einen tabellarischen Verlauf über sämtliche neu eingetroffenen und über alle bereits gelesenen (und noch nicht gelöschten) E-Mails. Ungelesene Nachrichten sind mit fetter blauer Schrift in der Nachrichtenliste gekennzeichnet.

Die Kennzeichnung ungelesener Mails in der Nachrichtenliste.

Die Anzahl der ungelesenen Nachrichten wird rechts neben dem Fach im Navigationsbereich sowie neben der Gesamtzahl der in einem Verzeichnis enthaltenen Elemente in der Statusleiste unterhalb der Nachrichtenliste angezeigt.

Die Anzeige der Anzahl ungelesener Mails im Navigationsbereich und in der Statusleiste.

Der Lesebereich, auch Vorschaubereich genannt, ermöglicht das Lesen von Nachrichten, ohne diese explizit öffnen zu müssen. Seine Position befindet sich standardmäßig rechts neben der Nachrichtenliste. Das Einblendmenü der Schaltfläche *Lesebereich* im Register *Organisieren* erlaubt das Positionieren des Lesebereichs unterhalb der Nachrichtenliste oder auch sein Ausblenden.

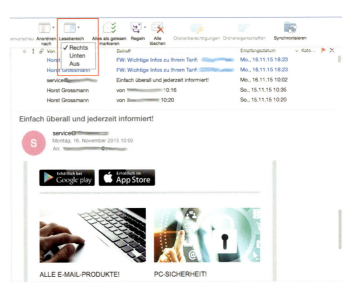

Der unterhalb der Nachrichtenliste positionierte »Lesebereich«.

Nachrichten lassen sich auch in einem eigenen Fenster darstellen. Dazu genügt ein Doppelklick auf die betreffende Zeile in der Nachrichtenliste, wobei *Outlook* den Betreff als Fenstertitel übernimmt. Dies ist insbesondere bei ausgeblendetem Lesebereich oder im Falle eines umfangreichen Inhalts von Vorteil.

Eine Nachricht in einem eigenen Fenster.

6 | Alles in einem: Kommunizieren mit Outlook

Verfassen und Versenden von Nachrichten

Wenn Sie in *Word* einen Brief schreiben, erstellen Sie als Erstes ein neues, leeres Dokument. Das Gleiche machen Sie in *Excel* für eine neue Berechnung oder in *PowerPoint* für eine neue Präsentation. Nichts anderes tun Sie in *Outlook*, nur ist dabei nicht von Dokumenten, sondern von E-Mails die Rede.

Markieren Sie im Navigationsbereich ein beliebiges Postfach jenes Kontos, aus dem Sie die Mail versenden möchten. Klicken Sie auf die Schaltfläche *E-Mail* ganz links im Register *Start* oder betätigen Sie *cmd-N*. *Outlook* erzeugt ein neues Fenster mit einem Menüband und diversen Eingabefeldern.

Das Fenster »Unbenannt« einer neuen Nachricht.

Ausfüllen müssen Sie im Prinzip lediglich das Adressfeld *An*. Der Adressat erhielte dann eine reichlich leere E-Mail-Nachricht. Damit dürfte er kaum etwas anfangen können – es sei denn, Sie haben bestimmte Handlungsweisen für einen solchen Fall abgesprochen.

E-Mail-Adressen besitzen grundsätzlich die Struktur *Bezeichnung@Domäne*. »@«, der Klammeraffe (ausgesprochen englisch *at*), trennt die Bezeichnung vom Namen einer Domäne. Auf dem *Macintosh* erzeugen Sie dieses Zeichen mit der Tastenkombination *alt-L*. Die erfolgreiche Übermittlung (nicht Versand!) einer Nachricht setzt die genaue Kenntnis der E-Mail-Adressen der Empfänger voraus.

> Achten Sie auf die korrekte Angabe der E-Mail-Adressen. Ein Leerzeichen am Anfang oder am Ende, ein *l* statt *i*, eine *0* (Null) statt einem *O*, und schon erhalten Sie die sinngemäße Rückantwort von einem Postmaster, die Nachricht könne wegen eines unbekannten Empfängers nicht zugestellt werden.

Sobald Sie mit dem Eintippen einer Adresse in ein Adressfeld beginnen, blendet *Outlook* eine Liste mit Adressen unterhalb dieses Feldes ein. Diese Liste enthält Adressen aus Ihren Kontakten oder Anschriften, an die Sie bereits Nachrichten übermittelt haben und bei denen *Name*, *Vorname* oder *Mail*-Adresse mit den eingetippten Zeichen beginnt.

Die eingeblendete Liste zum Autovervollständigen einer E-Mail-Adresse.

Klicken Sie mit dem Mauszeiger auf die gewünschte Adresse oder navigieren Sie mit Auf- oder Abwärtspfeil der Tastatur zu ihr und betätigen Sie die *Tabulator*-Taste. *Outlook* übernimmt die gewählte Adresse in das jeweilige Adressfeld. Soll die Mail an mehrere Empfänger gehen, wiederholen Sie den Vorgang.

In das Feld *Cc (Carbon Copy)* können Sie die Adressen jener Personen oder Organisationen eintragen, die von der Mail nicht direkt betroffen sind, die jedoch über ihren Inhalt informiert sein sollten. Wenn Sie beispielsweise die Anfrage eines Kunden an einen Kollegen weiterleiten, können Sie den Kunden in der Mail an den Kollegen auf *Cc* setzen. Er ist dann informiert, dass seine Anfrage in Bearbeitung ist. Die gleiche Bedeutung hat *Bcc (Blind Carbon Copy)*. Die darin aufgeführten Adressen erhalten die E-Mail ebenfalls, im Unterschied zu *Cc* erscheinen diese Adressen allerdings nicht in der E-Mail, sondern bleiben für alle Empfänger unsichtbar. Dieses Adressfeld müssen Sie im jeweiligen Fenster einer E-Mail erst per Mausklick auf die Schaltfläche *Bcc* im Register *Optionen* einblenden.

Die Nutzung des Adressfelds »Bcc«.

Mit Hilfe von Adress-Einträgen in *Bcc* können Sie Personen über bestimmte Vorgänge informieren und dabei Vertraulichkeit sicherstellen, indem Sie auf diese Weise bestimmte Identitäten nicht offenlegen. Dies ist ideal für Rundschreiben per Mail geeignet.

Das Feld *Betreff* sollten Sie immer mit einer **kurzen**, aussagekräftigen Zusammenfassung des Mail-Inhalts ausfüllen. Es ist – von wenigen Ausnahmen abgesehen – schlechter Stil, es leer zu lassen. Der Adressat sollte damit auf den ersten Blick erkennen, worum es in der Mail geht. Darüber hinaus erleichtert es ihm das Suchen und das Sortieren von Mails. Unabhängig davon, ob sie das Feld *Betreff* absichtlich oder versehentlich leer gelassen haben, weist *Outlook* Sie beim Versenden der E-Mail auf diesen Zustand hin. Nach einem Klick auf *Bearbeitung fortsetzen* können Sie das *Betreffs*-Feld nachträglich ergänzen.

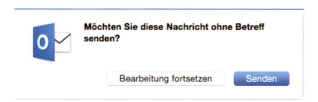

Der Hinweis beim Senden einer E-Mail mit leerem »Betreff«.

Den eigentlichen Text der Mail tragen Sie in das große Eingabefeld unterhalb der Adressfelder ein. Für die Bearbeitung des Textes können Sie auf Ihre Kenntnisse von *Word* zurückgreifen. Ist die Nachricht verfasst und sind Text sowie Adressen überprüft, klicken Sie auf *Senden* ganz links im Register *Nachricht* oder betätigen alternativ *cmd-Eingabetaste*.

Die zum Versand bereite Nachricht.

Möchten Sie eine Nachricht um zusätzliche Informationen ergänzen, die zum gegenwärtigen Zeitpunkt aber noch nicht verfügbar sind, wählen Sie *Datei | Speichern* oder betätigen *cmd-S*. *Outlook* verschiebt diese Nachricht in das Fach *Drafts (Entwürfe)*. Über den Betreff finden Sie die Nachricht (hoffentlich) leicht wieder. Ein Doppelklick auf die entsprechende Zeile in der Nachrichtenliste öffnet die Mail zur Weiterbearbeitung in einem eigenen Fenster.

Die abgespeicherte Nachricht in Postfach »Drafts«.

Nach erfolgreichem Verlassen Ihres Postfachs landet Ihre Nachricht dann final im Verzeichnis *Sent Items (Gesendete Objekte)*.

Jedes *Outlook*-Modul enthält die Schaltfläche *Neue Elemente*. Dies ermöglicht die Erzeugung von E-Mails wie auch von anderen Elementen in jedem Modul.

Das Einblendmenü »Neue Elemente« ist in jedem »Outlook«-Modul verfügbar.

Antworten und Weiterleiten

Wenn Sie per Mail eine Anfrage an ein Unternehmen mit der Bitte um Produktinformationen oder Preisauskünfte versenden, kann die Antwort eine ganze Weile auf sich warten lassen. Das Gleiche kann passieren, wenn Sie sich mit einem Freund, einer Freundin oder mit sonstigen Bekannten verabreden möchten. Trifft die Antwort nach einer gewissen Zeitspanne ein, wissen Sie eventuell gar nicht mehr, was Sie geschrieben haben.

Im Zeitalter von Kopieren und Einsetzen wäre es einfach, den Text einer empfangenen Mail in eine Antwortmail zu übertragen, damit der Absender sofort weiß, wovon die Rede ist. Dies alles und noch mehr kann *Outlook* selbst für Sie erledigen. Markieren Sie einfach die betreffende eingegangene Mail und betätigen Sie die Schaltfläche *Antworten* oder *Allen Antworten* im Register *Start*.

Outlook erzeugt daraufhin eine neue Mail, in der

- der Absender und die Empfänger,
- die in *Cc* aufgeführten Adressen,
- der Betreff mit einem vorangestellten *AW:* (für *Antwort*) oder *RE:* (*Respond*),
- der Nachrichtenkopf und der Nachrichtentext nach der Signatur (falls vorhanden)

in den entsprechenden Feldern der neuen Mail eingetragen sind.

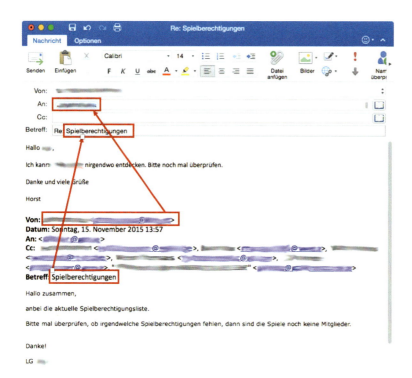

Eine mittels »Antworten« erzeugte Nachrichtenvorlage.

Den Text der Antwort sollten Sie wie üblich an den Anfang der Mail vor den von *Outlook* eingefügten Originaltext schreiben. Falls erforderlich, können Sie diesen ganz oder teilweise löschen. Nach dem Versenden kennzeichnet *Outlook* die Originalnachricht mit einem grauen, nach links zeigenden Pfeil. Dem Lesebereich können Sie entnehmen, wann genau Sie diese Mail beantwortet haben.

Die Kennzeichnung beantworteter Nachrichten in der E-Mail-Liste.

Allen Antworten verfügt über die gleiche Funktionalität, wobei hier zusätzlich der oder die Empfänger der Originalnachricht in *An*, die in *Cc* angegebenen Adressen in das *Cc* der Antwortmail übertragen werden.

Durch die Verwendung von *Antworten* und *Allen Antworten* können der oder die Empfänger sofort erkennen, worauf Sie sich in Ihrer Antwortmail beziehen. Nun steht nichts im Wege, beantwortete Mails ebenfalls wieder zu beantworten. Dies kann dazu führen, dass Mails bei einem so gearteten Mailverkehr gegen dessen Ende beachtliche Umfänge ausweisen. Insofern ist es überlegenswert, die jeweils älteste(n) E-Mail(s) aus dem Text zu entfernen.

Eine mittels »Allen antworten« erzeugte Nachrichtenvorlage.

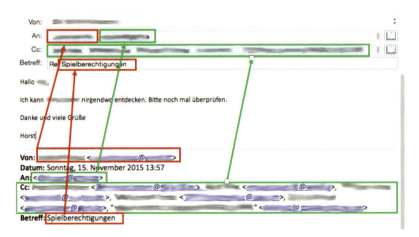

Wenn Sie eine Mail erhalten haben und Kollegen oder Bekannte über deren Inhalt informieren möchten, markieren Sie die Nachricht und klicken Sie auf *Weiterleiten*. *Outlook* handelt ähnlich wie bei *Antworten*.

Dem Betreff ist in der neuen Mail ein *WG*: (*Weitergeleitet*) bzw. ein *Fw*: oder *Fwd*: (*Forward*) vorangestellt, die Adressfelder bleiben dabei sinnvollerweise leer. Tragen Sie also die benötigten Adressen in *An*, *Bc* oder *Bcc* ein und ergänzen Sie den Nachrichtentext. Wie beim Antworten sind die Originalnachrichten nach dem Senden gekennzeichnet – in diesem Fall mit einem grauen, nach rechts weisenden Pfeil. Der Zeitpunkt der Weiterleitung ist auch hier dem Lesebereich zu entnehmen.

Als »Weitergeleitet« gekennzeichnete Nachrichten in der E-Mail-Liste.

Haben Sie einen Empfänger in Ihrer Liste vergessen, markieren Sie die Nachricht im Postfach *Gesendet* und wählen Sie einfach *Erneut senden* in ihrem *Kontext*-Menü.

Der nochmalige Versand einer E-Mail.

Outlook öffnet daraufhin eine Kopie dieser E-Mail in einem neuen Fenster. Darin können Sie sämtliche Einträge bearbeiten und die Nachricht danach erneut versenden.

Nachverfolgung

Stellen Sie sich vor, Sie erhalten von einem Bekannten eine Nachricht, er hätte für ein gemeinsames Wander-Wochenende Zimmer reserviert. Diese Reservierung müsse er innerhalb von einer Woche bestätigen. Sie müssen in diesem Zeitraum abklären, ob Sie sich für das besagte Wochenende frei nehmen können. Um den Termin nicht zu vergessen, kennzeichnen Sie die Nachricht zur Nachverfolgung. Markieren Sie die betreffende Nachricht in der Nachrichtenliste und wählen Sie eine der angebotenen Alternativen in *Zur Nachverfolgung* im zugehörigen *Kontext*-Menü.

Das »Kontext«-Menü einer Nachricht mit den Alternativen für eine Nachverfolgung.

Die gleiche Auswahl bietet das Einblendmenü der Schaltfläche *Zur Nachverfolgung* im Register *Start*.

Die Alternativen für eine Nachverfolgung im Einblendmenü »Zur Nachverfolgung«.

Sollten Sie sich für *Benutzerdefiniertes Datum* bzw. *Benutzerdefiniert* entscheiden, erlaubt der Dialog *Termine und Erinnerung* die Festlegung von Fälligkeitsdatum sowie Datum und Uhrzeit für die erste Erinnerung.

Die Angabe von Fälligkeitsdatum und Zeitpunkt der ersten Erinnerung.

Die E-Mail ist anschließend in der Nachrichtenliste und im Lesebereich mit einer roten Flagge gekennzeichnet. Der Fälligkeitstermin selbst wird ebenfalls im Lesebereich angezeigt.

Eine »Zur Nachverfolgung« gekennzeichnete Nachricht.

Mit *Erinnerung hinzufügen* im *Kontext*-Menü einer Nachricht oder im Einblendmenü *Zur Nachverfolgung* lassen sich im Dialog *Termine und Erinnerung* weitere Zeitpunkte einrichten, zu denen eine Erinnerung erfolgen soll.

Diese beiden Menüs gestatten auch das Aufheben dieser Kennzeichnungen. Dabei besteht die Auswahl, die Kennzeichnung zu löschen oder die Aufgabe als erledigt zu markieren.

Signaturen

Signaturen am Ende einer E-Mail enthalten üblicherweise Informationen zum Absender. Wie fast alle heutigen E-Mail-Clients gestattet auch *Outlook*, solche Signaturen manuell oder automatisch an ausgehende Nachrichten anzufügen.

Etwas förmlichere Varianten können Sie für den geschäftlichen Bereich nutzen. Diese enthalten häufig Formulierungen wie *Mit freundlichen Grüßen*, dazu Ihren Namen nebst Telefon- und Faxnummer sowie Ihr Unternehmenslogo. Eher für den privaten Gebrauch bestimmt sind Versionen mit Formulierungen wie *Liebe Grüße*, zusammen mit der Angabe der eigenen Handy-Nummer.

Das Werkzeug zur Erstellung von Signaturen liegt etwas versteckt im Dialog *Outlook-Einstellungen* (*cmd-»,«*) – und zwar im Bereich *E-Mail*. Ein Mausklick auf *Signaturen* öffnet einen gleichnamigen Dialog, in dem bereits eine Signatur mit dem Namen *Standard* enthalten ist. Den rechten Bereich unter *Signatur* können Sie mit einem beliebigen Text und mit Bildern füllen.

Der Dialog »Signaturen« mit der Signatur »Standard«.

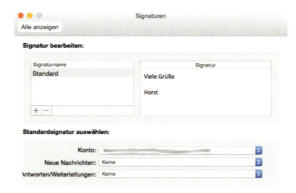

Eine Signatur lässt sich jederzeit umbenennen. Als Erstes verpassen wir deshalb der von Begin an vorhandenen Signatur *Standard* einen aussagekräftigen Namen. Nach einem Doppelklick lässt sich der Name überschreiben, beispielsweise mit *Viele*, da er lediglich zu Verweis- und Identifikationszwecken dient. Der rechte Bereich des Dialogs enthält den Text, der unter der eigentlichen Nachricht erscheinen soll. Dabei lassen sich auch Formatierungen wie Schriftart, Schriftschnitt oder Schriftfarbe anwenden. Über das Menü *Formatieren* lassen sich einem markierten Textteil die gewünschten Eigenschaften zuweisen.

Weiterhin können Sie über diesen Dialog eine beliebige Anzahl von Signaturen einrichten. Ein Klick auf *Hinzufügen* (»+«) richtet eine neue Signatur namens *Unbenannt* ein, die sich nach Ihrem Geschmack gestalten lässt.

Das Einrichten und Formatieren von Signaturen.

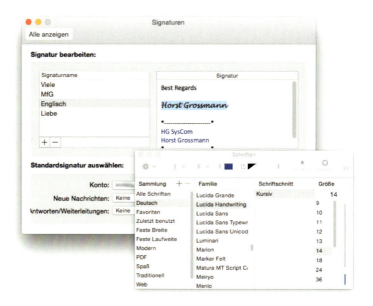

Formatieren | Bild einfügen gestattet die Einbindung eines Bildes oder einer Grafik. Einfacher geht dies durch Ziehen der Grafik-Datei vom Schreibtisch oder aus einem *Finder*-Fenster an die gewünschte Position in der Signatur.

Die Größe eines Bildes lässt sich im Eingabefeld *Signatur* nicht anpassen.

Die manuelle Zuweisung einer Signatur zu einer Nachricht erfolgt über das Einblendmenü der Schaltfläche *Signaturen* im Nachrichten-Fenster der E-Mail.

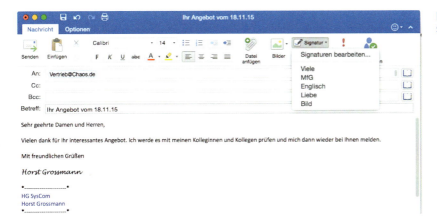

Die manuelle Zuweisung einer Signatur.

Wenn Sie eine alternative Signatur auswählen, überschreibt *Outlook* wie *Apple Mail* eine bereits bestehende Signatur.

Outlook bietet aber auch eine automatische Variante für das Einfügen einer Signatur. Im unteren Teil des Dialogs *Signaturen* befinden sich drei Einblendmenüs im Bereich *Standardsignatur auswählen*. Sie gestatten das Zuweisen einer individuellen Signatur zu jedem Konto, wobei sich zusätzlich eine Unterscheidung zwischen dem Versand neuer Mails und dem Beantworten oder Weiterleiten empfangener Mails treffen lässt.

Die Zuweisung einer Standardsignatur zu einem Konto im Dialog »Signaturen«.

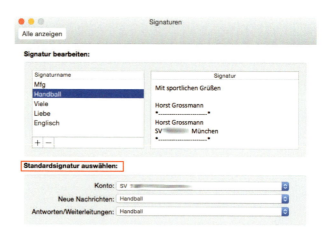

Achten Sie im Falle mehrerer Konten darauf, welcher Ordner oder Unterordner bei der Erstellung einer E-Mail in der Navigationsleiste markiert ist. *Outlook* verwendet automatisch dessen zugehörige Absende-Adresse und – falls definiert – dessen zugehörige Standard-Signatur.

Anlagen

Häufig besteht der Bedarf, neben der eigentlichen Nachricht auch Dokumente wie *PowerPoint*-Präsentationen, *Excel*-Arbeitsmappen, Bilder oder ein anderes *Outlook*-Element wie etwa einen Kontakt an den Empfänger zu übermitteln.

Erstellen Sie dazu eine neue Nachricht und geben Sie alle erforderlichen Informationen ein. Klicken Sie dann auf *Anfügen* in Register *Nachricht*. Wechseln Sie im erscheinenden Dialog in das Verzeichnis, in dem sich das anzufügende Dokument befindet und wählen Sie dieses aus.

Die zu versendende Nachricht enthält danach in ihrem Kopf unter *Betreff* ein weiteres Feld, das mit einer Büroklammer gekennzeichnet ist. Rechts daneben befindet sich ein Oval mit dem Namen des eingefügten Dokuments. Die so eingefügten Dokumente bezeichnet man als Anlagen oder Anhänge.

Möchten Sie mehrere große Dokumente als Anlage einer E-Mail übermitteln, erkundigen Sie sich vor dem Absenden beim Empfänger nach der vom Dienstanbieter festgelegten, maximal zulässigen Mailgröße für sein Konto.

6 | Alles in einem: Kommunizieren mit Outlook

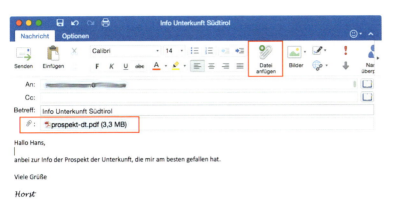

Die Nachricht mit einem PDF-Dokument als Anlage.

> **Sie können weitere Anlagen einfügen, indem Sie die benötigten Dokumente vom *Finder* in das Anlage-Feld ziehen.**

Abhängig von Betriebssystem und Mailprogramm des Empfängers kann der Inhalt einer Anlage in der Mail direkt sichtbar sein. Häufig ist dies bei verbreiteten Grafikformaten wie *JPEG* oder *PNG*, aber auch bei *PDF*-Dokumenten der Fall. Ansonsten ist ein Doppelklick auf das Symbol des jeweiligen Dokuments erforderlich, um es auf dem Zielrechner anzuzeigen. Voraussetzung ist natürlich, dass ein entsprechendes Programm oder zumindest ein sogenannter Viewer (wie etwa *Acrobat Reader*) installiert ist, mit dem sich der Inhalt betrachten lässt.

Falls Sie einem Kollegen oder Bekannten diverse, auf mehrere Mails verteilte Informationen zukommen lassen möchten, brauchen Sie auch dazu nicht auf Kopieren und Einsetzen zurückzugreifen. In diesem Fall versenden Sie die entsprechenden Nachrichten ebenfalls als Anlagen. Erstellen Sie wieder eine neue Mail und ziehen Sie die entsprechenden Mails aus der Nachrichtenliste in das Fenster Ihrer neu erstellten Mail. Der Mauszeiger verwandelt sich in eine Pfeilspitze mit einem darunter angebrachten weißen »+« in einem grünen Kreis, gleichzeitig ist das Symbol der Nachricht transparent eingeblendet. Mit dem Loslassen der Maustaste ist die jeweilige Mail dann als Anlage beigefügt.

Eine versehentlich eingefügte Anlage lässt sich wieder entfernen, indem Sie einfach den entsprechenden Eintrag im *Anlagen*-Feld markieren und anschließend die *Rückschritt*- oder *Entfernen*-Taste betätigen.

Das Einfügen von E-Mails als Anlage.

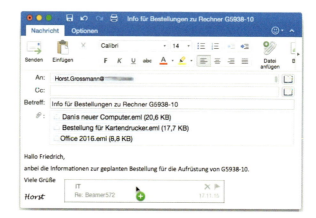

Empfangene Nachrichten mit Anlage sind in der Nachrichtenliste mit dem Büroklammer-Symbol in der Spalte *Anlagen* gekennzeichnet, der Spaltenkopf trägt ebenfalls dieses Symbol. Ein Mausklick auf die Taste *Vorschau* im Kopf des Lesebereichs oder ein Doppelklick auf das Symbol einer Anlage öffnet dieses Dokument. Auch in diesem Fall besteht natürlich die Voraussetzung, dass Sie ein Programm besitzen, das mit dem Dokumentenformat der Anlage umgehen kann.

Die Kennzeichnung empfangener Nachrichten, die mit Anlagen versehen sind.

Regeln

Regeln bestehen aus einer oder mehreren Bedingungen. Sind sie erfüllt, führt *Outlook* automatisch eine Aktion auf ankommende oder versendete Nachrichten aus. Regeln sollen die Organisation von Nachrichten in eigenen Postfächern unterstützen. Auf diese Weise lassen sich ein- und ausgehende Nachrichten automatisch in spezifizierten Verzeichnissen ablegen.

Das Erstellen und Bearbeiten von Regeln erfolgt im gleichnamigen Dialog. Ihn rufen Sie mit einem Klick auf *Regeln* im Bereich *E-Mail* der *Outlook*-Einstellungen auf. Alternativ kommen Sie mit dem Einblendmenü der Schaltfläche *Regeln* des Registers *Start* ans Ziel. Dessen Erscheinungsbild ist abhängig vom Typ der jeweils eingerichteten Postfächer.

Unterschiedliche Inhalte im Einblendmenü »Regeln«.

Die Auswahl von *Regeln bearbeiten* führt zum Aufruf des Dialogs *Regeln*, *Regel erstellen* blendet gleich die Eingabemaske zur Erstellung der Regel unterhalb der Titelleiste des *Outlook*-Fensters ein. Die prinzipiell gleiche Maske erscheint nach einem Klick auf das »+« im Dialog unter dessen Titelleiste.

Der Dialog zum Erstellen und Bearbeiten von Regeln.

Am einfachsten lässt sich eine Regel erstellen, mit der Nachrichten eines Nutzers oder einer Nutzergruppe in einen bestimmten Ordner verschoben werden sollen. Markieren Sie dazu in der Nachrichtenliste eine E-Mail desjenigen Absenders, für den eine Regel erstellt werden soll, und wählen Sie *Nachrichten von »Name« verschieben* im Einblendmenü *Regeln*. Geben Sie dann den Namen des Zielordners in das Suchfeld ein und wählen Sie ihn aus, sobald er in der Liste auftaucht. Schließen Sie den Dialog mit *Auswählen* und danach mit *OK* ab.

Die Einrichtung einer Regel zum Verschieben von E-Mails eines bestimmten Absenders.

Generell bietet der Dialog *Regeln* die Möglichkeit, auf Basis des Absenders, des Empfängers, oder einer vorhandenen Nachricht eine Regel schnell zu erstellen. *Outlook* unterscheidet dabei zwischen *Server-* und *Client*-basierten Regeln. Die Ausführung serverbasierter Regeln erfolgt auf dem *Exchange*-Server, weshalb *Outlook* bei der Ausführung nicht geöffnet sein muss. Serverbasierte Regeln erweisen sich insbesondere beim Zugriff auf ein Konto von mehreren Rechnern aus als nützlich. *Client*-Regeln werden dagegen nur im *Outlook*-Client ausgeführt, wobei sich für jedes Konto eigene Regeln einrichten lassen.

Die Nutzung serverbasierte Regeln mit *Outlook 2016* setzt den *Exchange-Server 2016* voraus.

Nehmen wir an, dass Sie an einem Projekt namens *MODIM* beteiligt sind und alle eintreffenden E-Mails in einen gleichnamigen Ordner verschieben möchten. Als Erstes sollten Sie die Regel in der nach einem Klick auf »+« erschienenen Eingabemaske mit einem Namen versehen, wofür sich *MODIM* anbietet. Mit Hilfe der Einblendmenüs im Bereich *Beim Eintreffen einer neuen Nachricht* legen Sie zunächst fest, dass eine Aktion ausgelöst wird, falls die Zeichenkette *Projekt MODIM* im Feld *Betreff* enthalten ist. Welche Aktionen ausgeführt werden sollen, wenn die Bedingung(en) erfüllt ist (sind), lässt sich über die Einblendmenüs im Bereich *Folgendes ausführen:* festlegen. In unserem Fall soll eine Verschiebung in den Ordner *MODIM* erfolgen sowie gleichzeitig den betreffenden Nachrichten eine Kategorie mit dem Namen *MODIM* zugewiesen werden.

Die Eingabe-Maske zum Erstellen einer neuen Regel.

Nach der Betätigung von *OK* speichert *Outlook* die Regel unter dem angegebenen Namen ab. Falls Sie bereits eine Nachricht mit *Projekt MODIM* im *Betreff* erhalten haben, können Sie die Anwendung der Regel über *Regeln | Anwenden | MODIM* testen. Ist die Regel korrekt definiert, sollte dic ausgewählte Nachricht in den Ordner *MODIM* verschoben werden. In wie weit sich auch andere Nachrichten, basierend auf der definierten Regel, in diesen Ordner einschleichen, kann nur die Zukunft zeigen.

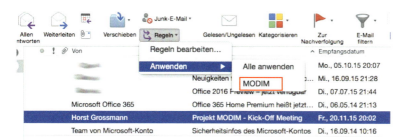

Die manuelle Anwendung einer Regel.

Sie können sich auch selbst eine Testmail mit dem entsprechenden Betreff zusenden.

Bei der verwendeten Version des *Outlook*-Client tummelten sich allerdings auch versendete Objekte im spezifizierten Ordner (zu erkennen am fehlenden Empfangsdatum).

Der Ordner »MODIM« mit empfangenen und gesendeten Nachrichten.

Bei Suchbegriffen in Regeln unterscheidet *Outlook* nicht zwischen Groß- und Kleinschreibung.

Was sich noch so alles zur Definition von Bedingungen und Festlegung von Aktionen heranziehen lässt, zeigen die folgenden beiden Einblendmenüs.

Die Einblendmenüs zur Festlegung von Bedingungen und Aktionen im Dialog »Regeln«.

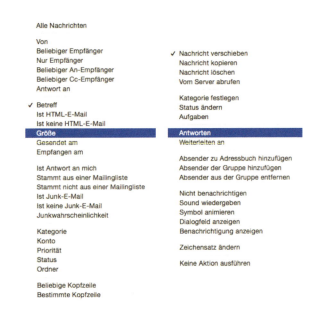

Stellvertretungen

Als Mitarbeiter in einem Projekt oder als Mitglied in einem Vereinsvorstand kann es vorkommen, dass ein oder mehrere Kollegen bzw. Vorstandsmitglieder für den Fall Ihrer Abwesenheit in Ihr Postfach einsehen und evtl. auch daraus Nachrichten versenden müssen. Verfügt Ihre Firma oder ihr Verein über ein *Microsoft Exchange Server*-Konto, lässt sich dies über *Stellvertretungen* regeln.

Zunächst einmal muss der Besitzer des einzusehenden Kontos Berechtigungen erteilen, die einem anderen Nutzer das Lesen und Erstellen von Elementen in seinem Server-Postfach gestatten. Danach muss die Stellvertretungs-Liste um die E-Mail-Adresse des zu Vertretenden ergänzt werden. Beides geschieht im Register *Stellvertretungen* (Taste *Erweitert*) des Dialogs *Konten*.

 Der Postfach-Besitzer und seine Stellvertretung(en) müssen die gleiche *Outlook*-Version benutzen.

Nach einem Klick auf das »+« unter der Anzeige *Stellvertretungen, die in meinem Auftrag handeln dürfen* erscheint der Dialog *Eine Person auswählen*. Geben Sie einen Namen in dessen Suchfeld ein. Sobald das gesuchte Konto in der Liste erscheint, markieren Sie den Namen und klicken auf *Hinzufügen*.

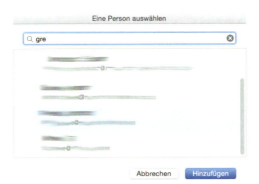

Der Dialog »Eine Person auswählen« zur Bestimmung eines Stellvertreters.

Danach erscheint der Dialog *Berechtigungen*, dessen Einblendmenüs die Vergabe von Befugnissen an einen Stellvertreter gestatten.

Der Dialog »Berechtigungen« zum Erteilen der Befugnisse eines Stellvertreters.

Outlook kennt die drei aus dem folgenden Bildschirmfoto ersichtlichen Berechtigungsstufen.

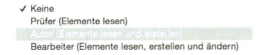

Die Einblendmenüs »Berechtigungsstufen« zur Festlegung der Befugnisse für die einzelnen Module.

Stellvertreter und Stellvertretungen sind in den jeweiligen Listen des Registers *Stellvertretungen* aufgeführt. Ein Klick auf »-« löscht einen markierten Eintrag.

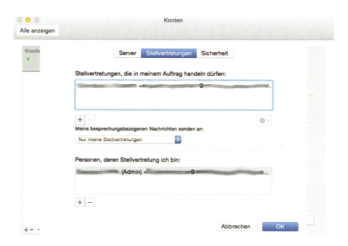

Das Register »Stellvertretungen« des Dialogs »Konten« (Erweitert).

Ansichten

Für jedes Modul stellt *Outlook* eine Reihe von Standardansichten zu Verfügung. Diese bieten unterschiedliche Darstellungsweisen von Informationen in den einzelnen Verzeichnissen durch Anwendung unterschiedlicher Anordnungen, Einblendungen und Formatierungen.

Anpassen des Hauptfensters und des Navigationsbereichs

Die Ausdehnungen der einzelnen Bereiche des Hauptfensters von *Outlook* lassen sich anpassen. Positionieren Sie dazu den Mauszeiger über dem rechten Rand einer Trennungslinie. Sobald er sich in einen horizontalen Doppelpfeil verwandelt, drücken Sie die Maustaste und ziehen die Begrenzung mit gedrückter Taste in die gewünschte Richtung. Ist der Lesebereich unterhalb der Nachrichtenliste angeordnet, nimmt der Mauszeiger beim Verändern der Bereichsgröße die Form eines vertikalen Doppelpfeils an.

Sind mehrere Konten eingerichtet, gruppiert *Outlook* im Navigationsbereich standardmäßig ähnliche Verzeichnisse. So sind beispielsweise alle Posteingangsfächer zusammengefasst. Dies erlaubt es, sämtliche eingegangen Nachrichten lesen, ohne zwischen einzelnen Postfächern hin- und herwechseln zu müssen.

Alternativ gestattet *Outlook*, sich jedes Konto mit den darin enthaltenen Ordnern getrennt anzeigen zu lassen. Dazu ist lediglich die Option *Ähn-*

liche Ordner von verschiedenen Konten gruppieren im Bereich *Allgemein* in *Persönliche Einstellungen* der *Outlook*-Einstellungen zu deaktivieren.

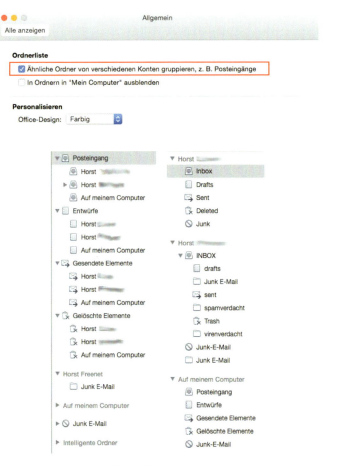

Die Aktivierung der Gruppierung von Postfächern im Navigationsbereich.

Der Navigationsbereich mit gruppierten (links) und nicht gruppierten (rechts) Postfächern.

Die Gestaltung der Nachrichtenliste

Standardmäßig ist die Nachrichtenliste im Hauptfenster zwischen dem Navigations- und dem Lesebereich eingeklemmt. Jede E-Mail ist darin mit drei Zeilen vertreten, von den anderen durch eine graue Linie getrennt. Der ersten Zeile ist der Absender zu entnehmen, der zweiten der Betreff und das Empfangsdatum. Die dritte Zeile enthält den Anfang des Nachrichtentextes.

Gruppiert sind die einzelnen Nachrichten nach *Unterhaltungen* (dazu später mehr), die zuletzt eingetroffenen Mails sind dabei an oberster Stelle zu finden.

Die Nachrichtenliste in der Standard-Darstellung – sortiert nach »Unterhaltungen«.

Diese Sortierung lässt sich mit der Wahl eines alternativen Elements im Einblendmenü der Schaltfläche *Anordnen nach* im Register *Organisieren* umstellen.

Die Änderung der Sortierfolge der Nachrichtenliste mit dem Einblendmenü »Anordnen nach«.

Die Zusammenfassung zu *Unterhaltungen* lässt sich mit einem Klick auf die gleichnamige Schaltfläche des Registers *Organisieren* ausschalten. Ein weiterer Klick auf *Nachrichtenvorschau* blendet den Anfang des Mailtextes aus.

Ist der Lesebereich unterhalb der Nachrichtenliste positioniert oder ausgeschaltet, erinnert ihre Darstellung an diejenige des *Finders* in der Listendarstellung. Und genau so wie in einem *Finder*-Fenster lässt sich die

6 | Alles in einem: Kommunizieren mit Outlook

Breite der einzelnen Spalten mit der Maus verändern. Bewegen Sie den Mauszeiger auf eine Begrenzungslinie zwischen zwei Spaltenköpfen. Sobald er seine Form verändert, drücken Sie die Maustaste und ziehen Sie Begrenzungslinie mit gedrückter Taste in die gewünschte Richtung.

Die Listendarstellung bei ausgeblendetem Lesebereich, sortiert nach Empfangsdatum.

Sowohl die Sortierung als auch die Sortierfolge lässt sich wie in einem *Finder*-Fenster über die Spaltenköpfe verändern. Standardmäßig sind die eingetroffenen Nachrichten nach Datum sortiert, die Nachricht mit dem aktuellsten Datum ist dabei an oberster Stelle positioniert. Ein Mausklick auf den Spaltenkopf *Empfangsdatum* kehrt die Sortierfolge um, was sich erkennbar an der Richtung des schwarzen Dreiecks am rechten Spaltenrand manifestiert.

Die Nachrichtenliste mit umgekehrter Standard-Sortierfolge.

Ist stattdessen eine Sortierung nach Namen gewünscht, richtet ein Klick auf den Spaltenkopf *Von* dies ein.

Die Nachrichtenliste mit der Sortierfolge nach »Von«.

Auch bei dieser Sortierung kehrt ein Mausklick auf *Von* die Sortierfolge um. Analog lassen sich Mails auch nach *Betreff* oder nach *Größe* sortieren. Letzteres macht insbesondere dann Sinn, wenn es unumgänglich wird, ein Postfach wegen drohendem Platzmangels auszumisten. *Größe* ist allerdings standardmäßig nicht eingeblendet. Dies lässt sich durch Auswahl des betreffenden Eintrags im *Kontext*-Menü der Spaltenköpfe ändern.

Das Kontext-Menü der Spaltenköpfe zum Ein- und Ausblenden von Elementen.

Analog lassen sich auf diese Weise alle Elemente ein- und ausblenden. *Outlook* positioniert eine eingeblendete Spalte ganz rechts an die letzte Stelle. Möchten Sie die Reihenfolge der Spalten verändern, klicken Sie auf den betreffenden Spaltenkopf, halten die Maustaste gedrückt und warten, bis der Mauszeiger die Form einer Hand annimmt. Ziehen Sie die Spalte mit gedrückter Taste auf die gewünschte Position.

Das Umstellen von Spalten.

Die Gruppierung von E-Mails in der Nachrichtenliste kann eine deutliche Verbesserung der Übersicht bewirken. Ist *In Gruppen anzeigen* im Einblendmenü *Anordnen nach* aktiviert, fasst *Outlook* abhängig von der aktuell gewählten Sortierfolge die Nachrichten unter einem Tag, einem Zeitraum, einem Empfänger etc. zusammen.

Die Nachrichtenliste – gruppiert nach Empfangsdatum bzw. Empfangszeitraum.

6 | Alles in einem: Kommunizieren mit Outlook

Die Nachrichtenliste – gruppiert nach Empfänger.

Unterhaltungen

Unterhaltungen fassen Nachrichten mit dem gleichen Betreff zu einer Gruppe zusammen. Ist die Option *Ähnliche Ordner von verschiedenen Konten gruppieren* nicht deaktiviert, so erfolgt die Gruppierung auch über Ordner unterschiedlicher Konten. Die Sortierfolge innerhalb von Unterhaltungen lässt sich wie auch diejenige von E-Mails chronologisch ab- oder aufsteigend einstellen. Die Aktivierung und Deaktivierung der Gruppierung nach Unterhaltungen erfolgt über die Schaltfläche *Unterhaltungen* des Registers *Organisieren*.

Unterhaltungen sind in der Nachrichtenliste ganz links mit einem kleinen Dreieck gekennzeichnet. Ein Klick auf eine Zeile mit diesem Dreieck erweitert die Anzeige und ermöglicht den Blick auf die einzelnen Mails einer Unterhaltung. Der Betreff dieser Zeile wird als *Unterhaltungsüberschrift* bezeichnet. Ist sie markiert, erscheint im Lesebereich der sogenannte Unterhaltungsindex. Er umfasst eine Zeile pro enthaltener Nachricht mit der Angabe von Absender, Empfangsdatum sowie der ersten Wörter des jeweiligen Nachrichtentextes.

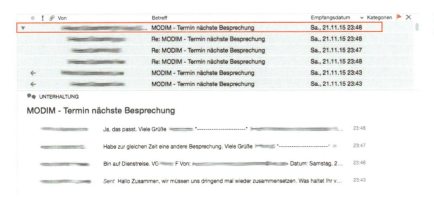

Die Darstellung von »Unterhaltungen«.

567

Beamer 572

Wenn Sie eine einzelne E-Mail lesen möchten, klicken Sie in der Nachrichtenliste oder im Unterhaltungsindex auf die gewünschte Nachricht. Zum Unterhaltungsindex kehren Sie per Mausklick auf das Unterhaltungs-Symbol in der Kopfzeile zurück. Ein Klick auf das nach unten gerichtete Dreieck faltet die Unterhaltung wieder zusammen.

Die Zusammenfassung von Nachrichten zu einer Unterhaltung erfolgt ausschließlich anhand der Betreffzeile. An Modifikationen duldet *Outlook* lediglich automatisch eingefügte Zusätze wie *FW*: oder *Re*: bei Weiterleitungen und Antworten. Selbst bei kleinen Änderungen oder Ergänzungen erfolgt keine Aufnahme in die bestehende Unterhaltung, *Outlook* kreiert sofort eine neue. Meistens ist es für solche Anwendungsfälle besser, mit intelligenten Suchordnern oder Filtern zu arbeiten.

Die Erzeugung einer neuen »Unterhaltung« bei einer Ergänzung des »Betreffs«.

Gemeinsamkeiten

So wie es für das gesamte *Office*-Paket Funktionen gibt, die Sie in jedem Einzelprogramm nutzen können, enthält auch *Outlook* Funktionalitäten, die in jedem Modul anwendbar sind. Davon handeln die folgenden Abschnitte.

Betriebsmodi

Das Arbeiten mit *Outlook* ist auch dann möglich, wenn zum gegenwärtigen Zeitpunkt keine Netzverbindung verfügbar ist. *Outlook* legt beispielsweise Kopien sämtlicher empfangener Nachrichten lokal auf einem Rechner ab. Dies erlaubt das Lesen und Bearbeiten von Nachrichten, deren Empfang im Zeitraum der letzten aktiven Netzverbindung erfolgte.

Im Falle eines *Exchange*-Kontos fertigt *Outlook* darüber hinaus eine lokale Kopie des Adressbuchs einer Organisation an, was das Anfertigen vollständiger Nachrichten, also einschließlich der Eingabe von Empfängeradressen aus diesem Adressbuch, gestattet. Der Prozess des Versendens auf diese Weise erstellter Nachrichten kann auch im *Offlinemodus* ausgelöst werden. *Outlook* verschiebt die Nachrichten temporär in den Ordner *Postausgang*. Das eigentliche Versenden erfolgt, sobald wieder eine Netzverbindung verfügbar ist und der Wechsel in den *Onlinemodus* vollzogen ist.

Die Betriebsmodi von »Outlook« und die zugehörigen Statusanzeigen.

Kategorien

Im Laufe der Arbeit dürfte sich *Outlook* mit diversen Elementen wie Nachrichten, Ereignissen, Kontakten etc. füllen. Das Zuweisen farbkodierter Kategorien zu diesen Elementen kann einen besseren Überblick verschaffen. Farbcodiert bedeutet, dass jede Kategorie durch eine Farbe gekennzeichnet ist, was die Erkennbarkeit von Elementen erhöht und somit eine leichtere Identifizierung und Organisation ermöglicht. Das Zuweisen einer Kategorie zu sämtlichen Besprechungen, Adressen und Nachrichten zu einem Projekt erleichtert das Nachverfolgen von Vorgängen in diesem Projekt.

Outlook gestattet auch das Zuordnen mehrerer Kategorien zu einem Element. Als primäre Kategorie gilt in solchen Fällen die als letztes zugewiesene Kategorie. Sie ist ausschlaggebend dafür, in welcher Schriftfarbe ein Element in der Elementeliste erscheint. Auch bei Sortierungen dient die primäre Kategorie als Kriterium.

Das Zuweisen von Kategorien erfolgt durch Auswahl des gewünschten Eintrags im Einblendmenü *Kategorisieren* des Registers *Start*, in dem *Outlook* diverse Standardkategorien wie etwa *Urlaub* oder *Persönlich* zu Verfügung stellt.

Das Einblendmenü »Kategorisieren« zum Zuweisen von Kategorien an »Outlook«-Elemente.

Die Namen der vorhandenen Kategorien lassen sich durch alternative Begriffe ersetzen, und auch die Erweiterung der Liste um zusätzliche Einträge ist möglich. Mit der Wahl von *Kategorien bearbeiten* im Einblendmenü von *Kategorisieren* erscheint der Dialog *Kategorien*. Nach einem Doppelklick auf einen Namen lässt sich dieser überschreiben. Ein Klick auf das farbige Quadrat links neben dem Namen öffnet ein Einblendmenü, über das sich die Farbe der ausgewählten Kategorie einstellen lässt.

Der Dialog »Kategorien« zum Erstellen neuer und zum Verändern der Eigenschaften bestehender Kategorien.

Dieser Dialog lässt sich auch mit einem Klick auf *Kategorien* im Bereich *Persönliche Einstellungen* der *Outlook*-Einstellungen aufrufen.

Ein Klick auf das »+« unterhalb der Liste erzeugt eine neue Kategorie. Im erscheinenden Dialog können Sie einen aussagekräftigen Namen eingeben und eine genehme Farbe auswählen.

Das Erzeugen einer neuen Kategorie.

570

Einem oder mehreren *Outlook*-Elementen weisen Sie eine Kategorie zu, indem Sie die betreffenden Elemente zunächst markieren. Anschließend wählen Sie die benötigte Kategorie im Einblendmenü von *Kategorisieren* oder über das *Kontext*-Menü der markierten Elemente aus. Der Name der Kategorie ist zusammen mit der zugehörigen Farbe in der Elementeliste dargestellt. Im Falle von markierten Nachrichten sind Name und Farbe auch im Kopf des Lesebereichs angezeigt.

Die Darstellung kategorisierter Nachrichten.

Das Entfernen einer zugewiesenen Kategorie erfolgt durch nochmalige Auswahl ihres Namens im Einblend- oder *Kontext*-Menü. Das Löschen einer im Dialog *Kategorien* markierten Kategorie erledigen Sie per Mausklick auf das Minus-Symbol. *Outlook* erkundigt sich danach vorsichtshalber, ob dies auch wirklich beabsichtigt sei.

Die Nachfrage beim Löschen einer Kategorie.

Die Zuordnung von Kategorien ist nicht auf Nachrichten beschränkt, sondern ist für sämtliche *Outlook*-Elemente möglich. So lässt sich beispielsweise auch einem Kontakt eine Kategorie zuweisen. Standardmäßig ordnet *Outlook* dann automatisch alle von diesem Kontakt empfangenen Nachrichten der gewählte Kategorie zu.

In Outlook suchen

Eine stetig wachsende Informationsmenge in *Outlook* erfordert unter anderem die Nutzung einer Suchfunktion, um bestimmte Elementen zügig auffinden zu können. Für die in allen *Outlook*-Modulen verfügbare *Sofortsuche* genügt die Eingabe eines Stichwortes in das Suchfeld oben rechts in der Titelleiste des Fensters. Vorher ist der Ordner zu markieren, der nach dem Textmuster durchsucht werden soll.

Mit der Eingabe des ersten Zeichens blendet *Outlook* unter dem Suchfeld eine Liste mit jenen Elementen ein, auf die eine Durchsuchung beschränkt werden kann.

Das Suchfeld zur Eingabe von Textmustern für die Sofortsuche.

Die Auswahl des zu durchsuchenden Feldes erfolgt per Mausklick oder mit den Pfeiltasten in Verbindung mit der *Zeilenschaltung* oder der *Eingabetaste*. Ohne eine solche Auswahl durchsucht *Outlook* den markierten Ordner.

Die Darstellung der Suchergebnisse für den aktuellen Ordner.

Mit dem Beginn einer Sofortsuche blendet *Outlook* das *Kontext*-Register *Suchen* ein. Ein Mausklick auf die darin befindliche Schaltfläche *Suche schließen* beendet einen Suchvorgang.

Eine Sofortsuche ohne Auswahl eines Feldes beinhaltet auch die Suche nach Dateinamen von Anlagen. Darin enthaltene Texte werden jedoch nicht berücksichtigt.

Ein Mausklick auf *Suche speichern* erzeugt einen intelligenten Ordner, dem *Outlook* das gerade definierte Suchkriterium automatisch zuordnet. Sie müssen sich dafür nur einen Namen ausdenken und im Bereich *Intelligente Ordner* in der Navigationsleiste eingeben. Diesem Ordner sind jederzeit die zugehörigen Treffer zu entnehmen.

Die Auswahl von *Bearbeiten* im *Kontext*-Menü eines solchen Ordners blendet dessen Suchkriterien oberhalb der Nachrichtenliste ein. Mit den in diesem Bereich befindlichen Einblendmenüs, Eingabefeldern und Schaltflächen lassen sich die definierten Kriterien verändern und/oder ergänzen. *Löschen* im gleichen *Kontext*-Menü entfernt den Ordner nebst seinen Kriterien.

Das Bearbeiten von Suchkriterien eines »Intelligenten Ordners«.

Ein Klick auf die Schaltfläche *Erweitert* im *Kontext*-Register *Suchen* gestattet die Angabe detaillierterer Suchkriterien, alternativ blendet *Umschalttaste-cmd-F* den Kriteriums-Bereich oberhalb der Nachrichtenliste ein. Die Schaltflächen und Einblendmenüs des *Kontext*-Registers *Suchen* gestatten die Komposition beliebig komplexer Suchkriterien. Die Schaltflächen ganz links erlauben die Festlegung des gewünschten Suchbereichs.

Die Wahl von *Alle Outlook -Elemente* bewirkt eine Durchsuchung sämtlicher Inhalte von *Outlook*. Ein Klick auf das »+« ganz rechts in der Kriterien-Zeile blendet ein weiteres Kriterium ein, einer auf »-« entfernt überflüssig gewordene Kriterien. Als recht nützlich bei der Suche nach »Platzfressern« erweist sich das Einblendmenü *Anlagen*, das das Auffinden von Nachrichten mit Anlagen ab der gewählten Mindestgröße ermöglicht. Für die Suche nach in bestimmten Zeiträumen gesendeten und/oder empfangenen Nachrichten bieten sich die (identischen) Einblendmenüs *Empfangen* und *Gesendet* an.

Die Schaltflächen zur Suche nach Anlagen, Empfangs- und Sendezeiträumen.

Insgesamt erlaubt die erweiterte Suche von *Outlook* die Gestaltung sehr komplexer Suchabfragen.

Eine komplexere Suchabfrage.

Outlook erlaubt aber auch ganz banal, den Text eines einzelnen Elements wie einer Notiz oder einer Aufgabe zu durchsuchen. Dazu muss das betroffene Element geöffnet sein. Drücken Sie *cmd-F* zum Öffnen des Dialogs *Suchen* und geben Sie darin den Suchbegriff ein. *Outlook* markiert die erste Fundstelle, die Pfeilsymbole ermöglichen das Navigieren zu den einzelnen Fundstellen. Ein Klick auf *Fertig* beendet die Suche.

Die Suche nach einem Textmuster in einem Element.

Filter

Eine andere Methode zum Auffinden von Elementen ist die Anwendung von Filtern, deren Filter-Funktion bereits im Abschnitt über *Excel* vorgestellt wurde. Sie dient zum Ausblenden von Elementen, die vorgegebene Kriterien nicht erfüllen.

Filter lassen sich in *Outlook* auf Nachrichten und Aufgaben anwenden. Markieren Sie zunächst im Navigationsbereich den Ordner, dessen Inhalt Sie filtern möchten. Wählen Sie dann im Einblendmenü der Schaltfläche *Filter* des Registers *Start* den gewünschten Filter aus.

Die Aktivierung eines Filters auf einen Nachrichtenordner.

6 | Alles in einem: Kommunizieren mit Outlook

Outlook gestattet das Zuweisen mehrerer Filter auf einen Ordner. Das Löschen eines aktivierten Filters erfolgt durch nochmaliges Auswählen seines Menüeintrags. Die Wahl von *Alle Filter* entfernt sämtliche zugewiesenen Filter in einem Rutsch.

Die Anwendung eines Filters erspart die Erstellung einer Suchabfrage, wobei sich die vorhandenen Filter allerdings auf wenige Kriterien beschränken. Sie wirken beispielsweise nur auf den vorher gekennzeichneten Ordner. Mit der Aktivierung eines Filters blendet *Outlook* das *Kontext*-Register *Suchen* ein. Seine Werkzeuge gestatten – wie im letzten Abschnitt gezeigt – die Modifikation bestehender und die Spezifikation zusätzlicher Kriterien. Die so veränderten Kriterien lassen sich als Suche unter einem Namen abspeichern.

Die Einrichtung eigener Filter ist in *Outlook* nicht möglich.

Die Vorgehensweise bei einer Aufgabenliste ist analog, hier stehen lediglich andere Filtertypen zu Verfügung.

Die Anwendung von Filtern auf einen Aufgabenordner.

Das Filtern nach Kategorie ist in sämtlichen *Outlook*-Modulen möglich. Bei Kalendern ist die Anwendung von Filtern im Navigationsbereich möglich, in dem (normalerweise) auch die Kategorienliste angezeigt ist. Durch das Aktivieren und Deaktivieren der entsprechenden Kontrollkästchen lässt sich die Anzeige von Elementen mit der jeweils zugewiesenen Kategorie ein- und ausblenden.

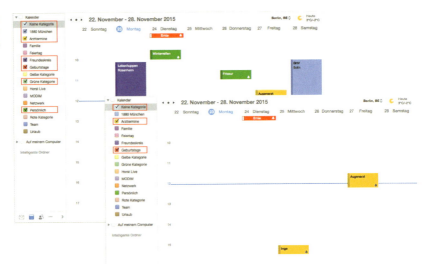

Die Filterung von Kategorien in einem Kalender.

Informationen in Ordnern strukturiert verwalten

Quillt der Eingangsordner über, erlauben Ordner die Strukturierung eines Nachrichtenbestands und schaffen damit eine bessere Übersicht im Ablagesystem. Die Registerkarte *Organisieren* verfügt in jedem Modul über die Schaltfläche *Neuer Ordner* zum Anlegen neuer Verzeichnisse. Ein neuer Ordner wird unterhalb des aktuell markierten Ordners angelegt, seinen Typ bestimmt das eingestellte Modul.

Zur Erstellung eines Ordners auf höchster Ebene, also der Konto-Ebene, muss die Einstellung *Ähnliche Ordner von verschiedenen Konten gruppieren* (*Allgemein* in den *Outlook*-Einstellungen) deaktiviert sein. Die Erstellung eines solchen Ordners muss über den Eintrag *Neuer Ordner* im *Kontext*-Menü eines Kontos erfolgen, da die Markierung eines Kontos nicht möglich ist, was die Verwendung der Schaltfläche *Neuer Ordner* somit verhindert.

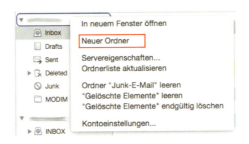

Das Erstellen eines neuen Ordners auf Konto-Ebene per Kontext-Menü.

6 | Alles in einem: Kommunizieren mit Outlook

Outlook legt ein neues Verzeichnis namens *Unbenannter* Ordner an, dessen Name Sie durch Überschreiben ersetzen sollten.

Selbst angelegte Ordner verbessern die Übersicht.

Das Erzeugen von Unterverzeichnissen funktioniert analog, dazu lässt sich jetzt auch die Schaltfläche *Neuer Ordner* heranziehen.

Kalender

Die *Outlook*-Kalender dienen zum Verwalten von Terminen. Dabei handelt es sich um einmalige oder um in regelmäßigen Abständen wiederkehrende Ereignisse. Zu letzteren zählen beispielsweise auch Geburtstage.

Kalenderansichten

Outlook bietet mehrere Kalenderansichten, die über die Schaltflächen im Register zu wechseln sind.

Die Schaltflächen in Register »Start« für den Wechsel zwischen den Kalenderansichten.

577

Der Outlook-Kalender in der Monatsansicht.

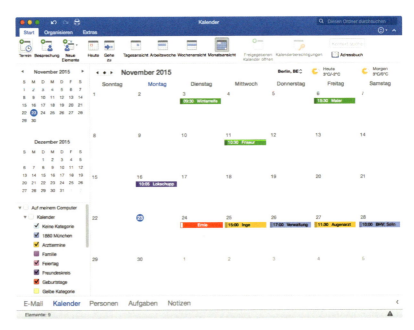

Der Einblend-Kalender der Schaltfläche *Gehe zu* ermöglicht den schnellen Wechsel hin zu einem bestimmten Datum.

Der rasche Wechsel hin zu einem anderen Datum über das Einblendmenü »Gehe zu«.

Kürzere Wechsel – ausgehend vom angezeigten Datum – nach vorne oder zurück lassen sich mit den beiden Dreiecken links neben der Anzeige des dargestellten Zeitraums oberhalb der Kalenderdarstellung vornehmen. Ist der Tageskalender eingestellt, bewirkt ein Mausklick auf das nach rechts weisende Dreieck die Anzeige des nächsten Tages. Bei einer Wochenanzeige führt ein Klick auf das nach links weisende Dreieck zur Anzeige der Vorwoche. Ein Klick auf das Viereck in der Mitte zeigt den Zeitraum an, der das aktuelle Datum beinhaltet. Dasselbe bewirkt ein Klick auf die Schaltfläche *Heute* in Register *Start*.

6 | Alles in einem: Kommunizieren mit Outlook

Das Einstellen des anzuzeigenden Zeitraums mit den Schaltflächen oberhalb der Kalenderdarstellung.

Über *Ansicht | Liste* wechseln Sie zu einer Darstellung in Listenform, womit nur die im angezeigten Zeitraum eingetragenen Termine ersichtlich sind.

Die Darstellung von Eintragungen innerhalb eines Zeitraums in Listendarstellung.

Mit dem Schieberegler ganz rechts in der Statusleiste lässt sich der Maßstab des eingestellten Zeitraums verändern. Mit seiner Hilfe können Sie beispielsweise die Zahl der angezeigten Stunden in der Tages- oder der Wochenansicht erhöhen oder verringern.

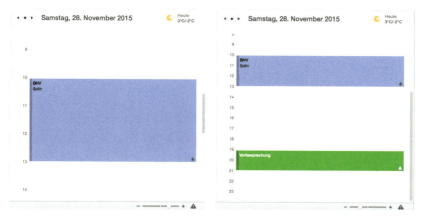

Unterschiedliche Darstellungs-Maßstäbe in der Tagesansicht.

579

Eintragen von Terminen

Bei Terminen handelt es sich um einmalige oder um regelmäßig wiederkehrende Ereignisse. *Outlook* weist dabei allerdings zwei Einschränkungen auf: So beinhalten Termine keine Einladungen an andere Personen und keine Reservierung von Ressourcen.

Termine lassen sich auf verschiedene Art und Weise anlegen. Einer der schnellsten ist die Betätigung von *cmd-N* in der Kalenderansicht. Ähnlich schnell geht es mit einem Doppelklick auf die gewünschte Anfangszeit. Es macht nichts, wenn Sie dabei etwas »danebenklicken«, was sich im erscheinenden *Termin*-Fenster durch die Veränderung der Option *Beginnt* leicht beheben lässt.

Die Eingabe von Informationen in das »Termin«-Fenster.

Sind alle Eingaben getätigt, klicken Sie auf *Speichern und schließen*, was den Eintrag des Termins in den Kalender bewirkt. Haben Sie sich hinsichtlich Anfangszeit oder Datum vertan bzw. wurde der Termin verschoben, positionieren Sie den Mauszeiger über dem Termin. Drücken Sie die Maustaste und ziehen Sie das Rechteck auf das richtige bzw. das korrigierte Datum. Ein gestricheltes Viereck gleicher Größe zeigt dabei die aktuelle Zielposition an.

6 | Alles in einem: Kommunizieren mit Outlook

Das Verschieben eines Termins mit der Maus.

Weitere Einstellungen oder Verschiebungen über einen längeren Zeitraum lassen sich besser im *Termin*-Fenster vornehmen, das Sie mit einem Doppelklick auf den zu modifizierenden Termin öffnen. Das Datum von Beginn und Ende eines Termins können Sie über die Einblendkalender einstellen. Ansonsten ist im jeweiligen Eingabefeld auch das Markieren von Tag, Monat oder Jahr per Mausklick möglich, indem Sie den gewünschten Wert über die Tastatur eingeben.

Das Verändern von Beginn oder Ende eines Termins.

Die Uhrzeit regeln Sie durch das Markieren der betreffenden Zeitangabe und Eingabe der neuen Zeit über die Tastatur. Die Dauer eines Termins lässt sich auch mit Hilfe des gleichnamigen Einblendmenüs festlegen.

Das Anpassen von Uhrzeit und Dauer eines Termins.

Hinsichtlich der Dauer sind Sie keineswegs an die Listen-Einträge im Einblendmenü gebunden. Bei jeder Änderung der Zeiten berechnet *Outlook* automatisch dessen Dauer.

Ist ein Termin ohne Angabe eines Ersatztermins abgesagt oder aus sonstigen Gründen obsolet geworden, markieren Sie ihn mit einem Mausklick und löschen ihn durch Betätigung der *Entfernen*- oder *Rückschritts*-Taste.

Die Menüleiste des *Termin*-Fensters enthält *Termin* als einziges Register. Die darin enthaltenen Schaltflächen mit ihren Einblendmenüs erlauben das Zuordnen weiterer Charakteristiken wie Kategorien oder Prioritäten zu einem Ereignis. Insbesondere ist die Einrichtung von Wiederholungen möglich – beispielsweise für Geburtstage. Das Einblendmenü *Serie* bietet diverse Wiederhol-Varianten zur Auswahl.

Das Einrichten von Wiederholungen.

Die Wahl von *Benutzerdefiniert* erlaubt dabei sehr flexible Konfigurationen.

6 | Alles in einem: Kommunizieren mit Outlook

Die benutzerdefinierte Konfiguration von Wiederholungen.

Das Ereignis ist anschließend im Kopf des *Termin*-Fensters als Serie gekennzeichnet.

Die Kennzeichnung von Wiederholungen im »Termin«-Fenster.

Die Erfassung eines Ereignisses in elektronischer Form allein bietet noch keine Gewähr dafür, dass dieses nicht in Vergessenheit gerät. Aus diesem Grund bietet das Einblendmenü *Erinnerung* die Auswahl einer Zeitspanne vor Eintreffen des Ereignisses, zu der eine Erinnerung erfolgen soll.

Das Einrichten von Erinnerungen.

Die Auswahl von *Keine* löscht eine Erinnerung.

Besprechungen

Besprechungen unterscheiden sich im Sprachgebrauch von *Outlook* von Terminen dadurch, dass hierbei auch andere Personen hinzugezogen werden können. Die Planung solcher Ereignisse kann der Termin-Planungsassistent deutlich vereinfachen.

Nach der Erstellung eines neuen Termins geben Sie im *Termin*-Fenster alle erforderlichen Informationen für die geplante Besprechung ein, insbesondere deren Beginn und Ende. Klicken Sie anschließend auf *Teilnehmer einladen*. Daraufhin ersetzt *Outlook* das Register *Termin* durch *Organisatorbesprechung*, das einige zusätzliche Schaltflächen für die Organisation enthält. Insbesondere weist es die Felder *An* und *Betreff* sowie die Schaltfläche *Senden* auf. *An* dient zum Eintrag der E-Mail-Adressen der Teilnehmer, der *Betreff* zur Aufnahme des Anlasses der Besprechung.

Das Einladen von Teilnehmern.

Ein Klick auf *Terminplanung* bewirkt den Wechsel in die Planungs-Ansicht. Darin sind links stehend alle eingeladenen Personen aufgelistet. Liegen deren Konten ebenfalls auf einem *Exchange*-Server, sind die in deren Kalender eingetragenen Termine rechts daneben angezeigt. So lässt sich eine Besprechungszeit festlegen, ohne dass es zu Überschneidungen von Terminen kommt.

6 | Alles in einem: Kommunizieren mit Outlook

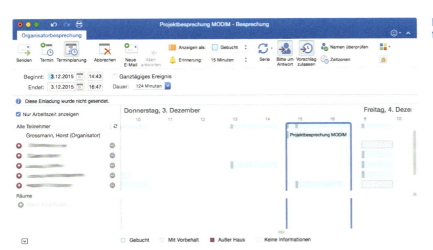

Die Planungs-Ansicht für Besprechungen.

Auch in dieser Ansicht lässt sich die Teilnehmerliste mit einem Klick auf das »+« links neben *Neuen hinzufügen* in der letzten Zeile der Liste um weitere Personen ergänzen.

Dazu erscheint der Dialog *Personen suchen*, der das gezielte Auffinden von Namen ermöglicht.

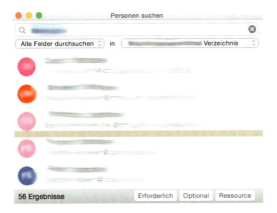

Das Hinzufügen von Teilnehmern mit dem Dialog »Personen suchen«.

Zum Auswählen bietet *Outlook* über die Schaltflächen im unteren Fensterrand drei verschiedene *Einladungs-Kategorien*. Entsprechend dieser Auswahl sind die Teilnehmer links neben ihrem Namen mit den entsprechenden Symbolen gekennzeichnet. Deren Einblendmenü gestattet eine Änderung der Kategorie und das Entfernen des Teilnehmers aus der Liste.

Die »Einladungs-Kategorien« für Teilnehmer.

Sind alle Informationen eingegeben, erhält jeder in der Liste aufgeführte Teilnehmer nach einem Klick auf *Senden* eine Nachricht mit den Informationen zu dieser Besprechung. Diese Nachricht beinhaltet zudem Werkzeuge für rasche Zu- oder Absagen.

Eine E-Mail mit der Einladung sowie den Werkzeugen für eine aufwandsarme Antwort.

Bei Zusagen (inklusive Vorbehalt) erfolgt ein Eintrag des Termins in den jeweiligen Kalender der eingeladenen Person. Die Antworten erscheinen entsprechend gekennzeichnet im Eingangspostfach des Einladenden.

Die gekennzeichneten Antworten auf die Einladung.

Standardmäßig verarbeitet *Outlook* automatisch die Antworten der Teilnehmer und kennzeichnet sie entsprechend im Besprechungsfenster.

Die Kennzeichnung der Antworten im Besprechungsfenster.

6 | Alles in einem: Kommunizieren mit Outlook

Die Bedeutung der Symbole ist der folgenden Tabelle zu entnehmen:

- ✅ Zusage
- ❓ Zusage unter Vorbehalt
- ❌ Absage
- ⬤ Keine Antwort

Personen

Das Modul *Personen* von *Outlook* ist ein elektronisches Adressbuch zur Speicherung und Verwaltung von Informationen zu Personen, Organisationen und Unternehmen. Es bietet insbesondere den Vorteil, dass sich neben den üblichen Kontaktinformationen wie Adresse oder Telefonnummer auch E-Mail-Adressen eingeben lassen, die sich direkt für die Erstellung von Nachrichten nutzen lassen.

Das Erstellen eines Kontakts

Für das Anlegen von Kontakten gibt es, wie sollte es anders sein, mehrere Wege zum Ziel. Betätigen Sie im Modul *Personen* die Tastenkombination *cmd-N* oder klicken Sie auf *Neuer Kontakt* im Register *Start*.

Daraufhin erscheint der Dialog *Kontakte*, der zur Eingabe von Namen, Adressen und weiterer relevanter Informationen wie Telefon, Fax oder Handy dient.

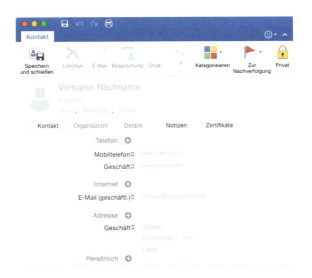

Der Dialog »Kontakt« zur Eingabe von Informationen zu einer Person.

587

Mit *Outlook* können Sie eine Vielzahl an Informationen über Personen speichern, so auch Geburtstage oder Jubiläen. Im Prinzip müssen Sie lediglich ein einziges Feld ausfüllen, um einen Kontakt zu speichern. Welche Kontaktinformationen Sie einfügen, ist Ihnen vollkommen freigestellt. Im Kontakt-Fenster füllen wir nun die benötigten Felder mit den entsprechenden Informationen zur Person oder zum Unternehmen aus.

Nach einer abschließenden Überprüfung der Eingaben bewirkt ein Klicken auf *Speichern und Schließen* im einzigen Register *Kontakt* die Übernahme der Informationen in das Adressbuch. Wie bei den anderen *Outlook*-Modulen lassen sich Kontakte in einer Listenform darstellen, wobei der Lesebereich die Detail-Informationen zum aktuell markierten Element zeigt.

Die »Kontakt«-Liste mit den Detail-Informationen im »Lesebereich«.

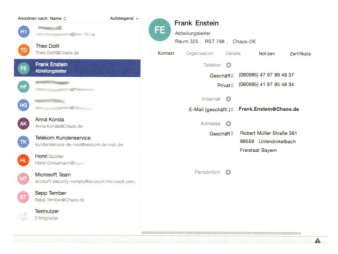

Wie bei Terminen oder Nachrichten lassen sich auch Kontakten eine oder mehrere Kategorien zuordnen. Wählen Sie dazu eine Kategorie aus dem Eintrag *Kategorisieren* des *Kontext*-Menüs des betreffenden Kontakts.

Wenn Sie feststellen, dass Sie mit einer bestimmten Person künftig wohl häufiger Nachrichten austauschen werden, können Sie deren Aufnahme in die Kontakte arbeitssparend vornehmen. Jeder Absender, von dem Sie eine Nachricht erhalten haben, lässt sich teilautomatisiert in das *Outlook*-Adressbuch aufnehmen. Wählen Sie dazu *Outlook-Kontakt öffnen* im *Kontext*-Menü des Absender-Namens im Nachrichtenkopf.

6 | Alles in einem: Kommunizieren mit Outlook

Das »Kontext«-Menü des Absender-Namens im Nachrichtenkopf des »Lesebereichs«.

Outlook erzeugt einen neuen Kontakt und überträgt die im Nachrichtenkopf vorhandenen Informationen in die entsprechenden Felder des Adressbuchs.

Erstellen einer Kontaktgruppe

Nicht selten sind Nachrichten an immer gleiche Personenkreise zu versenden. Dies können Mitglieder einer Mannschaft, eines Projektteams oder einer Wandergruppe sein. *Outlook* erleichtert das Versenden solcher Nachrichten durch die Verwendung von Kontaktgruppen. Klicken Sie im Modul *Personen* auf *Neue Kontaktgruppe* des Registers *Start*. *Outlook* erstellt daraufhin ein neues Element namens *Unbenannte Gruppe*, das Sie sofort durch einen aussagekräftigen Namen ersetzen sollten.

Eine neue leere »Kontaktgruppe«.

Doppelklicken Sie auf die erste Zeile der Spalte *Name* und tippen Sie die ersten Buchstaben jenes Namens, der in die Gruppe aufzunehmen ist. Befindet sich der Name bereits in den Kontakten oder im Verzeichnis der zuletzt verwendeten Adressen, so blendet *Outlook* eine Liste mit Namen von Personen und den zugehörigen E-Mail-Adressen ein, deren Anfangsbuchstaben mit den bereits eingetragenen übereinstimmen. Klicken Sie auf den benötigten Eintrag. Hangeln Sie sich alternativ mit den Pfeiltasten zum gewünschten Eintrag vor und übernehmen Sie den Namen durch Betätigung der *Tabulator*-Taste.

Das Hinzufügen einer E-Mail-Adresse zu einer »Kontaktgruppe«.

Die Gruppe ist anschließend wie ein normaler Kontakt in der Personenliste dargestellt.

Die Anzeige einer »Kontaktgruppe« in der Personenliste.

Das Entfernen eines Mitglieds aus einer solchen Kontaktgruppe erfolgt über *Adresse entfernen* in deren *Kontext*-Menü.

Das Entfernen einer Person aus einer »Kontaktgruppe«.

Beim Versenden von Nachrichten lassen sich Gruppen wie eine einzelne Personen handhaben.

Das Versenden einer Nachricht an eine »Kontaktgruppe«.

Mail an Kontakt

Eine neue Nachricht lässt sich auch im Modul *Personen* an einen dort hinterlegten Kontakt erzeugen – und zwar ohne den Umweg über die Schaltfläche *Neue E-Mail* bzw. den Eintrag *E-Mail* im Einblendmenü *Neue Elemente* des Registers *Start*. Ein weiterer Weg führt über das *Kontext*-Menü eines Eintrags der *Personen*-Liste im Modul *Personen*.

6 | Alles in einem: Kommunizieren mit Outlook

Das Erzeugen einer neuen E-Mail an einen Kontakt über dessen »Kontext«-Menü.

Mit der Auswahl von *Neue E-Mail an Kontakt* erzeugt *Outlook* eine neue Nachricht, bei der die Adresse der ausgewählten Person bereits in *An*: eingetragen ist.

Befindet sich der Mauszeiger über einem Listeneintrag, blendet *Outlook* drei Symbole am unteren rechten Rand ein. Ein Klick auf das Briefsymbol bewirkt ebenfalls die Erstellung einer neuen Nachricht mit eingetragenem Empfänger.

Ist ein Kontakt in einem eigenen Fenster geöffnet, führt ein Klick auf die Schaltfläche *E-Mail* zum gleichen Ergebnis.

Die Schaltfläche zum Erzeugen einer E-Mail im »Kontakt«-Fenster.

Weitere Empfänger lassen sich mittels Drag und Drop aus der Personenliste in die gewünschten Adressfelder eintragen.

Die Suche nach Personen

Bei einem gut gefüllten Adressbuch kann die *Outlook*-Funktion *Kontakte suchen* gute Dienste leisten, um bestimmte Personen schnell aufzufinden. Die Schaltfläche *Adressbuch* befindet sich ganz rechts im Register *Start* jedes *Outlook*-Moduls, ebenso das direkt darüber angebrachte Suchfeld.

Geben Sie den Teil eines Namens oder einer E-Mail-Adresse in das Suchfeld ein. Nach Betätigen der *Zeilenschaltung* oder *Eingabetaste* erstellt *Outlook* im Dialog *Personen suchen* eine Liste mit jenen Kontakten, bei denen Name, Vorname oder Mail-Adresse mit den eingegebenen Zeichen beginnen.

Der Dialog »Personen suchen« mit einer Trefferliste.

Geben Sie zum Auflisten sämtlicher Kontakte im Dialog *Personen suchen* einen Asterix (»*«) in dessen Suchfeld ein.

Der Dialog *Personen suchen* erscheint auch nach einem Klick auf die Schaltfläche *Adressbuch*. Über dessen Einblendmenüs lassen sich Suchvorgänge auf sämtliche Felder ausdehnen und/oder das Adressbuch zum Auffinden und Auswählen von Adressaten und Kontaktgruppen benutzen.

Mit den beiden Schaltflächen am unteren Rand des Dialogs lässt sich eine E-Mail oder eine Besprechung erstellen, bei der die ausgewählten Personen als Empfänger eingetragen sind.

Das Erzeugen von E-Mails oder Besprechungen im Dialog »Personen suchen«.

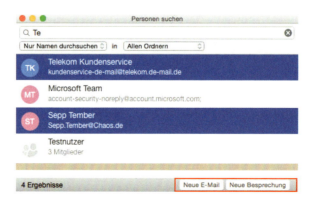

Ist bereits eine E-Mail oder eine Besprechung in einem Fenster geöffnet, erlauben die in diesem Fall verfügbaren Schaltflächen Ergänzungen bestehender Empfänger- oder Teilnehmerlisten.

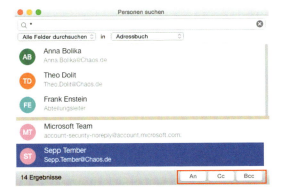

Das Ergänzen bestehender Empfänger- oder Teilnehmerlisten im Dialog »Personen suchen«.

Aufgaben managen

Die elektronische Erfassung *Aufgaben* soll einen besseren Überblick über zu erledigende Tätigkeiten verschaffen, indem sich für jede einzelne Aktivität ein Start- und ein Fälligkeitsdatum festlegen lässt. Darüber hinaus ermöglicht *Outlook* auch das Einrichten automatischer Erinnerungen.

Das Erstellen einer neuen Aufgabe erfolgt per Mausklick auf die Schaltfläche *Aufgaben* im Register *Start* des gleichnamigen Moduls bzw. über cmd-N.

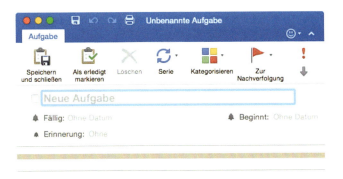

Das Fenster einer neuen Aufgabe.

Tragen Sie als Erstes einen aussagekräftigen Titel ein. In den Textkörper des Aufgabe-Fensters können Sie weitere Details, Anmerkungen, Stichpunkte oder Notizen eingeben. Je nach Wichtigkeit einer Aufgabe können Sie im Aufgabenfenster ein Fälligkeitsdatum, ein Startdatum oder einen Erinnerungszeitpunkt definieren. Tragen Sie diese Informationen mit Hilfe der Einblendkalender in die entsprechenden Eingabefelder ein.

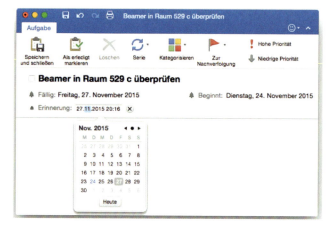

Das Eintragen von Fälligkeits-, Erinnerungs- und Startdatum einer Aufgabe.

Alle drei Informationen lassen sich bei Bedarf wieder löschen. Markieren Sie das entsprechende Datum und klicken Sie auf *Entfernen*. Möchten Sie einzelne Werte für Datum oder Uhrzeit ändern, markieren Sie die entsprechenden Felder und geben den gewünschten Wert über die Tastatur ein.

Aufgaben lassen sich ebenso Kategorien und eine Priorität zuweisen sowie zur Nachverfolgung kennzeichnen. Dazu dienen die entsprechenden Schaltflächen im Register *Aufgabe*.

Eine Aufgabe mit hoher Priorität und einer eingerichteten Erinnerung.

Mit einem abschließenden Klick auf *Speichern und Schließen* übernimmt Outlook die so definierte Tätigkeit in die Aufgabenliste. Eingerichtete Erinnerungen sind darin mit einem Glockensymbol in der *Wecker*-Spalte gekennzeichnet. Die eingegebenen Informationen einschließlich des Namens der Aufgabe lassen sich jederzeit modifizieren. Ein Doppelklick auf die entsprechende Zeile der Liste öffnet die Aufgabe in einem eigenen Fenster, worin sich die erforderlichen Änderungen vornehmen lassen.

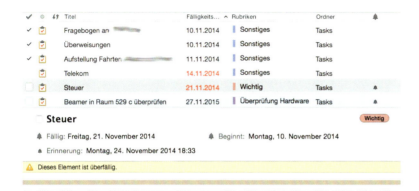

Eine Aufgabenliste mit Anzeige der zugewiesenen Charakteristiken.

Das Fälligkeitsdatum überfälliger Aufgaben ist in der Aufgabenliste rot dargestellt.

Nach Vollendung einer Aufgabe lässt sich diese als *Erledigt* kennzeichnen. Dies kann durch Aktivieren des zugehörigen Kontrollkästchens links neben dem Namen in der Aufgabenliste erfolgen. Alternativ lässt sich dies auch im Aufgabenfenster durchführen. Darin ist auch das Datum des Tages angegeben, an dem die Aufgabe erledigt (oder zumindest als solches gekennzeichnet) wurde. Erledigte Aufgaben-Titel erkennen Sie weiterhin daran, dass diese durchgestrichen dargestellt werden.

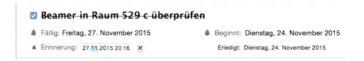

Die Darstellung einer abgeschlossenen Aufgabe.

Das Löschen einer (markierten) Aufgabe geschieht mit einem Mausklick auf *Löschen* im Register *Start*.

Für sich in regelmäßigen Abständen wiederholende Aufgaben sollten Sie eine Aufgabenserie einrichten. Sind Sie beispielsweise in Baden-Württemberg beheimatet, so könnten Sie auf diese Weise Erinnerungen einrichten, wann immer Sie von der Kehrwoche betroffen sind. Die Vorgehensweise ist dabei analog zu derjenigen für die Definition von Terminen.

Eine als »Serie« eingerichtete Aufgabe.

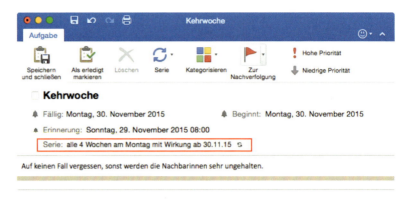

In der Aufgabenliste sind *Serien*-Aufgaben analog zu *Serien*-Terminen mit dem Seriensymbol gekennzeichnet.

Eine Aufgabenliste mit der Kennzeichnung von Serien-Elementen.

Outlook gestattet das Anpassen der Aufgabenliste durch Anwendung von Filtern, Kategorien oder Markierungen. Die Aktivierung oder Deaktivierung der entsprechenden Optionen bewirkt beispielsweise eine Beschränkung der Anzeige auf gekennzeichnete, überfällige oder erledigte Elemente.

Notizen anfertigen

Niemand kann Sie davon abhalten, Stichpunkte zu einem Telefongespräch, Gedanken, Fragen und alles, was Ihnen sonst noch so durch den Kopf geht, nach alter Väter Sitte auf einem kleinen Zettel zu notieren. Sie können all dies aber auch in einer *Outlook*-Notiz unterbringen, was weiterhin den Vorteil bietet, die so abgelegten Informationen im Falle einer späteren Weiterverarbeitung mit Kopieren und Einfügen in ein anderes Dokument transferieren zu können.

Klicken Sie zum Erzeugen einer neuen Notiz im Modul *Notizen* auf Schaltfläche *Notiz* des Registers *Start* oder betätigen Sie *cmd-N*. Daraufhin erscheint die elektronische Nachbildung eines kleinen Notizzettels.

6 | Alles in einem: Kommunizieren mit Outlook

Eine neue leere Notiz.

Geben Sie darin einen Titel und einen Text ein. Formatierungen können Sie über das Menü *Format* vornehmen. Das Notiz-Fenster enthält keine Schaltfläche zum Speichern der Notiz, sodass Sie *cmd-S* vor dem Schließen betätigen sollten (ansonsten fragt *Outlook* jedoch nach).

Eine mit Informationen gefüllte Notiz.

Eine abgespeicherte Notiz lässt sich sowohl in ihrem Fenster (Doppelklick auf den Namen in der Notizenliste) als auch im Lesebereich ändern oder lesen. Ein Gruppieren von Notizen über die Zuweisung von Kategorien ist ebenfalls möglich.

Die »Notizen«-Liste mit eingeblendetem Lesebereich.

Outlook gestattet zudem das Versenden von Notizen als Nachrichten. Ein Klick auf die Schaltfläche *E-Mail* oder *Weiterleiten* des Registers *Start* erzeugt eine neue Nachricht mit dem Inhalt der Notiz als Nachrichttext bzw. als Anhang.

Das Versenden einer Notiz als Nachrichttext oder als Anhang.

Alternativ lässt sich für einen solchen Vorgang auch das *Kontext*-Menü einer Notiz heranziehen.

Das Versenden von Notizen per Kontext-Menü.

Outlook übernimmt den Titel der Notiz als Betreff und fügt den weiteren Inhalt als Nachrichtentext in die Mail ein.

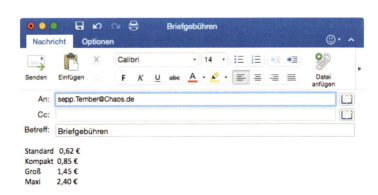

Die aus der Notiz erzeugte Nachricht.

Sie können eine Notiz nicht mit Kopieren und Einsetzen duplizieren. Wenn Sie aber in der Notizenliste eine Notiz mit gedrückter *alt*-Taste an eine andere Stelle ziehen, erzeugt *Outlook* ein Duplikat.

Anpassen von Outlook

Die Zahl der Werkzeuge von *Outlook* ist im Vergleich zu den übrigen *Office*-Programmen eher gering, wobei die Zahl der Einstellmöglichkeiten durchaus recht üppig ist. Wir beschränken uns im Folgenden wie bisher auf einige wesentliche Einstellungen.

Den Dialog *Outlook-Einstellungen* rufen Sie über *Outlook | Einstellungen* oder kurz *cmd-»,«* auf. Wie üblich führt ein Mausklick auf eine der darin enthaltenen Schaltflächen zum gewünschten Thema, und auch hier sind Suchen nach bestimmten Einstellungen möglich.

Allgemein wurde bereits vorgestellt: Es ermöglicht das Gruppieren ähnlicher Ordner von verschiedenen Konten. Weiterhin lässt sich die Anzeige der Ordnerliste im Verzeichnis *Mein Computer* ein- und ausblenden. Auch das gewünschte *Office*-Design ist darin einstellbar.

Die Einstellungen »Allgemein«.

Mit *Konten* haben wir uns im Abschnitt über die Einrichtung von Konten ausführlich befasst, weshalb wir gleich zu *Benachrichtigungen und Sounds* übergehen. Darin bestimmen Sie unter anderem das Verhalten von *Outlook* beim Eintreffen neuer Nachrichten. Weiterhin legen Sie dort fest, mit welchen Geräuschen Sie *Outlook* beim Auftreten bestimmter Ereignisse »belästigen« soll.

Die Einstellungen »Benachrichtigungen und Sounds«.

Leselayout gestattet die Auswahl des Zeitpunkts, ab dem *Outlook* eingetroffene Nachrichten als *gelesen* markieren soll. Weiterhin stellen Sie ein, wie Unterhaltungen zu erweitern sind. Und Sie geben an, in wie weit *Outlook* Bilder automatisch aus dem Internet herunterladen soll.

Die Einstellungen »Leselayout«.

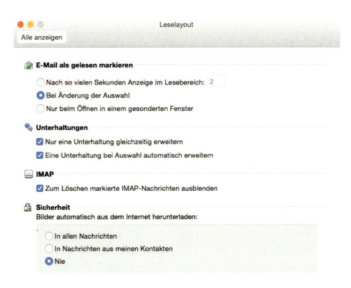

In *Verfassen* teilen Sie *Outlook* mit, wie es sich beim Antworten und Weiterleiten verhalten soll. Das beginnt beim Umfang des Einfügens von Informationen der Originalnachricht in die Antwort bzw. Weiter-

6 | Alles in einem: Kommunizieren mit Outlook

leitung bis hin zur Angabe des Mail-Formats. Auch können Sie angeben, ob die Nachrichten standardmäßig im HTML-Format zu verfassen sind.

Die Einstellungen »Verfassen«.

Junk-E-Mail ermöglicht die Eingabe von Adressen oder Domänen, die als *Sicher* einzustufen oder zu blockieren sind.

Die Einstellungen »Junk-E-Mail«.

Kalender erlaubt vor allem die Konfiguration der Arbeitswoche. Weiterhin gestattet der Dialog die Festlegung der Zeitzone für neue Ereignisse sowie die Aktivierung der Anzeige von Wetterinformationen im Kalender.

Die Einstellungen »Kalender«.

Kontakte dient zur Festlegung der Darstellungsformate für Adressen und Telefonnummern fest. Außerdem lässt sich darin die Sortierfolge für die Personensuche (Vor- oder Nachname) einstellen.

Die Einstellungen »Kontakte«.

In Sicherheit und Datenschutz können Sie einwilligen, ob persönliche Informationen an Microsoft gesendet werden sollen.

Die Einstellungen »Sicherheit und Datenschutz«.

Informationen verwalten mit OneNote | Ausklang

OneNote, das jüngste Kind der *Office*-Familie, ist ein elektronisches Notizbuchsystem zum Sammeln, geordnetem Archivieren und Wiederfinden jeglicher Art von Informationen. Die zu archivierenden Informationen lassen sich dabei auf mehrere Notizbücher verteilen. Diese sind wie ihre physischen Äquivalente in Abschnitte unterteilt, die sich wiederum in eine beliebige Anzahl unbeschränkt langer Seiten untergliedern lassen. Eine weitere Segmentierung in Unterseiten, Unter-Unterseiten usw. ist ebenfalls möglich.

> Im Gegensatz zur eigentlichen *Office*-Suite steht *OneNote* kostenlos zur Verfügung.

Der erste Start von *OneNote* über das Dock ist mit der automatischen Erstellung eines persönlichen Notizbuchs verbunden. Die darin befindlichen Infotexte und Grafiken sollen Anwender mit der Arbeitsweise von *OneNote* vertraut machen.

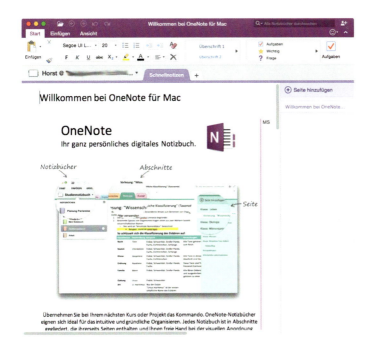

Das persönliche, automatisch eingerichtete Notizbuch von »OneNote«.

Die Erstellung eines neuen Notizbuchs erfolgt über *Datei | Neues Notizbuch* oder mit einem Klick auf das Plus-Symbol im Einblendmenü *Notizbücher*.

Das Einblendmenü »Notizbücher« zum Erzeugen neuer und zum Wechsel zwischen bestehenden Notizbüchern.

Das Erstellen eines Notizbuches setzt eine Anmeldung an *OneDrive* (persönlich oder Business) oder an einen *SharePoint*-Server voraus. Damit ist die Nutzung auch an mehreren *Microsoft*-Konten und/oder *SharePoint*-Servern möglich.

Die Nutzung von »OneNote« mit mehreren Konten.

Beim eigentlichen Erstellen eines neuen Notizbuchs ist lediglich dessen Farbe und sein Speicherort auszuwählen sowie ein aussagekräftiger Titel einzugeben. Benutzte Notizbücher lassen sich zudem auch über den Dialog *Zuletzt verwendet* öffnen.

7 | Informationen verwalten mit OneNote

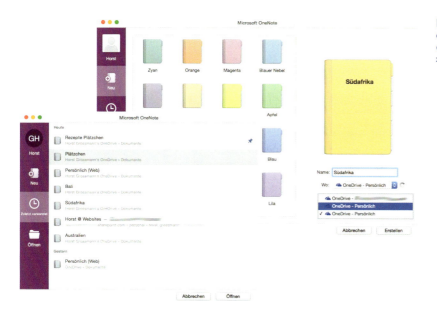

Das Erstellen eines neuen Notizbuchs sowie das Öffnen im Dialog »Zuletzt verwendet«

Ein neues Notizbuch umfasst im Anfangsstadium einen einzigen Abschnitt mit einer einsamen Seite. Nach einem Doppelklick auf *Neuer Abschnitt 1* lässt sich dieser überschreiben und so durch einen aussagekräftigeren Begriff ersetzen. Den Seitentitel übernimmt *OneNote* aus dem Eingabefeld oberhalb der Datumsanzeige.

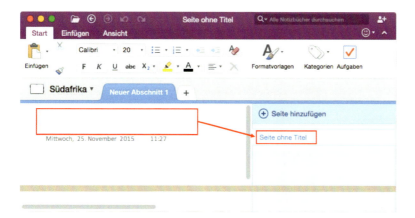

Die Ausstattung eines neuen, leeren Notizbuchs.

Damit steht dem Einsammeln von Informationen nichts mehr im Wege. Das Spektrum reicht von Besprechungsnotizen, Protokollen, Rezepten, Urlaubsplanungen, Aufgabenlisten bis hin zu Bildern, Diagrammen, Audioaufzeichnungen und Videos. Mit anderen Worten: *OneNote* kann sämtliche Objekte aufnehmen, die sich eintippen, zeichnen, scannen oder

605

über die Zwischenablage übertragen lassen. *OneNote* unterstützt auch den Import von Dokumenten bis zu einer Größe von 100 MB. Bilder und PDFs kann es direkt darstellen, andere Dokumententypen (wahlweise auch PDFs) sind als Symbole repräsentiert. Befindet sich der Mauszeiger über einem der Dateisymbole, erscheint in seiner rechten oberen Ecke das Symbol eines Auges. Ein Klick darauf öffnet die Datei in einem *Viewer*, wobei eine Schaltfläche in dessen Titelleiste die Option bietet, es mit einem eigenen geeigneten Programm (so vorhanden) zu öffnen.

Eine Notizbuchseite mit importierten Dokumenten.

Das Importieren kann mit den Schaltflächen des Registers *Einfügen* erfolgen. Alternativ lässt es sich ebenso per Drag und Drop aus dem *Finder* erledigen.

Das Register »Einfügen« und seine Schaltflächen.

Die Eingabe von Text beginnt mit einem Klicken auf eine beliebige Stelle innerhalb einer Seite – danach können Sie sofort losschreiben. Die Formatierung von Texten erfolgt wie von den anderen *Office*-Programmen her in gewohnter Art und Weise. Über das Register *Start* lassen sich zudem mit den üblichen Werkzeugen auch Formatvorlagen zuweisen. Weiterhin stehen Einrückungen, Aufzählungen und Markierungsfelder (für Aufgaben) zur Verfügung.

7 | Informationen verwalten mit OneNote

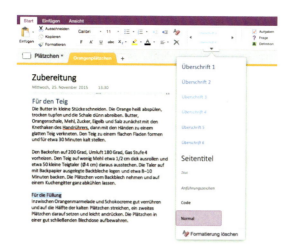

Die Werkzeuge zum Formatieren von Text in Register »Start«.

Eine Schaltfläche zum Speichern von Änderungen suchen Sie in *OneNote* vergeblich. Dies erfolgt automatisch.

Irgendwann kommt sicherlich der Zeitpunkt, an dem Sie zwecks besserer Übersicht oder aus thematischen Gründen einen neuen Abschnitt erstellen möchten. Dazu reicht ein Klick auf das Register ganz rechts mit dem »+«-Symbol. Analog funktioniert das Erzeugen neuer Seiten, was mit einem Klick auf *Seite hinzufügen* gelingt. Das Anfertigen von Unterseiten erfolgt über das *Kontext*-Menü eines Seitenregisters im Seitenfenster, das auch das Herab- oder Höherstufen von Seiten ermöglicht. Dies gestattet das Erstellen zusammenhängender Seiten, wobei jede Gruppe aus einer Hauptseite und einer beliebigen Anzahl aus Unterseiten besteht.

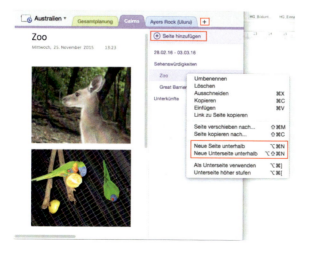

Ein Notizbuch mit mehreren Abschnitten, Haupt- und Unterseiten.

607

Zum Sichern von Webinhalten dient das Browser-Werkzeug *Clipper*, das allerdings erst noch eingerichtet werden muss. Über *OneNote | OneNote Clipper installieren* öffnet sich die unten abgebildete Webseite in ihrem Standard-Browser. Ziehen Sie anschließend die Schaltfläche *In OneNote ablegen* auf Ihre Lesezeichen- oder Favoritenliste.

Die Webseite »OneNote Clipper«.

Sind Sie auf einer Webseite gelandet, die Sie in eines Ihrer Notizbücher übernehmen möchten, klicken Sie auf dieses Lesezeichen. Es kann sein, dass Sie beim ersten Mal um die Eingabe von Kontoinformationen gebeten werden. Danach erscheint ein Fenster, in dem Sie den gewünschten Speicherort auswählen können. Außerdem lässt sich darin festlegen, ob die ganze Seite als Bild (*Ganze Seite*) oder als Text (*Artikel*) in Ihr Notizbuch transferiert werden soll. Der Übernahmeprozess wird mit einem Klick auf *Ausschneiden* gestartet – eine Erfolgsmeldung erscheint bei gelungenem Transfer.

Die Festlegung von Übernahmeformat und Speicherort sowie die Erfolgsmeldung nach der Übernahme einer Webseite in ein Notizbuch.

7 | Informationen verwalten mit OneNote

Ein Klick auf *In OneNote anzeigen* führt zur Darstellung der übernommenen Seite in *OneNote Online*.

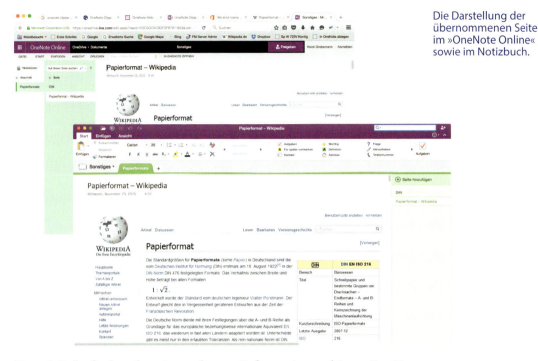

Die Darstellung der übernommenen Seite im »OneNote Online« sowie im Notizbuch.

Zum Wiederfinden der eingegebenen Informationen bietet *OneNote* eine Volltextsuche. Nach Eingabe eines Textmusters erzeugt *OneNote* eine Trefferliste in einem Einblendmenü unterhalb des Suchfelds. Ein Klick auf ein darin aufgeführtes Element blendet sofort die entsprechende Stelle im zugehörigen Notizbuch ein.

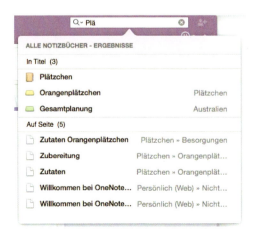

Die Volltextsuche in »OneNote«.

609

OneNote legt immer lokale Kopien von Notizbüchern auf Geräten ab, sodass eine Bearbeitung auch ohne aktive Verbindung zum Internet möglich ist. Sobald eine solche wieder besteht, führt *OneNote* eine Synchronisierung durch.

OneNote erlaubt auch die Freigabe von Notizen für eine Zusammenarbeit mit anderen Nutzern. Über *Datei | Freigeben | Personen einladen* rufen Sie den gleichnamigen Dialog auf. In das obere Feld sind die E-Mail-Adressen jener Personen einzugeben, die den Zugriff auf Ihre Notizen erhalten sollen. Das untere Feld ist zur Eingabe von Anmerkungen gedacht. Soll nur eine Lese-Berechtigung erteilt werden, deaktivieren Sie die Option *Kann bearbeiten*. Nach einem Klick auf *Freigeben* versendet *OneNote* eine Einladung über Ihren E-Mail-Client.

Die Freigabe von »Notizen«.

OneNote eignet sich somit gut zum Sammeln von Informationen. Es liegt auch in Versionen für *Windows*, Tablets und Smartphones auf Basis von *Android* sowie *iOS* (iPad & iPhone) vor. Alle diese Geräte erlauben den Zugriff auf das gleiche *Microsoft*-Konto, was eine zeitsparende Arbeitsweise ermöglicht. So lassen sich beispielsweise während einer Besprechung Notizen auf einem mobilen Gerät anfertigen, deren Nachbereitung dann im Büro erfolgen kann. Dabei stehen alle Daten stets online und somit aktuell zur Verfügung.

Dieses Buch präsentierte Ihnen eine Einführung in die Grundlagen der Arbeit mit *Microsoft Office für Macintosh 2016*. Wie Sie gesehen haben, führen in fast allen Anwendungsfällen verschiedene Wege zum Ziel. Ob Sie die Arbeit klassisch über das Menü oder die Schaltflächen des Menübands bevorzugen – das müssen Sie für sich entscheiden. Alternativ können Sie Tastaturkürzel oder Kontext-Menüs nutzen.

Office 2016 bietet eine Vielzahl von Funktionalitäten und Werkzeugen, von denen aus Platzgründen nicht alle hier Erwähnung finden konnten. Ich hoffe, die getroffene Auswahl hilft Ihnen bei Ihrer Arbeit mit der Office-Suite. Weiterhin viel Spaß beim Arbeiten mit *Office 2016 für Macintosh*.

Ausführliches Stichwortverzeichnis

A

Absatzabstand (Word) 81
Absatzausrichtung Tabelle
 (Word) 160
Absatzausrichtung (Word) ... 77
Absätze von Text (Word) 76
Absatzkontrolle (Word) 91
Absatzmarken (Word) 49
Absatz markieren (Word) 44
Abschnittsinformationen
 (Word) 127
Abschnittsumbruch
 (Word) 110
Absender-Adresse/Signatur
 (Outlook) 551
absolute Adressierung
 (Excel) 377
Abstände von Text (Word) ... 80
Abstand von Textzeilen
 (Word) 82
Administratorrechte 18
Adressbuch Exchange
 (Outlook) 568
Adressbuch für Serienbriefe
 (Word) 216
Adressbuch
 (Outlook) 587, 591
Adressierung, relative/
 absolute (Excel) 377
Aktionseinstellungen
 (PowerPoint) 502
Aktivierung 20
Aktivmarke (Excel) 314
Aktivpunkt Bild (Office
 allgemein) 252
Aktivpunkten
 (PowerPoint) 485
Aktualisierung der Software .. 22
Ampersand 376
Änderungen nachverfolgen
 (Word) 196
Änderungen speichern
 (OneNote) 607

Änderungen verfolgen
 (Office Allgemein) 284
Angeheftet-Register (Office
 allgemein) 241
Anlagen (Outlook) 554
Anmerkungen (Word) 213
Anpassen der Tastatur
 (Word) 36
Ansichten (Excel) 365
Ansichts-Modus (Excel) 314
Antworten (Outlook) 546
Arbeitsbereich (PowerPoint) 468
Arbeitsmappe (Excel) .. 309, 341
Audioaufzeichnungen
 (OneNote) 605
Aufbereitung von Text
 (Word) 62
Aufgabenlisten (OneNote) .. 605
Aufgabenliste (Outlook) 595
Aufgaben (Outlook) 593
Aufzählungszeichen
 (Word) 163, 167
Ausblenden von Daten /
 Filter (Excel) 451
Ausdrücke, reguläre (Word) .. 60
Ausgangseffekte / Animation
 (PowerPoint) 510
Ausgangsserver (Outlook) .. 530
Ausrichten von Text mit
 Tabulator (Word) 87
Ausrichtung (Excel) 337
Ausschneiden (Word) 46
Auswertungen (Excel) 389
Auszeichnungsstil (Word) 64
AutoAnpassen Tabellen
 (Word) 138
AutoAusfüllen (Excel).. 310, 317
AutoKorrektur-Einstellungen
 (Word) 226
AutoKorrektur (Word) .. 40, 202
Automatische Konfiguration
 (Outlook) 535
Automatisches Speichern
 (Word) 31

AutoRecovery (Word) 31
AutoSumme (Excel) 388
Autotext (Word) 39
AutoUpdate, Microsoft 22
Autovervollständigen
 (Outlook) 544
Axialsatz (Word) 79

B

Bcc/Blind Carbon Copy
 (Outlook) 544
Bearbeiten-Modus (Excel) .. 314
Bedienung (Office
 allgemein) 230
bedingte Formatierung
 (Excel) 446
Beenden (Word) 33
Befehlsgruppen / Register
 (Office allgemein) 243
Befehlsmakro / VBA 306
Benachrichtigungen
 (Outlook) 600
Benutzeroberfläche
 (PowerPoint) 468
Benutzeroberfläche (Word).. 29
Berechnungen (Excel) 307
Berechnungs-Ebenen
 (Excel) 371
Berechtigungen (Outlook) .. 561
Bereiche einfrieren (Excel).. 366
Bereichsfixierung aufheben
 (Excel) 366
Bereichsoperatoren
 (Excel) 377
Besprechungen / Treffen
 (Outlook) 584
Besprechungsnotizen
 (OneNote) 605
Besselfunktionen (Excel) 395
Betreff (Outlook) 545
Betriebsmodi (Outlook) 568
Bewegung / Animation
 (PowerPoint) 514
Beziehungsdiagramme
 (Office allgemein) 274

Bezugsoperatoren (Excel)... 377
Bibliothek (Excel) 394
Bildausschnitt (Office
 allgemein) 251, 253
Bildbearbeitung (Office
 allgemein) 248
Bildern (OneNote) 605
Bildformatvorlagen 270
BIldgröße (Office
 allgemein) 251
Bildkorrekturen 258
Bildlaufleisten (Excel) 367
Bildqualität (Office
 allgemein) 249
Bild-Rechtecke 255
Bildschirmhilfe 23
Bildschirmpräsentation
 (PowerPoint) 495
Bildtransparenz 261
Bindestrich (Word) 51
bing, Suchmaschine 301
Blattregister (Excel) 341
Blattzeilen einfügen/löschen
 (Excel) 353
Blocksatz (Word) 79
Break-Even Point (Excel) ... 455
Bruch-Zahlen (Word) 35
Buchhaltung (Excel).... 324, 326
Business, OneDrive 296

C

Capitan, OS X 20
Cc/Carbon Copy
 (Outlook) 544
Cloud...................................... 290
Cloud (Office allgemein) 232
Code / VBA 306
Cube-Funktionen (Excel)... 395
Cursor (Word) 41

D

Darstellungsformate
 (Outlook) 602
Darstellungsmaßstab
 (Word).............................. 193
Dateiendung (Word)............. 32
Dateiformat (Office
 allgemein) 289
Dateiformat-Standards 26

Datei-Menü (Office
 allgemein) 288
Daten ausblenden / Filter
 (Excel) 451
Datenbank (Excel)............... 307
Datenbankfunktionen
 (Excel) 407
Datenbereiche (Excel).......... 429
Datenbeschriftung (Excel).. 422
Datenstrukturen (Excel)..... 395
Daten-Tabellen (Excel) 357
Datenverlust vermeiden
 (Word)................................ 31
Datum (Excel).............. 324, 330
Datumsfunktionen (Excel).. 397
Datum und Uhrzeit
 (Word).............................. 129
Definieren von Namen
 (Excel) 383
Design (PowerPoint).......... 474
Designs (Office allgemein).. 245
deutsche Rechtschreibung
 (Word).............................. 227
Dezimalausrichtung/
 Tabulator (Word) 87
Diagramme (Excel) 420
Diagrammen (OneNote) 605
Diagrammformatvorlagen
 (Excel) 424
Diagrammtitel (Excel) 423
Dock (OS X)........................ 230
Dokumentation zum
 Programm.......................... 23
Dokumentengestaltung
 (Office allgemein) 245
Dokumentlayout/Designs
 (Office allgemein) 245
Dokument speichern
 (Word)................................ 30
Drafts (Outlook).................. 545
Drag & Drop (Word) 46
Drehen von Objekten (Office
 allgemein) 282
Drei-Ebenen Modell
 (Excel) 371
Dreifachklick / Markieren von
 Text (Word) 43
Dropbox................................ 299
Drucklayout (Excel) 365

Drucklayout (Word)............ 186
Druckparameter (Office
 allgemein) 289
dynamische Führungslinien
 (PowerPoint) 487
dynamische Platzhalter
 (Word).............................. 130

E

Effekte / Bildbearbeitung.... 263
Effekte / SmartArt 277
Effektoptionen
 (PowerPoint) 506
Einfrieren der obersten Zeile
 (Excel) 366
Einfügemarke
 (PowerPoint) 467
Einfügemarke (Word)..... 34, 41
Einfügen (Word)................... 46
Eingabebereich (Excel)....... 314
Eingabe-Modus (Excel) 314
Eingabetaste (Excel) 315
Eingangseffekte / Animation
 (PowerPoint) 507
Eingangsserver (Outlook).. 530
Einrückung (Word)............... 83
Einstellungen (Outlook)..... 599
Einstellungen (Word).......... 224
Einstellungsmöglichkeiten
 (Excel) 457
Einzüge von Text (Word) 80
Einzug, hängender (Word)... 85
Einzug von Text (Word) 83
El Capitan, OS X................... 20
Empfängerliste Serienbrief
 (Word).............................. 218
Endnoten (Word) 214
Endstriche (Word)................ 63
Entfernen-Taste (Word) 45
Entwürfe (Outlook)............. 545
Entwurfsansicht (Word)..... 186
Erinnerung (Outlook) 583
Erscheinungsbild Office........ 22
Erscheinungsbild von
 Text (Word) 62
Erscheinungsbild (Word) 29
Ersetzen, alle (Word) 56
Ersetzen, Suchen und -
 (Word)................................ 55

Ausführliches Stichwortverzeichnis

Erstellungstools (Word)   43, 201
Erste Seite-Layout (Word).. 132
Erstzeileneinzug (Word)....... 83
Erweitertes Symbol (Word).. 36
Euro-Zeichen / Tastatur........ 37
Excel-Liste für Serienbriefe
   (Word).............................. 216
Excel-Vorlagen..................... 233
Exchange-Konten einrichten
   (Outlook) 534
Exchange (Outlook)............ 526
Exchange-Server
   (Outlook) 528

F

Falsch / Funktion (Excel) ... 401
Farbintensität /
   Bildbearbeitung............... 259
Farbtemperatur /
   Bildbearbeitung............... 259
Farbverlauf für Text (Word)... 73
Favoriten-Bereich (Office
   allgemein) 241
Fehlerintegral, Gaußsches
   (Excel) 405
Fehlersuche (Outlook)........ 536
Fehlerwerte (Excel) 413
Felder (PowerPoint) 471
Feldfunktionen-Ansicht
   (Word).............................. 129
Fensteransichten (Word) 192
Fensterrand (Word) 194
Fenster teilen (Excel)........... 366
fett (Word)...................... 64, 69
FileMaker-Daten für
   Serienbriefe (Word)......... 216
Filter (Excel)................. 360, 451
Filter-Funktion (Outlook)... 574
Finanzmathematik
   (Excel)....................... 307, 395
Firmenlogo (Word) 132
Flattersatz (Word).................. 78
Flussdiagrammformen 271
Folienbereich (PowerPoint) 468
Foliengestaltung
   (PowerPoint) 485
Foliengröße (PowerPoint).. 477
Foliengruppen
   (PowerPoint) 492

Folienhintergründe
   (PowerPoint) 473
Folien-Layouts
   (PowerPoint) 472
Folienmaster
   (PowerPoint) ..   468, 474, 494
Folienobjekttypen
   (PowerPoint) 481
Foliensortierungsansicht
   (PowerPoint) 492
Folienübergänge
   (PowerPoint) 503
Folie Standard/Breitbild
   (PowerPoint) 477
Formatbereich (Word).......... 98
Formatcodes (Excel) 328
Formatieren von Text
   (Word)......................... 48, 62
Formatieren von Zellen
   (Excel) 323, 332
Formatierung anpassen
   (Word)................................ 75
Formatierung, bedingte
   (Excel) 446
Formatierungszeichen
   (Word)................................ 49
Formatierung von Zahlen
   (Excel) 329
Format-Pinsel (Word)........... 74
Formatvorlagen (Excel) 338
Formatvorlagen (Word)........ 97
Formatvorlage
   (PowerPoint) 474
Formatzuweisungen (Word).. 92
Formelebene (Excel) 371
Formel-Editor (Word) 177
Formelformen 271
Formel-Generator (Excel).. 393
Formelsyntax (Excel) 391
Formen als Bildausschnitt
   (Office allgemein) 255
Formen / grafische
   Elemente 271
Formformat (PowerPoint).. 488
Formformatvorlagen
   (Office allgemein) 273
Foto-Browser (Office
   allgemein) 251
Freenet (Outlook)................ 529

Freigabe per OneDrive 293
Freistellen von Motiven /
   Bildbearbeitung............... 268
Führungslinien
   (PowerPoint) 487
Füllung / Bildbearbeitung .. 264
Füllung (Office allgemein).. 272
Funktionen, eigene
   (Excel) 409
Funktionsbibliothek
   (Excel) 386
Fußnoten (Word) 213
Fußzeilen (Word) 125

G

ganzes Wort suchen (Word) .. 59
Gaußsches Fehlerintegral
   (Excel) 405
Geburtstage (Outlook) 577
Gehe zu (Excel).................... 311
Gleichheitszeichen (Excel).. 371
Gliederungsansicht
   (PowerPoint) 494, 495
Gliederung (Word)...... 174, 187
Gmail (Outlook).................. 529
Gmx (Outlook) 529
Grafik / Bildbearbeitung..... 257
Grafik (Office allgemein).... 275
Grafik-Typ (PowerPoint).... 484
Grammatikprüfung
   (Word)....................... 200, 204
Grammatik-Prüfung
   (Word)................................ 49
Grauwert (Word)................... 75
Gruppieren von Objekten
   (Office allgemein) 281
Gruppieren von Ordnern
   (Outlook) 576

H

Haltepunkte / VBA.............. 306
Handzettelmaster
   (PowerPoint) 494
Handzettel (PowerPoint).... 500
hängender Text-Einzug
   (Word)................................ 85
Hauptfenster anpassen
   (Outlook) 562

Helligkeit / Bildbearbeitung............... 256
Hervorheben von Text (Word).................................. 71
Hervorhebungseffekte / Animation (PowerPoint)...... 512
Hierarchieebenen (PowerPoint) 496
Hilfe online zu Office............ 23
Hilfslinie (Word) 86
Hochstellen von Text (Word).................................. 70
Hotmail (Outlook) 529

I

Illustrationen....................... 271
Illustration (Office allgemein) 275
IMAP/Internet Message Access Protocol (Outlook) 528
IMAP (Outlook).................. 526
Importfunktion (Outlook) 536, 537
Index (Word)....................... 209
Industriestandard 26
Informationsfunktionen (Excel) 408
Inhaltsverzeichnis aktualisieren (Word) 211
Inhaltsverzeichnis (Word).. 209
Installation............................. 18
Integral-Formel (Word)...... 180
intelligentes Suchen............. 301
IntelliSense / VBA 306
interaktive Schaltflächen (PowerPoint) 501
internationale Zeichen (Word).................................. 35
Internet Service Provider ... 529
Interpunktionszeichen (Word).................................. 34
iOS-Erscheinungsbild......... 232
iPad-Variante (Office allgemein) 232

K

Kalender (Outlook)............. 577
Kapitälchen (Word)............... 69
Katalog (Word) 27
Kategorien (Outlook).......... 569
Komma (Word) 34
Kommentare (Office allgemein) 284
Kommentare (Word)........... 213
Kommunikationszentrum (Outlook) 523
Komplexe Zahlenrechnung (Excel) 405
Komprimieren von Bilddaten (Office allgemein) 249
Konfiguration, automatische (Outlook) 535
Kontakte-App für Serienbriefe (Word)........ 216
Kontakte (Outlook)............. 587
Kontakte suchen (Outlook) 591
Kontaktgruppe (Outlook) .. 589
Kontext-Menü (Word).......... 46
Kontext-Register (Office allgemein) 244
Kontoinformationen (Outlook) 524
Konto, Microsoft................... 18
Kontrast / Bildbearbeitung.. 256
Kontur eines Textes (Word).. 72
Konvertieren von Text in Tabellen (Word) 135
Kopfzeilen (Word)............... 125
Korrekturhilfen (Word)......................... 43, 201
Korrigieren von Schreibweisen (Word)....... 57
Kreisbogensegment (PowerPoint) 486
Kreisdiagramme (Excel)..... 420
Kreissegmente (Excel)......... 423
Kuchendiagramme (Excel).. 420
kursiv (Word).................. 64, 69
Kurven (Excel) 434

L

Laufweite (Word) 63
Launchpad............................ 230
Layoutkontrolle Text (Word).................................. 91

LDAP/Lightweight Directory Access Protocol (Outlook) 528
Leerzeichen (Word)............... 49
Legende (Excel) 434
Leitfaden zum Schnellstart... 24
Lesebereich (Outlook) 541
Lesefreundlichkeit (Word) ... 75
Leselayout (Outlook) 600
Leucht-Effekt für Text (Word).................................. 72
Ligaturen eines Textes (Word).................................. 72
Lineal (Word)........................ 83
Linien / Grafik..................... 271
Linien (Word)...................... 152
linksbündig (Word).............. 78
Listenbibliothek (Word) 174
Listen (Word)....................... 163
Literaturverzeichnis (Word).............................. 177
Lizenz..................................... 18
Logische Funktionen (Excel) 399
Löschen von Textteilen (Word).................................. 46
Löschen von Zeilen/Spalten in Tabellen (Word) 141

M

Mail-Einstellungen, persönliche (Outlook).... 527
Makro/Mikrotypografie........ 62
Makros, VBA....................... 303
manuelle Silbentrennung (Word).............................. 208
Markieren einer Tabelle (Excel) 312
Markieren mit der Maus (Word).................................. 44
Markieren von Text (Word).. 42
Markier-Tastaturkürzel....... 313
Markup/Änderungs-Symbol............................. 285
Masteransichten (PowerPoint) .. 475, 494, 499
Masterlayout (PowerPoint) 478

Ausführliches Stichwortverzeichnis

Mathematische Funktionen (Excel) 395
Mathematische Operatoren (Excel) 372
Matrix-Formel (Word) 180
Mauszeiger (Word) 41
mehrere Tabellen bearbeiten (Excel) 355
Mehrwertsteuer (Excel) 379
Menübänder (Office allgemein) 242
Menüband (Word) 29
Menübefehle (Office allgemein) 288
Microcharts (Excel) 415
Microsoft AutoUpdate 22
Microsoft-Konto 18
Miniatur-Ansicht (PowerPoint) 468
Miniaturansicht (Word) 195
Mittelsatz (Word) 79
Mittelwert (Excel) 388
Motiv freistellen / Bildbearbeitung 268
Multifunktionsleisten (Office allgemein) 242
Musterdateien (Office allgemein) 234

N

Nachrichtenliste (Outlook) 541, 563
Nachverfolgung (Outlook).. 549
Namen definieren (Excel) .. 383
Navigationsbereich (Outlook) 524
Navigationsbereich (PowerPoint) 468
Navigieren (Excel) 319
neue deutsche Rechtschreibung 227
Neumannfunktionen (Excel) 395
Nichtproportionale Schriften (Word) 63
Normalansicht (PowerPoint) 495
Notizblatt-Ansicht (PowerPoint) 497

Notizblatt (PowerPoint) 494
Notizbücher lokal (OneNote) 610
Notizbuchsystem (OneNote) 603
Notizenbereich (PowerPoint) 469
Notizen versenden (Outlook) 598
Notiz (Outlook) 596
Numerische Daten (Excel).. 323
Nummerierungen (Word).. 171
Nummerierung fortsetzen (Word) 173

O

Oberfläche (Word) 29
Oberste Zeile einfrieren (Excel) 366
Objekte animieren (PowerPoint) 519
Objekte ausrichten / drehen (Office allgemein) 279
Objekte, gesendete (Outlook) 546
Objekte gruppieren (Office allgemein) 281
Objekte platzieren (Office allgemein) 279
Objekt mit Text umfließen (Office allgemein) 283
Objektrahmen (PowerPoint) 485
Office-Vorlagen................... 238
OneDrive 290, 604
OneDrive for Business 296
OneDrive (Office allgemein) 235
OneNote Clipper installieren 608
Online/Offline-Schieberegler (Outlook) 530
Online-Vorlagen (Office allgemein) 234
OpenType (Word) 65
Operatoren / Bedeutung..... 375
Operatoren / Ergebnis (Excel) 372

Operatoren für Bereiche/ Bezüge (Excel) 377
Operatoren für Text (Excel) 376
Operatoren, mathematische (Excel) 372
Operatoren zum Vergleich (Excel) 375
Ordnerbereich (Outlook)... 524
Ordnerbrowser (Outlook).. 533
Organigramme (Office allgemein) 274
Organisatorbesprechung (Outlook) 584
Orientierungshilfen (Excel) 366
Vorlagen-Katalog (PowerPoint) 465
Ornamente (Word) 35
OS X El Capitan.................. 190
OS X El Capitan / Yosemite.. 20
Outline-Schriften (Word)..... 65

P

Paginierung von Seiten (Word) 121
Papierkorb (Outlook) 541
Personen-Informationen (Outlook) 587
Pfadanimation (PowerPoint) 514
Pfeile....................................... 271
Pfeile (Word) 35
Pivot-Tabellen (Excel).......... 453
PivotTable-Generator.......... 454
Platzhalter, dynamische (Word) 130
Platzhalter (Excel) 328
Platzhalter (PowerPoint) 471
Platzhalter-Text (PowerPoint) 466
Platzhalter-Zeichen (Word).. 62
Platzieren von Objekten (Office allgemein) 279
POP-Konten (Outlook) 534
POP/Post Office Protocol (Outlook) 527
Positionierungshilfen (Word) 50

Posteingang (Outlook) 541
Postfächer (Outlook) 539
PostScript (Word) 64
PowerPoint-Vorlagen 233
Prioritäten bei Terminen
 (Outlook) 582
Programmabsturz (Word) 32
Programm-Symbol 230
Projekt-Explorer / VBA 305
Protokolle (OneNote) 605
Provider (Outlook) 529
Prozent (Excel) 324
Punktdiagramm (Excel) 433
Punktgröße / Schrift
 (Word) 68
Punkt (Word) 34

Q

Quellenangaben (Word) 213
QuickInfo (Word) 41

R

Radiergummi (Word) 152
Rahmenarten einer Tabelle
 (Word) 158
Rahmen einer Tabelle
 (Word) 156
Rahmenpipette (Word) 159
Rahmen (Word) 89
Randleiste (Word) 194
Randlinie Tabelle (Excel) ... 335
Rechtecke 271
rechtsbündig (Word) 78
Rechtschreibprüfung
 (Word) 198
Rechtschreibung, neue
 deutsche (Word) 227
Referentenansicht
 (PowerPoint) 494, 497
Regeln (Outlook) 556
Registerkarten (Excel) 343
Register (Office allgemein) .. 242
Reguläre Ausdrücke
 (Word) 60
relative Adressierung
 (Excel) 377
Rezepte (OneNote) 605
Ribbons (Office allgemein) 244
römische Ziffern (Word) 171

Rückgängig (Word) 47
Rückschritt-Taste (Word) 45
Rundschreiben 216
Rundschreiben (Outlook) .. 544

S

Sättigung /
 Bildbearbeitung 259
Satzausrichtung (Word) 77
Satz markieren (Word) 44
Satzspiegel (Word) 115
Säulendiagramm (Excel) 425
Schaltflächen, interaktive
 (PowerPoint) 501
Schärfen / Bildbearbeitung .. 258
Schatten-Effekt für Text
 (Word) 72
Schattierung (Word) 89
Scheitelpunkt
 (PowerPoint) 518
Schieberegler (Office
 allgemein) 231
schmal (Word) 64
Schnellformatvorlagen 273
Schnellstartleitfäden 24
Schnellsuche (Word) 53
Schnellzugriff (Office
 allgemein) 230
Schnellzugriff (Outlook) 524
Schreibmaschine (Word) 25
Schreibweisen prüfen
 (Word) 198
Schriftart (Word) 65
Schriftfarbe (Word) 70
Schriftgrad/größe (Word) 68
Schriftschnitte (Word) 68
Schriftstile (Word) 68
Schriftstil-Tastenkom-
 binationen (Word) 70
Schrifttypen (Word) 63
Schulung von Microsoft 24
Seite einrichten (Office
 allgemein) 289
Seite einrichten (Word) 113
Seitenlayout (Excel) 365, 440
Seitenlayout (Word) 115
Seitenumbrüche (Excel) 446
Seitenumbrüche
 (Word) 38, 80, 91

Seitenzahlen (Word) 121
Semikolon 376
Semikolon als Format-
 Anweisung (Excel) 328
Serienbrief (Word) 216
Seriendruckfeld (Word) 218
Serifen/lose Schriften
 (Word) 63
Serifen (Word) 63
Server, Exchange
 (Outlook) 528
SharePoint (OneNote) 604
Sicherheit (Outlook) 532
Sichern, automatisches
 (Word) 31
Sichern von
 Dokumenten (Word) 30
Sicherungskopien (Word) 32
Signaturen (Outlook) 551
Silbentrennung (Word) .. 51, 207
SkyDrive 290
SmartArt (Office
 allgemein) 274
SmartArt (PowerPoint) 484
Sonderzeichen (Excel) 328
Sonderzeichen (Word) 35
Sound (PowerPoint) 505
Sounds (Outlook) 600
Spaltenbreite (Excel) 348
Spaltenbreite (Word) 142
Spaltendialog (Excel) 362
Spalten im Text (Word) 118
Spaltenzahl (PowerPoint) ... 483
Sparklines (Excel) 415
Spiegel-Effekt für Text
 (Word) 72
Spiegeln von Objekten
 (Office allgemein) 282
Spiegelpunkt
 (PowerPoint) 509
Split View von El Capitan
 (Word) 190
Startzentrale (Office
 allgemein) 232
statische Führungslinien
 (PowerPoint) 487
Statistik 307
Statistikfunktionen (Excel) .. 404

Ausführliches Stichwortverzeichnis

Stellvertretungen (Outlook) 560
Stichwortverzeichnis in Word erstellen 211
Stil-Sets für TextKontur eines Textes (Word) 72
Struktur / Bildbearbeitung.. 264
Suche, erweiterte (Word)...... 58
Suche, intelligente................ 301
Suchen und Ersetzen (Word).......................... 55, 56
Suchfeld (Outlook).............. 591
Suchfunktionen (Excel) 406
Suchfunktion (Outlook)..... 571
Suchfunktion (Word)............ 53
Suchmuster (Excel) 393
Summe (Excel)..................... 388
Symbol, erweitertes (Word).. 36
Symbole (Word)..................... 35
Symbolleiste (Office allgemein) 230
Synonyme (Word) 206
Syntax / Formeln (Excel).... 391

T

Tabelle in Text konvertieren (Word)............................... 137
Tabelle markieren (Excel)... 312
Tabellenblätter (Excel) 309, 341, 347
Tabellenblatt-Verweise (Excel) 381
Tabellendimensionen (Word)............................... 139
Tabelleneigenschaften (Word)............................... 144
Tabellenentwurf (Word) 153
Tabellenformatvorlagen (Excel) 333, 358
Tabellenkalkulation 308
Tabellenkonvertierung (Word)............................... 135
Tabellenname (Excel)........... 310
Tabellenrahmen formatieren (Excel) 335
Tabulatorstopps (Word)....... 50
Tabulator (Word).................... 86
Tastatur anpassen (Word) 36
Tastaturbelegung 37

Tastaturkürzel Einfügemarke (Word)................................ 42
Tastenkombinationen Word................................... 47
Tastenkombinationen Excel 311
Tastenkombination zum Modulwechsel (Outlook)..... 525
Termine verschieben (Outlook) 581
Terminverwaltung (Outlook) 577
Textabsätze (Word) 76
Text als Zellinhalt (Excel)... 324
Text auf andere Seite (Word)................................ 38
Textausrichtung mit Tabulator (Word) 87
Textausrichtung (Word) 77
Textauszeichnung (Word) 68
Textbausteine (Word) 39
Textbaustein via QuickInfo (Word)................................ 41
Texteffekte (Word)................. 71
Textfarbe (Word) 70
Textfelder (PowerPoint)...... 466
Textfeld (Word) 181
Textfluss (Office allgemein) 283
Text formatieren (Word) 48
Textfüllung (Word) 73
Textfunktionen (Excel) 401
Texthervorhebungsfarbe (Word)................................ 71
Text in Tabelle konvertieren (Word)............................... 135
Textkontur (Word) 73
Textligatur (Word)................. 72
Text markieren mit der Maus (Word)................................ 44
Text markieren (Word)......... 42
Textmuster erkennen (Word)................................ 53
Textmuster (Word)................ 60
Textoperatoren (Excel) 376
Textplatzhalter (Excel) 331
Textrahmen (Word) 89
Textrichtung Tabelle (Word)............................... 161
Textspalten (Word).............. 118

Textteile löschen (Word) 46
Text überschreiben (Word) .. 52
Text unterstreichen (Word).. 70
Texturfüllung / Bildbearbeitung................ 264
Textverarbeitung.................... 25
Text zentrieren (Word) 79
Thesaurus (Word).......... 26, 206
Tiefstellen von Text (Word).. 70
Timer (PowerPoint) 498
Tippfehler (Word) 45, 198
Titelplatzhalter (PowerPoint) 481
Tortendiagramme (Excel) .. 420
Transparenz / Bildbearbeitung....... 256, 261
Trennlinie (Word) 152
Trennungszeichen, weiches (Word)................................ 51
Trennzeichen (Excel) 326
Trigonometrische Funktionen (Excel).......... 395
TrueType (Word)................... 65
Typografie (Office allgemein) 245
Typografie (Word)........... 34, 62

U

Überarbeitungsbereich (Word)............................... 196
Übergänge für alle Folien übernehmen (PowerPoint) 505
Überprüfen von Änderungen..................... 284
Überschreiben von Text (Word)................................ 52
Übertragungsprotokoll (Outlook) 531
Uhrzeitfunktionen (Excel).. 397
Umbrüche von Seiten (Excel) 446
Unicode (Word).................... 65
Unterhaltungen (Outlook) 567
Unterstreichen von Text (Word)................................ 70
Update-Check 22

V

VBA (Office allgemein) 303
Verfassen von Mails
 (Outlook) 543
Verfolgen von
 Änderungen 284
Vergleichsoperatoren
 (Excel) 375
Vergrößerungsstufe (Office
 allgemein) 231
Verweise auf Tabellenblätter
 (Excel) 381
Verweisfunktionen
 (Excel) 406
Verzeichnisse (Word) 209
Videos (OneNote) 605
Video von Microsoft 24
Visual Basic-Editor 305
Visual Basic for
 Applications 303
Vorlagen (Excel) 308, 338
Vorlagen-Katalog (Office
 allgemein) 232
Vorlagen-Katalog
 (Word) 27, 104, 233
Vorschaubereich
 (Outlook) 541

W

Wahr / Funktion (Excel) 401
Währung (Excel) 326
Währungssymbole (Word) ... 35
Weblayout (Word) 189
weiche Trennung von
 Wörtern (Word) 51
Weichzeichnen /
 Bildbearbeitung 258
Weißraum (Word) 75
Weiterleiten (Outlook) 546
WENN(Bedingung;
 Dann;Sonst) / Excel 399
Wertebereich (Excel) 434
Werte darstellen (Excel) 325
Wiederholen (Word) 47
WordArt 181, 273
Word beenden 33
Wörterbücher (Word) 201
WYSIWYG-Prinzip 26

Y

Yahoo! (Outlook) 529
Yosemite, OS X 19

Z

Z1S1-Verweisart verwenden
 (Excel) 379
Zahlenformat (Excel) 325
Zahlen formatieren
 (Excel) 329
Zahlenformatvorlagen
 (Word) 72
Zahlensysteme (Excel) 405
Zeichenbreite (Word) 63
Zeichendreher (Word) 199
Zeichengröße (Word) 68
Zeichen, international
 (Word) 35
Zeichenketten / Textmuster
 (Word) 60
Zeichenmuster (Word) 61
Zeichensätze (Word) 35
Zeile einfrieren (Excel) 366
Zeile markieren (Word) 44
Zeilenabstand (Word) 81, 82
Zeilenanzahl
 (PowerPoint) 483
Zeileneinzug (Word) 81
Zeilenhöhe (Excel) 348
Zeilenhöhe (Word) 142
Zeilennummern (Word) .. 121
Zeilenschaltungen (Word) ... 49
Zeilenschaltung (Excel) 315
Zeilenumbruch (Excel) 322, 336
Zeilenumbruch
 (PowerPoint) 467
Zeilenumbruch (Word) .. 48, 91
Zeilenwechsel (Word) 81
Zellausrichtungen Tabelle
 (Word) 160
Zellbereich (Word) 159
Zellen einfügen/löschen
 (Excel) 353
Zellen formatieren
 (Excel) 323, 332
Zellenformatvorlagen
 (Excel) 338
Zellengröße (Word) 143
Zellen zusammenfassen
 (Excel) 353
Zellinhalte übertragen
 (Excel) 319
Zellinhalte verändern
 (Excel) 316
Zellränder (Excel) 333
Zellstrukturen (Word) 151
Zentrierter Text (Word) 79
Ziehpunkte /
 Bildbearbeitung 267
Zielwertsuche (Excel) 455
Zierschriften (Word) 64
Zoom-Ansicht (Office allgemein) 231
Zoom-Darstellung (Word) .. 193
Zuweisung (Excel) 371
Zwei-Ebenen-Modell
 (Excel) 325
Zwischenablage (Word) 46

---

mehr Details zum Buch auch hier:

www.mandl-schwarz.com/16/officemac

Leseproben zum Herunterladen / Musterseiten / eBooks …

Daniel Mandl: das Medienhandbuch zu Musik, Filmen, Apps auf Mac, Windows und iOS-Geräten

**288 vierfarb. Seiten | ISBN 978-3-944519-72-2
€ 22,– (D) | jetzt bestellen unter:
www.mandl-schwarz.com/15/itunes**

Frankfurter Allgemeine Zeitung / F.A.Z.:
Viele Praxistipps ergänzen die klare und präzise Beschreibung der iTunes-Funktionen (…) Ein gelungenes Kompendium!« (misp)

MACWELT: vorbildlich, vierfarbig, unterhaltend

Fachzeitschrift c't: Ein vorzügliches Buch mit didaktischen Qualitäten.

Der Büroarbeitsplatz auf dem iPad: Word, Excel, PowerPoint – so wird die Büroarbeit leicht per Fingertipp erledigt

Horst Grossmann: Microsoft Office auf dem iPad

224 vierfarb. Seiten | ISBN 978-3-944519-43-2
€ 19,90 (D) | bestellbar und in D versandkostenfrei
www.mandl-schwarz.com/14/ipadoffice

»Sehr übersichtlich, aussagekräftig, Zusatzinfos«
bibliotheksservice ek:z, Sept 2014

»ein ausführliches Buch, das keine Fragen offen lässt. Die Texte sind leicht verständlich und werden durch zahlreiche Abbildungen ergänzt. Klare Kaufempfehlung!« Gerd M.Hofmann, Maclife 10|2015

Fotos – die Bilder-App auf Mac und Apple-Mobilgeräten

336 vierfarb. Seiten | ISBN 978-3-944519-55-5
€ 29,90 (D) | eBook als ePUB und PDF verfügbar

iMovie für OS X und iOS –
mit Tipps zu iTunes und Apple TV

Eigene Videos erfolgreich drehen, bearbeiten und präsentieren

224 vierfarb. Seiten | ISBN 978-3-944519-23-4
€ 24,80 (D) | eBook als ePUB und PDF verfügbar

»charmanter Ton – ungemein kompetent«
MACWELT-Redaktion

**jetzt direkt und in D versandkostenfrei
bei uns bestellen:**
www.mandl-schwarz.com/15/watch/

zum aktuellen Lifestyle-Produkt von Apple das neue Buch von Daniel Mandl

ca. 200 vierfarb. Seiten | ISBN 978-3-944519-62-3
€ 19,90 (D) | Leseprobe dann über obige Adresse

Kurz & knackig: Einführungen für Mac, iPad & iPhone

was kann ich wo am besten bedienen? Die ideale Ergänzung zum Yosemite-Grundlagenbuch

Die hilfreiche Mac-Fibel: sicher einsteigen ins Apple-Betriebssystem OS X El Capitan

ca. 224 vierfarbige S. | €19,90
ISBN 978-3-944519-78-4

Die fabelhafte iPhone-Fibel
zu iOS 9, 3D Touch und
für alle aktuellen iPhone-Modelle

ca. 180 vierfarbige S. | €19,90
ISBN 978-3-944519-81-4

inklusive Umzughilfe von
Android-Smartphone

Empfehlung der F.A.Z.

iPad mit iOS 9 – die bewährte Praxisanleitung als kompakte Fibel

ca. 180 vierfarbige S. | €19,90
ISBN 978-3-944519-84-5

für iPad mini, iPad Air oder das neue iPad Pro

MACLIFE: »Prachtband!«